高职高专路桥类专业规划教材

GAOZHI GAOZHUAN LUQIAOLEI ZHUANYE GUIHUA JIAOCAI

桥涵工程

主　编　杨渡军　万　涛

副主编　孙　军　唐德兰　史洪江

中国电力出版社

CHINA ELECTRIC POWER PRESS

内 容 提 要

本书为高职高专路桥类专业规划教材之一。全书共分 7 章，包括桥梁构造及施工基础、桥梁下部结构、梁式桥、拱桥、其他桥型、桥面及附属工程施工和涵洞等内容。

本书可作为高职高专道路与桥梁工程技术专业、工程监理专业、工程造价专业等交通土建类专业教材，也可作为培训教材或自学用书，供工程技术人员参考。

图书在版编目（CIP）数据

桥涵工程/杨渡军，万涛主编. —北京：中国电力出版社，2011.2（2016.7 重印）
高职高专路桥类专业规划教材
ISBN 978 - 7 - 5123 - 0929 - 6

Ⅰ.①桥… Ⅱ.①杨… ②万… Ⅲ.①公路桥—桥涵工程—高等学校：专业学校—教材 Ⅳ.①U448.14

中国版本图书馆 CIP 数据核字（2010）第 192368 号

中国电力出版社出版发行

北京市东城区北京站西街 19 号　100005　http：//www.cepp.sgcc.com.cn
责任编辑：王晓蕾　　　责任印制：郭华清　　　责任校对：朱丽芳
北京市同江印刷厂印刷 · 各地新华书店经售
2011 年 2 月第 1 版 · 2016 年 7 月第 3 次印刷
787mm×1092mm　1/16 · 20.75 印张 · 502 千字　1 插页
定价：39.80 元

前　　言

　　本书是根据"高职高专路桥类专业规划教材编写会"会议精神编写的。围绕教学的实际需要，本书在编写前进行了广泛的调查研究，进行了反复修改，最后成稿。

　　全书共分7章。第1章桥梁构造及施工基础，介绍桥梁构造与分类，模板、支架和拱架的设计及施工方法，钢筋工程，混凝土及钢筋混凝土施工，预应力混凝土施工和桥梁施工准备；第2章桥梁下部结构，介绍桥梁基础的构造及施工方法、桥梁墩台构造及施工方法；第3章梁式桥，介绍梁式桥的类型与特点、简支梁桥施工、连续梁桥施工和施工案例；第4章拱桥，介绍拱桥的构造、拱桥就地浇筑施工、缆索吊装施工、转体施工和施工案例；第5章其他桥型，介绍斜拉桥、悬索桥和刚构桥的构造及施工方法；第6章桥面及附属工程施工，介绍桥梁支座安装、桥面铺装施工和桥梁防护设施施工；第7章涵洞，介绍涵洞构造及施工方法。

　　桥涵工程是一门实践性很强的课程，实际教学中为弥补课堂教学的不足，除了安排必要的施工工地参观实习外，还可以大量利用多媒体手段放映一些桥涵工程的施工录像、图像等以提高学生的感性认识，最后通过综合实训提高学生的施工管理水平。

　　本书由重庆交通大学杨渡军、石家庄铁路职业技术学院万涛担任主编，重庆交通大学唐德兰、孙军和天津交通职业学院史洪江担任副主编，并负责全书统稿工作。具体分工情况如下：杨渡军负责本书的编写大纲和总体编写思路；第1章1.1、1.2节由四川交通职业技术学院赵凤杰编写，第1章1.3至1.6节由孙军编写；第2章2.1节由习淑娟编写，2.2节由王静编写；第3章由屈彦玲和史洪江编写；第4、5章由万涛编写；第6章由孙军编写；第7章由唐德兰编写。

　　限于编者学识水平，书中难免存在错误，敬请读者批评指正，以便修订。

编　者

目　　录

第1章 桥梁构造及施工基础

1.1 桥梁构造与分类

在公路建设中，为跨越各种障碍（如江河、山谷或其他线路等）、保证道路的连续，需要修建各种桥梁或涵洞。桥梁既要保证桥上的交通运行，也要保证通常状况下水流的宣泄、船只的通航和车辆的通行。

1.1.1 桥梁的基本组成部分

1. 梁桥的基本组成

一般来讲，桥梁由以下几个部分组成（图1-1）。

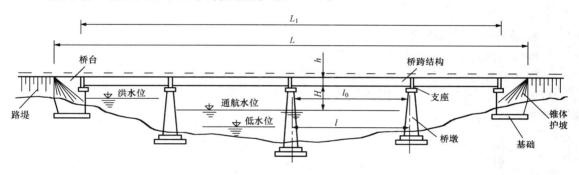

图1-1 桥梁的基本组成

（1）桥跨结构（也称桥孔结构、上部结构）。桥跨结构是指桥梁结构中直接承受车辆和其他荷载，并跨越各种障碍物的主要承重结构。桥跨结构的主要作用是跨越山谷、河流及各种障碍物，并将其直接承受的各种荷载通过桥梁支座传递到下部结构上去，同时保证桥上交通能在一定条件下正常安全运行。

（2）下部结构。下部结构是由桥墩、桥台和基础组成的。桥墩和桥台是支承桥跨结构并将上部恒载和车辆等荷载传至地基的结构物。

桥台设在桥梁两端，桥墩设在两桥台之间。桥墩的作用是支承桥跨结构；而桥台除支承桥跨结构外，还要与路堤相接，并防止路堤滑塌。为了保护桥台和路堤填土，桥台两侧常做一些防护和导流工程。

桥梁墩台底部与地基相接触的结构部分称为墩台基础，是保证桥梁墩台基础安全并将荷载传递至地基的结构部分。基础工程在整个桥梁施工中是比较困难的部分，而且经常需要在水下施工，因而遇到的问题也很复杂。

（3）支座。桥梁支座设在墩（台）顶。桥梁支座的主要作用是将桥跨结构上部恒载与活载反力传递到桥梁的墩台上去。同时保证桥跨结构所要求的位移与转动，以便使结构的实际受力情况与计算的理论公式相符合。

（4）附属设施。桥梁的基本附属设施有桥面系、桥梁与路堤衔接处的桥头搭板、桥台的锥形护坡、护岸、挡土墙、导流结构物和检查设备等。

2. 拱桥的基本组成

公路拱桥主要由上部结构（拱圈）、桥墩、桥台和墩台基础等组成（图1-2）。

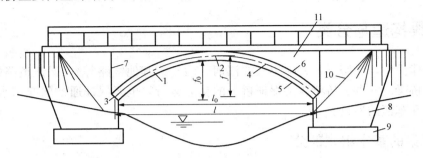

图1-2　拱桥的基本组成

1—主拱圈；2—拱顶；3—拱脚；4—拱轴线；5—拱腹；6—拱背；

7—伸缩缝；8—桥台；9—基础；10—锥坡；11—拱上建筑

3. 公路桥梁桥面组成

桥面直接与车辆、行人接触，它对桥梁的主要结构起保护作用，使桥梁能够正常使用。

钢筋混凝土和预应力混凝土桥的桥面系通常包括桥面铺装、排水和防水系统、伸缩缝、人行道（或安全带）、缘石、栏杆和照明系统等构造（图1-3）。

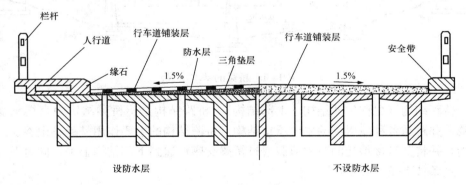

图1-3　公路桥面一般构造

（1）桥面铺装（也称行车道铺装）。是车轮直接作用的部分，其作用在于防止车辆轮胎直接磨耗属于承重结构的行车道板（即主梁上翼缘），保护主梁免受雨水侵蚀，并对车辆轮重的集中荷载起到一定的扩散作用。因此，对桥面铺装材料，要求有一定的强度，不易开裂，并耐磨。

（2）排水和防水系统。为防止桥面积水并渗入梁体而影响桥的耐久性，除在桥面铺装内设置防水层，桥面上设置纵横坡排水外，常常需要设置一定数量的泄水管，使桥上的雨水被迅速引导排出桥外，形成一个完整的排水系统。

（3）伸缩缝。桥跨结构在气温变化、活载作用、混凝土收缩和徐变等影响下将会发生伸缩变形，为满足结构变形、防止应力产生，就要在相邻两梁端之间，或梁端与桥台之间设置断缝，称为伸缩缝。同时桥面又能保证车辆平顺通过，在伸缩缝处需设置伸缩装置。

（4）栏杆（或防撞护栏）。既是保证安全的构造措施，也是有利于观赏的最佳装饰件。

（5）灯光照明。现代城市中，大型桥梁通常是一个城市的标志性建筑，大多装置了灯光照明系统，成为城市夜景的组成部分。

1.1.2　桥梁常用尺寸参数

河流中的水位是变化的，枯水季节的最低水位称为低水位；洪峰季节河流中的最高水位称为高水位；桥梁设计中按规定的设计洪水频率计算所得的高水位，称为设计洪水位；通航水位是指在各级航道中能保持船舶正常通航的水位。

下面介绍一些与桥梁布置和结构有关的主要尺寸和名词术语。

计算跨径：用 L_j 表示，如图 1-1 所示。对于有支座的桥梁，是指桥跨结构相邻两个支座中心之间的水平距离；对于不设支座的桥梁，是指支承中心之间的距离；如图 1-2 所示的拱式桥，是两相邻拱脚截面形心点之间的水平距离，也就是拱轴线两端点之间的水平距离。桥跨结构的力学计算是以计算跨径为基准的。

净跨径：用 l_0 表示。对于梁式桥，是指设计洪水位或通航水位线上两个相邻桥墩（或桥台）之间的水平净距；对于拱式桥，是指每孔拱跨两个拱脚截面最低点之间的水平距离（图 1-2）。

标准跨径：对于梁式桥或板式桥，是指两相邻桥墩中线之间桥中心线长度，或桥墩中线至桥台台背前缘之间桥中心线长度；对于拱桥、涵洞，则是指净跨径。JTG D60—2004《公路桥涵设计通用规范》规定，当标准设计或新建桥涵的跨径在 50m 以下时，宜采用标准化跨径。桥涵标准化跨径有 0.75m、1.0m、1.25m、1.5m、2.0m、2.5m、3.0m、4.0m、5.0m、6.0m、8.0m、10m、13m、16m、20m、25m、30m、35m、40m、45m、50m，共 21 级。

总跨径是指多孔桥梁中各孔净跨径的总和，也称桥梁孔径（$\sum l_0$），它反映了桥下宣泄洪水的能力。

桥梁全长简称桥长。对于有桥台的桥梁，是指桥梁两端两个桥台侧墙或八字墙尾端间的距离，用 L 表示。对于无桥台的桥梁，为桥面系行车道长度。

桥梁总长是指两桥台台背前缘间距离，用 L_1 表示。

桥梁高度简称桥高，是指桥面与低水位之间的高差，或为桥面与桥下线路路面之间的距离。桥高在某种程度上反映了桥梁施工的难易程度。

桥下净空高度是指设计洪水位或设计通航水位与桥跨结构最下缘之间的高差，用 H 表示。它应保证能完全排洪，并不得小于对该河流通航所规定的净空高度。

建筑高度是指桥面（或轨顶）至桥跨结构最下缘之间的距离，用 h 表示。

容许建筑高度是指公路（或铁路）定线中所确定的桥面（或轨顶）标高，对通航净空顶部标高之差。

净矢高是从拱顶截面下缘至相邻两拱脚截面下缘最低点之连线的垂直距离，用 f_0 表示（图 1-2）。

计算矢高是从拱顶截面形心至相邻两拱脚截面形心之连线的垂直距离，用 f 表示。

　　矢跨比是拱桥中拱圈（或拱肋）的计算矢高 f 与计算跨径 l 之比（f/l），也称拱矢度。它是反映拱桥受力特性的一个重要指标。

1.1.3　桥梁的类型

　　JTG D60—2004《公路桥涵设计通用规范》规定的桥涵设计洪水频率见表 1-1。

表 1-1　　　　　　　　　　　　　　　　**桥 涵 设 计 洪 水 频 率**

公路等级	设 计 洪 水 频 率				
	特大桥	大桥	中桥	小桥	涵洞及小型排水构造物
高速公路	1/300	1/100	1/100	1/100	1/100
一级公路	1/300	1/100	1/100	1/100	1/100
二级公路	1/100	1/100	1/100	1/50	1/50
三级公路	1/100	1/50	1/50	1/25	1/25
四级公路	1/100	1/50	1/50	1/25	不作规定

　　桥梁有很多分类方式，人们通常根据桥梁的结构形式、所用材料、所跨越的障碍以及其用途、跨径大小等对桥梁进行不同的分类。

　　1. 桥梁的基本体系

　　结构工程上的受力构件，总离不开拉、压和弯三种基本受力方式。由基本构件所组成的各种结构物，在力学上也可归结为梁式、拱式、悬吊式三种基本体系以及它们之间的各种组合。现代的桥梁结构也一样，不过其内容更丰富，形式更多样。

　　（1）梁式桥（图 1-4）。梁式桥是一种竖向荷载的作用下无水平反力的结构。由于荷载的作用方向与承重结构的轴线接近垂直，故与同样跨径的其他结构体系相比，梁内产生的弯矩最大，通常需用抗弯能力强的材料（钢、木、钢筋混凝土等）来建造。为了节约钢材和木料，目前在公路上应用最广的是预制装配式的钢筋混凝土简支梁桥。对于很大的跨径以及承受很大作用的特大桥梁可建造钢桥以外，目前也往往修建使用高强度的预应力混凝土梁桥。

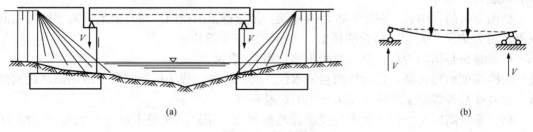

(a)　　　　　　　　　　　　　　　　　　　　　　　　(b)

图 1-4　梁式桥

　　（2）拱式桥（图 1-5）。拱式桥的主要承载结构是拱圈或拱肋。这种结构在竖向荷载作用下，拱圈主要承受压力，但也承受弯矩；桥墩或桥台除了承受竖向力外，还将承受水平推力。同时，这种水平推力将显著抵消荷载引起的拱圈（或拱肋）内的弯矩作用。因此，与同跨径的梁相比，拱的弯矩和变形要小得多。鉴于拱桥的承重结构以受压为主，通常可用抗压能力强的砌体材料（如砖、石、混凝土）和钢筋混凝土等来建造。

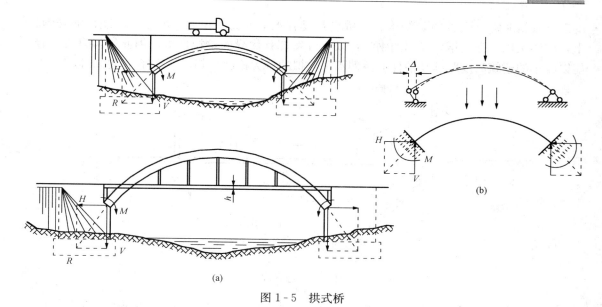

图 1-5　拱式桥

（3）刚架桥（图 1-6）。刚架桥的主要承重结构是梁（或板）和立柱（或竖墙）整体结合在一起的刚架结构，梁和柱的连接处具有很大的刚性。这种结构在竖向荷载作用下，梁部主要受弯，而在柱脚处也具有水平反力，其受力状态介于梁桥和拱桥之间。因此，对于同样的跨径，在相同作用的作用下，刚架桥的跨中正弯矩要比一般梁桥的小。

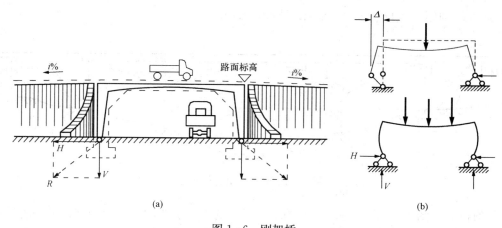

图 1-6　刚架桥

（a）刚架桥结构形式；（b）受力简图

刚架桥大多做成超静定的结构形式，在混凝土收缩徐变、温度变化、墩台不均匀沉陷和预施应力等因素的作用下，内部会产生较大的附加内力。在施工过程中，当结构体系发生体系转换时，徐变也会引起附加内力。刚架桥的缺点是施工比较困难，如用普通钢筋混凝土修建，梁柱刚结处较易产生裂缝。

（4）悬索桥（图 1-7）。悬索桥是以悬挂在两边塔架上的强大缆索作为主要承重构件的桥梁结构。在竖向荷载的作用下，通过吊杆使缆索承受很大的拉力，通常就需要在两岸桥台的后方修筑非常巨大的锚碇结构。吊桥也是具有水平反力（拉力）的结构。现代的悬索桥上，广泛采用高强度钢丝编制的钢缆，以充分发挥其优异的抗拉性能，因此结构自重较轻，能以较小的建筑高度跨越其他任何桥型不可比拟的特大跨度。其经济跨径在 500m 以上。

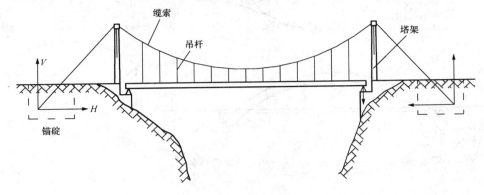

图 1-7　悬索桥

（5）组合体系桥。根据结构的受力特点，由两种以上不同受力体系的结构组合而成的桥梁称为组合体系桥。

1）梁、拱组合体系（图 1-8）。这类体系中有系杆拱、桁架拱、多跨拱梁结构等。它们是利用梁的受弯与拱的承压特点组成联合结构。在预应力混凝土结构中，因梁体内可储备巨大的压力来承受拱的水平推力，使这类结构既具有拱的特点，而又非推力结构，对地基要求不高。这种结构施工比较复杂，一般用于城市跨河桥上。

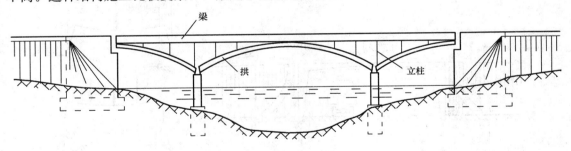

图 1-8　梁、拱组合体系

2）斜拉桥（图 1-9）。它是由承压的塔、受拉的索与承弯的梁体组合起来的一种结构体系。由于斜拉索将主梁吊住，使主梁变成多点弹性支承连梁工作，由此减少主梁截面，增加桥跨跨径。斜拉桥刚度大，造价低，且跨度发展越来越大。与悬索桥比，它是一种自锚体系，不需昂贵的地锚基础；防腐技术要求比悬索桥低，从而降低索的防腐费用；刚度比悬索桥好，抗风能力也比悬索桥好；可用悬臂施工工艺，施工不妨碍通航；钢索用量比悬索桥少。从经济上看，斜拉桥比悬索桥经济。

2. 桥梁的其他分类简述

除了上述按受力特点将桥梁分成不同结构体系外，人们还习惯地按照桥梁的用途、规模和建桥材料等其他方面来进行分类。

（1）按用途划分，可分为公路桥、铁路桥、公路铁路两用桥、农桥、人行桥、运水桥

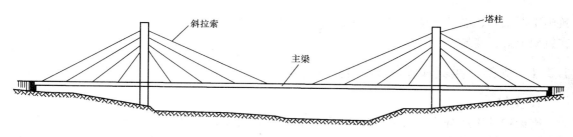

图 1-9　斜拉桥

（渡槽）及其他专用桥梁（如通过管路、电缆等）。

　　（2）按主要承重结构所用材料划分，可分为木桥、圬工桥（包括砖、石、混凝土桥）、钢筋混凝土桥、预应力混凝土桥、钢桥、钢-混凝土组合桥等。由于木材易腐烂，而且资源有限，因此除了少数临时性桥和林区桥梁外，木桥一般不用于建造永久件桥梁。

　　（3）按桥梁全长和跨径的不同划分，可分为特大桥、大桥、中桥和小桥。我国 JTG D60—2004《公路桥涵设计通用规范》对特大、大、中、小桥及涵洞按单孔跨径或多孔跨径总长分类的规定见表 1-2。

表 1-2　　　　　　　　　　　　　桥 梁 涵 洞 分 类

桥涵分类	多孔跨径总长 L/m	单孔跨径 L_k/m	桥涵分类	多孔跨径总长 L/m	单孔跨径 L_k/m
特大桥	$L>1000$	$L_k>150$	小桥	$8 \leqslant L \leqslant 30$	$5 \leqslant L_k < 20$
大　桥	$100 \leqslant L \leqslant 1000$	$40 \leqslant L_k \leqslant 150$	涵洞	—	$L_k < 5$
中　桥	$30 < L < 100$	$20 \leqslant L_k < 40$			

　　（4）按跨越障碍的性质划分，可分为跨河桥、跨线桥（立体交叉）、高架桥和栈桥。高架桥一般指跨越深沟峡谷以代替高路堤的桥梁。为将车道升高至周围地面以上并使下面的空间可以通行车辆或做其他用途（如堆栈、码头等）而修建的桥梁，称为栈桥。

　　（5）按行车道的位置划分，可分为上承式桥、下承式桥和中承式桥。桥面布置在主要承重结构之上者称为上承式桥，桥面布置在承重结构之下的称为下承式桥，桥面布置在桥跨结构高度中间的称为中承式桥。

　　上承式桥结构简单，施工方便，主梁和拱肋的数量和间距可按需要调整，承重结构宽度可做得小些，因而可节省墩台圬工数量。同时，在上承式桥上行车时，视野开阔，视觉舒适。所以公路桥梁一般采用上承式桥。上承式桥不足之处是桥梁的建筑高度较大。

　　在建筑高度受严格限制以及修建上承式桥必须提高路面标高而显著增大桥头路堤土方量时，就应采用下承式桥或中承式桥。

　　（6）按特殊使用条件划分，可分为固定式桥梁、开启桥、浮桥、浸水桥等。

　　除上述桥梁分类方法外，还有按桥梁使用时间长短划分的永久性桥梁和临时性桥梁，按平面形状划分的直线桥、斜桥、弯桥等。

1.2　模板、支架和拱架

　　在桥梁的施工中，常采用就地浇筑的施工方法，常常需用大量的模板支架。在支架上砌筑施工石拱桥、混凝土预制块等圬工拱桥时，砌筑施工需要在桥位搭设较强大的拱架，然后在拱架上进行砌筑。

1.2.1 支架、拱架和模板的种类、构造

1. 支架

支架按其构造分为立柱式、梁式支架和梁-柱式支架；按材料可分为木支架、钢支架、钢木混合支架和万能杆件拼装的支架等。通常支架按其构造划分。图1-10为各种支架的构造简图。

（1）立柱式支架［图1-10（a）、（b）］。立柱式支架构造简单，可用于陆地或不通航河道以及桥墩不高的小跨径桥梁施工。支架通常由排架和纵梁等构件组成。排架由枕木或桩、立柱和盖梁组成。一般排架间距4m，桩的入土深度按施工设计要求设置，但不小于3m。当水深大于3m时，桩要用拉杆加强。一般需在纵梁下布置卸落设备。

立柱式支架也可采用$\phi 8$、壁厚3.5mm的钢管搭设。水中支架需先设置基础、排架桩，钢管支架在排架上设置。陆地现浇桥梁可在整平的地基上铺设碎石层或砂砾石层，在其上浇筑混凝土作为支架的基础，钢管排架纵、横向密排，下设槽钢支承钢管，钢管间距依桥高及现浇梁自重、施工荷载的大小而定，通常为0.4～0.8m。钢管由扣件接长或搭接，上端用可调节的槽形顶托固定纵、横木龙骨，形成立柱式支架。搭设钢管支架要设置纵、横向水平杆加劲，桥较高时还需加剪刀撑，水平加劲杆与剪刀撑均需用扣件与立柱钢管连成整体。排架顶标高应考虑设置预拱度。

方塔式重力支撑脚手架是一种轻型支架，采用焊接钢管制成的方塔，上下均有可调底座和顶托，高度可由标准架组拼调整，方塔间用连接杆连成整体。通过测试，每个单元塔架安全承载力约180kN。这种支架装拆方便，用钢量少，通常可在高度5m以下的支架上使用。塔架一般需加设水平加劲及剪刀加劲杆；高桥、重载不宜采用。

（2）梁式支架［图1-10（c）、（d）］。根据跨径不同，梁可采用工字钢、钢板梁或钢桁梁。一般工字钢用于跨径小于10m，钢板梁用于跨径小于20m，钢桁梁用于跨径大于20m的情况。梁可以支承在墩旁支柱上，也可支承在桥墩上预留的托架或支承在桥墩处的横梁上。

（3）梁-柱式支架［图1-10（e）、（f）］。当桥梁较高、跨径较大或必须在支架下设孔通航或排洪时可用梁-柱式支架。梁支承在桥墩台以及临时支柱或临时墩上，形成多跨的梁-柱式支架。

2. 拱架

拱架按结构分有支柱式、撑架式、扇形、组合式拱架、桁式拱架等；按材料分有木拱架、钢拱架、竹拱架和土牛拱胎。所谓土牛拱胎是在缺乏钢木地区，先在桥下用土或砂、卵石填筑一个土胎（俗称土牛），然后在上面砌筑拱圈，待拱圈完成后将填土清除。

木拱架的加工、制作简单，架设方便，但耗材较多，有时每立方拱圈要用$0.7m^3$木材，当前已不多用。目前多采取钢、木混合拱架，以减少木材用量。钢拱架多用常备构件拼装，虽一次投资大，但可多次周转使用，宜在多跨拱桥中选用。

（1）支柱式木拱架［图1-11（a）］。其支柱间距小，结构简单且稳定性好，适于干岸河滩和流速小、不受洪水威胁、不通航的河道上使用。拱架一般可分为上下两部分，上部为拱架、下部为支架。上下部之间设置卸落设备。

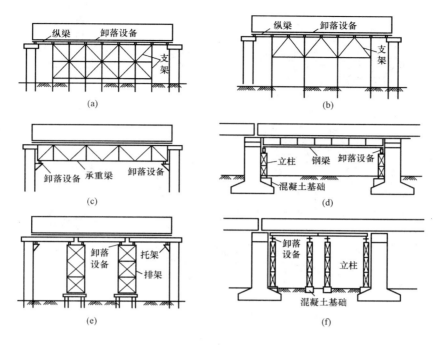

图 1-10 常用支架的主要构造

(a)、(b) 立柱式；(c)、(d) 梁式；(e)、(f) 梁-柱式

（2）撑架式木拱架［图 1-11 (b)］。其构造较为复杂，但支点间距可较大，对于较大跨径且桥墩较高时，可节省木材并可适应通航。

（3）扇形拱架［图 1-11 (c)］。它是从桥中的一个基础上设置斜杆，并用横木连成整体的扇形，用以支承砌筑的施工荷载。扇形拱架比撑架式拱架更加复杂，但支点间距可以比撑架式拱架更大些，尤宜在拱度很大时采用。

（4）钢木组合拱架［图 1-11 (d)］。它是在木支架上用钢梁代替木斜梁，可以加大支架的间距，减少材料用量。在钢梁上可设置变高的横木形成拱度，并用以支承模板。

也有用钢桁梁或贝雷梁与钢管脚手架组拼的拱架，它是在钢桁梁形成的平台上搭设立柱式钢管组成的。如贵州省建造的跨径 40m 双曲拱桥，广东省建造的清远北江大桥（为跨径 3×45m＋8×70m＋4×45m，全长 1058m 的刚木架拱桥）均采用这种类型的钢木组合拱架。

（5）钢桁式拱架。通常用常备拼装式桁架拼成拱形拱架，即拱架由标准节段、拱顶段、拱脚段和连接杆等以钢销或螺栓连接而成。为使拱架能适应施工荷载产生的变形，一般拱架采用三铰拱。拱架在横向可由若干组拱片组成，每组的拱片数及组数依桥梁跨径、荷载大小和桥宽而定，各组间可用横向连接系连成整体。

桁式钢拱架也可用装配式公路钢桥桁架节段拼装组成或用万能杆件拼装组成。

3. 模板

模板的种类很多。若按施工方法分类可以分为固定式、整体式、拼装式等；按使用材料分可分为钢模板、木模板、钢木组合模板、覆膜竹胶模板、土模板、土木组合模板、充气橡

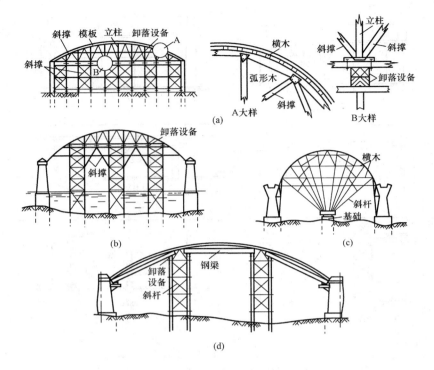

图 1-11　常用木、钢木拱架的一般构造

胶胎模板等数种。

就地浇筑桥梁的模板常用木模和钢模。对于在预制工厂生产用的模板和生产数量较多的预制梁，常采用钢模板和钢木组合模板及充气橡胶胎模板、土模和钢筋混凝土模板等。模板形式的选择主要取决于同类桥跨结构的数量和模板材料的供应。当建造单跨或 n 跨不同桥跨结构，一般采用木模板；当有 n 跨同样的桥跨结构时，为了经济可采用大型模板块件组装或用钢模板。实践表明：模板工程的造价与上部结构主要工程造价的比值，在工程数量和模板周转次数相同的情况下，木模板为 4%～10%，钢筋混凝土模板为 3%～4%，钢模板为2%～3%。

（1）木模板。钢筋混凝土肋式桥跨结构的木模如图 1-12 所示，它由横向内框架、外框架和模板组成。框架由竖向的和水平的以及斜向的方木或木条用钉或螺栓结合而成。框架间距一般取用 0.7～1.0m，模板厚可选用 4～5cm，在梁肋的模板之间设置穿过混凝土撑块的螺栓，一方面可减小新浇筑混凝土的侧压力对框架立柱产生的弯矩，同时也保证梁肋的施工尺寸符合设计规定。

木模板包括胶合板木模，可制成整体定型的大型块件，可按结构要求预先制作、然后在支架上用连接件迅速拼装。

模板制造宜选用机械化方法，以保证模板形状的正确和尺寸的精度。模板制作尺寸与设计要求的偏差、表面局部不平整度、板间缝隙宽度和安装偏差均应符合有关规定。

（2）钢模板。钢模板大都做成大型块件，一般长 3～8m，由钢板和加劲骨架焊接组成。通常钢板厚取用 4～8mm。骨架由水平肋和竖向肋形成，肋由钢板或角钢制成，肋距

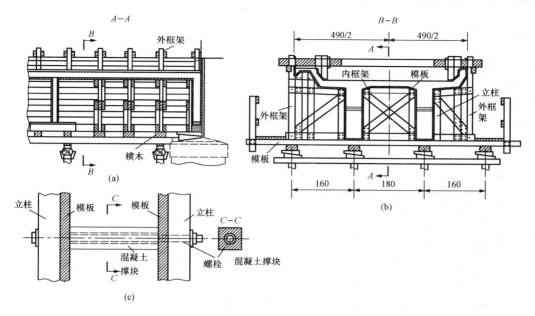

图 1-12　木模板的一般构造

0.5～0.8m。大型钢模块件之间用螺栓或销连接。在梁的下部，常集中布置受力钢筋或预应力束筋，必要时可在钢模板上开设天窗，以便浇筑和振实混凝土，如图 1-13 所示。多次周转使用的钢模板，在使用前可用化学方法或机械方法清扫，在浇筑混凝土前，在模板内壁要涂润滑油或废机油，以利脱模。

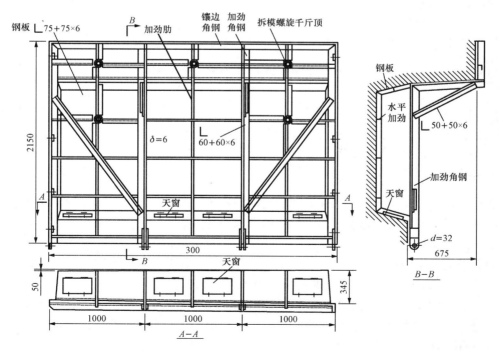

图 1-13　钢模板的一般构造

1.2.2 模板、支架和拱架的设计

1. 模板、支架和拱架的设计原则

（1）宜优先使用胶合模板和钢模板。

（2）在计算荷载作用下，对模板、支架及拱架结构按受力程序分别验算其强度、刚度及稳定性。

（3）模板板面之间应平整，接缝严密，不漏浆，保证结构物外露面美观，线条流畅，可设倒角。

（4）结构简单，制作、装拆方便。

2. 受力与计算

（1）模板、支架和拱架上的荷载。

1）模板、支架或拱架的自重。

2）新浇筑的混凝土、钢筋混凝土或其他圬工结构物的重力。

3）施工人员和施工材料、料具等行走运输或堆放的荷载按均布荷载（平均压力）计算，在无具体数据时，计算模板及框架时取 $0.25 \times 10^4 \mathrm{Pa}$，计算支承梁或拱架时可取用 $0.15 \times 10^4 \mathrm{Pa}$，计算支架立柱时取用 $0.1 \times 10^4 \mathrm{Pa}$。

4）振捣混凝土时产生的荷载。

5）新浇混凝土对侧面模板的压力，可参考施工技术规范附录。

6）倾倒混凝土时产生的水平荷载（平均压力），混凝土从溜槽或串筒流出时，可取用 $0.2 \times 10^4 \mathrm{Pa}$；混凝土由运输工具直接倾倒时，容量 $\leqslant 0.2 \mathrm{m}^3$ 时，取用 $0.2 \times 10^4 \mathrm{Pa}$，容量为 $0.2 \sim 0.8 \mathrm{m}^3$，可取用 $0.4 \times 10^4 \mathrm{Pa}$。

7）其他可能产生的荷载，如雪荷载、冬期保温设施荷载等。

模板、支架和拱架的计算荷载组合，可按照表 1-3 进行组合计算。

表 1-3　　　　　　　　　模板、支架和拱架设计计算的荷载组合

项　次	构　件　名　称	荷　载　组　合	
		计算强度用	验算刚度用
1	梁、板和拱的底模板以及支承板、支架及拱等	1）+2）+3）+4）+7）	1）+2）+7）
2	缘石、人行道、栏杆、柱、梁、板、拱等的侧模板	4）+5）	5）
3	基础、墩台等厚大建筑物的侧模板	5）+6）	5）

在计算模板、支架和拱架的强度和稳定时，应考虑作用在模板、支架和拱架上的风力。设置在水中的支架尚需考虑水压力、流冰压力或船只、漂流物的撞击力等冲击力荷载。验算倾覆稳定系数不小于 1.3。

验算模板、拱架及支架刚度时，其变形值和受压杆件的长细比不得超过下列数值：

1）结构表面外露的模板，挠度为模板构件跨度的 1/400。

2）结构表面隐蔽的模板，挠度为模板构件跨度的 1/250。

3）拱架、支架受载后挠曲的杆件（盖梁、纵梁），其弹性挠度为相应结构自由跨度的 1/400。

4）钢模板的面板变形为 1.5mm。

5）钢模板的钢棱、柱箍为 $L/500$ 和 $B/500$（其中 L 为计算跨径，B 为柱宽）。

6）主要受压杆件（立柱）的长细比为150，次要受压构件的长细比为200。

（2）模板设计。根据荷载组合算出作用在模板上的竖向压力和水平压力后，按模板构造进行布置即可计算模板的强度和刚度。

图1-12所示的木模板，水平侧模板可按两跨连续梁计算其弯矩和挠度。立柱则承受水平侧模左、右各半跨的压力，也可作为两跨连续梁计算，固定点位于高度上设有混凝土垫块与螺栓处。底模的计算与上述情况相似。

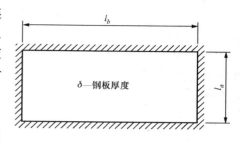

图1-14 钢模板强度、挠度验算的计算单元

钢模板的主要计算内容包括：

1）模板强度验算。取侧模板中四周焊有加劲肋条的最大一块板作为计算单元，如图1-14所示，按四边嵌固的板进行强度验算。

四边嵌固板承受满布均匀荷载时，在 l_b 边中间支点处的负弯短 M 最大，可按下式计算

$$M = -Aql_a^2 l_b \tag{1-1}$$

式中 A——内力计算系数，它与 l_b/l_a 有关，可查阅公路设计手册中的有关表格；

l_a、l_b——板的短边与长边长度；

q——作用在模板上的侧向压力，包括在初凝前由湿混凝土对模板产生的侧向压力和施工设备等对模板产生的侧向压力之和。

当板的弯矩计算出后，即可按受弯构件进行强度验算。

2）模板中心点的挠度计算。对四边嵌固的板单元，可按下式计算板中心点的挠度 f

$$f = B\frac{ql_{a0}^4}{E\delta^3} \tag{1-2}$$

式中 B——计算挠度的系数，与 l_b/l_a 有关，可查表求得；

q——作用在模板上的侧压力；

l_{a0}——板的净跨径；

E——钢板的弹性模量；

δ——钢板厚度。

四边嵌固的板，在侧压力作用下，钢板的挠度不得大于 $l_a/400$。

3）支架的验算。支架的验算包括水平加劲肋、竖向加劲肋及斜撑杆等的强度验算、挠度验算。

水平加劲角钢的计算图式如图1-15所示。作用在水平加劲角钢上的荷载取用上、下板各半跨的侧向压力，可简化按简支梁进行强度和挠度验算。竖向加劲肋的计算相同。斜撑杆根据两端的嵌固情况，按中心受压杆件进行强度和稳定验算。

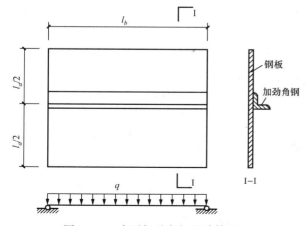

图1-15 水平加劲角钢的计算图示

4）拉杆计算。拉杆设置在梁的两侧模板之间，其中上拉杆设在梁顶部，下拉杆设置在底模板处，拉杆固定于焊在侧模板的连接角钢上。拉杆在梁体浇筑混凝土时受拉，拉杆的受力大小与拉杆设置的间距有关，当拉杆受力确定后，根据拉杆直径进行强度验算。

拉杆通常由圆钢制作，直径可选取 $\phi14\sim\phi16$。根据施工实践：拉杆除受拉外，对侧模板还产生弯矩，固定拉杆的连接角钢处可能拉坏或使侧模板边缘变形，应注意予以加强。

5）底模板验算。底模板的计算图式如图 1-16 所示。首先需要确定作用在底模上的荷载集度，其计算跨径可根据底模板的构造按多跨连续梁计算。但有时为简化，而偏安全地按简支梁进行强度和挠度验算，其计算挠度不得大于 $l/400$。

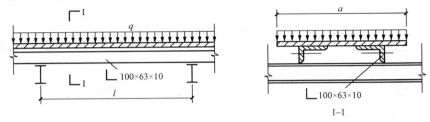

图 1-16　底模板的计算图示

预制梁的钢模板计算与上述内容相同。

（3）拱架节点受力分析。作用在拱架斜面上的拱块，其重力 G 可分解为垂直于斜面的正压力 N 和平行于斜面的切向力 T。此外由于 N 的作用，使拱石与模板间产生摩阻力 T_0，以抵抗使拱石下滑的切向力 T［图 1-17（a）］。在拱块作用下，上述各力为

$$N = G\cos\varphi \tag{1-3}$$
$$T = G\sin\varphi \tag{1-4}$$
$$T_0 = \mu_1 N = \mu_1 G\cos\varphi \tag{1-5}$$

式中　μ——拱块与模板间的摩擦系数，一般可取 0.36。

在拱架不同的区段上，拱架受到的正压力和切向力是不同的。当 $T_0 \geqslant T$ 时，拱架的受力为上式的 N 和 T_0；当 $T_0 < T$ 时，除上述 N、T 外，尚有摩阻力 $T_0 = \mu_1 N'$，则有 $T - T_0 = T'$ 传给下面已砌筑的拱块［图 1-17（b）］或由临时支撑传给下一段斜梁［图 1-17（c）］。由于 T' 的作用，两拱块之间又有摩阻力 $N_0 = \mu_2 T'$，则传给拱架的正压力为 $N - N_0 = N'$。因之把 N、T、N_0、T_0 代入 N' 和 T'，则成

$$G\cos\varphi - \mu_2 T' = N' \tag{1-6}$$
$$G\sin\varphi - \mu_1 N' = T' \tag{1-7}$$

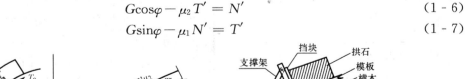
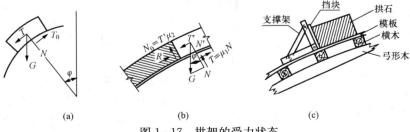

图 1-17　拱架的受力状态

联立求解，则可得到作用在拱架上的正压力和切向力为

$$N' = G \frac{\cos\varphi - \mu_2 \sin\varphi}{1 - \mu_1 \mu_2} \tag{1-8}$$

$$T' = G \frac{\sin\varphi - \mu_1 \cos\varphi}{1 - \mu_1 \mu_2} \tag{1-9}$$

式中　μ_2——拱块间的摩擦系数，一般取用 0.5～0.6。

拱架各构件的内力计算可用节点法进行逐次分析求得。图 1-18 为几个典型节点的受力情况。由于木拱架的节点构造不适于受拉，故斜梁、立柱和斜撑只能承受压力，并假定拱块正压力平均分配于斜梁两端节点，合力 R 只由其左右相邻的两杆件承受。当斜梁上作用力 N 和 T 已知时，即可计算斜梁、立柱和斜撑所受的压力。

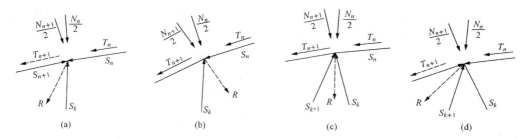

图 1-18　拱架节点的受力分析

以图 1-18 （a）节点说明：

$N_n/2$、$N_{n+1}/2$——节点 n 及 $n+1$ 的拱块正压力之半；

T_n、T_{n+1}——节点 n 及 $n+1$ 拱块的切向力，其中 T_{n+1} 直接传至下一节点上；

S_n——上一节点的合力 R 在 n 杆轴上的分力；

S_{n+1}——合力 R 在杆件 $n+1$ 内的分力（由 $N_n/2$、$N_{n+1}/2$、T_n 和 S_n 可形成合力 R）；

S_k——合力 R 在杆件 k 内的分力。

杆件 n 的内力为 T_n 及 S_n 之和，杆件 k 的内力为 S_k，杆件 $n+1$ 传至下一节点之力为 T_{n+1} 及 S_{n+1}，其内力随下一节点合力 R 方向而定。

斜梁除承受轴力外，还承受着出拱石正压力引起的弯矩，应按压弯杆件计算。

（4）预拱度计算。拱架或支架受载后将产生弹性变形和非弹性变形。桥梁上部结构在自重作用下会产生挠度，为了保证桥梁竣工后尺寸准确，拱架和支架应预留施工拱拱度。各种可能出现的施工变形估算如下：

1）梁式桥的支架。

①支架承受施工荷载引起的弹性变形 δ_1。

$$\delta_1 = \sigma h / E \tag{1-10}$$

式中　σ——立柱内的压应力；

　　　h——立柱高度；

　　　E——立柱材料的弹性模量。

②受载后由于杆件接头的挤压和卸架设备压缩而产生的非弹性变形 δ_2。

$$\delta_2 = \delta_{21} + \delta_{22} \tag{1-11}$$

式中　δ_{21}——杆件接头由局部挤压而产生的变形，可按下式计算：

$$\delta_{21} = 2k_1 + 3k_2 + 2k_3 \tag{1-12}$$

　　k_1——顺纹木料接头数目；

　　k_2——横纹木料接头数目；

　　k_3——木料与钢材或木料与圬工接头数目；

　　δ_{22}——卸架设备的压缩变形。

③支架基础在受载后的非弹性压缩 δ_3。其值可参考桥涵施工规范和手册的有关规定。

2）拱架。

①拱圈自重产生的拱顶弹性下沉 δ_1。

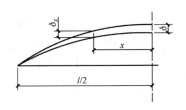

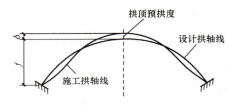

图 1-19　拱桥施工的预拱度设置方式

②拱圈由于温度降低与混凝土收缩产生的拱顶弹性下沉 δ_2。

③墩台水平位移产生的拱顶下沉 δ_3。

④拱架在承重后的弹性及非弹性变形 δ_4。

⑤拱架基础受载后的非弹性压缩 δ_5。

⑥梁式及拱式拱架的跨中挠度 δ_6。

拱架在拱顶处的总预拱度 δ，可根据实际情况进行组合计算。在一般情况下，拱顶预拱度 δ 可在 $l/400 \sim l/800$ 范围内。预拱度 δ 的设置，在拱顶外的其余各点预拱度 δ_x 可近似地按二次抛物线分配，如图 1-19 所示，即

$$\delta_x = \delta\left(1 - \frac{4x^2}{l^2}\right) \tag{1-13}$$

对无支架施工或早期脱架施工的悬链线拱，宜按拱顶新矢高为 $f+\delta$，用拱轴系数降低一级或半级的方式设置预拱度。

1.2.3　模板的制作与安装

1. 模板制作时的注意事项

（1）钢模板制作。

1）钢模板宜采用标准化的组合模板。组合钢模板的拼装应符合 GB 50214—2001《组合钢模板技术规范》。各种螺栓连接件应符合国家现行有关标准。

2）钢模板及其配件应按批准的加工图加工，成品经检验合格后方可使用。

（2）木模板制作。

1）木模可在工厂或施工现场制作。木模与混凝土接触的表面应平整、光滑，多次重复使用的木模应在内侧加钉薄铁皮。木模的接缝可做成平缝、搭接缝或企口缝。当采用平缝时，应采取措施防止漏浆。木模的转角处应加嵌条或做成斜角。

2）重复使用的模板应始终保持其表面平整、形状准确，不漏浆，有足够的强度和刚度。

（3）其他材料模板制作。

1）钢框覆面胶合板模板的板面组配宜采取错缝布置，支撑系统的强度和刚度应满

足要求。吊环应采用 R235 制作,严禁使用冷加工钢筋,吊环计算拉应力不应大于 50MPa。

2)高分子合成材料面板、硬塑料或玻璃钢模板,制作接缝必须严密,边肋及加强肋安装牢固,与模板成一整体。施工时安放在支架的横梁上,以保证承载能力及稳定。

3)圬工外模。

①土胎模制作的场地必须坚实、平整,底模必须拍实找平,土胎模表面应光滑,尺寸准确,表面应涂隔离剂。

②砖胎模与木模配合时,砖做底模,木做侧模,砖与混凝土接触面应抹面,表面抹隔离剂。

③混凝土胎模制作时应保证尺寸准确,表面抹隔离剂。

(4)土牛拱胎。在条件适宜处,可使用土牛拱胎。制作时应有排水设施,土石应分层夯实,密实度不得小于 90%,拱顶部分选用含水量适宜的黏土。土牛拱胎的尺寸、高程应符合设计要求。

2. 模板安装的技术要求

(1)模板与钢筋安装工作应配合进行,妨碍绑扎钢筋的模板应待钢筋安装完毕后安设。模板不应与脚手架连接(模板与脚手架整体设计时除外),避免引起模板变形。

(2)安装侧模板时,应防止模板移位和凸出。基础侧模可在模板外设立支撑固定,墩、台、梁的侧模可设拉杆固定。浇筑在混凝土中的拉杆,应按拉杆拔出或不拔出的要求,采取相应的措施。对小型结构物,可使用金属线代替拉杆。

(3)模板安装完毕后,应对其平面位置、顶部标高、节点联系及纵横向稳定性进行检查,签认后方可浇筑混凝土。浇筑时,发现模板有超过允许偏差变形值的可能时,应及时纠正。

(4)模板在安装过程中,必须设置防倾覆设施。

(5)当结构自重和汽车荷载(不计冲击力)产生的向下挠度超过跨径的 1/1600 时,钢筋混凝土梁、板的底模板应设预拱度,预拱度值应等于结构自重和 1/2 汽车荷载(不计冲击力)所产生的挠度。纵向预拱度可做成抛物线或圆曲线。

(6)后张法预应力梁、板,应注意预应力、自重和汽车荷载等综合作用下所产生的上拱或下挠,应设置适当的预挠或预拱。

3. 制作及安装质量标准

(1)材料。材料和钢材的材质应符合 JTJ 025—1986《公路桥涵钢结构及木结构设计规范》中关于木结构及公路木桥涵的有关规定可按临时性结构办理。

(2)制作及安装偏差限制。模板在使用前应进行检验,需保证坚固、稳定,其位置及尺寸符合设计要求。

(3) 模板制作、安装时的容许偏差见表 1-4 和表 1-5。

1.2.4　支架和拱架的制作与安装

1. 支架和拱架制作时的注意事项

(1)支架和拱架宜采用标准化、系列化、通用化的构件拼装。无论使用何种材料的支架和拱架,均应进行施工图设计,并验算其强度和稳定性。

（2）制作木支架、木拱架时，长杆件接头应尽量减少，两相邻立柱的连接接头应尽量分设在不同的水平面上。主要压力杆的纵向连接，应使用对接法，并用木夹板或铁夹板夹紧。次要构件的连接可用搭接法。

（3）安装拱架前，对拱架立柱和拱架支承面应详细检查，准确调整拱架支承面和顶部标高，并复测跨度，确认无误后方可进行安装。各片拱架在同一节点处的标高应尽量一致，以便于拼装平连杆件。在风力较大的地区，应设置防风缆。

（4）支架和拱架应稳定、坚固，应能抵抗在施工过程中有可能发生的偶然冲撞和振动。

（5）支架或拱架安装完毕后，应对其平面位置、顶部标高、节点连接及纵、横向稳定性进行全面检查，符合要求后，方可进行下一工序。

2. 支架和拱架安装时的注意事项

（1）支架立柱必须安装在有足够承载力的地基上，立柱底端应设垫木来分布和传递压力，并保证浇筑混凝土后不发生超过允许的沉降量。

（2）船只或汽车通行孔的两边支架应加设护桩，夜间应用灯光标明行驶方向。施工中易受漂流物冲撞的河中支架应设坚固的防护设备。

（3）为便于支架和拱架的拆卸，应根据结构形式、承受的荷载大小及需要的卸落量，在支架和拱架适当部位设置相应的木楔、木马、砂筒或千斤顶等落模设备。

3. 制作及安装质量标准

支架和拱架制作、安装时的容许偏差参见表 1-4 和表 1-5。

表 1-4　　　　　　　　模板、支架及拱架制作时的允许偏差

模　板	项　　　目		允许偏差/mm
木模板制作	模板的长度和宽度		±5
	不刨光模板相邻两板表面高低差		3
	刨光模板相邻两板表面高低差		1
	平板模板表面最大的局部不平	刨光模板	3
		不刨光模板	5
	拼合板中木板间的缝隙宽度		2
	支架、拱架尺寸		±5
	榫槽嵌接紧密度		2
钢模板制作	外形尺寸	长和高	0，−1
		肋高	±5
	面板端偏斜		≤0.5
	连接配件（螺栓、卡子等）的孔眼位置	孔中心与板面的间距	±0.3
		板端中心与板端的间距	0，−0.5
		沿板长、宽方向的孔	±0.6
	板面局部不平		1.0
	板面和板侧挠度		±1.0

表 1-5　　　　　　　　　　　模板、支架及拱架安装时的允许偏差

名　　称	项　　目	允许偏差/mm
模板标高	基础	±15
	柱、墙和梁	±10
	墩台	±10
	上部构造的所有构件	+5, 0
模板内部尺寸	基础	±30
	墩台	±20
轴线偏位	基础	15
	柱或墙	8
	梁	10
	墩台	10
	装配式构件支承面的标高	+2, -5
	模板相邻两板表面高低差	2
	模板表面平整	5
	预埋件中心线位置	3
	预留孔洞中心线位置	10
	预留孔洞截面内部尺寸	+10, 0
支架和拱架	纵轴的平面位置	跨度的 1/1000 或 30
	曲线形拱架的标高（包括建筑拱度在内）	+20, -10

1.3　钢筋工程

1.3.1　钢筋的种类

我国钢材按化学成分可分为碳素钢和普通低合金钢两大类。

碳素钢除含铁元素外，还有少量的碳、锰、硅、磷等元素。其中含碳量越高，钢筋的强度越高，但钢筋的塑性和焊接性能越差。一般把碳的质量分数少于 0.22% 的称为低碳钢；碳的质量分数在 0.25%～0.6% 的称为中碳钢；碳的质量分数大于 0.6% 的称为高碳钢。

按钢筋的加工方法，钢筋可分为热轧钢筋、冷拉钢筋、冷轧带肋钢筋、热处理钢筋和钢丝五大类。JTG D62—2004《公路钢筋混凝土及预应力混凝土桥涵设计规范》规定，用于钢筋混凝土及预应力混凝土中的钢筋宜采用热轧钢筋，预应力混凝土构件中的箍筋应选用带肋热轧钢筋，按构造要求配置的钢筋网可采用冷轧带肋钢筋。

我国 JTG D60—2004《公路桥涵设计通用规范》对钢筋混凝土结构使用的普通钢筋按照强度分为 3 个强度等级，见表 1-6。

表 1-6 普通热轧钢筋机械性能的规定

品 种		强度等级代号	直径/mm	屈服强度 $R_{P0.2}$/MPa	抗拉强度 R_m/MPa	伸长率 Δ_s（%）	冷弯 $D=$弯心直径 $d=$钢筋直径
外 形	强度级别			不小于			
光圆钢筋	Ⅰ	R235	8~20	235	370	25	180° $D=d$
带肋钢筋	Ⅱ	HRB335	6~25	335	490	16	180° $D=3d$
			28~50				180° $D=4d$
	Ⅲ	HRB400	6~25	400	570	14	180° $D=4d$
			28~50				180° $D=5d$
		KL400	8~25	440	600	14	90° $D=3d$
			28~40				90° $D=4d$

普通钢筋按照外形特征可分为热轧光圆钢筋和热轧带肋钢筋（图 1-20）。热轧光圆钢筋是经热轧成型并自然冷却的表面平整、截面为圆形的钢筋 [图 1-20（a）]。热轧带肋钢筋是经热轧成型并自然冷却而其圆周表面通常带有两条纵肋和沿长度方向有均匀分布横肋的钢筋，其中横肋斜向一个方向而呈螺纹开的称为螺纹钢筋 [图 1-20（b）]；横肋斜向不同方向而呈"人"字形的，称为人字形钢筋 [图 1-20（c）]；纵肋与横肋不相交且横肋为月牙形状的，称为月牙纹钢筋 [图 1-20（d）]。

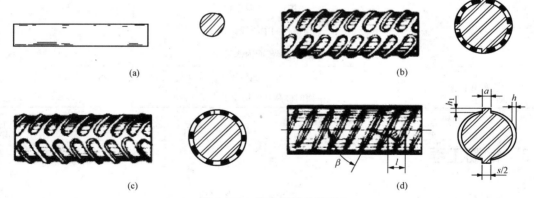

图 1-20 热轧钢筋的外形

1.3.2 钢筋的进场检验和存放

钢筋应有产品合格证、出厂检验报告，每捆（盘）应有标牌。钢筋进场后，应检查其出厂质量证明书和试验报告单，并按批号及直径分批检验。检查内容包括查对标志、检查外观、并按 GB/T 228—2002《金属材料 室温拉伸试验方法》、GB/T 2975—1998《钢及钢产品 力学性能试验取样位置及试样制备》、GB/T 232—1999《金属材料 弯曲试验方法》及 GB/T 2650—2008《焊接接头冲击试验方法》、GB/T 2651—2008《焊接接头拉伸试验方法》的规定，进行屈服强度、抗拉强度、伸长率和冷弯试验及焊接性能试验。

所有钢筋的试验必须在监理人同意的实验室进行。进场后的钢筋每批（同品种、同等级、同一截面尺寸、同炉号、同厂家生产的每 60t 为一批）内任选三根钢筋，各截取一组试样，每组 3 个试件，一个试件用于拉力试验（屈服强度、抗拉强度及伸长率）；一个试件用于冷弯试验；一个试件用于可焊性试验。如果有一个试件试验失败或不符合质量要求，应另取两个试件再做试验。如果两个试件中有一个试验结果仍不符合要求，则该批钢筋将不得接收，或根据试验结果由监理人审查决定降低级别，用于非承重的结构。

钢筋必须按不同钢种、等级、牌号、规格及生产厂分别堆存，且应立牌以便于识别。钢筋应储存于地面以上 0.5m 的平台、垫木或其他支承上，并应保护它不受机械损伤及避免暴露在可使钢筋生锈的环境中，以免引起钢筋表面锈蚀和破损。

1.3.3　钢筋加工

（1）钢筋调直。钢筋调直可利用冷拉或调直机切断机械进行。采用冷拉只是调直，而不是提高钢筋强度，可用调直冷拉率控制：HPB235 级钢筋的冷拉率不宜大于 4%；HRB335、HRB400 级钢筋的冷拉率不宜大于 1%。冷拔低碳钢丝在调直机上调直后，其表面不得有明显擦伤，抗拉强度不得低于设计要求。粗钢筋还可采用锤直和扳直的方法调直。

（2）钢筋除锈。可用钢丝刷、砂盘和酸洗等方法，目前常用电动除锈机除锈或喷砂除锈。经冷拉或机械调直的钢筋一般不必再除锈，如保管不良而产生鳞片状锈蚀时，仍应进行除锈。

（3）钢筋切断。钢筋下料时须按下料长度进行剪切。钢筋剪切可采用钢筋剪切机和电动切割机，直径大于 40mm 的钢筋需用氧气乙炔火焰或电弧切割。

（4）钢筋弯曲。钢筋弯曲时，应按弯曲设备的特点及工地习惯进行划线，以便弯曲成所规定的（外包）尺寸。当弯曲形状比较复杂的钢筋时，可先放出实样再进行弯曲。钢筋弯曲宜采用弯曲机进行。当直径小于 25mm 时，现场也可采用扳钩弯曲。受力钢筋端部弯钩和中间弯折应符合表 1-7 的要求。

表 1-7　　　　受力钢筋端部弯钩及弯折形状

弯曲部位	弯曲角度	形状图	钢筋种类	弯曲直径 D	平直段长度	备注
末端弯钩	180°		R235	$\geqslant 2.5d$	$\geqslant 3d$	d 为钢筋直径
	135°		HRB335	$\geqslant 4d$	$\geqslant 5d$	
			HRB400 KL400	$\geqslant 5d$		
	90°		HRB335	$\geqslant 4d$	$\geqslant 10d$	
			HRB400 KL400	$\geqslant 5d$		
中间弯钩	90°以下		各类	$\geqslant 20d$		

1.3.4　钢筋的连接

为了方便运输，工厂生产的钢筋除小直径按盘圆供应外，一般长度为 $10\sim12m$。因此，在使用时就需要用钢筋接头接长至设计长度。钢筋接头有焊接接头、绑扎接头和机械连接接头等形式。钢筋接头宜优先采用焊接接头和机械连接接头。当施工或构造条件有困难时，也可采用绑扎接头。

1. 焊接接头

焊接接头是钢筋混凝土结构中采用最多的接头。钢筋的焊接方法很多，工程上应用最多的是闪光对焊和电弧搭接焊。

（1）闪光对焊。

1）基本原理。钢筋闪光对焊是利用对焊机，将两根钢筋安放成对接形式，压紧于两电极之间，通过低压的强电流，待钢筋被加热到一定温度变软后，进行轴向加压顶锻，产生强烈飞溅，形成闪光，使两根钢筋焊合在一起。

2）类型。钢筋闪光对焊工艺可分为连续闪光焊、预热闪光焊、闪光—预热—闪光三种。

3）适用范围。闪光对焊广泛用于钢筋加工车间钢筋接长（多用于水平粗钢筋）及预应力钢筋与螺纹端杆的焊接。

4）焊后通电热处理。为改善焊接质量，可采用焊后通电热处理的方法对焊接接头进行一次退火或高温回火处理，以达到消除热影响区产生的脆性组织、改善塑性的目的。

5）质量检查：闪光对焊接头的质量检验，应分批进行外观检查和力学性能试验。

（2）电弧焊。

1）基本原理。电弧焊是利用弧焊机使焊条（作为一极）与焊件（另一极）之间产生高温电弧，使焊条和电弧燃烧范围内的焊件熔化，待其凝固便形成焊缝或接头。

2）适用范围。广泛用于钢筋接头、钢筋骨架焊接、装配式结构接头的焊接、钢筋与钢板的焊接及各种钢结构的焊接。

3）接头形式。有搭接焊、帮条焊、坡口焊。

4）质量检查。焊缝表面平整，不得有凹陷或焊瘤；焊接接头区域不得有裂纹；咬边深度、气孔、夹渣等缺陷允许值及接头尺寸的允许偏差应符合规范规定。力学性能符合规范要求。

（3）电渣压力焊。

1）基本原理。是将钢筋安放成竖向对接形式，利用电流通过渣池产生的电阻，在焊剂层下形成电弧过程和电渣过程，产生电弧热和电阻热，将钢筋端部熔化，然后加压使两根钢筋焊合在一起。

2）适用范围。在建筑施工中多用于现场现浇混凝土结构构件内竖向钢筋的接长。与电弧焊比较，它工效高、成本低，应用广泛。

3）质量检查。应逐根进行，接头焊包均匀，不得有裂纹，钢筋表面无明显烧伤等缺陷。接头处焊包凸出钢筋表面的高度不得小于 $4mm$；接头处钢筋轴线偏移不得超过 0.1 倍钢筋直径，同时不得大于 $2mm$；接头处钢筋轴线弯折不得大于 $4°$。力学性能符合要求。

2. 机械连接接头

（1）钢筋套筒挤压连接。也称钢筋冷压连接，是将需连接的变形钢筋插入特制钢套筒内，利用挤压机使钢套筒产生塑性变形，使它紧紧咬住变形钢筋以实现连接，适用于竖向、横向及其他方向的较大直径变形钢筋的连接。目前我国应用的钢筋挤压连接技术有钢筋径向挤压和轴向挤压两种。前者适用于直径 20～40mm 的带肋钢筋的连接，特别适用于对接头可靠性和塑性要求较高的情况；后者适用于同直径或相差一个型号直径的钢筋连接。

（2）钢筋锥螺纹套管连接，是把钢筋的连接端加工成锥形螺纹（简称丝头），通过锥螺纹连接套把两根带丝头的钢筋按规定的力矩值连接成一体的钢筋连接方法。

3. 绑扎接头

绑扎接头是将两根钢筋搭接一定长度并用铁丝绑扎，通过钢筋与混凝土的黏结力传递内力。绑扎接头是过去的传统做法，为此，JTG D62—2004《公路钢筋混凝土及预应力混凝土桥涵设计规范》对绑扎钢筋接头的应用范围、搭接长度及接头布置都作了严格的规定。

钢筋接头宜采用焊接接头和钢筋机械连接接头（套筒挤压接头、墩粗直螺纹接头），当施工或构造条件有困难时，也可采用绑扎接头。钢筋接头宜设在受力较小区段，并宜错开布置。绑扎接头的钢筋直径不宜大于 28mm，但轴心受压和偏心受压构件中的受压钢筋，可不大于 32mm。轴心受拉和小偏心受拉构件不应采用绑扎接头。

受拉钢筋绑扎接头的搭接长度，应符合表 1-8 的规定；受压钢筋绑扎接头的搭接长度，应取受拉钢筋绑扎接头搭接长度的 0.7 倍。

在任一绑扎接头中心至搭接长度的 1.3 倍长度区段 L 内，同一根钢筋不得有两个接头；在该区段内有绑扎接头的受力钢筋截面面积占受力钢筋总截面面积的百分数，受拉区不宜超过 25%，受压区不宜超过 50%。当绑扎接头的受力钢筋截面面积占受力钢筋总截面面积超过上述规定时，应按表 1-8 规定值，乘以下列系数：当受拉钢筋绑扎接头截面面积大于25%，但不大于 50% 时，乘以 1.4；当大于 50% 时，乘以 1.6；当受压钢筋绑扎接头截面面积大于 50% 时，乘以 1.4（受压钢筋绑扎接头长度仍为表 1-8 中受拉钢筋绑扎接头长度的0.7 倍）。

表 1-8　　　　　　　　　　　　　受拉钢筋绑扎接头搭接长度

钢　筋		混凝土强度等级		
		C20	C25	高于 C25
R235		$35d$	$30d$	$25d$
月牙纹	HRB335	$45d$	$40d$	$35d$
	HRB400，KL400	$55d$	$50d$	$45d$

注：1. 当带肋钢筋直径 d 大于 25mm 时，其受拉钢筋的搭接长度应按表值增加 $5d$ 采用；当带肋钢筋直径小于25mm 时，搭接长度可按表值减少 $5d$ 采用。

　　2. 当混凝土在凝固过程中受力钢筋易受扰动时，其搭接长度应增加 $5d$。

　　3. 在任何情况下，受拉钢筋的搭接长度不应小于 300mm；受压钢筋的搭接长度不应小于 200mm。

　　4. 环氧树脂涂层钢筋的绑扎接头搭接长度，受拉钢筋按表值的 1.5 倍采用。

　　5. 受拉区段内，HPB235 钢筋绑扎接头的末端应做成弯钩，HRB335，HRB400，KL400 钢筋的末端可不做成弯钩。

1.3.5　钢筋骨架与钢筋网安装

（1）预制钢筋骨架或钢筋网必须具有足够的刚度和稳定性。

（2）骨架的焊接拼装应在坚固的工作台上进行，操作时应符合下列要求：

1）拼装时应按设计图放大样，放样时应考虑焊接变形和预留拱度。

2）钢筋拼装前，对有焊接接头的钢筋应检查每根接头是否符合焊接要求。

3）拼装时，在需要焊接的位置用楔形卡卡住，防止电焊时局部变形。待所有焊接点卡好后，先在焊缝两端固定焊定位，然后进行焊缝施焊。

4）骨架焊接时，不同直径的钢筋的中心线应在同一平面上。为此，较小直径的钢筋在焊接时，下面宜垫以厚度适当的钢板。

5）施焊顺序宜由中到边对称地向两端进行，先焊骨架下部，后焊骨架上部。相邻的焊缝采用分区对称跳焊，不得顺方向一次焊成。

（3）质量检查和质量标准。

1）加工钢筋的偏差不得超过表1-9的规定。

表1-9　　　　　　　　加工钢筋的允许偏差

项　　　目	允许偏差/mm
受力钢筋顺长度方向加工后的全长	±10
弯起钢筋各部尺寸	±20
箍筋、螺旋筋各部分尺寸	±5

2）焊接钢筋网和焊接骨架的偏差不得超过表1-10的规定。

表1-10　　　　　　　　焊接钢筋网及焊接骨架的允许偏差

项　　　目	允许偏差/mm	项　　　目	允许偏差/mm
网的长、宽	±10	骨架的宽及高	±5
网眼的尺寸	±10	骨架的长	±10
网眼的对角线差	10	箍筋间距	0，—20

1.4　混凝土及钢筋混凝土施工

混凝土施工包括施工准备、拌制、运输、浇筑和养护等过程，各个施工过程相互联系和影响，任一施工过程处理不当都会影响混凝土工程质量。因此，在混凝土施工过程中必须严格控制混凝土的各种原材料质量和各道工序的施工质量，从而保证结构的强度、刚度、整体性及耐久性。

1.4.1　混凝土浇筑前的准备工作

1. 混凝土原材料

普通混凝土是由水泥、粗骨料（碎石或卵石）、细骨料（砂）、外加剂和水拌和，经硬化而成的一种人造石材。砂、石在混凝土中起骨架作用，并抑制水泥的收缩；水泥和水形成水泥浆，包裹在粗细骨料表面并填充骨料间的空隙。水泥浆体在硬化前起润滑作用，使混凝土拌和物具有良好工作性能，硬化后将骨料胶结在一起，形成坚强的整体。

（1）水泥。通常采用硅酸盐水泥、普硅水泥或矿渣水泥。对水泥的基本要求是：

水泥在进场前应有制造厂的水泥品质试验报告等合格证明文件。水泥进场后，应按其品种、强度、证明文件以及出厂时间等情况分批进行检查验收。

水泥进场后应按品种、标号、出厂日期不同分别堆放，并做好标记，并应先进先用，不得将不同品种、标号或不同出厂日期的水泥混用。

袋装水泥在运输和储存时应防止受潮，堆垛高度不宜超过 10 袋。不同强度等级、品种和出厂日期的水泥应分别堆放。散装水泥的储存，应尽可能采用水泥罐或散装水泥仓库。

水泥如受潮或存放时间超过 3 个月，应重新取样检验，并按其复验结果使用。

（2）骨料。砂、石子是混凝土的骨架材料，因此又称粗细骨料。骨料有天然骨料、人造骨料，工程中常用天然骨料。

根据砂的来源不同，砂分为河砂、海砂、山砂、机制砂。选择细集料时，应优先选择级配良好、质地坚硬、颗粒洁净的河砂。当没有河砂时，也可采用山砂或机制砂。细骨料不宜采用海砂，不得不采用海砂时，其氯离子的含量对于钢筋混凝土应符合 JTJ 041—2000《公路桥涵施工技术规范》的规定。桥涵混凝土的粗骨料，应采用坚硬的卵石或碎石，粗骨料的颗粒级配，可采用连续级配或连续级配与单粒级配合使用。在特殊情况下，通过试验证明混凝土无离析现象时，也可采用单粒级。粗骨料最大粒径应按混凝土结构情况及施工方法选取，但最大粒径不得超过结构最小边尺寸的 1/4 和钢筋最小净距的 3/4；在两层或多层密布钢筋结构中，不得超过钢筋最小净距的 1/2，同时最大粒径不得超过 100mm。用混凝土泵运送混凝土时的粗骨料最大粒径，除应符合上述规定外，对碎石不宜超过输送管径的 1/3，对于卵石不宜超过输送管径的 1/2.5，同时应符合混凝土泵制造厂的规定。

（3）水。混凝土拌和用水一般可以直接使用饮用水，当使用其他来源水时，水质必须符合国家有关标准的规定。污水、pH 值小于 5 的酸性水及含硫酸盐量按 SO_4^{-2} 计超过水的质量 0.27mg/cm³ 的水不得使用。海水含有氯盐时，不得用海水拌制混凝土。

（4）外加剂。掺入外加剂可以在不增加水泥用量的情况下，提高混凝土质量，改善其施工性能，节约材料，缩短施工周期，满足工程的特殊要求。外加剂的种类很多，根据其用途和用法不同，总体可分为早强剂、减水剂、缓凝剂、抗冻剂、加气剂、防锈剂、防水剂等。

（5）掺和料。在混凝土中加适量的掺和料，既可以节约水泥、降低混凝土水泥水化热，也可以改善混凝土的性能。混合材料包括粉煤灰、火山灰质材料、粒化高炉矿渣等，应由生产单位专门加工，进行产品检验并出具产品合格证书，其技术条件应分别符合 GB 1596—2005《用于水泥和混凝土中的粉煤灰》、GB/T 2847—2005《用于水泥中的火山灰质混合料》、GB/T 203—2008《用于水泥中的粒化高炉矿渣》等标准的规定。

2. 混凝土配合比

混凝土配合比的设计是依据设计图纸中混凝土强度等级进行的。选择配合比的原则：在具有适合作业要求的和易性范围内，应尽量减少单位用水量，并根据试验确定配合比。

1.4.2　混凝土拌制、运输

1. 混凝土拌制

混凝土拌制是按一定配合比，将水泥、砂石骨料、水、掺和料及外加剂制成混凝土拌和物的施工工序。混凝土拌制是混凝土施工中的重要环节之一。合理设计和组织混凝土生产的工艺流程、正确选定拌制系统生产设备和能力、科学合理布置拌和厂、严格控制拌和质量、对保证混凝土质量、缩短工期、降低成本都具有重要的作用。混凝土拌制通常以机械为主，人工为辅。主要的基本工程工作量一般为机械拌制，工程中少量的塑性混凝土才用人工拌制。

（1）机械拌制。常用的搅拌机有自落式和强制式搅拌机两种。自落式搅拌机用于拌和塑性混凝土，强制式搅拌机用于拌和半干硬性混凝土。搅拌机使用前应清扫干净，否则搅拌机内部有灰浆黏着硬化，会缩短机器的正常使用寿命，影响拌和料的质量。当搅拌机长久未用时，使用时应先放入一部分砂、石搅拌一会儿，然后倒去，以除去拌和机内的锈等杂质。给搅拌机喂料误差控制如下：水泥、外加剂干料±2%，粗细集料±3%，水、外加剂溶液±2%。喂料顺序应根据机器类型、集料种类等具体情况确定。对于强制式拌和机，先砂，再水泥，最后加石料，上料后提起料斗，把全部原料倒入拌机内拌和，同时打开进水阀，等搅拌机拌和至各材料混合均匀，颜色一致才出料。混凝土最短搅拌时间参看相关规范。

对于大桥或特大桥以及混凝土数量较多时应设置混凝土拌和站，各种混凝土采用集中拌制，电子计量，利于混凝土的质量控制。

（2）人工拌制。速度慢，劳动强度大，仅用于小量的辅助或修补工程。

2. 混凝土运输

混凝土运输是指将混凝土从搅拌站送到浇筑点的过程。为保证混凝土的质量，对混凝土运输的基本要求是：在运输过程中应保持混凝土的均匀性，避免分层离析、泌水、砂浆流失和坍落度变化等现象发生和保证在混凝土在初凝之前有足够的时间进行浇筑和振捣。

混凝土运输分为地面水平运输、垂直运输和高空水平运输三种情况。

混凝土地面水平运输：如采用预拌（商品）混凝土且运输距离较远时，多用混凝土搅拌运输车。混凝土如来自工地搅拌站，则多用小型翻斗车，有时还用皮带运输机和窄轨翻斗车，近距离也可用双轮手推车。

混凝土垂直运输：多采用塔式起重机、混凝土泵、快速提升斗和井架。用塔式起重机时，混凝土多放在吊斗中，这样可直接进行浇筑。

混凝土高空水平运输：如垂直运输采用塔式起重机，一般可将料斗中混凝土直接卸在浇筑点；如用混凝土泵则用布料机布料；如用井架等，则以双轮手推车为主。

混凝土搅拌运输车（图1-21）为长距离运输混凝土的有效工具，它有一搅拌筒斜放在汽车底盘上。在混凝土搅拌站装入混凝土后，由于搅拌筒内有两条螺旋状叶片，在运输过程中搅拌筒可进行慢速转动进行拌和，以防止混凝土离析。运至浇筑地点，搅拌筒反转即可迅速卸出混凝土。搅拌筒的容量一般为 $2\sim10\text{m}^3$。

1.4.3　混凝土浇筑工艺

混凝土浇筑要保证混凝土的均匀性、密实性和结构的整体性，外形尺寸准确，结构及钢筋、预埋件位置准确，拆模后混凝土表面平整、密实。

浇筑混凝土前，应对支架、模板、钢筋和预埋件进行检查，并做好记录，符合设计要求后方可浇筑。模板内的杂物、积水和钢筋上的污垢应清理干净。模板如有缝隙，应填塞严密，模板内面应涂刷脱模剂。浇筑混凝土前，应检查混凝土的均匀性和坍落度。

图 1-21　混凝土搅拌运输车

1. 混凝土卸落

自高处向模板内倾卸混凝土时，为防止混凝土离析，应符合下列规定：

（1）从高处直接倾卸时，其自由倾落高度不宜超过 2m，以不发生离析为度。

（2）当倾落高度超过 2m 时，应通过串筒、溜管或振动溜管等设施下落；倾落高度超过 10m 时，应设置减速装置。

（3）在串筒出料口下面，混凝土堆积高度不宜超过 1m。

2. 混凝土施工缝

混凝土施工原则上要连续进行，如因故必须间断时，其间断时间应小于前层混凝土的初凝时间或能重塑的时间。混凝土的运输、浇筑及间歇的全部时间不得超过表 1-11 的规定。当需要超过时应预留施工缝。

表 1-11　　　　　　　混凝土的运输、浇筑及间歇的全部允许时间　　　　　　（单位：min）

混凝土强度等级	气温不高于 25℃	气温高于 25℃
≤C30	210	180
>C30	180	150

注：当混凝土中掺有促凝或缓凝剂时，其允许时间应根据试验结果确定。

施工缝的位置应在混凝土浇筑之前确定，宜留置在结构受剪力和弯矩较小且便于施工的部位，并应按下列要求进行处理：

（1）应凿除处理层混凝土表面的水泥砂浆和松弱层，但凿除时，处理层混凝土须达到下列强度：

1）用水冲洗凿毛时，须达到 0.5MPa。

2）用人工凿除时，须达到 2.5MPa。

3）用风动机凿毛时，须达到 10MPa。

（2）经凿毛处理的混凝土面，应用水冲洗干净，在浇筑次层混凝土前，对垂直施工缝宜刷一层水泥净浆，对水平缝宜铺一层厚为 10～20mm 的 1：2 的水泥砂浆。

（3）重要部位及有防震要求的混凝土结构或钢筋稀疏的钢筋混凝土结构，应在施工缝处补插锚固钢筋或石榫；有抗渗要求的施工缝宜做成凹形、凸形或设置止水带。

（4）施工缝为斜面时应浇筑成或凿成台阶状。

（5）施工缝处理后，须待处理层混凝土达到一定强度后才能继续浇筑混凝土。需要达到的强度，一般最低为 1.2MPa，当结构物为钢筋混凝土时，不得低于 2.5MPa。

3. 混凝土浇筑

混凝土应按一定厚度、顺序和方向分层浇筑，应在下层混凝土初凝或能重塑前浇筑完成上层混凝土。上下层同时浇筑时，上层与下层前后浇筑距离应保持 1.5m 以上。在倾斜面上浇筑混凝土时，应从低处开始逐层扩展升高，保持水平分层。混凝土分层浇筑厚度不宜超过表 1‑12 的规定。

表 1‑12 　　　　　　　　　　　　混凝土分层浇筑厚度

捣 实 方 法		浇筑层厚度/mm
用插入式振动器		300
用附着式振动器		300
用表面振动器	无筋或配筋稀疏时	250
	配筋较密时	150
人工捣实	无筋或配筋稀疏时	200
	配筋较密时	150

注：表列规定可根据结构物和振动器型号等情况适当调整。

4. 混凝土振捣

混凝土的振捣分人工振捣（用铁钎）和机械振捣两种。人工振捣一般用于坍落度大、混凝土数量少或钢筋过密部位的振捣。大规模的混凝土浇筑，必须用机械振捣。

机械振捣设备有插入式、附着式、平板式振捣器和振动台等。平板式振捣器用于大面积混凝土施工，如桥面、基础等；附着式振捣器可设在侧模板上，但附着式振捣器是借助振动模板来振捣混凝土，故对模板要求较高，而振捣效果不是太好，常用于薄壁混凝土部分振捣，如梁肋上和空心板两侧部分；插入式振捣器常用的是软管式的，只要构件断面有足够的地方插入振捣器，而钢筋又不太密时，采用插入振捣器的振捣效果比平板式和附着式都要好。振捣时应注意：

（1）严禁利用钢筋振动进行振捣。

（2）每次振捣的时间要严格掌握。插入式振捣器，一般只要 15～30s，平板式振捣器 25～40s。

（3）对每一振动部位，必须振动到该部位混凝土密实为止。密实的标志是混凝土停止下沉，不再冒出气泡，表面呈现平坦、泛浆。

1.4.4　混凝土的养护

混凝土浇筑完成后应及时进行养护。养护可分自然养护和蒸汽养护两种。在养护期间，应使其保持湿润，防止雨淋、日晒、受冻及受荷载的振动、冲击，以促使混凝土硬化，并在获得强度的同时，防止混凝土干缩引起的裂缝。为此，对于混凝土外露面，在表面收浆、凝固后即用草帘等物覆盖，并应经常在覆盖物上洒水，洒水养护时间不少于 JTJ 041—2000《公路桥涵施工技术规范》所规定的时间。

当日平均气温低于 5℃或日最低气温低于−3℃时，应按冬期施工要求进行养护。

1.4.5　混凝土质量控制

1. 混凝土质量控制方法

实施混凝土质量控制应符合下列规定：

（1）通过对原材料的质量检验与控制、混凝土配合比的确定与控制、混凝土生产和施工过程各工序的质量检验与控制以及合格性检验控制，使混凝土的质量符合规定要求。

（2）在施工过程中应进行质量检测，应用各种质量管理图表，掌握动态信息，控制整个生产和施工期间的混凝土质量，制订保证质量的措施，完善质量控制过程。

（3）必须配备相应的技术人员和必要的检验及试验设备，建立和健全必要的技术管理与质量控制制度。

2. 混凝土质量检验

各种材料、各工程项目和各个工序，应经常进行检验，保证符合设计和施工技术规范的要求。主要包括浇筑混凝土前的检验，拌制和浇筑混凝土时的检验，浇筑混凝土后的检验。

（1）浇筑混凝土前应对施工设备和场地，混凝土组成材料及配合比（包括外加剂），混凝土凝结速度等性能，基础、钢筋、预埋件等隐蔽工程及支架、模板，养护方法及设施，安全设施等进行检验。

（2）拌制和浇筑混凝土时的检验。

1）混凝土组成材料的外观及配料、拌制，每一工作班至少 2 次，必要时随时抽样试验。

2）混凝土的和易性（坍落度等）每工作班至少 2 次。

3）砂石材料的含水率，每日开工前 1 次，气候有较大变化时随时检测；当含水率变化较大、将使配料偏差超过规定时，应及时调整。

4）钢筋、模板、支架等的稳固性和安装位置。

5）混凝土的运输、浇筑方法和质量。

6）外加剂使用效果。

7）制取混凝土试件。

（3）浇筑混凝土后应对养护情况；混凝土强度，拆模时间；混凝土外露面或装饰质量；结构外形尺寸、位置、变形和沉降等进行检验。

3. 混凝土强度检验方法

混凝土抗压强度应以标准条件下养护 28d 龄期试件的抗压强度进行评定，其合格条件如下：

（1）应以强度等级相同、龄期相同以及生产工艺条件和配合比相同的混凝土组成同一验收批，同一验收批的混凝土强度应以同批内所有各组标准尺寸试件的强度测定值（当为非标准尺寸试件时应进行强度换算）为代表值。

（2）大桥等重要工程及中小桥、涵洞工程的试件大于或等于 10 组时，应以数理统计方法按下述条件评定：

$$R_n - K_1 S_n \geqslant 0.9R \qquad\qquad (1-14)$$
$$R_{\min} \geqslant K_2 R \qquad\qquad (1-15)$$

式中 R_n——同批 n 组试件强度的平均值（MPa）；

　　　　n——同批混凝土试件组数；

　　　　S_n——同批 n 组试件强度的标准差（MPa），当 $S_n < 0.06R$ 时，取 $S_n = 0.06R$；

　　　　R——设计的混凝土强度等级（MPa）；

　　　　$R_{\min}$——n 组试件中强度最低一组的值（MPa）；

　　K_1、K_2——合格判定系数，见表 1-13。

表 1-13 K_1、K_2 的 值

n	10～14	15～24	≥25
K_1	1.70	1.65	1.60
K_2	0.9	0.85	

（3）中小桥及涵洞等工程，同批混凝土试件少于 10 组时，可用非统计方法按下述条件进行评定：

$$R_n \geqslant 1.15R \qquad\qquad (1-16)$$
$$R_{\min} \geqslant 0.95R \qquad\qquad (1-17)$$

（4）当混凝土强度按试件强度进行评定达不到合格条件时，可采用钻取试样或以无损检测法查明结构实际混凝土的抗压强度和浇筑质量。如仍有不合格，应由有关单位共同研究处理。

（5）结构混凝土应符合下列规定：

1）表面应密实、平整。

2）如有蜂窝、麻面，其面积不超过结构同侧面积的 0.5%。

3）如有裂缝，其宽度不得大于设计规范的有关规定。

4）预制桩桩顶、桩尖等重要部位无掉边或蜂窝、麻面。

5）小型构件无翘曲现象。

6）对蜂窝、麻面、掉角等缺陷，应凿除松弱层，用钢丝刷清理干净，用压力水冲洗、湿润，再用较高强度的水泥砂浆或混凝土填塞捣实，覆盖养护；用环氧树脂等胶凝材料修补时，应先经试验验证。

7）如有严重缺陷，影响结构性能时，应分析情况，研究处理。

1.4.6 混凝土冬期施工

冬期施工是指根据当地多年气温资料，室外日平均气温连续 5d 稳定低于 5℃时工程的施工。冬期混凝土施工应采取冬期施工措施。

1. 冬期混凝土配制和搅拌的技术要求

（1）配制混凝土时，宜优先选用硅酸盐水泥、普通硅酸盐水泥，水泥的强度等级不宜低于 42.5，水灰比不宜大于 0.5。

（2）浇筑混凝土宜掺用引气剂、引气型减水剂等外加剂，以提高混凝土的抗冻性。

（3）拌制混凝土的各项材料的温度，应满足混凝土拌和物拌和成后所需的温度。当材

料原有温度不能满足需要时，应首先考虑对拌和用水加热，仍不能满足需要时，再考虑对骨料加热。

（4）冬期搅拌混凝土时，骨料不得带有冰雪和冻结团块。严格控制混凝土的配合比和坍落度。投料前，应先用热水或蒸汽冲洗搅拌机，投料顺序为骨料、水，搅拌，再加水泥搅拌，时间应较常温时延长 50%。混凝土拌和物的出机温度不宜低于 10℃，入模温度不得低于 5℃。

2. 冬期混凝土运输和浇筑的技术要求

（1）混凝土的运输时间应尽可能缩短，运输混凝土的容器应有保温措施。

（2）混凝土在浇筑前应清除模板、钢筋上的冰雪和污垢。成型开始养护时的温度：用蓄热法养护时不得低于 10℃；用蒸汽法养护时不得低于 5℃，细薄结构不得低于 8℃。

（3）冬期施工接缝混凝土时，在新混凝土浇筑前应加热使接合面有 5℃ 以上的温度，浇筑完成后，应采取措施使混凝土接合面继续保持正温，直至新浇筑混凝土获得规定的抗冻强度。

（4）浇筑预应力混凝土构件的湿接缝时，宜采用热混凝土或热水泥砂浆，并应适当降低水灰比。浇筑完成后应加热或连续保温养护，直至接缝混凝土或水泥砂浆抗压强度达到设计强度的 75%。

3. 冬期混凝土养护的技术要求

冬期混凝土的养护可根据具体情况，选用蓄热法、蒸汽加热、电加热或暖棚加热等方法。

（1）蓄热法。蓄热法是指采用保温措施，利用原材料加热和水泥水化热的热量，以保证混凝土强度正常增长的施工方法。当室外最低温度不低于 -15℃ 时，地面以下的工程，或表面系数 M 不大于 $5m^{-1}$ 的结构，应优先采用蓄热法养护。对结构易受冻的部位，应采取加强保温措施。

用蓄热法养护混凝土时，应符合下列规定：

1）蓄热方法应根据环境条件，经过计算在能确保结构物不受冻害的条件下采用。

2）应采取加速混凝土硬化和降低混凝土冻结温度的措施。

3）混凝土应采用较小的水灰比。

4）对容易冷却的部位，应特别加强保温。

5）不应往混凝土和覆盖物上洒水。

（2）蒸汽加热法。对表面系数大、养护时间要求短的混凝土冬期施工工程，当自然气温法在技术上有困难时，可以利用蒸汽养护新浇筑的混凝土。蒸汽养护法主要包括棚罩法、蒸汽套法、热模法和内部通汽法。

采用蒸汽加热法养护混凝土时，混凝土的升、降温速度不得超过表 1-14 的规定。

表 1-14　　　　　　　　　加热养护混凝土的升、降温速度　　　　　　　　（单位：℃/h）

表面系数（m^{-1}）	升温速度	降温速度
≥6	15	10
<6	10	5

注：1. 大体积混凝土应根据实际情况确定。

2. 表面系数是指结构冷却面积（m^2）与结构体积（m^3）的比值，当采用普通硅酸盐水泥时，养护温度不宜超过 80℃；当采用矿渣硅酸盐水泥时，养护温度可提高到 85~95℃。

（3）电热法。用电热法养护混凝土时，一般采用电极法和电热器加热法。

1）电极法主要利用电流通过导体产生热量来养护混凝土。电极的布置，应保证混凝土温度均匀，加热时间为混凝土强度达到设计强度的 50%。

2）混凝土电热器加热法养护，是利用工厂生产的电热器片通电加热养护。混凝土的覆盖要求同蒸汽养护，电热片的用量及布置应根据环境温度、覆盖情况及养护时间长短通过试验确定。

（4）暖棚法。暖棚法是将初养护的构件置于棚中，内部安装散热器、热风机或燃火炉等，作为热源加热空气，使混凝土获得正常养护条件。用暖棚法加热养护混凝土时，应符合下列规定：

1）暖棚应坚固、不透风，靠内墙宜采用非易燃性材料。

2）在暖棚中用明火加热时，须特别加强防火、防煤气中毒措施。

3）暖棚内气温不得低于 5℃。

4）暖棚内宜保持一定的湿度，湿度不足时，应向混凝土面及模板上洒水。

1.5 预应力混凝土施工

1.5.1 预应力钢筋的种类、加工

1. 预应力钢筋的种类

JTG D62—2004《公路钢筋混凝土及预应力混凝土桥涵设计规范》推荐使用的预应力钢筋有钢绞线、消除应力钢丝和精轧螺纹钢筋。

（1）钢绞线。钢绞线是由 2、3 或 7 根高强钢丝扭结而成并经消除内应力后的盘卷状钢丝束（图 1-22）。最常用的是由 6 根钢丝围绕一根芯丝顺一个方向扭结而成的 7 股钢绞线。芯丝直径常比外围钢丝直径大 5%～7%，以使各根钢丝紧密接触。钢丝扭距一般为钢绞线公称直径的 12～16 倍。

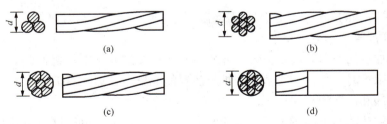

图 1-22　几种常见的预应力钢绞线
（a）三股钢绞线；（b）七股钢绞线；（c）七股拔模钢绞线；（d）无黏结钢绞线

GB/T 5224—2003《预应力混凝土用钢绞线》根据国家标准选用的钢绞线有两股钢绞线、三股钢绞线和七股钢绞线三种规格，其抗拉强度标准值为 1470～1860MPa，并依松弛性能不同分成普通钢绞线和低松弛钢绞线两种。普通钢绞线工艺简单，钢绞线绞捻而成后，仅需在 400℃ 的熔铅中进行回火处理；而低松弛钢绞线则需进行稳定化处理，即在 350～400℃ 的温度下进行热处理的同时，还给钢绞线施加一定的拉力，使其达到兼有热处理与预

拉处理的效果，不仅可以消除内应力，而且可以提高其强度，使结构紧密，切断后断头不松散，可使应力松弛损失率大大降低，伸直性好。

钢绞线具有截面集中、比较柔软、盘弯运输方便、与混凝土黏结性能良好等特点，可大大简化现场成束的工序，是一种较理想的预应力钢筋。普通钢绞线的强度与弹性模量均较单根钢丝略小，但低松弛钢绞线已有改变。据国外统计，钢绞线在预应力筋中的用量约占 75%，而钢丝与粗钢筋共约占 25%。国内使用高强度、低松弛钢绞线也已经成为主流。

英国和日本还生产了一种"模拔成型钢绞线"，它是在捻制成型时通过模孔拉拔而成的。它可使钢丝互相挤紧成近于六边形，使钢绞线的内部空隙和外径大大减小，在相同预留孔道的条件下，可增加预拉力约 20%，且周边与锚具接触的面积增加，有利于锚固。

（2）高强度钢丝。预应力混凝土结构常用的高强钢丝（图 1-23）是用优质碳素钢〔含碳量为（0.7%～1.4%）〕轧制成盘圆经温铅浴淬火处理后，再冷拉加工而成的钢丝。对于采用冷拔工艺生产的高强钢丝，冷拔后还需经过回火矫直处理，以消除钢丝在冷拔中所存在的的内部应力，提高钢丝的比例极限、屈服强度和弹性模量。GB/T 5224—2003《预应力混凝土用钢绞线》中采用的消除应力高强钢丝有光圆钢丝、螺旋肋钢丝和刻痕钢丝。

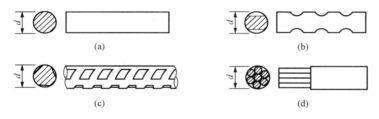

图 1-23 几种常见的预应力高强钢丝
（a）光面钢丝；（b）两面刻痕钢丝；（c）三面刻痕钢丝；（d）无黏结钢丝束

（3）精轧螺纹钢筋。精轧螺纹粗钢筋在轧制时沿钢筋纵向全部轧有规律性的螺纹肋条，可用螺纹套筒连接和螺母锚固，因此不需要再加工螺纹，也不需要焊接。目前，这种高强钢筋仅用于中、小型预应力混凝土构件或作为箱梁的竖向、横向预应力钢筋。

2. 预应力钢筋加工

（1）预应力筋下料。预应力筋的下料长度应通过计算确定，计算时应考虑结构的孔道长度或台座长度、锚夹具厚度、千斤顶长度、焊接接头或镦头预留量、冷拉伸长值、弹性回缩值、张拉伸长值和外露长度等因素。

钢丝束两端采用镦头锚具时，同一束中各根钢丝下料长度的相对差值，当钢丝束长度小于或等于 20m 时，不宜大于 1/3000；当钢丝束长度大于 20m 时，不宜大于 1/5000，且不大于 5mm。长度不大于 6m 的先张构件，当钢丝成组张拉时，同组钢丝下料长度的相对差值不得大于 2mm。

钢丝、钢绞线、热处理钢筋、冷拉Ⅳ级钢筋、冷拔低碳钢丝及精轧螺纹钢筋的切断，宜采用切断机或砂轮锯，不得采用电弧切割。

（2）冷拉钢筋接头。

1）冷拉钢筋的接头，应在钢筋冷拉前采用一次闪光顶锻法进行对焊，对焊后尚应进行热处理，以提高焊接质量。钢筋焊接后其轴线偏差不得大于钢筋直径的 1/10，且不得大于 2mm，轴线曲折的角度不得超过 4°。采用后张法张拉的钢筋，焊接后尚应敲除毛刺，但不得减损钢筋截面面积。

2）预应力筋有对焊接头时，除非设计另有规定，宜将接头设置在受力较小处，在结构受拉区及在相当于预应力筋直径 30 倍长度的区段（不小于 500mm）范围内，对焊接头的预应力筋截面面积不得超过该区段预应力筋总截面面积的 25%。

3）冷拉钢筋采用螺纹端杆锚具时，应在冷拉前焊接螺纹端杆，并应在冷拉时将螺母置于端杆端部。

（3）预应力筋镦粗头。预应力筋镦头锚固时，对于高强钢丝，宜采用液压冷镦；对于冷拔低碳钢丝，可采用冷冲镦粗；对于钢筋，宜采用电热镦粗，但Ⅳ级钢筋镦粗后应进行电热处理。冷拉钢筋端头的镦粗及热处理工作，应在钢筋冷拉之前进行，否则应对镦头逐个进行张拉检查，检查时的控制应力应不小于钢筋冷拉的控制应力。

（4）预应力筋的冷拉。预应力筋的冷拉，可采用控制应力或控制冷拉率的方法。但对不能分清炉批号的热轧钢筋，不应采取控制冷拉率的方法。

当采用控制应力方法冷拉钢筋时，其冷拉控制应力下的最大冷拉率，应符合表 1-15 的规定。冷拉时应检查钢筋的冷拉率，当超过表中的规定时，应进行力学性能检验。

表 1-15　　　　　　　　　　冷拉控制应力及最大冷拉率

钢筋级别	钢筋直径/mm	冷拉控制应力/MPa	最大冷拉率（%）
Ⅳ级	10～28	700	4.0

当采用控制冷拉率方法冷拉钢筋时，冷拉率必须由试验确定。测定同炉批钢筋冷拉率时，其试样不少于 4 个，并取其平均值作为该批钢筋实际采用的冷拉率。测定冷拉率时钢筋的冷拉应力应符合表 1-16 的规定。

表 1-16　　　　　　　　　　测定冷拉率时钢筋的冷拉应力

钢筋级别	钢筋直径/mm	冷拉控制应力/MPa
Ⅳ级	10～28	700

注：当钢筋平均冷拉率低于 1% 时，仍应按 1% 进行冷拉。

钢筋的冷拉速度不宜过快，宜控制在 5MPa/s 左右。冷拉至规定的控制应力（或冷拉率）后，应停置 1～2min 再放松。冷拉后，有条件时宜进行时效处理。应按冷拉率大小分组堆放，以备编束时选料。冷拉钢筋时应做记录。

当采用控制应力方法冷拉钢筋时，对使用的测力计应经常进行校验。

（5）预应力筋的冷拔。预应力筋采用冷拔低碳钢丝时，应采用 6～8mm 的Ⅰ级热轧钢筋盘条拔制。拔丝模孔为盘条原直径的 0.85～0.9，拔制次数一般不超过 3 次，超过 3 次时应将拔丝退火处理。拉拔总压缩率应控制在 60%～80%，平均拔丝速度应为 50～70m/min。冷拔达到要求直径后，应进行检验，以决定其组别和力学性能（包括伸长率）。

（6）预应力筋编束。预应力筋由多根钢丝或钢绞线组成时，同束内应采用强度相等的预应力钢材。编束时，应逐根理顺，绑扎牢固，防止互相缠绕。

1.5.2　锚（夹）具、张拉机具的构造及使用方法

1. 预应力钢筋用锚具

（1）基本要求。临时夹具（在制作先张法或后张法预应力混凝土构件时，为保持预应力筋拉力的临时性锚固装置）和锚具（在后张法预应力混凝土构件中，为保持预应力筋的拉力并将其传递到混凝土上所用的永久性锚固装置）都是保证预应力混凝土施工安全、结构可靠的关键设备。因此，在设计、制造或选择锚具时应注意满足下列要求：受力安全可靠；预应力损失要小；构造简单、紧凑，制作方便，用钢量少；张拉锚固方便迅速，设备简单。

（2）锚具的分类。锚具的类型繁多，按其传力锚固的受力原理，可分为：

1）依靠摩阻力锚固的锚具。如楔形锚、锥形锚和用于锚固钢绞线的 JM 锚与夹片式群锚等，都是借张拉预应力钢筋的回缩或千斤顶顶压，带动锥销或夹片将预应力钢筋楔紧于锥孔中而锚固的。

2）依靠承压锚固的锚具。如镦头锚、钢筋螺纹锚等，是利用钢丝的镦粗头或钢筋螺纹承压进行锚固。

3）依靠黏结力锚固的锚具。如先张法的预应力钢筋锚固，以及后张法固定端的钢绞线压花锚具等都是利用预应力钢筋与混凝土之间的黏结力进行锚固的。

对于不同形式的锚具，往往需要配套使用专门的张拉设备。因此，在设计施工中，锚具与张拉设备的选择，应同时考虑。

（3）桥梁结构中几种常用的锚具。

1）锥形锚。锥形锚（又称为弗式锚），主要用于钢丝束的锚固。它由锚圈和锚塞（又称锥销）两部分组成。锥形锚是通过张拉钢束时顶压锚塞，把预应力钢丝楔紧在锚圈与锚塞之间，借助摩阻力锚固的（图 1-24）。在锚固时，利用钢丝的回缩力带动锚塞向锚圈内滑进，使钢丝被进一步楔紧。此时，锚圈承受着很大的横向（径向）张力（一般约等于钢丝束张拉力的 4 倍），故对锚圈的设计、制造应足够重视。锚具的承载力，一般不应低于钢丝束的极限拉力，或不低于钢丝束控制张拉力的 1.5 倍，可在压力机上试验确定。此外，对锚具的材质、几何尺寸、加工质量，均必须作严格的检验，以保证安全。

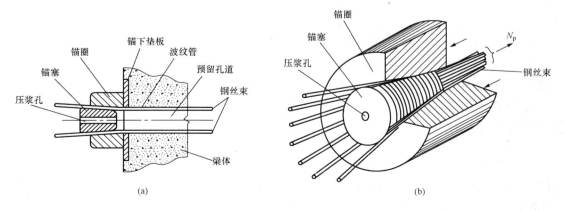

(a)　　　　　　　　　　　　　　　　(b)

图 1-24　锥形锚具

　　锥形锚的优点是锚固方便，锚具面积小，便于在梁体上分散布置。但锚固时钢丝的回缩量较大，应力损失较其他锚具大。同时，它不能重复张拉和接长，使预应力钢筋设计长度受到千斤顶行程的限制。为防止受振松动，必须及时给预留孔道压浆。

　　2）镦头锚。镦头锚主要用于锚固钢丝束，也可锚固直径在 14mm 以下的预应力粗钢筋。钢丝的根数和锚具的尺寸依设计张拉力的大小选定。钢丝束镦头锚具是 1949 年由瑞士 4 名工程师研制而成的，并以他们名字的头一个字母命名为 BBRV 体系锚具。国内镦头锚有锚固 12～133 根 ϕ^w5mm 和 12～84 根 ϕ^w7mm 两种锚具系列，配套的镦头机有 LD-10 型和 LD-20 型两种类型。镦头锚工作原理如图 1-25 所示。

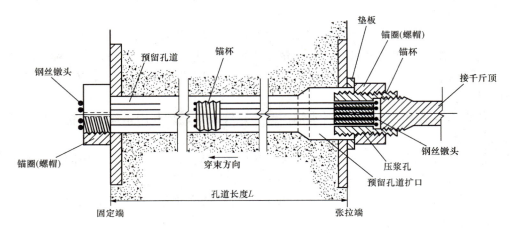

图 1-25　镦头锚锚具

　　镦头锚锚固可靠，不会出现锥形锚那样的"滑丝"问题；锚固时的应力损失很小；镦头工艺操作简便迅速。但预应力钢筋张拉吨位过大，钢丝数很多，施工也显麻烦，故大吨位镦头锚宜加大钢丝直径，ϕ^w5mm 改为 ϕ^w7mm，或改用钢绞线夹片锚具。此外，镦头锚对钢丝的下料长度要求很精确，误差不得超过 1/300。误差过大，张拉时可能由于受力不均匀发生断丝现象。

　　镦头锚适于锚固直线式配束，对于较缓和的曲线预应力钢筋也可采用。目前斜拉桥中锚固斜拉索的高振幅锚具-HiAm 式冷铸镦头锚，因锚杯内填入了环氧树脂、锌粉和钢球的混合料，具有较好的抗疲劳性能。

　　3）钢筋螺纹锚具。当采用高强粗钢筋作为预应力钢筋时，可采用螺纹锚具固定。即借助于粗钢筋两端的螺纹，在钢筋张拉后直接拧上螺母进行锚固，钢筋的回缩力由螺母经支承垫板承压传递给梁而获得预应力（图 1-26）。

　　钢筋螺纹锚具受力明确，锚固可靠；构造简单，施工方便；能重复张拉、放松或拆卸，并可以简便地采用套筒接长。

　　4）夹片锚具。夹片锚具体系主要作为锚固钢绞线之用。由于钢绞线与周围接触的面积小，且强度高、硬度大，故对其锚具的锚固性能要求很高。JM 锚是我国 20 世纪 60 年代研制的钢绞线夹片锚具。随着钢绞线的大量使用和钢绞线强度的大幅度提高，仅 JM 锚具已难以满足要求。20 世纪 80 年代，除进一步改进了 JM 锚具的设计外，特别着重进行钢绞线群锚体系的研究与试制工作。中国建筑科学研究院先后研制出了 XM 锚具和 QM 锚具系列；

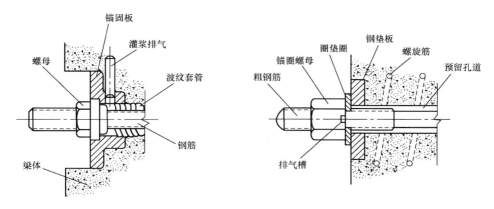

图 1-26　钢筋螺纹锚具

中交公路规划设计院研制出了 YM 锚具系列；柳州建筑机械总厂与同济大学合作，在 QM 锚具系列的基础上又研制出了 OVM 锚具系列等。这些锚具体系都经过严格检测、鉴定后定型，锚固性能均达到国际预应力混凝土协会（FIP）标准，并已广泛地应用于桥梁、水利、房屋等各种土建结构工程中。夹片锚具配套如图 1-27 所示。

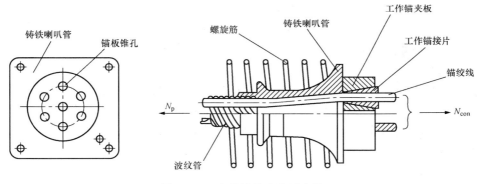

图 1-27　夹片锚具配套示意图

　　以上锚具的设计参数和锚具、锚垫板、波纹管及螺旋筋等的配套尺寸，可参阅各生产厂家的"产品介绍"选用。

　　应当特别指出，为保证施工与结构的安全，锚具必须按规定程序［GB/T 14370—2007《预应力筋用锚具、夹具和连接器》］进行试验验收，验收合格者方可使用。工作锚具使用前，必须逐件擦洗干净，表面不得残留铁屑、泥砂、油垢及各种减摩剂，防止锚具回松和降低锚具的锚固效率。

2. 张拉机具

　　各种锚具都必须配置相应的张拉设备，才能顺利地进行张拉、锚固。与夹片锚具配套的张拉设备，是一种大直径的穿心单作用千斤顶（图 1-28）。它常与夹片锚具配套研制。其他各种锚具也都有各自适用的张拉千斤顶，需要时可查各生产厂家的产品目录。

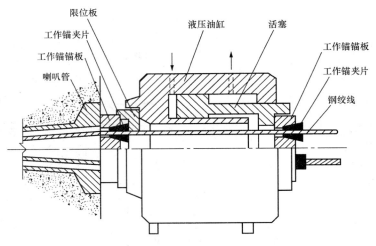

图 1-28　夹片锚张拉千斤顶安装示意图

1.6　桥梁施工准备

桥梁施工准备的基本任务是为桥梁工程的施工建立必要的技术和物资条件，统筹安排施工力量和施工现场准备工作，是施工企业搞好目标管理，推行技术经济承包的重要依据，也是施工得以顺利进行的基本保证。

施工单位在承接了施工任务后，要尽快做好各项准备工作，创造有利的施工条件，使施工工作能连续、均衡、有节奏、有计划地进行，从而按质、按量、按期完成施工任务。

施工准备通常包括技术准备、劳动组织准备、物资准备和施工现场准备等工作。

1.6.1　技术准备

技术准备是施工准备的核心。由于任何技术上的差错和隐患都可能危及人身安全和造成质量事故，带来生命、财产和经济的巨大损失，因此必须认真做好技术准备工作。

1. 熟悉设计文件、研究施工图及现场核对

施工单位在收到拟建工程的设计图和有关技术文件后，应尽快组织工程技术人员熟悉、研究所有技术文件和图样，全面领会设计意图；检查图样与其各组成部分之间有无矛盾和错误；在几何尺寸、坐标、标高、说明等方面是否一致；技术要求是否正确；并与现场情况进行核对。同时要作出详细记录，记录应包括对设计图样的疑问和有关建议。

2. 原始资料的进一步调查分析

对拟建工程进行实地勘察，进一步获得有关原始数据的第一手资料，这对于正确选择施工方案、制定技术措施、合理安排施工顺序和施工进度计划是非常必要的。

（1）自然条件的调查分析。

1）地质。应了解的主要内容有：地质构造、墩（台）位处的基岩埋深、岩层状态、岩石性质、覆盖层土质、土的性质和类别、地基土的承载力、土的冻结深度、妨碍基础施工的障碍物、地震级别和烈度等。

2）水文。应了解的主要内容有：河流流量和水质、年水位变化情况、最高洪水位和最低枯水位的时期及持续时间、流速和漂浮物、地下水位的高低变化、含水层的厚度和流向；冰冻地区的河流封冻时间、融冰时间、流冰水位、冰块大小；受潮汐影响河流或水域中潮水的涨落时间、潮水位的变化规律和潮流等情况。

3）气象。调查的内容一般包括：气温、气候、降雨、降雪、冰冻、台风（含龙卷风、雷雨大风等突发性灾害）、风向、风速等变化规律及历年记录；冬、雨期的期限及冬期地层冻结厚度等情况。

4）施工现场的地形地物。

（2）技术经济条件的调查分析。主要内容包括：施工现场的动迁状况、当地可利用的地方材料状况、水泥、钢材等材料供应状况、地方能源和交通运输状况、地方劳动力和技术水平状况、当地生活物资供应状况、可提供的施工用水用电状况、设备租赁状况、当地消防治安状况及分包单位的实力状况等。

3. 施工前的设计技术交底

设计技术交底一般由建设单位（业主）主持，设计、监理和施工单位（承包商）参加。先由设计单位说明工程的设计依据、意图和功能要求，并对特殊结构、新材料、新工艺和新技术提出设计要求，进行技术交底。然后施工单位根据研究图样的记录以及对设计意图的理解，提出对设计图样的疑问、建议和变更。最后在统一认识的基础上，对所探讨的问题逐一做好记录，形成"设计技术交底纪要"，由建设单位正式行文，参加单位共同会签盖章，作为与设计文件同时使用的技术文件和指导施工的依据以及建设单位与施工单位进行工程结算的依据。当工程为设计施工总承包时，应由总承包人主持进行内部设计技术交底。

4. 制订施工方案、进行施工设计

在全面掌握设计文件和设计图样，正确理解了设计意图和技术要求，以及进行了以施工为目的的各项调查之后，应根据进一步掌握的情况和资料，对投标时初步拟定的施工方法和技术措施等进行重新评价和深入研究，以制订出详尽的、更符合现场实际情况的施工方案。

施工方案一经确定，即可进行各项临时性结构的施工设计，诸如基坑围堰、浮运沉井和钢围堰的制造场地及下水、浮运、就位、下沉等设施，钻孔桩水上工作平台，连续梁桥顶推施工的台座和预制场地，悬浇桥梁的挂篮，导梁或架桥机，模板支架及脚手架，自制起重吊装设备，施工便桥便道及装卸码头的设计。施工设计应在保证安全的前提下，尽量考虑使用现有材料和设备，因地制宜，使设计出的临时结构经济适用、装拆简便、通用性强。

5. 编制施工组织设计

施工组织设计是施工准备工作的重要组成部分，也是指导工程施工中全部生产活动的基本技术经济文件。编制施工组织设计的目的在于全面、合理、有计划地组织施工，从而具体实现设计意图，优质高效地完成施工任务。

6. 编制施工预算

施工预算是根据施工图、施工组织设计或施工方案、施工定额等文件进行编制的。施工预算是施工企业内部控制各项成本支出、考核用工、签发施工任务单、限额领料以及基层进行经济核算的依据，也是制订分包合同时确定分包价格的依据。

1.6.2 劳动组织准备和物资准备

1. 劳动组织准备

（1）建立组织机构。确定组织机构应遵循的原则是：根据工程项目的规模、结构特点和管理机构中各职能部门的职责，人员的配备应力求精干，以适应任务的需要。坚持合理分工与密切协作相结合，使之便于指挥和管理，分工明确，责权具体。

（2）合理设置施工班组。施工班组的建立应认真考虑专业和工种之间的合理配置，技工和普工的比例要满足合理的劳动组织，并符合流水作业方式的要求，同时制订出该工程的劳动力需要量计划。

（3）集结施工力量，组织劳动力进场。进场后应对工人进行技术、安全操作规程以及消防、文明施工等方面的培训教育。

（4）施工组织设计、施工计划和施工技术的交底。在单位工程或分部分项工程开工之前，应将工程的设计内容、施工组织设计、施工计划和施工技术等要求，详尽地向施工班组和工人进行交底，以保证工程能严格按照设计图、施工工艺、安全技术措施、降低成本措施和施工验收规范的要求施工；新技术、新材料、新结构和新工艺的实施方案和保证措施的落实；有关部位的设计变更和技术核定等事项。

（5）建立健全各项管理制度。通常包括：技术质量责任制度、工程技术档案管理制度、施工图学习与会审制度、技术交底制度、技术部门及各级人员的岗位责任制、工程材料和构件的检查验收制度、工程质量检查与验收制度、材料出入库制度、安全操作制度、机具使用保养制度等。

2. 物资准备

物资准备工作的内容主要包括：

（1）工程材料，如钢材、木材、水泥、砂石等的准备。

（2）工程施工设备的准备。

（3）其他各种小型生产工具、小型配件等的准备。

1.6.3 施工现场准备

施工现场的准备工作，主要是为工程的施工创造有利条件和提供物资保证。其具体内容如下。

1. 施工控制网测量

按照勘测设计单位提供的桥位总平面图和测图控制网中所设置的基线桩、水准高程以及重要桩志和保护桩等资料，进行三角控制网的复测，并根据桥梁结构的精度要求和施工方案补充加密施工所需要的各种标桩，建立满足施工要求的平面和立面施工测量控制网。

2. 补充钻探

桥梁工程在初步设计时所依据的地质钻探资料往往因钻孔较少、孔距过大而不能满足施工的需要，因此必须对有些地质情况不明的墩位进行补充钻探，以查明墩位处的地质情况和可能的隐蔽物，为基础工程的施工创造有利条件。

3. 搞好"五通一平"

"五通一平"是指水通、电通、气通、通信通、路通和平整场地。为蒸汽养护的需要以及考虑寒冷冰冻地区的特殊条件，还要考虑暖气供热的要求。

4. 建造临时设施

按照施工总平面图的布置，建造所有生产、办公、生活、居住和储存等临时用房，以及便道、码头、混凝土拌和站、构件预制场地等。

5. 安装调试施工机具

对所有施工机具都必须在开工之前进行检查和试运转。

6. 材料的试验和储存堆放

按照材料的需要量计划，应及时提供包括混凝土和砂浆的配合比与强度性能等各种材料试验申请计划，并组织材料进场，按规定的地点和指定的地方进行储存堆放。

7. 新技术项目的试制和试验

按照设计文件和施工组织设计的要求，认真组织新技术项目的试验研究。

8. 冬雨期施工安排

按照施工组织设计要求，落实冬雨期施工的临时设施和技术措施，做好施工安排。

9. 消防、保安措施

建立消防、保安等组织机构和有关的规章制度，布置安排好消防保安等措施。

10. 建立健全施工现场各项管理制度

根据工程特点，制订施工现场必要的各项规章制度。

第2章　桥梁下部结构

2.1　桥梁基础

2.1.1　桥梁基础的类型及构造

1. 桥梁基础的主要类型

桥梁上部承受的各种荷载，通过墩台传至基础，再由基础传递给地基。桥梁基础是桥梁结构物直接与地基接触的最下部分，而地基是承受基础传来的荷载的那一部分岩层或土层。桥梁基础是桥梁下部结构的重要组成部分，地基和基础必须具有足够的强度和稳定性，且变形应在容许范围之内。

根据基础的埋置深度，基础分为浅基础和深基础两大类。浅基础一般是指埋置深度小于5m的基础。浅基础的持力层埋藏较浅，施工时一般采用敞开开挖基坑，直接修筑基础，通常也称为明挖基础。深基础按其结构形式与施工方法可分为桩基础、管柱基础、沉井基础、沉箱基础等。

基础的选型需要考虑桥梁墩台所在位置的地质条件、水文条件、桥梁的荷载特性、结构形式和使用要求，以及材料的供应和施工技术、工程造价等因素。

2. 明挖基础的构造与材料

（1）明挖基础的构造。

1）平面形状。如图 2-1 所示，明挖基础平面形状一般与墩台身大致接近，以方便施工。矩形、圆端形、圆形桥墩、U 形桥台、耳墙式桥台采用矩形基础。圆形桥墩的基础也可做成八角形或圆形，T 形桥台的基础做成 T 形。

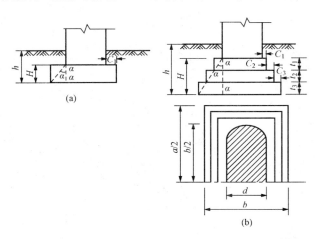

图 2-1　明挖基础的构造

2）刚性角与襟边。如图 2-2 所示，为了适应地基的承载力，明挖基础的基底平面尺寸需要扩大，而基础扩出来的部分在地基反力的作用下成为悬臂梁。对于刚性基础，应该从构造上放置基底在地基反力的作用下被拉裂破坏，所以要求 $\tan\alpha$ 小于一个控制值。则角 α 称为刚性角（或扩散角），其取值范围一般为 30°～45°。

基顶外缘离墩底边缘的距离 C 叫做襟边。襟边的最小尺寸一般为 20cm，最大则应满足刚性角的需求。襟边的作用：①施工中当基础实际位置偏离设计位置时，襟边可保证墩台身准确定位在基础顶面的范围内。②襟边还可以作为墩台身施工时模板或支撑的支承面。

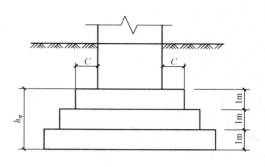

图 2-2　台阶形明挖基础

3）基础厚度。基础厚度视外加荷载和持力层的容许承载力大小而定。根据设计经验，建在基岩上的基础 1m 厚足够。建在非岩石地基上者，视桥梁跨度和墩高而定：跨度小于等于 8m，墩高在 4～12m 者，用 1～2m 厚；跨度在 8～20m 之间，墩高在 6～23m 者，用 1～3m 厚；跨度大于 20m，墩高在 9～30m 者，用 2～5m 厚。

当基础厚度较大时，在保证刚性角与最小襟边原则下，可将基础做成台阶形以节省施工，如图 2-2 所示，台阶的每一层厚度不应小于 1m。

（2）明挖基础的施工材料。桥梁基础一般情况下均砌筑在土中或水下，经常受潮，容易受侵蚀，而且它是桥梁结构的隐蔽部分，破坏了不容易发现也不容易修复，所以必须保证基础的材料有足够的强度和耐久性。因此，对于基础材料要有一定的要求。

混凝土是修筑基础最常用的材料。它的优点是抗压强度高、耐久性好，可浇筑成任意形状，强度等级一般不应小于 C15。对于大体积混凝土基础，为了节约水泥用量，可掺入不多于混凝土体积 25％的片石（称片石混凝土），但片石的强度等级不应小于 MU25，也不应低于混凝土的强度等级。

明挖基础也常采用粗料石或片石作为砌体材料。采用粗料石砌筑桥涵基础时，要求石料外形大致方整，厚度约 20～30cm，宽度和长度分别为厚度 1～1.5 和 25～40 倍，石料强度等级不应小于 MU25。砌筑时应错缝，一般采用 M5 水泥砂浆。片石常用于小桥涵基础，石料厚度不小于 15cm，等级不小于 MU25，一般采用 M5 或 M2.5 砂浆砌筑。

钢筋混凝土是质量很好的基础材料，用于荷载大、土质软弱、地下水位以下或抗震要求比较高的基础。

3. 桩基础的类型与构造

（1）桩基础的类型。

1）按承台的位置分类。桩基础按承台的位置可分为高承台桩基（或叫高桩承台）和低承台桩基（或叫低桩承台）两种。通常将承台底面置于地面或局部冲刷线以下的桩基称为低桩承台，如图 2-3（a）所示；承台底面高出地面或局部冲刷线的桩基称为高桩承台，如图 2-3（b）所示。高桩承台的位置较高，可减少墩台的圬工数量，施工较方便。然而在水平力的作用下，由于承台及部分桩身露出地面或局部冲刷线，减少了承台及自由段桩身侧面的土抗力，桩身的内力和位移都将大于低桩承台，在稳定性方面也不如低桩承台。

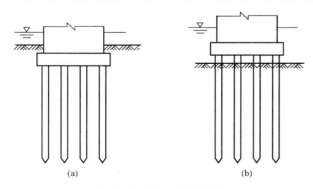

图 2-3　低桩承台和高桩承台

当常年有水、冲刷较深，或水位较高、施工困难时，常采用高桩承台方案。另外，对于受水平力较小的小跨度桥梁，选用高桩承台很可能是较为理想的方案。处于旱地上、浅水岸滩或季节性河流的墩台，当冲刷不深、施工不很困难时，选用低桩承台方案，有利于提高基础的稳定性。

2）按施工方法分类。按基桩的施工方法，桩基础可分为预制沉桩和就地灌注桩两大类。

①预制沉桩：是将预制的木桩、钢筋混凝土桩、预应力混凝土桩、钢桩，用锤击、振动、射水等方法沉入土中，使该处的地基变得更密实，以增大其承载能力。

a. 打入桩是用打桩机具将各种预制桩打入地基内所需达到的深度。这种桩适用于桩径较小，地基土为中密或稍松的砂类土和可塑性的黏性土的情况。

在软塑黏性土中也可将桩压入土中，称为静力压桩。此种施工方法可免除锤击的影响，在软土地区较为有利。

b. 振动下沉桩是将大功率振动打桩机安装在桩顶（钢筋混凝土桩或钢管桩），利用振动力减少土对桩的阻力使桩沉入土中。它适用于较大桩径，地基土为砂类土、黏性土和碎石类土的情况。

②就地灌注桩：是指采用不同的成孔（机械钻孔或人工挖孔）方法，在土中形成一定直径的井孔，达到设计标高后，下钢筋骨架（笼），灌注混凝土形成桩基础。就地灌注桩又分为钻孔灌注桩和挖孔灌注桩两类。

a. 钻孔灌注桩是用钻孔机具造孔，在孔内放入钢筋骨架，灌注桩身混凝土成桩。其特点是施工设备简单、操作方便，适用于各种砂类土、黏性土，也适用于碎、卵石层和岩层。

b. 挖孔灌注桩是用小型机具或人工在地基中挖出桩孔，然后在孔内放入钢筋骨架，灌注混凝土成桩。其特点是不受设备限制，施工简单，桩的横截面可以做成较大尺寸，适用于无水或渗水量较小的土层。在地形狭窄、山坡陡峭处采用挖孔桩较钻孔桩或明挖基础更为有利。但挖孔桩入土深度常受到限制，一般采用几米至十多米，很少采用20m以上的深度。

此外，还有打入式灌注桩（即先打入带有桩尖的套管成孔，然后边拔套管边灌注混凝土成桩）、桩尖爆扩桩（即成孔后用爆破的方法扩大桩底支撑面积，增大桩的容许承载力）的施工方法。这些方法在桥梁桩基中较少采用。

3）按桩基础的受力状态分类。

①柱桩。桩身穿过软弱土层，而桩尖支撑在坚岩层或硬土层等非压缩性土层上，则桩主要靠桩底土层的正面阻力支撑竖向荷载，桩侧土的摩阻力很小，可以略去不计，此种桩称为柱桩或支撑桩［图2-4（a）］。

②摩擦桩。桩身穿过并支撑在可压缩性土层中，桩主要靠桩侧土的摩阻力支撑竖向荷载，而桩底土层的反力很小略而不计，这种桩称为摩擦桩［图2-4（b）］。

柱桩和摩擦桩由于在土中的工作条件不同，故在设计时所采用的方法和有关参数也不一样。

4）按桩轴的方向分类。

①竖直桩桩基。当墩台所受的水平力不大，无需

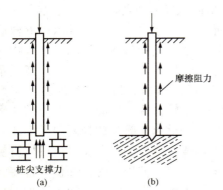

图2-4 柱桩与摩擦桩

设置斜桩时，则采用全部为竖直桩的桩基 [图 2 - 5 (a)]。

②带斜桩的桩基。当墩台所受的水平力较大，则需加斜桩，这种既有竖直桩又有斜桩的桩基，称为带斜桩的桩基。根据水平力的大小和方向，可设置单向斜桩 [图 2 - 5 (b)]、双向斜桩 [图 2 - 5 (c)] 和多向斜桩。

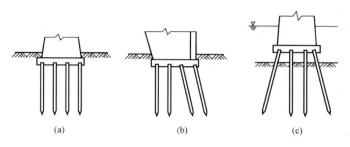

图 2 - 5　桩轴方向不同的桩基础
(a) 竖直桩；(b) 单向斜桩；(c) 双向斜桩

5) 按桩的布置形式分类。

①单桩或单排桩桩基。当桩基只有单根或仅在与水平力作用平面相垂直的同一平面内有若干根桩时，称为单桩或单排桩桩基 [图 2 - 6 (a)、(b)]。

②多排桩桩基。基桩排列的行数和列数均不小于 2 的桩基，称为多排桩桩基 [图 2 - 6 (c)]。

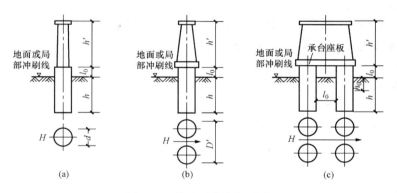

图 2 - 6　桩基础的布置形式

此外，桩基础还有很多分类方法。如按桩身的材料分类，有木桩、混凝土桩、钢筋混凝土桩、预应力混凝土桩、钢桩和混合桩等；如按桩身的截面形状分，有圆柱形、方柱形、多边柱形、宽边 H 形等。

(2) 桩基础的构造。

1) 桩的构造。

①就地灌注钢筋混凝土桩的构造。就地灌注钢筋混凝土桩的桩身常为实心截面，桩身混凝土强度等级不得低于 C30。钻孔桩直径一般为 0.8～2.5m，挖孔桩的直径或边宽不小于 1.20m。桩内钢筋应按照内力和抗裂性的要求布设，根据桩身弯矩分布分段配筋。为保证钢筋骨架有一定的刚度，以便吊装及保证主筋受力的轴向稳定，主筋不宜过少，钢筋直径不宜

小于 16mm，箍筋采用 8mm，箍筋间距采用 200mm，摩擦桩下部可增大至 400mm，顺钢筋笼长度每隔 2.0～2.5m 加一道直径为 16～22mm 的骨架钢筋。考虑到灌注桩身混凝土施工的方便，主筋宜采用光面钢筋（挖孔桩可不考虑此项要求），必要时也可用带肋钢筋。采用束筋时，每束不宜多于两根钢筋。主筋净距不宜小于 120mm，任何情况下不得小于 80mm。主筋的净保护层不应小于 60mm。

②预制钢筋混凝土桩、预应力混凝土桩。预制钢筋混凝土桩或预应力混凝土桩多为工厂用离心旋转法制造的空心管桩，混凝土强度等级和配筋应满足作为基础结构时的受力要求及桩的运输、沉桩时的受力要求。现场制造的钢筋混凝土矩形桩，混凝土强度等级不得低于C30。管桩填心混凝土的强度等级不得低于C15。桩内钢筋由纵向主筋和箍筋组成。管桩在工厂中分节预制，每节长一般为 4～12m，用钢制法兰盘、螺栓接头，桩尖节单独预制。

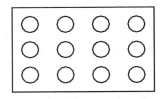 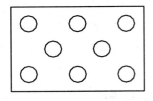

图 2-7　桩的平面布置
(a) 行列式；(b) 梅花式

工地预制钢筋混凝土桩多为实心方形截面，桩顶处因直接承受锤击应设钢筋网加固。

2）桩的布置。桩在承台中的平面布置多采用行列式［图 2-7 (a)］，以便于施工放样。如果承台底面积不大，而需要排列的桩数较多，宜采用梅花式排列［图 2-7 (b)］。

桩的排列要考虑到减少对土体结构的破坏及施工的可能性，故桩间的最小中心距离应满足 TB 10002.5—2005《铁路桥涵地基和基础设计规范》的规定：

打入桩的桩尖中心距不应小于 3 倍桩径。振动下沉于砂类土内的桩，其桩尖中心距不应小于 4 倍桩径。

桩尖爆扩桩的桩尖中心距，应根据施工方法确定。上述各类桩在座板底面处桩的中心距，不应小于 1.5 倍桩径。

钻（挖）孔灌注摩擦桩的中心距，不应小于 2.5 倍成孔桩径，钻（挖）孔灌注柱桩，其桩的中心距不应小于 2 倍成孔桩径。

各类桩的承台座板边缘至最外一排桩的净距，当桩径 $d \leqslant 1m$ 时，不得小于 $0.5d$，且不得小于 0.25m；当桩径 $d > 1m$ 时，不得小于 $0.3d$，且不得小于 0.50m。对钻孔灌注桩，d 为设计桩径，对于矩形截面的桩，d 为短边宽度。

3）承台的构造。桩基承台的平面形式和尺寸，决定于墩台身底部的形式和尺寸，也和桩的布置及桩的数量有关系。

承台一般为钢筋混凝土结构，其混凝土强度等级不得小于C30。承台座板的厚度和配筋应根据受力情况决定，其厚度不宜小于 1.5m，底板的底部应布置一层钢筋网（图 2-8）。当基桩采用桩顶主筋伸入座板连接时，此项钢筋网在越过桩顶处不得截断。当基桩采用桩顶直接埋入承台座板内，且桩顶作用于座板的压应力超过座板混凝土的容许局部承压应力时，应在每一根桩的顶面以上，设置 1～2 层直径不小于 12mm 的钢筋网，钢筋网的每边长度不得小于桩径的 2.5 倍，其网孔为 100mm×100mm 至

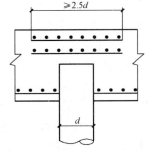

图 2-8　承台座板的钢筋网

150mm×150mm。

4）桩与承台的连接。桩和承台的连接方式有两种。

①桩顶主筋伸入式。基桩桩顶主筋伸入承台座板内，桩身伸入座板内的长度可采用100mm。此时，桩顶伸入座板内的主筋长度（算至弯钩切点），对于光钢筋不得小于 45 倍主筋的直径，对于螺纹钢筋不得小于 35 倍主筋的直径。其箍筋的直径不应小于 8mm，箍筋间距可采用 150～200mm。伸入承台的主筋可做成喇叭形［图 2-9（a）］或竖直形［图 2-9（b）］。前者受力较好，特别是对受拉的桩有利；后者施工方便，特别对靠近承台边缘的桩布置有利。这种连接方式较牢固，多用于钻（挖）孔灌注桩。

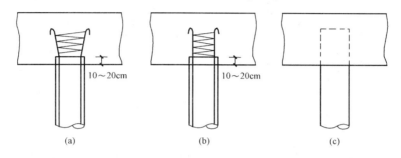

图 2-9　桩与承台的连接

②桩顶直接埋入式。基桩桩顶直接埋入承台座板内［图 2-9（c）］，这种连接方式比较简单方便，多用于预应力钢筋混凝土桩和普通钢筋混凝土桩。为保证连接可靠，其桩顶埋入长度应满足下列规定：

a. 当桩径小于 0.6m 时，桩顶埋入长度不得小于 2 倍桩径。

b. 当桩径为 0.6～1.2m 时，桩顶埋入长度不得小于 1.2m。

c. 当桩径大于 1.2m 时，桩顶埋入长度不得小于桩径。

承受拉力的桩与座板的连接，必须满足受拉强度的要求。嵌入新鲜岩面以下的钻（挖）孔灌注桩，其嵌入深度应根据计算确定，但不得小于 0.5m。

2.1.2　明挖基础施工

在基础施工中，明挖法开挖基坑具有操作简便、需要的机具少、便于就地取材、便于组织快速施工、便于地基检查和处理等优点。所以，当经济上合理、技术上可行时，应首先考虑明挖基础施工。但明挖法开挖基坑占用劳动力多，作业条件差，劳动强度大，只能用于浅基础。明挖基础施工的主要工作内容包括：基坑的定位放样、基坑开挖，支撑与排水、地基检查与处理、基础修筑及回填等。如果在水中修建基础，基坑开挖前，还要修筑围堰。明挖基础施工的每一道工序，均应符合 JTJ 041—2000《公路桥涵施工技术规范》。

桥梁基础施工前，必须做好施工测量工作。

1. 旱地基础的基坑开挖

为保证基坑顺利开挖，挖基前应做好如下工作：复核基坑中心线、方向、高程；按地质、水文资料，结合现场情况，确定基坑边坡坡度和支护方案，定出开挖范围；按基坑四周地形，做好地面排水工作，一般将基坑顶四周地面做成反坡，距基坑顶缘相当距离处设截水沟，防止雨水浸入基坑内。另外，在基坑底一定要将汇水井挖至足够深度，以便抽干基坑积水。

基坑开挖应尽量在枯水或少雨季节进行。基坑一经开挖，必须组织连续作业，一气完成，不宜间断。挖至基底标高，经检查合格后，立即修筑基础，不得长期暴露，防止地质风化及雨水浸泡。如基底暴露过久，则应重新检验。

（1）无围护基坑。当基坑较浅、地下水位较低或渗水量较少、不影响坑壁稳定时，坑壁可不加围护，此时可将坑壁挖成竖直或斜坡形，如图 2-10 所示。

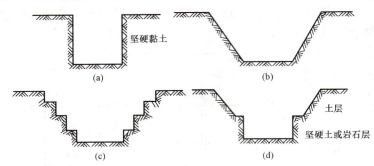

图 2-10　无围护基坑
（a）垂直坑壁；（b）斜坡坑壁；（c）阶梯坑壁；（d）上层斜坡下层垂直坑壁

竖直坑壁只有在岩石地基或基坑较浅又无地下水的硬黏土中采用。竖直坑壁开挖可以减少挖土数量和占地面积。垂直开挖的无水基坑，基坑底平面尺寸与基础平面尺寸一致，混凝土或砌筑片石可直接贴靠坑壁不用模板。但土质基坑灌注混凝土时，宜用水泥纸袋或油毡纸隔离，防止泥土与混凝土混杂，影响基础混凝土质量。垂直开挖的坑壁条件为：土的湿度正常、结构均匀；松软土质基坑深度不超过 0.75m；中等密实（锹挖）的不超过 1.25m；密实（镐挖）的不超过 2m；如为良好石质，深度应根据地层倾斜角度及稳定情况确定。

在一般土质条件下开挖基坑时，应采用放坡开挖的方法，基坑深度在 5m 以内；当施工期较短，地下水在基底以下，且土的湿度接近最佳含水量，土质构造又较均匀时，基坑坡度可参考表 2-1 选用。如地基土的湿度较大可能引起坑壁坍塌时，坑壁坡度应适当放缓。基坑顶缘有动荷载时，基坑顶缘与动荷载之间至少应留 1m 宽的护道，如地质水文条件较差，应增宽护道或采取加固等措施，以增加边坡的稳定性。基坑深度大于 5m 时，可将坑壁坡度适当放缓或加设平台。

表 2-1　　　　　　　　　　基坑坑壁坡度

坑壁土类	坑壁坡度		
	坡顶无荷载	坡顶有静荷载	坡顶有动荷载
砂类土	1∶1	1∶1.25	1∶1.5
卵石、砾类土	1∶0.75	1∶1	1∶1.25
粉质土、黏质土	1∶0.33	1∶0.5	1∶0.75
极软岩	1∶0.25	1∶0.33	1∶0.67
软质岩	1∶0	1∶0.1	1∶0.25
硬质岩	1∶0	1∶0	1∶0

（2）有围护基抗。当基坑较深、土质条件较差、地下水影响较大或放坡开挖对临近建筑有影响时，应对坑壁进行围护。目前护壁方法很多，选择护壁的方法与开挖深度、土质条件及地下水位高低、施工技术条件、材料供应等有密切关系。目前常用的方法介绍如下：

1）板桩墙支护。板桩在基坑开挖前先垂直打入土中至坑底以下一定深度，然后边挖边设支撑，开挖基坑过程中始终是在板桩支护下进行。

板桩材料有木板桩、钢筋混凝土板桩和钢板桩三种。木板桩易于加工，但我国除林区以外现已很少采用。钢筋混凝土板桩耐久性好，但制造复杂且重量大，防渗性能差，修建桥梁基础很少采用。钢板桩由于板薄，强度又大，能穿过较坚硬土层，锁口紧密，不易漏水，还可以焊接接长并能重复使用，且断面形式较多，可适应不同形状基坑，上述特点使钢板桩应用较广泛，但价格较贵。钢板桩外形如图 2-11 和图 2-12 所示。

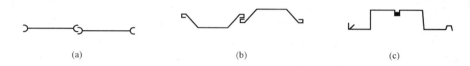

图 2-11　钢板桩连接断面形式
（a）一字形；（b）槽形；（c）Z 字形

板桩墙还可以分为无支撑式［图 2-13（a）］、支撑式［图 2-13（b）、（c）］和锚撑式［图 2-13（d）］。无支撑式板桩墙由于墙身位移较大，仅适用于基坑较浅的情况，且要求板桩有足够的入土深度，以保持板桩墙的稳定。支撑式板桩墙按设置支撑的层数可分为单支撑板桩墙［图 2-13（b）］和多支撑板桩墙［图2-13（c）］。由于板桩墙多应用于较深基坑的开挖，故多支撑板桩墙应用较多。

图 2-12　单个槽型钢板桩

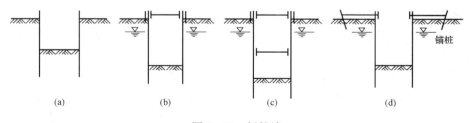

图 2-13　板桩墙

2）喷射混凝土护壁。喷射混凝土护壁宜用于土质较稳定、渗水量不大、深度小于 10m、直径为 6~12m 的圆形基坑。对于有流砂或淤泥夹层的土质，也有使用成功的实例。

喷射混凝土护壁的基本原理是以高压空气为动力，将搅拌均匀的砂、石、水泥和速凝剂干料，由喷射机经输料管吹送到喷枪，在通过喷枪的瞬间，加入高压水进行混合，自喷嘴射出，喷射在坑壁，形成环形混凝土护壁结构，以承受土压力。

采用喷射混凝土护壁时，根据土质和渗水等情况坑壁可以接近陡立或稍有坡度，每开挖一层喷护一层，每层高度为 1m 左右，土层不稳定时应酌减，渗水较大时不宜超过 0.5m。

混凝土的喷射顺序，对无水、少量渗水坑壁可由下向上一环一环进行；对渗水较大坑壁，喷护应由上向下进行，以防新喷的混凝土被水冲流；对有集中渗出的股水的基坑，可从无水或水小处开始，逐步向水大处喷护，最后用竹管将集中的股水引出。喷射作业应沿坑周分若干区段进行，区段长度一般不超过 6m，如图 2-14 所示。

喷射混凝土厚度主要取决地质条件，混凝土的黏结力、渗水量大小，基坑直径和基坑深度等因素。根据实践经验，对于不同土层，可取下列数值：一般黏性土、砂土和碎卵石类土层，如无渗水，厚度为 3～8cm；如有少量渗水，厚度为 5～10cm；对稳定性较差的土，如淤泥、粉砂等，如无渗水，厚度为 10～15cm；如有少量渗水，厚度为 15cm；当有大量渗水时，厚度为 15～20cm。坑内砂层有少量渗水时，可在坑壁打入木桩后再喷射混凝土，木桩的直径约为 5cm，长 100cm，向下与坑壁成 30°打入，一般间距为 50～100cm。

图 2-14　喷射混凝土护壁

一次喷射是否能达到规定的厚度，主要取决于混凝土与土之间的黏结力和渗水量大小。如一次喷射达不到规定的厚度，则应在混凝土终凝后再补喷，直至达到规定厚度为止。喷射混凝土应当早强、速凝、有较高的不透水性，且其干料应能顺利通过喷射机。

水泥宜优先选用早强水泥和普通硅酸盐水泥，也可采用矿渣硅酸盐水泥。水泥强度等级不得低于 32.5R；喷射混凝土应选用硬质洁净的中砂或粗砂。砂的细度模数宜大于 2.5，含水量一般为 5%～7%，使用前一律过筛。

喷射混凝土配合比（质量比）应通过试验选定，满足施工图要求强度和喷射工艺的要求，或参照下列数据选用：灰集比 1∶4～1∶5，集料含砂率 45%～60%，水胶比 0.4～0.5。初喷时，水泥∶砂∶石应取 1∶2∶(1.5～2)。

速凝剂掺量为水泥用量的 2%～4%，掺入后停放时间不应超过 20min。使用前应做速凝效果试验，要求初凝不超过 5min，终凝不超过 10min。应根据水泥品种、水胶比等，通过试验确定速凝剂的最佳掺量，并应在使用时准确计量。

喷射混凝土强度等级一般应不低于 C20，在软弱坑壁条件下还应适当提高。

喷射混凝土终凝 2h 后，应进行湿润养护，养护时间一般不少于 7d。喷射作业区的气温不应低于 5℃。混凝土强度未达到 6MPa 前，不得受冻。气温低于 5℃ 时不得喷水养护。

3）混凝土围圈护壁。喷射混凝土护壁要求有熟练的技术工人和专门设备，对混凝土用料的要求也较严，因而有其局限性。混凝土围圈护壁则适应性较强，可以按一般混凝土施工，基坑深度可达 15～20m，除流砂及呈流塑状态黏土外，可适用于其他各种土类。

混凝土围圈护壁，也是用混凝土环形结构承受土压力，但其混凝土壁是现场灌注的普通混凝土，壁厚较喷射混凝土大，一般为 15～30cm。也可按土压力作用下环形结构计算。

采用混凝土围圈护壁时，基坑自上而下分层垂直开挖，开挖一层后随即灌注一层混凝土壁。为防止已灌注的围圈混凝土施工时因失去支承而下坠，顶层混凝土应一次整体灌注，以下各层均间隔开挖和灌注，并将上下层混凝土纵向接缝错开。开挖面应均匀分布对称施工，及时灌注混凝土壁支护，每层坑壁无混凝土壁支护总长度应不大于周长的一半。分层高度以垂直开挖面不坍塌为原则，一般顶层高 2m 左右，以下每层高 1.0~1.5m。

围圈混凝土应紧贴坑壁灌注，不用外模，内模可做成圆形或多边形。施工中注意使层、段间各接缝密贴，防止其间夹泥土和有浮浆等影响围圈的整体性。围圈混凝土一般采用 C15 早强混凝土。为使基坑开挖和支护工作连续不间断地进行，一般在围圈混凝土抗压强度到达 2.5MPa 强度时，即可拆除模板，让它承受土压力。

和喷射混凝土护壁一样，要防止地面水流入基坑，要避免在坑顶周围土的破坏，坑体范围内有不均匀附加荷载。

目前也有采用混凝土预制块分层砌筑来代替就地灌注的混凝土围圈，它的好处是省去现场混凝土灌注和养护时间，使开挖与支护砌筑连续不间断进行，且围圈混凝土质量容易得到保证。

此外，在软弱土层中的较深基坑以深层搅拌桩、粉体喷射搅拌桩、旋喷桩等，按密排或格框形布置成连续墙以形成支挡结构代替板桩墙等，较常用于市政工程、工业与民用建筑工程，桥梁工程也有使用成功的报道。在一些基础工程施工中，对局部坑壁的围护也常因地制宜就地取材采用多种灵活的围护方法，此处均不再一一介绍。

2. 水中基础的基坑开挖

在水中修筑桥梁基础时，开挖基坑前需在基坑周围先修筑一道防水围堰，把围堰内水排干后，再开挖基坑修筑基础。围堰是指基坑周围能起到防水、挡土作用的防护结构，以利于排水和开挖基坑，砌筑基础。

如排水较困难，也可在围堰内进行水下挖土，挖至预定标高后先灌注水下封底混凝土，然后在抽干水继续修筑基础。在围堰内不但可以修筑浅基础，也可以修筑桩基础等。

水中围堰的种类很多，有土围堰、草（麻）袋围堰、钢板桩围堰、双壁钢围堰还有钢筋混凝土桩围堰等。各种围堰都应符合以下要求：

（1）围堰顶面标高应高出施工期间可能出现的最高水位 0.5m 以上，有风浪时应适当加高。

（2）修筑围堰将压缩河道断面，使流速增大引起冲刷，或堵塞河道影响通航，因此要求河道压缩一般不超过流水断面积的 30%。对两边河岸河堤或下游建筑物有可能造成危害时，必须征得有关单位同意并采取有效防护措施。

（3）围堰内尺寸应满足基础施工要求，留有适当工作面积，由基坑边缘至堰脚距离一般不少于 1m。

（4）围堰结构应能承受施工期间产生的土压力、水压力以及其他可能发生的荷载，满足强度和稳定要求。围堰应具有良好的防渗性能。

（5）要节约材料，结合当地水文、地质情况，就地取材。

围堰是一种临时性工程，一般墩台身修筑出水面以后，应予拆除，以免堵塞河道。

（1）土围堰和草袋围堰。在水深较浅（2m 以内），流速缓慢，河床渗水较小的河流中修筑基础可采用土围堰或草袋围堰，如图 2-15 和图 2-16 所示。土围堰宜用黏性土填筑，缺黏性土时，也可用砂土类填筑，但须加宽堰身以加大渗流长度，砂土颗粒越大堰身越要加厚。围堰断面应根据使用土质条件、渗水程度及水压力作用下的稳定程度确定。若堰外流速较大时，可在外侧用草袋柴排防护。

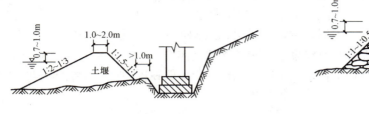

图 2-15　土围堰

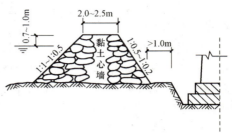

图 2-16　草袋围堰

此外，还可以用竹笼片石围堰和木笼片石围堰做水中围堰，其结构由内外二层装片石的竹（木）笼中间填黏土心墙组成。黏土心墙厚度应不小于 2m。为避免片石笼对基坑顶部压力过大，并为必要时变更基坑边坡留有余地，片石笼围堰内侧一般应距基坑顶缘 3m 以上。

（2）钢板桩围堰（图 2-17）。钢板桩强度大、防水性能好，打入土、砾、卵石层时穿透性能力强，适合水深 10～30m 的桥梁墩台基础。

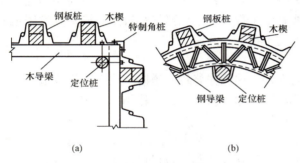

图 2-17　钢板桩围堰结构
（a）矩形钢板桩围堰；（b）圆形钢板桩围堰

1）结构形式。钢板桩围堰按平面形式分有圆形、矩形、圆端形、多边形等形状，围堰结构有单层和双层两种。单层结构形式由定位桩、导梁（或称导框、围笼、围图）及钢板桩组成。定位桩可用木桩或钢筋混凝土管桩，导框由多用型钢组成，在小型矩形基坑上也可用方木制作。

导框的作用在于插打钢板桩时起导向作用。简单的围笼可只设一层内导框，较大型的需设内外导框，导框有上下两层或多层。顶层导框可兼作施工平台，更主要的是作为钢板桩围堰的内部立体支撑，直接承受钢板桩传来的水压力和土压力，因此断面尺寸应能满足结构内力计算要求。外导梁则只起导向作用。内外导梁间距应比钢板桩有效厚度大 8～10cm，以利钢板桩的插打。

如图 2-18 所示，钢板桩按横断面有平型、槽型、Z 型、工字型或槽钢，锁口形式有阴阳、环形、套形三种。各类型钢板桩在锁口连接处能转一定的角度，且均有圆形最小半径的规定。在同一围堰内宜采用同类型同锁口的钢板桩，否则需要加制异形钢板桩连接。

2）施工准备。新旧钢板桩运到工地后，均应详加检查、丈量、分类、编号、登记存放，锁口内不得积水。钢板桩锁口检查用一块长 1.5～2.0m 的标准短桩做通过试验。方法是用绞车或卷扬机拉动标准钢板桩平车，从桩头至桩尾进行。

钢板桩采用组桩插打时，组桩的嵌缝用油灰及旧棉絮嵌塞紧密。组桩及单块桩两侧锁口均在插打前涂以黄油或热的混合油膏（质量配合比为：黄油∶沥青∶干锯末∶干黏土＝2∶2∶2∶1），以减少插打时的摩阻力，并增加防渗性能。组桩拼装后，每隔 4～5m 加一道夹板，使其固定以便插打。圆形围堰的夹板应为弧度正确的弧形，夹板在板桩插打时，逐副拆除。

　　3）导框安装与插打顺序。用围图法定位（图 2-19）和支撑钢板桩时，应先在岸上或驳船上拼装围图，运至墩位定位后，在围图内插打定位桩，把围图固定在定位桩上，然后在围图四周的导框内插打钢板桩。

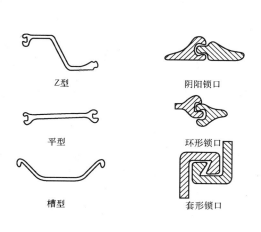

图 2-18　钢板桩端面及锁口

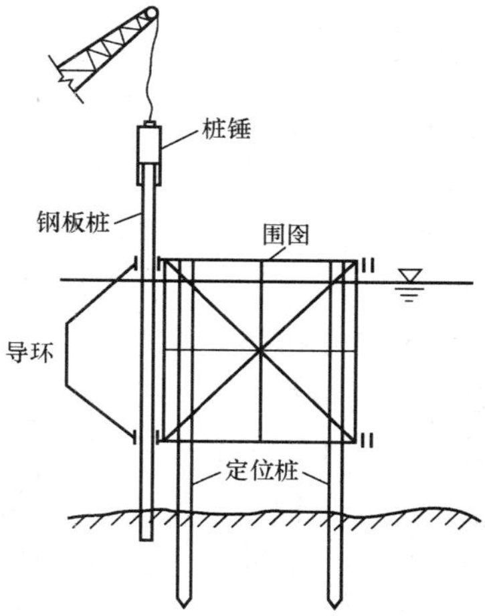

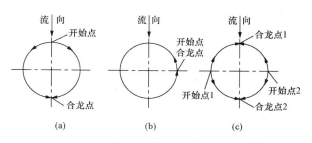

图 2-19　围图法打钢板桩

　　安装围图时，应进行测量定位。用一层导框做成曲圈笼。一般是先打定位桩，再在定位桩上挂装导框。导框可在岸边组成，浮运到位以缆索锚旋，在开始插打板桩后，逐步将导框转挂在已打好的板桩上。用有手桩的转盘式或旋转式桩架时，导框可挂装在外侧的脚手桩上；用浮式转盘式或旋转式桩架时，一般用转动的桩架先打好定位桩再安装导框。

　　钢板桩宜先将全围堰（矩形围堰可为一边）插打稳定且合龙后，再依次打到设计高程，在能保证钢板桩插打垂直时，也可逐根（组）一次打到设计高程。矩形围堰一般先插上游边，在下游合龙。圆形围堰插打顺序见图 2-20 中的几种方法。图中（a）与（b）较（c）少一个合龙点。（b）的累计误差要大于（c）。（a）、（b）都可能在合龙前遭受回流影响而使桩脚外移，造成合龙困难。（c）受回流影响较小，在流速较大处，宜用（c）式插打。

图 2-20　圆形钢板桩围堰插打顺序

　　钢板桩可用锤击、振动或再辅以射水等方法下沉，但在黏土地基中不宜使用射水。锤击时宜使用桩帽，以分布冲击力和保护桩头。

　　4）抽水堵漏。钢板桩插打完，即可抽水开挖。如设计有支撑的围堰，应先支撑再抽水，并检查各节点是否顶紧，板桩与导框间木楔是否敲紧，防止因抽水而出现事故。抽水速度不宜过快，随时观察围堰的变化情况，及时处理。锁口漏水，可用板条、旧棉絮条等在内侧嵌塞，同时在漏缝外侧水面撒大量细煤渣与木屑等，使其随水流自行堵漏。较深处的渗漏可将煤渣等沉送到漏水处堵漏。在潮汐地区或在水库区内的围堰，应采用适当措施，防止围堰内水位高于外侧。

5）拔桩。钢板桩是多次重复使用的设备，基础或墩身筑出水面后即可拔出钢板桩，拆除围堰。为了使拔出钢板桩的工作得以顺利进行，可将钢板桩与水下封底混凝土接触部位涂以沥青，在拔除钢板桩前，向围堰内灌水，使堰内水面高出河水面 1.0～1.5m，利用静水压力将钢板桩推开，使其水下封底混凝土脱离。必要时，可用打桩锤击打待拔的钢板桩，再行拔出。钢板桩顶应制备圆孔，便于连接起吊卡环。

拔桩设备可用吊船、吊机、拔桩机、千斤顶等。对于桩尖打卷及锁口变形的桩，可加大拔桩能力，将相邻桩同时拔出。如确有困难，可以在水下切割。拔出的钢板桩应清刷干净、修补整理、涂刷防锈油，堆放时应按板桩类型、长度分别编号、登记、堆放整齐。

（3）双壁钢围堰。在深水中修建桥梁基础还可以采用双壁钢围堰。双壁钢围堰一般做成圆形结构，它本身实际上是个浮式钢沉井。井壁钢壳是由有加劲肋的内外壁板和若干层水平钢桁架组成，中空的井壁提供的浮力可使围堰在水中自浮，使双壁钢围堰在漂浮状态下分层接高下沉。在两壁之间设数道竖向隔舱板将圆形井壁等分为若干个互不连通的密封隔舱，利用竖向隔舱不等高灌水来控制双壁钢围堰下沉及调整下沉时的倾斜。井壁底部设置刃脚以利切土下沉。如需将围堰穿过覆盖层下沉到岩层而岩面高差又较大时，可做成高低刃脚密贴岩面。双壁围堰内外壁板间距一般为 1.2～1.4m，这就使围堰刚度很大，围堰内无需设支撑系统。图 2-21 为长江一座大桥所用双壁围堰的结构与构造。双壁围堰根据起重运输条件，可以分节整体制造，也可以分层分块制造。

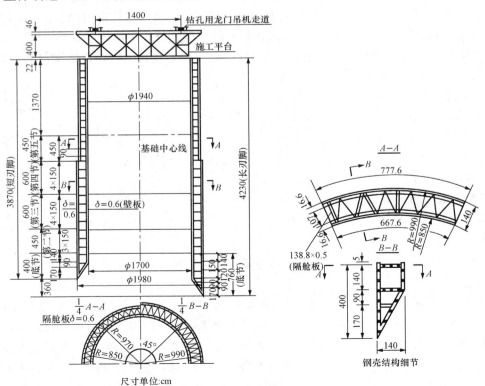

图 2-21 双壁钢围堰的结构

目前采用双壁钢围堰修建的大型桥梁深水基础，大都将基础放在岩盘上用钻孔嵌岩后，在孔内安放钢筋笼灌注混凝土与岩盘牢牢结合在一起，故称这种方法修筑的基础为"双壁围堰钻孔基础"。

双壁围堰钻孔基础施工程序为：

1）在拼装船上拼装底节钢壳。

2）将拼装船及导向船拖拽到墩位抛描定位。

3）吊起底节钢壳撤除拼装船，将底节钢壳吊放下水，漂浮在水中。

4）逐层接高（焊接）钢壳，并向中空的钢壳双壁内灌水，使它下沉到河床定位。

5）在围堰内吸泥使它下沉。围堰重量不足时，可在双壁腔内填充水下混凝土加重，直到刃脚下沉到设计标高。

6）潜水工下水将刃脚底空隙用垫块填塞，并清基。

7）在围堰顶部安装施工平台，在底部安装钻孔钢护筒。

8）灌注水下封底混凝土。

9）钻孔嵌岩，在孔内安放钢筋笼，再在孔内灌注水下混凝土。

10）围堰内抽水后灌注基础混凝土，再修筑墩身。

11）墩身出水后，将在水下切割的河床以上部分的钢壳围堰吊走，倒用到修建下一个桥墩基础重复使用。

双壁围堰钻孔基础是在钢板桩围堰、浮式钢沉井和管柱基础等多种深水基础施工技术上发展起来的。九江长江大桥，其正桥 5～7 号墩均为双壁围堰钻孔基础，如图 2-22 所示，围堰外径 $\phi19.4m～\phi19.8m$，内径 $\phi17m$，井壁厚 1.2～1.4m，围堰高度为 29.2～42.3m，双壁钢围堰钢壳分为 8 个隔舱，围堰内设 8～9 个 $\phi2.5m$ 的钻孔基础。由于双壁钢围堰刚度较大，强度较高，所以能承受很大的水头差（30m 以上），既能承受向内的压力也能承受向外的压力，故能渡洪（不怕洪水淹没围堰）。围堰内无支撑体系，工作面开阔，吸泥下沉、清基钻孔、灌注水下混凝土均很方便。由于双壁钢壳在施工中仅起围堰作用，因而部分钢壳可以水下割除回收重复使用。此外，双壁围堰通过若干个大直径钻孔基础与岩盘牢固结合，从而避免了沉井基础水下大面积清基和穿过风化岩层的缺点。它的这些优点给修建深水基础带来很大方便，因而常为一些大型桥梁深水墩基础所采用。

图 2-22　用双壁围堰法修建的水中桥墩基础

3. 基坑排水

水中围堰基础施工，或旱地挖基到达地下水位以下时，基坑常需向外排水，以保持基坑的干燥，便于基坑挖土和基础的砌筑与养护。目前常用的基坑排水方法有集水坑法和井点法两种。

（1）集水坑法排水（图 2-23）。集水坑法是指在基坑基础范围以外先挖一个集水坑，再在四周挖排水沟，使坑内的水沿排水沟集于集水坑，用抽水机（水泵）把集水坑中的水抽出

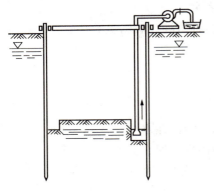

图 2-23 集水坑法降水

坑外排出。当基坑内基本无水时，就可向下开挖基坑。随着基坑的深挖，集水坑和排水沟也逐次加深，并始终保持低于基坑底面约 30~40cm。集水坑深度应大于水泵进水阀的高度，一般为 0.7~1.0m。在吸水龙头上套竹筐围护，以防土石堵塞龙头。抽水时需有专人负责集水坑的清理工作。

水泵应根据基坑深度、水深及选用水泵性能条件，分别安装在坑顶、静水面或水位以下。潜水泵可直接放入坑底水中抽水。扬程不足时，可用串联法安装或采用多级水泵。

要排干基坑积水，就必须使抽水机排水量大于基坑渗水量。水下挖基不应中途停止抽水，抽水能力应为渗水量的 1.5~2.0 倍，这是因为渗水量的估计很难精确。当基坑渗水量变化较大时，宜配用抽水能力不等的抽水机，在抽水能力有余时，便于停开或抽调部分抽水机。

抽水还应注意以下事项：地面为渗水性的土质，抽水排水管应适当远引，以防渗回基坑，致使边坡坍塌；基坑土质欠稳定时，安置在护道上的设备，应以小木桩加固，宜选用振动力较小的机械。在细砂、粉砂层中挖基，抽水会造成基底流砂现象，造成基坑的破坏和坍塌，因此当基坑为这类土时，应避免采用集水坑法排水；有条件时，可采用井点降水法施工，或不抽水开挖，最后灌注水下混凝土封底。在渗水较大的土层中，一个基坑抽水，可使相邻基坑水位降低，在安排基坑及开挖顺序时，可适当利用其特点。爆破坑底石质或处理孤石时，对水泵、进水阀管要采取防护措施。

集水坑排水法设备简单、费用低，一般土质条件下均可采用。但当地基土为饱和粉细砂土等黏聚力较小的细粒土层时，由于抽水会引起流砂现象，造成基坑的破坏和坍塌，因此当基坑为这类土时，应避免采用集水坑排水法。

（2）井点法降水。对粉质土、粉砂类土等如采用表面排水极易引起流砂现象，影响基坑稳定，可采用井点法降低地下水位排水。根据使用设备的不同，主要有轻型井点、喷射井点、电渗井点和深井泵井点等多种类型，可根据土的渗透系数，要求降低水位的深度及工程特点选用。

井点法是在基坑周围打入带有过滤管头的井点管，在地面与集水总管连接起来，通到抽水系统，用真空泵造成的真空度，将地下水吸入水箱，用水泵抽出，使地下水暂时降低。井点降水的布置如图 2-24 所示，即在基坑开挖前预先在基坑四周打入（或沉入）若干根井管，井管下端 1.5m 左右为滤管，上面钻有若干直径约 2mm 的滤孔，外面用过滤层包扎起来。各个井管用集水管连接并抽水。由于使井管两侧一定范围内的水位逐渐下降，各井管相互影响形成了一个连续的疏干区。

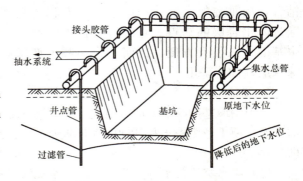

图 2-24 井点法降水布置图

在整个施工过程中仍不断抽水，保证在基坑开挖和基础砌筑的整个过程中基坑始终保持着无水状态。

用这种方法降低地下水的特点是，井管范围内的地下水不从基坑的四周边坡和底面流出，而是以相反的方向流向井管，因而可以避免发生流砂和边坡坍塌现象，且流水压力对土层还有一定的压密作用。在滤管部分包有铜丝过滤网，以免带走过多的土粒而引起土层潜蚀现象。

1）井点降水的适用条件。井点降水适用于渗透系数为 0.5～150m/d 的土壤中，尤其是在 2～50m/d 的土壤中效果最好；对于渗透系数小于 0.1m/d 的淤泥、软黏土等则效果较差，需要采用电渗井点排水或其他方法。降低水位深度一级轻型井点一般为 3～6m，使用二级轻型井点的约为 6～9m。井点降水是通过滤管抽水，不致带走土中细小颗粒，宜用于一般抽水开挖有困难的粉、细砂质基坑，或在既有建筑物附近施工时采用。但井点法降水用的施工机具较多，施工布置较复杂。

2）井点降水设备。

①管路部分：包括过滤管、井点管及集水总管等。过滤管长度为 1.5～2.0m，过滤孔总面积约为过滤管总表面积的 20％～25％，管的上端与井点管用套管连接，下端用管帽封闭。井点管下沉完毕后，宜用透明胶管与集水总管接头连接，避免因井点管沉陷而损坏管件。

②抽水部分：主要包括真空泵、集水箱、离心泵、气水分离器等。其平面连接如图 2-25 所示。

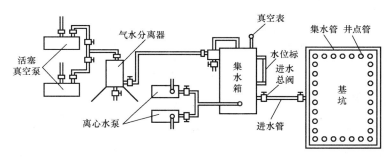

图 2-25　井点法降水系统示意图

抽水系统的工作过程是：开动真空泵，将集水箱内的空气抽出形成真空，地下水受大气压力经过滤管、井点管、集水总管、过滤箱等吸入集水箱，箱内上部空气由真空泵吸出，地下水进入集水箱后由离心泵排出。集水箱中央设有浮筒，能自动调节箱内水与气的平衡。离心泵则用排水阀调节，使进出水量配合真空泵的吸水能力达到平衡。在集水箱与真空泵之间，设有气水分离器，防止水分进入真空泵内。真空泵的冷却水，则用另一台小型水泵将热水抽入冷却箱，再流入集水箱内的蛇形管冷却，回到真空泵内循环使用。

3）井点法降水施工。安装井点管应先造孔，然后下管，不得将井点管硬打入土内，可以用射水管对准井点位置射水成孔，造孔要求垂直。如果为不稳定、易坍孔的土层，应先射水下沉 150mm 直径的套管，然后在套管内插入井点管。孔的深度须比滤管底深 0.5m 左右，滤管底应低于基底以下 1.5m。

井点管的四周应以粗砂灌实，距地面 0.5～1.0m 深度内应改用黏土填塞严密，防止漏气。集水总管与水泵的安装应尽量降低，集水总管向水泵方向宜设 0.25%～0.5% 的下坡，防止停机时管内存水。井管系统各部件均应安装严密，防止漏气。井点法排水不得中途停止，以免井管堵塞。抽水系统中的真空泵，需要安装两套设备，轮换工作，必要时增设备用电源。

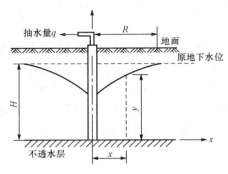

图 2-26　井点法降水原理

根据经验，如四周井管间距为 0.6～1.2m，集水管总长不超过 120m，井管的位置在基坑边缘外 0.2m 左右，在基坑中央地下水位可以下降 4～4.5m。用井点法降低地下水位的理论计算方法较多，如井管竖直打到不透水层时，根据水力学原理，当抽水量大于渗水量时，水位下降，在土内形成漏斗状（图 2-26），若在一定时间后抽水量不变，水面下降坡度也保持不变，则离井管任意距离 x 处的水头高度 y 可用下式表示：

$$y^2 = H^2 - \frac{q}{\pi K} \ln \frac{R}{x} \qquad (2-1)$$

式中　K——土层的渗透系数（m/s），由室内试验或野外抽水试验求得；

　　　H——原地下水位至不透水层的距离（m）；

　　　q——单位时间内的抽水量（m³/s）；

　　　R——井的影响半径（m），通过观察孔测得。

应用式（2-1）时，要考虑其他井管的相互影响，近似地认为在井点系统多井抽水的情况，其水头下降可以叠加。即

$$y^2 = H^2 - \sum \left(\frac{q_i}{\pi K} \ln \frac{R_i}{x_i} \right) \qquad (2-2)$$

在采用井点法降低地下水位时，应将滤管尽可能设置在透水性较好的土层中，同时还应注意到在四周水位下降的范围内对邻近建筑物的影响。因为由于水位下降，土自重应力的增加可能引起邻近结构物的附加沉降。

4. 基底检验处理及基础圬工砌筑

（1）基底检验。基坑开挖过程中，除了随时检查地基土质及地层情况是否符合设计资料外，为防止基底暴露时间过长，施工负责人应在挖至基底前，通知有关人员按时前来检验，并事先填写"隐蔽工程检查证"。经有关人员会同检验签证后，方可砌筑基础或作其他工序。

一般基底检验的主要内容有：

1）基底平面位置、尺寸及高程是否与设计文件相符合。

2）基底地质、承载力是否与设计资料相符合。

3）基底的排水处理情况是否能确保基础圬工的质量等。

基底检验时，基底高程容许误差对于土质为 ±50mm，石质为 +50mm、−200mm。对基底土质有疑问时，应作土壤分析或其他试验进行核实。

（2）基底处理。基底处理，应根据不同的土质分别对待。

1）岩层。

①未风化的岩层基底，应清除岩面的碎石、石块、淤泥、苔藓等。

②风化的岩层基底，开挖基坑尺寸要少留或不留富余量。灌注基础坊工时，同时将坑底填满，封闭岩层。

③岩层倾斜时，应将岩面凿平或凿成台阶，使承重面与重力线垂直，以免滑动。

④砌筑前，岩层表面用水冲洗干净。

2）碎石类土及砂类土层。承重面应修理平整夯实，砌筑前铺一层 2cm 厚的浓稠水泥砂浆。

3）黏性土层。

①铲平坑底时，不能扰动土壤天然结构，不得用土回填。

②必要时，加铺一层 10cm 厚的夯填碎石，碎石层顶面不得高于基底设计高程。

③基坑挖完处理后，应在最短期间内砌筑基础，防止暴露过久变质。

4）泉眼。

①插入钢管或做木井，引出泉水使之与坊工隔离，以后用水下混凝土填实。

②在坑底凿成暗沟，上放盖板，将水引出至基础以外的集水坑中抽出。坊工硬化后，停止抽水。

对特殊土层的基底处理，可参考有关的施工技术手册，本书从略。

（3）基础坊工砌筑。明挖基坑中，基础坊工的砌筑可采用排水砌筑或用水下混凝土灌注。

1）排水砌筑的施工要点。

①应在坑底无水情况下砌筑坊工。

②石料及砌块不得从平台上抛下，以免损坏已经砌好的基础。

③禁止带水作业及用混凝土将水赶出模板外的灌注方法。

④基础边缘部分，应严密防水。

⑤水下基础坊工终凝后，方可停止抽水。

2）水下混凝土灌注。只有在排水困难时采用此法。基础坊工的水下灌注分水下封底与水下直接灌注基础两种。前者封底后，仍要排水砌筑基础，封底只起封闭渗水的作用，其混凝土只作为地基而不作为基础本身。它适用于板桩围堰开挖的基坑。

在混凝土基础施工的过程中，应考虑与墩台身的接缝，一般按设计文件办理。设计无规定时，周边可预埋直径不小于 16mm 的钢筋（或其他铁件），加强其整体性，埋入与露出长度不少于钢筋直径的 30 倍，间距不大于钢筋直径的 20 倍。基础前后、左右边缘距设计中心线尺寸的容许误差不大于±50mm。

2.1.3　桩基础施工

前面讲到，桩基础按施工方法可分为预制沉桩和就地灌注桩两大类，而就地灌注桩又按成孔的方法不同有分为钻孔灌注桩和人工挖孔灌注桩。

1. 钻孔灌注桩基础施工

（1）施工特点及程序。

1）钻孔灌注桩基础的特点。钻孔灌注桩基础施工作业适用性强，陆地水中均可施工。

对于地质复杂的地层中的基础，有显著的优点。与明挖基础比较，钻孔桩工作量小，能节省劳动力，对渗水量大的基坑，可避免大量的抽水工作，变水下作业为水上作业，改善劳动条件；与打入桩比较，桩径较大，桩周摩擦力大，因而承载力也大，可以穿过漂石、卵石、砾石等地层，并嵌固到基岩内，不需要模板，用料较省；与沉井基础比较，圬工量小，遇有大孤石和倾斜岩层时也容易处理，工期短，成本低。

2）主要施工程序。钻孔灌注桩的一般施工程序如图 2-27 所示。

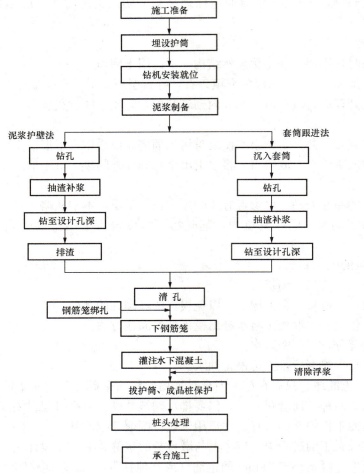

图 2-27 钻孔灌注桩施工工艺一般程序图

钻孔灌注桩施工前的准备工作十分重要，只有条件充分才能保证施工顺利进行。各种钻孔方法的原理、适用范围及优缺点，见表 2-2。

（2）钻孔机械简介。钻孔灌注桩基础施工中用到的主要机械有钻机、钻头、电焊机、泥浆泵、空压机、千斤顶、抽渣筒、检孔器及测绳等。

工艺装备包括制浆池、沉淀池、贮浆池、出浆槽、水塔或高位水池、钢护筒。制浆池尺寸通常为 8m×3m，深度 1m，一个浸泡黏土，一个搅拌制浆，两个轮用。制备的泥浆存入贮浆池，通过泥浆泵送入钻孔中。孔内排出的浮渣泥浆在沉淀池中把钻渣沉淀、过滤，净浆回流贮浆池。沉淀池、贮浆池的容积是制浆池的 1.5～2 倍。

各种钻孔方法的原理、适用范围及优缺点

表 2 - 2

钻孔方法	成孔原理	适宜地层	孔径/cm	深度/m	泥浆作用	优　点	缺　点
机动推钻	旋转钻杆并下压使土进入钻锥中，提出钻锥将土倒出，重复实施钻成孔。静水压力或泥浆悬护壁	细粒土、粗粒土，含砾量小于30%、粒径小于10cm的卵砾石土	60~160	30~40	护壁	设备加工、操作简单、搬移轻便	深孔钻速慢、遇大卵石、漂石不易钻进
螺旋钻	机械动力驱动螺旋钻杆钻入土中，螺杆旋转时的推力将土推出而成孔	细粒土、粗粒土	25~80	40	干作业 不需泥浆	钻孔速度快	不适用大卵石、漂石地质
正循环回转	地面造浆，通过钻杆内孔压入钻杆底部射出，土层被旋转的钻锥绞松压碎成为钻渣，被泥浆悬浮，从孔口溢出，在沉淀池沉淀	细粒土、粗粒土，含卵砾石量小于20%的卵砾石土、软岩	80~160	30~100	浮渣 护壁	钻进与排渣同时连续进行，钻进速度快，但反循环钻进速度、钻深均优于正循环	需要设置泥浆池、贮浆池等，占用场地大、消耗大量水和泥浆原料；机具设备较复杂。反循环开孔不能适用空气吸泥机，仍需用正循环或其他清渣方法，设备更复杂；孔壁坍塌可能性比正循环大，需用质量好的泥浆
反循环回转	地面造浆，土层被旋转的钻锥绞松压碎成为钻渣，被通过钻杆内孔抽至地面沉淀池沉淀	细粒土、粗粒土，含卵砾石量小于20%、粒径小于钻杆内径2/3的卵砾石土、软岩	80~120	配真空泵<35 配空气气举泥机可达65	护壁		
正循环潜水钻	同回转钻 动力设备安装于钻锥顶部，随钻锥潜入孔中	淤泥、黏性土、砂土、卵砾石粒径小于10cm，含量小于20%碎石土	60~150	50	浮渣 护壁	钻孔效率高于正循环回转钻，钻具简单、轻便、噪声小	钻机潜入水中工作，较易发生故障
反循环潜水钻	同反循环回转钻		60~150	泵吸<40 气举100	护壁	钻孔速度高于正循环潜水钻	
冲抓锥	自由下落的冲抓锥张开抓瓣插入土中，收紧提升瓣绳将锥提出，倒土时将瓣张或悬吊锥放松，倒土而成孔	软土、细粒土、粗粒土、卵砾石土	100~200	30	护壁	与锥钻相比钻进速度快、适用土质条件广	不能钻斜孔；钻孔深度超过20m时，钻孔速度大为降低
冲击实心锥	冲锥反复冲砸岩土破碎，或挤入孔壁或悬于泥浆。用淘渣筒入孔底淘取钻渣补充泥浆	细粒土、粗粒土、卵砾石土、软岩	80~200	50	浮渣 护壁	适用土质广泛，"无坚不摧"，将钻渣挤入孔壁，增加桩土摩阻力。空心冲击锥比实心锥钻进速度快	普通土中钻孔速度比其他方法慢、不能钻斜孔。空心冲击锥较轻、不适用漂石和岩层，钻大直径时，须采取先钻小孔逐步扩孔的办法
冲击空心锥	钻锥底部的旋转刀盘切土并送入锥内，提出钻锥倒土而成孔	细粒土、粗粒土、卵砾石土	60~150	50	浮渣 护壁		
旋挖钻	钻锥底部的旋转刀切土并送入钻锥内，反复入锥内，提出钻锥而成孔	细粒土、粗粒土、卵砾石土	80~200	50	不需泥浆	钻孔速度快	不适用岩石地质
全护筒冲抓和冲击锥	在全套筒跟进的钢护筒保护下进行冲抓、冲击钻孔作业	各类土层	80~200	30~40	不需泥浆	具有冲抓、冲击相应优点，适用各类土层、不坍孔	需要护筒沉入设备，护筒难以拔出，工程成本高

1）螺旋钻机。螺旋钻机的分类主要是按钻杆上螺旋叶片的多少，可分为长螺旋钻机和短螺旋钻机两大类。国内长螺旋钻孔机多与轨道式、步履式和悬臂履带式打桩架配套使用。长螺旋钻机由动力头、钻杆、钻头、中间稳杆器和下部导向圈等组成。

2）冲抓钻。冲抓钻孔系统由三脚立架、锥头、卷扬机三部分组成，如图 2-28 所示。冲抓钻机分为单绳和双绳冲抓锥。冲抓锥由锥身、锥瓣、开合机构、导向环和挂环五部分组成。

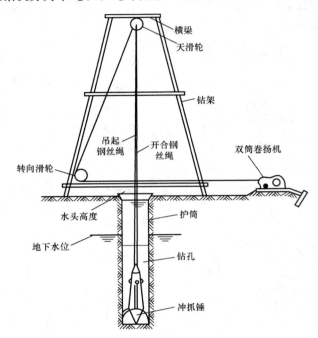
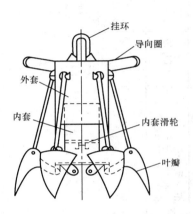

图 2-28　冲抓钻孔系统

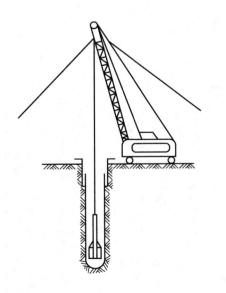
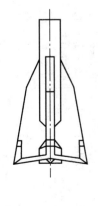

图 2-29　冲击钻孔系统

3）冲击钻。冲击钻孔系统设备由冲击钻头、三脚立架、卷扬机组成，如图 2-29 所示。冲击钻机适用于所有土层，采用实心锥钻进时，在漂、卵石和基岩中显得比其他方法优越。冲击锥钻孔速度因锥重、冲击频率和土层而异，冲击钻机配有 2.5t 重的冲击锥。

冲击钻头分冲孔钻头、冲岩钻头、修孔钻头、扩孔钻头。钻头的直径与设计桩径相比，冲孔钻头、冲岩钻头小 50～80mm，修孔钻头大 10～20mm，扩孔钻头大 60～100mm。冲击钻头必须设置打捞环。

4）正循环旋转钻机。将泥浆池

的泥浆经由普通胶管吸入泵内，开动泥浆泵以 1200～4000kPa 的压力通过高压胶管、空心钻杆，随钻头旋转，从钻头下部两侧喷出，冲刷孔底。高压泥浆起破坏孔底土层，保护孔壁及悬浮钻渣的作用。钻渣与泥浆混合在一起沿钻孔上升，从护筒口排出，流入沉淀池，钻渣沉积下来，较纯净的泥浆流回泥浆池，再由泥浆池打入钻孔内，如此形成一个工作循环，如图 2 - 30 所示。

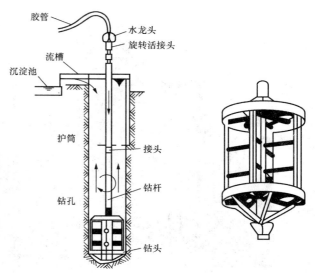

图 2 - 30　正循环钻机系统

　　5）反循环旋转钻机。是利用真空泵抽去循环系统管道的空气，使其产生负压，夹带钻渣的泥浆经钻头、空心钻杆、胶管等进入泥浆泵，再由泥浆闸阀排出，流入沉淀池，沉淀后较纯净的泥浆又流回泥浆池。因为泥浆的循环路线与正循环恰好相反，故称为反循环。这种钻机的优点是：排渣快，并能吸出粒径较大的钻渣，可用于粗砂、砾砂和砂夹卵石地层中钻孔，如图 2 - 31 所示。

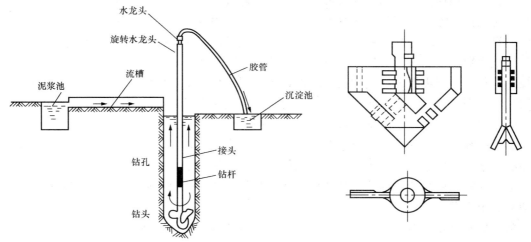

图 2 - 31　反循环钻机系统

　　6）旋挖钻。旋挖钻机（图 2 - 32）是一种适合在基础工程中成孔作业的施工机械，具有装机功率大、输出扭矩大、轴向压力大、机动灵活、施工效率高等特点，适应我国大部分地区的土壤地质条件。可配合不同钻具，适应于短螺旋、回转斗及岩层的成孔作业。对干硬性黏土可不用稳定液护壁的干式旋挖工法，一般的覆盖层采用静态泥浆护壁的湿式旋挖工法，它广泛应用于铁路、公路桥梁、市政建设、高层建筑等基础钻孔灌注桩工程。

　　旋挖成孔的工艺优势：

　　①广泛的适应性。在硬土地层，由于传统钻机的自重有限，不可能给钻头施加更大的进

图 2-32 旋挖钻机

给压力。而旋挖钻机由于采用动力头装置，动力头的给进力加上钻杆的重量，钻进能力强。据统计，在相同的地层中，旋挖钻机的成孔速度是转盘钻机的 5～10 倍。

②良好的环保性。目前国内传统钻机多采用连接钻杆形式和掏渣桶掏渣，在钻进过程中多采用泥浆循环方式，泥浆对于这类钻机起润滑、支护、置换和携带钻渣的作用。随着城市建设在环保方面要求愈加严格，传统钻机面临更大危机。而旋挖钻机采用动力头形式，其工作原理是用短螺旋钻头或旋挖斗，利用极大的扭矩直接将土或砂砾等钻渣旋转挖掘，然后快速提出孔外，在不需要泥浆支护的情况下，可实现干法施工，即使在特殊地层需要泥浆护壁的情况下，泥浆也只起支护作用，钻削中的泥浆含量相当低，这使污染源大大减少，进而降低了施工成本，也改善了施工环境，成孔效率高。

③提高灌注桩的承载力。由于旋挖钻机的特殊成孔工艺，它仅需要静压泥浆作护壁，所采用的泥浆一般用膨润土、火碱、纤维素等配置，在孔壁不形成厚的泥皮。此外由于钻头的多次上下往复，使孔壁粗糙，不易产生缩径。与传统的钻孔灌注桩相比，旋挖钻孔灌注桩的承载能力提高了。

常见的旋挖钻头有螺旋钻头、旋挖斗、筒式取芯钻头、扩底钻头、冲击钻头、冲抓锥头和液压抓斗，可根据地质情况选用钻头。

①黏土：选用单层底的旋挖钻斗，如果直径偏小可采用两瓣斗或带卸土板的钻斗。

②淤泥、黏性不强土层、砂土、胶结较差粒径较小的卵石层，可配用双层底的旋挖钻斗。

③硬胶泥：选用单进土口的（单双底皆可）旋挖钻斗，或斗齿直螺。

④冻土层：含冰量少的可用斗齿直形螺钻斗和旋挖钻斗，含冰量大的可用锥形螺旋钻头；螺旋钻头用于土层（除淤泥外）皆有效，但常在没有地下水的情况下使用，以免产生抽吸作用造成卡死。

⑤胶结好的卵砾石和强风化岩石：需要配备锥形螺旋钻头和双层底的旋挖钻斗（粒径较

大的用单口，粒径小的用双口）。

⑥中风化基岩：配备截齿筒式取心钻头、锥形螺旋钻头、双层底的旋挖钻斗，或者截齿直形螺旋钻头、双层底的旋挖钻斗。

⑦微风化基岩：配备牙轮筒式取心钻头、锥形螺旋钻头、双层底的旋挖钻斗，如果直径偏大，可采取分级钻进工艺。

7）抽渣筒。掏取孔内钻渣的工具叫抽渣筒（也叫掏渣筒）。用 3～10mm 厚钢板卷成直径为钻孔直径的 40%～60% 的圆筒，高为 1.5～2.0m。上面用直径 30mm 左右的圆钢作成吊环，下面装有活门。

（3）施工准备。

1）埋设护筒。护筒一般用 4～5mm 厚的钢板加工制成，高度为 1500～2000mm。钻孔桩的护筒内径应比钻头直径大 100～150mm；冲孔桩的护筒内径应比钻头直径大 200～250mm。护筒的顶部应开设 1～2 个溢浆口，并高出地面 250～350mm。护筒顶高程，采用反循环钻时顶部应高出地下水位 2.0m；采用正循环钻时应高出地下水位 1.0～1.5cm，且高出地面 0.3m。

护筒有定位、保护孔口和维持水位高差等重要作用。所以护筒中心与桩位中心应重合，周边用黏土夯填密实。

护筒位置要根据设计桩位，按纵横轴线中心埋设。埋设护筒的坑不要太大。坑挖好后，将坑底整平，然后放入护筒，经检查位置正确，筒身竖直后，四周即用黏土回填，分层夯实，并随填随观察，防止填土时护筒位置偏移。护筒埋好后应复核校正，护筒中心与桩位中心应重合，偏差不得大于 50mm。

护筒的埋设深度：在黏性土中不宜小于 1m；在砂土中不宜小于 1.5m，并在保持孔内泥浆液面高于地下水位 1m 以上。

2）钻机就位。

①冲击钻机就位。一般都是利用钻机本身的动力与安设的地锚配合，将钻机移动大致就位，再用千斤顶将机架顶起，准确定位，使起重滑轮，钻头和护筒中心在同一垂直线上，以保证钻孔的垂直度。钻机位置偏差不得大于 5cm，对准桩位后，保持钻机平稳，用 15cm×15cm 的方木垫平，并在桅杆顶部对称钻机轴线上用四根缆风拴牢拉紧。

使用简易钻机时，则就地拼装钻架（有用三脚架、人字架和用万能杆件拼装的龙门架）。待大致就位，从钻架顶上的起重滑轮（或称天轮）吊线，校正桩位，移动钻架，误差不得超过 5cm，钻架要平稳牢固，防止发生偏沉现象。卷扬机要选择恰当的位置，不因钻架变位而移动，尽量使转向滑车来适应。

②旋转钻机就位。立好钻架并调整和安设好起吊系统，使起重滑轮和固定钻杆的卡孔与护筒中心在同一垂线上，将钻头吊起，徐徐放进护筒内。启动卷扬机把转盘吊起，垫方木于转盘底座下。将钻机调平并对准钻孔。然后装上转盘，要求转盘中心同钻架的起吊滑轮在同一铅垂线上。在钻进过程中要经常检查转盘，如有倾斜或位移，应及时纠正。使用带有变速器的钻机时，要把变速器放平，安装在变速器板上的电动机轴心应和变速器被动轴心在同一水平线上。

3）泥浆制备。钻孔泥浆由水、黏土（或膨润土）和添加剂组成。在钻孔中，由于泥浆相对密度大于水的相对密度，故护筒内同样高的水头，泥浆的静水压力比水大。由于静水压力的作用，泥浆可作用在井孔壁形成一层泥皮，阻隔孔内外渗流，保护孔壁免于坍塌。

此外，泥浆还起浮悬钻渣的作用，使钻进正常进行。在冲击和正循环回转钻进中，悬浮钻渣的作用更为重要。人力或机动推钻、反循环回转、冲抓钻进中，泥浆主要是起护壁作用。在较好的黏性土层中用以上方法钻进，还可用清水护壁而不必使用泥浆。

根据实践，使用太稠的泥浆会增大钻头的阻力，因而影响钻进的速度，而且增加在孔壁或钢筋上的泥浆附着量，对受力不利，还会增加清孔工作的困难。反之，如泥浆太稀，排渣能力会受到影响，护壁效果也有所降低。因此应根据地层情况和施工方法并考虑泥浆对孔壁和钢筋的附着等因素，选择恰当的泥浆指标（比重、黏度、含砂量胶体率等）。

在不同土层中，采用冲击钻或旋转钻成孔时，泥浆的黏度可参考表2-3的数值。

表2-3　　　　　　　　　　　　　泥浆的黏度

土　层	黏　土	砂黏土	砂　土	砂夹卵石	卵　石
黏度 s	16～17	17～19	19～21	21～23	22～25

用冲抓锥或人力旋转钻钻孔时，泥浆主要起护壁作用，所以不必采用很稠的泥浆，一般在松散的砂性土中，可用比重为1.1～1.3的泥浆。黏性土中，如有足够高的水头，可用清水护壁。

用机动旋转钻或冲击钻钻孔时，泥浆的主要作用是排渣，因此，泥浆的比重、黏度应根据钻孔地层情况、钻渣大小、泥浆泵能量、钻孔直径和深度等因素确定。一般在黏性土中，比重采用1.3左右；在砂性土中，特别是在砂卵石中，比重采用1.4～1.6。

（4）钻进。

1）钻进前注意事项。

①开钻前应检查钻机运转是否正常，钻机底部有无变形，固定钻架的缆风绳有无松动，护筒位置是否符合设计等。

②如孔径大，钻头重量超过机械的负荷能力时，可采用分径成孔的方法，但分径不宜过多，一般为二次。使用钻头的重量除已有规定者外，以不超过钻机负荷能力的70%为宜。旋转方法造孔根据孔径与地质情况，分为一次成孔、先导钻后扩钻和先钻后扫等三种方式。

③各个工序紧密衔接，互不干扰。基桩较多的基础，采用多机作业时，应事先拟定钻孔顺序和钻机移动的线路图。为了保证质量，加快进度，通常把钻孔、安放钢筋笼、灌注水下混凝土三道工序连续完成后，再移动钻机，这样可以充分利用钻机本身的起吊设备（根据现场具体情况决定）。

2）钻进操作。

①冲抓钻孔。采用冲抓钻机，施工时使三脚立架固定滑轮，绕过滑轮的钢丝绳下端吊着由三块钢锥片组成的锥头，锥头张开的最大外围尺寸与桩孔直径相同。锥头对准桩孔中心。放开制动，锥头在自重作用下下落，打入孔底土层中，卷扬机提升拉索使锥头合龙，砂土被封闭在锥体内提出。锥体提出孔口后，在井口放置一块钢盖板，将手推车或其他运输工具放到钢板上接受渣土。只需打开锥头控制栓，锥头自行张开，渣土排出。

施工中要注意：应小冲程稳而准的开孔，待锥具全部进入护筒后，再松锥进行正常冲抓。提锥应缓慢，冲击高度一般为 1.0~2.5m。

②冲击钻孔。冲击钻孔的程序：钻进→抽渣→投泥（或泥浆）→钻进的反复循环以及辅助作业（检查孔径、钻具，修理机械设备，补焊钻头等），关键问题是掌握冲程大小和抽渣时机。

使用卷扬机起吊锥头时，卷扬机钢丝绳通过三脚立架上端的滑轮与锥头连接，放开卷扬机，锥头自然下落，锥头的冲击作用使岩土破碎，部分被挤入孔壁。泥浆将渣土悬浮排出孔外，同时平衡部分孔壁土压力和水压力，保持孔壁稳定。锥体一般为圆柱形，用钢材制成，锥头呈"＋"形，利于破碎岩石。土质地层可先用 60~80cm 的细锥头钻进，然后再用大锥头扩孔至设计孔径。卷扬机可以人工操作，也可以选用自动操作设备。

开孔时应低锤密击，使初成成孔坚实、竖直、圆顺，并起导向作用，钻进深度超过钻锥全冲程后才能正常冲击。如地表土为淤泥、松散细砂等软弱土层，可加黏土块夹小片石，反复冲击造孔壁，保证护筒的稳定。如发现钻孔偏斜，应立即回填片石至偏孔处上部 0.3~0.5m，重新钻进。

正常冲击施工中，若遇软弱土层或坍孔回填重钻时，应采用小冲程反复冲击，加黏土块夹小块石，泥浆比重 1.3~1.5，以造成坚实孔壁；若遇黏土或粉质黏土层，应采用中小冲程 1~2m，泥浆比重 1.2~1.5，泵入清水或稀泥浆，经常清除钻头上的泥块，以提高钻进效率；若遇粉砂或中粗砂层，应采用中冲程 1~3m，泥浆比重 1.2~1.5，投入黏土块，勤冲勤掏渣，以防止坍孔；在砂卵石层中，应采用中、高冲程 2~3m，泥浆比重 1.3~1.5，投入黏土块，勤掏渣；而在基岩段，应采用高冲程 3~4m，泥浆比重 1.3 左右，并适当加大冲击能量，提高钻进效率。

钻进过程中，遇孤石时，可适当抛填硬度相似的片石，采用重锤冲击，或中低冲程交替冲击，将大孤石击碎挤入孔壁。若遇到坚硬漂卵石层，可采用中、大冲程，但最大冲程不宜超过 4~6m。

冲击过程中，必须准确控制松绳长度，避免打空锤。一般不宜用高冲程，以免扰动孔壁，引起坍孔、扩孔或卡钻事故。应经常检查钢丝绳的磨损情况，卡扣松紧程度、转向装置是否灵活，以免掉钻；应经常检查冲击钻头的磨损情况，如磨损过大，切削角不符合要求时要及时更换修理，以提高钻进效率和防止夹钻、卡钻等事故。

钻进过程中及时排除钻渣，并添加黏土造浆，防止塌孔和沉积，使钻锥经常冲击新鲜地层。冲击表面不平整的漂石、硬岩时，应先投入黏土夹小片石，将表面垫平后再钻进，防止出现偏孔、斜孔。

③旋转法钻孔。旋转法钻孔是采用旋转钻机，钻杆带动钻头旋转，钻头下的刀盘在旋转中将岩土切割粉碎形成渣土，渣土被泥浆悬浮。正循环是用钻头旋转切削土体钻进，泥浆泵将泥浆通过钻杆芯孔从钻头灌注钻孔内，泥浆携带钻渣沿钻杆上升，从护筒顶部排浆孔排出沉淀池，钻渣沉淀，泥浆回流泥浆池循环使用。反循环与正循环不同的是，通过流槽把泥浆直接输入钻孔内，然后从钻杆下口吸进，通过钻杆芯孔排出至沉淀池内。另外，反循环抽渣的负压使得孔壁坍塌的可能性较正循环法大，为此需要较高质量的泥浆。

旋挖钻头应根据地质、孔深、孔径、沉渣厚度、护壁措施等选择，并与机型相配套。

为了保证孔位正确、孔壁垂直和稳定，在开钻阶段要做到"稳"、"准"、"慢"，并适当加大泥浆稠度，尤其是护筒底与地层连接处应多投黏土，用慢速钻进，并使钻头空钻一段时间，利用钻头旋转力量把黏土挤入孔壁起加固作用。

3）抽渣。被钻头冲碎的钻渣，一部分和泥浆一起挤进孔壁，大部分是悬浮在钻孔下部的泥浆中，需靠抽渣筒清除出孔外。在开孔阶段，为了使钻渣泥浆尽量挤入孔壁，待冲进4～5m 以后即应勤抽渣。孔底沉渣太厚，就会妨碍钻刃冲击新鲜土层，同时还会使泥浆变稠，吸收大量冲击动能，从而影响进尺速度。一般是每进尺 0.5～1m 抽渣一次，也有按钻孔进尺的变化来规定抽渣的。当一小时的进尺在卵、漂石地层小于 5cm，在松软地层小于15cm 时，即应抽渣。抽渣时，应注意下列事项：

①及时向孔内加泥浆或清水，保证水头高度。如系向孔内投放黏土自行造浆，在抽完钻渣后，应及时随着冲击逐渐投放黏土；不宜一次倒进很多黏土，以免发生吸钻。

②在黏土来源困难的地方，应采取措施将泥浆流回孔中，节省黏土。

③抽渣前提出的钻头应小心横置慢慢放在地面的枕木上，不可猛落发生事故。卸渣后抽渣筒也应轻放在适当地方。

4）钻进中注意事项。

①冲击钻头的刃口在钻进中不断磨损，特别在冲击基岩，卵、漂石时磨损更快。因此，要定时检查钻头，当钻头磨损比原来尺寸小 3～4cm 或刃口磨钝时，就及时焊补，以免孔径不合要求极易发生卡钻事故；焊补后的钻头在原孔中使用时，为防止卡钻，要先用小冲程慢慢冲击一段时间，将孔扩大一些后，才可用大冲程钻进。

②钻架使用时间长，可能发生位移，或孔内有探头石或其他情况，会使所钻的孔偏离设计孔位，因此每个台班要用探孔器检查钻孔一次。探孔器高度为钻孔直径的 4～6 倍，即长约 4～5m，直径比钻头直径小 2～4cm 的专用钢筋笼。如发现移位、钻孔偏斜或弯孔现象应及时处理。

③设专人负责记录钻进中的一切情况，以备钻进中分析和处理，也是使用时的原始依据。

（5）钻进施工中有关问题及处理方法。

1）坍孔。当在钻进中发现钻孔内水位突然下降，孔口冒细密水泡，钻具进尺很慢或不进尺，而钻机的负荷却明显增加，有异响等现象时，即可能发生了井孔坍塌现象，应立即停钻处理。

在不良地层（如软土、粉砂、细砂及松散堆积层）中钻孔，容易发生坍孔。在开孔阶段坍孔，会使护筒沉陷、歪斜，失去导向作用，造成偏孔；在正常钻进中坍孔，会造成扩孔及埋钻事故；在灌注混凝土时坍孔，则会造成断桩。因此应认真分析坍孔的原因，切实做好预防和处理工作。

①原因：护筒周围未用黏土回填夯实；钻头、抽渣筒经常撞击孔壁；泥浆稠度小，起不到固壁作用；泥浆面高度不够，对孔壁的压力小；向孔内加水时，流速过大并直接冲刷孔壁；大绳松得太多，钻头晃动碰撞孔壁；射水（风）时压力太大，延续时间太长等原因，都会引起孔壁（尤其是护筒底附近）坍孔。

②预防和处理：从以上分析，坍孔主要是由于施工操作不当造成的，有些施工单位把预防坍孔的主要经验总结为六句话，可供参考："埋设护筒是关键，莫把孔内水位变，把好泥浆质量关，孔口周围水不见，吸泥射水掌握好，精心操作处处严。"

在施工过程中，若发现护筒倾斜下陷，孔口土层下沉，说明孔口坍塌，必须停钻处理。若钻孔不深，可用黏土加片石回填，埋正护筒重钻；若钻孔较深，可将护筒接长，下到坍塌处以下，孔外四周回填黏土，或用草袋装黏土堆码加固。在钻进中如发现浆面冒出大量细小气泡、进度突然变慢、孔底标高回升等现象，说明是孔壁坍塌，此时应查明坍塌位置。轻者，可多投黏土，加大泥浆比重，提高孔内水位，继续钻进；重者，须用黏土加片石回填至坍塌部位以上 0.5m，并暂停一段时间，使回填土沉积密实，水位稳定后，再继续钻进；必要时，也可下钢套管护壁，在灌注水下混凝土时，随灌随将套管拔出。

2）梅花孔。如图 2-33 所示，梅花孔在硬黏土或基岩中，在漂卵石、堆积层中钻孔都比较容易出现。

①原因：钻进中没有适应地层情况，猛冲猛打，钻头转动失灵，以致不转动，老在一个方向上下冲击；泥浆太稠，妨碍钻头转动；冲程太小，钻头刚提起又放下，得不到转动的充分时间，很少转向。

②预防和处理：根据地层情况，采用适当的冲程，同时加强钻头的旋转，采用大捻角的钢丝绳做大绳，并使用合金套活动接头连接钻头，保证转动灵活，加大钻头的摩擦角，以减少钻头与孔壁的摩擦力，随时调整泥浆稠度。一旦出现梅花孔，应回填片石至梅花孔顶部以上 0.5m，用小冲程重钻。

3）弯孔与斜孔。

原因：在钻进过程中，由于缆风松紧不一致，钻机不稳，产生位移或不均匀沉陷，又未及时纠正，遇到软硬不均地层或探头石，岩层倾斜不平等原因，冲成的孔不直，如图 2-34 所示。

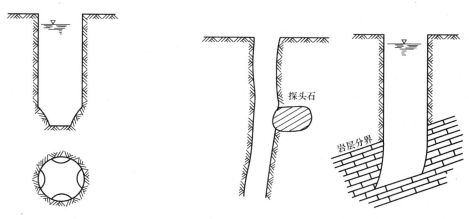

图 2-33　梅花孔　　　　　　　　　图 2-34　弯孔和斜孔

弯（斜）孔会使钢筋笼难以下到设计标高，将使桩偏心受力，降低桩的承载力。所以，施钻中要经常检查钻机位置有无变动，钻头弹跳、旋转是否正常，地层有无变化，又如钻头徐缓下放，大绳在泥浆面上逐渐离开中心位置，钻头到孔底后将大绳稍为带紧，就明显地看到绳位偏移，提钻时有轻微卡钻感觉，测量筒下不去等都足以说明钻孔出现斜（弯），应立即查明斜（弯）位置和弯折地段的标高与长度。回填黏土加片石至不规则孔段以上 0.3～0.5m，再用小冲程重新造壁，如在基岩倾斜处发生弯孔时，应用混凝土回填至不规则孔段以上 0.5m，待终凝后重钻。

4）卡钻。卡钻分为上卡和下卡两种，如图 2-35 所示。上卡多由于坍孔落石，使钻头卡在距孔底一定高度上，往上提不动，但可以向下活动。如果出现探头石，提钻过猛，会使

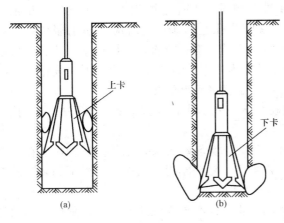

图 2-35　卡钻

钻刃挤入孔壁被卡住，这时，钻头既提不上来又放不下去。下卡是钻头在孔底被卡住，上下都不能活动。产生下卡的主要原因是由于钻头严重磨损未及时焊补，形成孔径上大下小，孔壁倾斜，此时如用焊补后的钻头（直径增大）钻孔，很可能被孔壁挤紧面卡住。另外，孔底形成较深的十字槽也会造成下卡。因此，要经常检查钻头直径，如磨损超过规定（小于直径 3cm）时应及时焊补。发生卡钻后，应查清被卡的位置和性质，不可强提硬拉，以免造成断绳掉钻或越卡越紧的不利情况。对于落石引起的上卡，可放松并摇动大绳使钻头慢动或转动再上拉；因探头石引起的上卡，可用小钻头把探头石冲碎或用重物冲动钻头使之下落，转动一定角度再上提；如在孔底卡钻，则须下钢丝绳套住钻头，利用另立的小扒杆（或吊车）绞车与钻机上的大绳一起同时上提。

钻头下卡时，先用吸泥机吸泥和清除钻渣。强提前必须加上保护绳，防止拉断大绳而掉钻，强提支撑使用枕木垛时，它的位置要离开孔口一定距离，以免孔口受压面坍塌。如钻机的起重能力不够，可以采用滑车组、杠杆、滑车与杠杆联合使用、千斤顶等设备提钻。

处理卡钻时为防止孔口受压发生坍塌，用枕木在孔口两侧各搭枕木垛一个。搭枕木垛时，底层的枕木应垂直孔口安放，各枕木之间用扒钉钉牢，成为一个整体结构，两枕木垛之间应加支撑，保持两枕木垛的稳定，横梁所采用的型钢（或钢轨）规格，应根据跨度、工地存料情况确定。用千斤顶顶拔时，应慢慢进行，不可一个劲地顶拔，以减少土的吸力和摩阻力。

5）掉钻。产生掉钻的原因有：连接大绳与钻头的卡子松动或数量不足、大绳磨损断丝超过规定、合金套的合金灌注质量不好、钻头与钻杆焊接处焊缝开裂、钻头打空、钻头被卡后猛提猛拉等。

处理掉钻事故比较困难，特别在深孔中打捞钻头更加费事，因此，在钻进过程中，一定要按操作规程操作，并勤检查，发现问题应及时进行处理，并在接头处设钢丝绳保险，或在钻杆上端加焊角钢、钢筋环等。

在钻进中，如发现缓冲弹簧突然不伸缩，钢丝绳松弛，则表明钻头掉落。这时，应立即停机检查，找出原因，测量掉钻部位，探明钻头在井中的情况，立即组织人力进行处理，以防时间过长，沉渣埋住钻头。掉钻时，钻头可采用捞叉、捞钩、绳套、夹钳等工具捞取。

6）流砂。当钻头通过细砂或粉砂层时，由于渗水量大，孔内水压低，加上地层受到钻头冲击振动，容易发生流砂，使钻速减慢，严重者，钻孔会被流砂回填。发生流砂时，应及时提高孔内水位，多投黏土块，加大泥浆比重，利用钻头的冲击，将黏土挤入流砂层；以加固孔壁。如流砂严重，可安装钢护筒防护。

7）钻孔偏斜。

①偏斜原因：产生偏斜的原因主要有地质条件、技术措施和操作方法等三方面。

以下情况都会发生钻孔偏斜：钻孔中有较大的探头石，使钻头偏向一方；在有倾斜度的软硬地层交界处钻进；或在粒径大小悬殊较大的砂卵石层中钻进时，受到阻力不均的钻头向较软或粒径较小的一方偏斜；在流砂层钻进时，由于流砂较易流动，故孔较大，则孔壁不能约束钻头，钻孔摆动偏向一方，导致偏斜；开孔时，钻头安放不平，立轴和钻杆不在同一铅垂线上，使钻杆和钻头沿着一定偏斜方向钻进；机架底座支承不均，也会引起钻孔偏斜；操作时对钻杆加压，使钻杆产生过大的弯曲，或钻具连接后不垂直。

②预防方法：为防止斜孔，应注意下列事项。

a. 安装钻机时，应使钻盘顶面完全水平，立轴中心同钻孔中心必须在同一铅垂线上。

b. 开钻时，钻杆不可过长，以免钻杆上部摇动过大，影响钻孔垂直度。

c. 钻进过程中，应经常检查提引吊环中心、立轴和钻孔中心线，使三者在同一铅垂线上。转速、泵压和钻杆加压都要适当。

d. 钻孔前，应逐节检查钻杆，弯曲和有缺陷的均不得使用。

e. 遇到有倾斜度的软硬变化的地层，特别在由软变硬地段，应吊住钻杆控制进尺。如使用有变速装置的钻机，可用低速挡钻进。

f. 加强技术管理，钻进时必须经常检查钻孔情况，发现偏斜，及时纠正。

③处理方法，发现钻孔偏斜后，应先查清偏斜的位置和偏斜程度，然后进行处理。

目前处理钻孔偏斜多采用扫孔法。将钻头提到出现偏斜的位置，吊住钻头缓缓旋转扫孔，并上下反复进行，使钻孔逐渐正位。另一种方法是向钻孔回填黏土加卵石到偏斜的位置以上，待沉积密实后，提住钻头缓缓钻进。

8）钻孔漏水。

①漏水原因。

a. 在透水性强的砂砾或流砂中，特别在有地下水流动的地层中钻进时，过稀的泥浆向孔壁外的漏失很大。

b. 埋设护筒时，回填土夯实不够或埋设太浅，护筒脚漏水。

c. 护筒制作不良，接缝不密合或焊缝有砂眼等，造成漏水。

②处理方法：发现漏水时，首先应集中力量加水或泥浆，保持必要的水头，然后根据漏水原因决定处理方法。

a. 属于护筒漏水的，可用黏土在护筒周围加固。如漏水严重，应挖出护筒，修理完善后重新埋设。

b. 如因地层渗水性强而漏水，则可加入较稠的泥浆，经过一段时间循环流动，地层渗水可渐减少。

9）钻杆折断。钻杆折断的处理虽不很困难，但如处理不及时，钻头或钻杆在孔底留置时间过长，会发生埋钻或埋杆的更大事故。

①钻杆折断原因。

a. 由于钻杆的转速选用不当，使钻杆所受的扭转或弯曲等应力增大，因而折断。

b. 钻具使用过久。各处连接的螺纹磨损严重，因而钻杆接头的连接不牢固，发生折断。使用弯曲的钻杆也易发生断钻杆事故。

c. 在坚硬地层中，钻杆进尺快，使钻杆超负荷操作。

②预防的方法。

a. 不使用弯曲的钻杆。要求各节钻杆的连接和钻杆与钻头的连接螺纹完好。接长后的钻杆必须在同一铅垂线上。

b. 不使用接头处磨损过甚的钻杆。

c. 钻进过程中，应控制给进。遇到复杂的地层，应由有经验的工人操作钻机。

d. 钻进过程中要经常检查钻具各部分的磨损情况和接头强度是否足够。不合要求者，及时更换。

(6) 灌注水下混凝土。

1) 桩孔检查。桩孔钻至设计标高后，必须对桩孔质量进行检查。检测桩的项目有钻孔倾斜度、孔位中心偏位值、孔径、孔深和孔型状况等。

2) 清孔。桩孔钻至设计标高后，孔内一部分泥渣沉淀，一部分呈悬浮状态，另一部分附着在孔壁上。同时随间歇时间的增加，后两部分泥渣还会继续沉淀，从而使孔底积成一层沉渣，降低桩的承载能力。所以在灌注桩身混凝土前，必须将其清除，这项工作称清孔。

TB 10415—2003《铁路桥涵工程施工质量验收标准》规定沉渣的容许厚度为：摩擦桩不大于 300mm；柱桩不大于 100mm。清孔的方法应根据钻孔方法、设计对清孔的要求、机具设备和孔壁土质情况而定，常用的方法有：

①抽渣法。用抽渣筒掏孔底沉渣应边抽边加水，保持一定的水头高度。抽渣后，用一根水管插到孔底注水，使水流从孔口溢出。在溢水过程中，孔内的泥浆比重逐渐降低，达到所要求的标准后停止。此法适用于冲抓、冲击成孔的各类土质的摩擦桩，抽渣后孔内泥浆比重应不大于 1.3。

②吸泥法。吸泥法清孔用吸泥机或简易吸泥机进行。清孔时由风管将高压空气输进排泥管，使泥浆形成密度较小的泥浆空气混合物，在水柱压力下将泥浆和孔底沉渣排出，同时向孔内注水，保持孔内水位不变，直至喷出的泥浆指标符合规定时为止。此法适用于不易坍塌的柱桩和摩擦桩清孔，如图 2-36 所示。

若灌注混凝土前发现清孔后孔底沉淀层仍较厚时，可在导管外安设直径为 30mm 射水（风）管，冲射 3~5min，使沉淀层翻起，然后立即灌注水下混凝土，射水压力比孔底泥浆压力大 50kPa 即可，如图 2-37 所示。使用本法时，钢筋笼可先放入孔内。

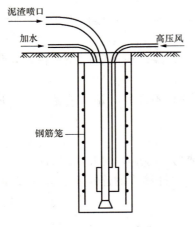

图 2-36　吸泥机清孔

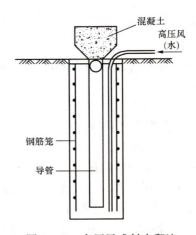

图 2-37　高压风或射水翻渣

③换浆法。正循环旋转钻孔在终孔后，停止进尺，保持泥浆正常循环，以中速压入符合规定标准的泥浆，把孔内比重大的泥浆换出，使含砂率逐步减少，最后换成纯净的稠泥浆。

这种泥浆短时间不会沉淀，使孔底沉淀层在允许范围内。其具体步骤是：当钻孔距设计标高1m 时，改用纯净的稠泥浆（比重不小于 1.4），钻至设计标高；然后钻头提离孔底 20cm 左右空转，继续供给稠泥浆，保持泥浆正常循环，经数十分钟或数小时，待孔内泥浆换完直至稳定状态为止。此时迅速拆除钻机，下钢筋笼，灌注水下混凝土。若用于柱桩，在完成上述换浆要求后，还应加入清水继续循环，直至孔底沉淀层不大于 10cm 为止。

3）钢筋笼制作和吊装。

①钢筋笼制作。钢筋笼应根据设计要求和起重设备能力，整体或分节制作。一般钢筋笼较长（大于 12m）时，常分节制作，分节长一般为 5～8m。要求主筋平直，箍筋圆顺，尺寸准确，主筋接头应错开，同一截面内的接头根数不多于主筋总根数的 50%，两接头的距离应大于 50cm。然后分节吊装并焊成整体，并保证轴线为一直线。为防止钢筋笼搬运及吊装时变形，每隔 2m 左右设一道与主筋直径相同的加劲箍筋，主筋与箍筋连接处应点焊牢固，必要时可用方木临时加固。

②钢筋笼吊装、就位。钢筋笼宜整体吊装入孔，如施工困难时，可分节吊装。各节钢筋笼的主筋全部采用焊接，焊接时应确保每节钢筋笼的中轴线位于同一直线上。钢筋笼应对准孔位徐徐下放，避免冲击孔壁引起坍孔。

钢筋笼就位时，应与孔壁保持设计保护层距离，可在钢筋笼主筋上每隔 2m 左右对称设置四个"钢筋耳环"，耳环钢筋的直径一般为 10～12mm；或设混凝土垫块，其尺寸为 15cm×20cm×8cm，靠孔壁一面做成圆弧形，靠骨架面做成平面，并有十字槽，纵向为直槽，横向为曲槽，其曲率同箍筋的曲率，在纵槽两侧对称地预埋备绑扎的 12 号铅线。也可用导向钢管控制保护层厚度，钢管的数量不少于 4 根，其长度与钢筋笼长相等，钢管可在混凝土灌注过程中逐步拔出。

钢筋笼入孔后，要固定牢固，定位标高应准确，允许误差 ±5cm，并使钢筋笼底部处于悬吊状态下灌注水下混凝土。

4）水下混凝土灌注。灌注水下混凝土是钻孔桩施工的关键工序之一，应精心组织，保证质量。

水下混凝土一般采用导管法灌注。即在钻孔内垂直设置 $\phi 200～300$mm 的钢导管，管底距孔底 30～40cm，在导管顶部连接一个有一定容量的漏斗，在漏斗的颈部安放球塞，并用绳系牢。漏斗内盛满坍落度较大的混凝土后，可将球塞慢慢下放一段距离（但不能超出导管下口）。灌注混凝土时割断球塞的系绳，同时迅速不断地向漏斗内灌入混凝土，此时导管内的球塞、空气和水均受混凝土重力挤压由导管底排出。瞬间，混凝土在管底周围堆成一个圆锥体，将导管下端埋入混凝土内，使水不能回流到管内。而后再灌注的混凝土是在无水的导管内进行。由于管内重力作用形成的超压力作用，使混凝土源源不断地向周围流动、扩散与升高。由于最初与水接触的混凝土面层始终被后续混凝土顶推上升而保持在最上层的位置不变，从而保证了混凝土的质量。

导管顶部的漏斗容量不宜太小，一般为 1～1.5m³，导管每节长 1～2m，底节长度可采用 4～6m。要求导管顺直、严密、内壁无杂物、抗拉好。采用导管法灌注水下混凝土要注意以下几个问题：

①下导管前，导管应试拼装，球塞应试验通过，导管试拼后应封闭两端，通水加压，检查导管有无漏水现象。施工时严格按试拼的位置安装。导管各节的长度不宜过大，连接应可

靠而又便于装拆。

②为使混凝土有良好的流动性，粗骨料粒径以 20～40mm 为宜，坍落度应不小于 18cm，一般倾向于用大一些。

③灌注水下混凝土的准备工作应迅速，防止坍孔和泥浆沉淀过厚。开始灌注前应再次核对钢筋笼标高、导管下口距孔底距离、孔深、泥浆沉淀层厚度、孔壁有无坍孔现象等，如不满足要求，经处理后方可开始灌注。

④每根桩灌注的时间不应太长，尽量在 8h 内灌注完毕，以防止顶层混凝土失去流动性、提升导管困难，增加事故的可能性，要求每小时灌注高度宜不小于 10m。一经开灌，中途任何原因中断灌注皆不得超过 30min。在灌注过程中，应经常测量混凝土表面的标高。

⑤灌注所需的混凝土数量，一般较成孔桩径计算大，约为设计桩径体积的 1.3 倍。

⑥测量水下混凝土面的位置用测绳吊着重锤进行。重锤过重则陷入混凝土内，过轻则浮在泥浆中沉不下去。一般用锤底直径 13～15cm，高约 18～20cm 的钢板焊制的圆锥体，内灌砂配重，容重为 15～20kN/m³。

⑦提升导管要做到慢升、快落，拆卸导管要快，一般不应超过 20～30min。导管埋入混凝土的深度取决于灌注速度和混凝土的性质，任何时候不小于 1m，一般控制在 2～4m。

⑧灌注完毕后，应将导管底提离混凝土面 1.5～2.0m，并用水将管壁上残留砂浆冲洗干净，以免混凝土终凝后导管无法拔出。

⑨灌注标高应高出桩顶设计标高不少于 0.5m，以便清除浮浆和消除测量误差。

（7）桩身混凝土质量检测。钻孔桩施工应保证其质量合乎设计要求。由于施工不慎或其他原因，可能在桩身产生空洞、蜂窝、离析等缺陷。为了及时发现隐患，以便采取补救措施，保证设计要求，可利用超声波对桩身混凝土进行检测。

钻孔桩内部缺陷的超声波检测法，是通过事先预埋在桩孔内的声测管，把发射探头和接收探头分别置于两根管道中，使超声脉冲穿过两管道之间的混凝土，并使两探头在管中作等距离的上下移动，观测声波传播时间变化，据此判断混凝土缺陷位置和尺寸。声测管的布置应根据桩截面大小分别用图 2 - 38 所示形状。一般两根声测管的间距最大不超过 1.5m，常以 1.0m 为宜。声测管的截面积之和应小于桩截面积的 1%，外径过大会削弱桩的承载力，若桩径较大，声测管可按图 2 - 38（b）、（c）所示布置。若不用此法，对质量有怀疑的桩，应钻芯取样鉴定，每个桩基础的检查的桩数应符合规范规定。

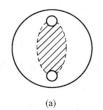 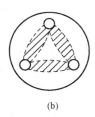 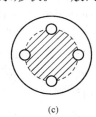

(a)　　　　　　　　(b)　　　　　　　　(c)

图 2 - 38　声测管的布置方案

2. 挖孔灌注桩基础施工

（1）概述。挖孔灌注桩基础施工采用人工下井以风镐或风钻（电钻），辅助适当的爆破开挖成孔，配以简单机具设备，灌注混凝土成桩。挖孔灌注桩基础施工适用于无水或少水的、较密实的各类土层或岩层。若孔内产生的空气污染物超过 GB 3095—1996《环境空气质量标准》规定的三级标准浓度限值时，必须采取通风措施，方可采用人工挖孔施工。

挖孔灌注桩基础施工的桩径一般不小于 1.2m，孔深一般不大于 15m。孔深大于 10m时，必须强制采取机械通风措施。

挖孔灌注桩的优点是需要机具少，成孔后可直观检查孔内土质情况，保证桩的质量。

（2）支护形式。挖孔灌注桩的挖孔施工应在支护条件下进行，具体支护形式应视土质和渗水情况而定。支护形式有木支撑、现浇混凝土护壁、喷射混凝土护壁、预制钢筋混凝土套壳护壁、钢井圈背板护壁、砖砌井圈护壁。其中现浇混凝土护壁应用最为广泛。

木支撑一般分框架式和排架式两种。框架式适用于土压较大的地层，排架式适用于土压力不大、渗水量少的黏质土层。预制钢筋混凝土套壳护壁一般用于渗水、涌水较大和流砂、淤泥的土层中。喷射混凝土护壁一般适用于渗水量不大的、土质为黏土质砂、含砂黏土及卵石夹土的井孔。钢井圈背板护壁适用于饱和、湿陷性土层。井圈用 10 号槽钢弯制而成。砖砌护壁可能引起桩承载力下降，不宜采用。下面详细介绍现浇混凝土护壁的形式与施工。

现浇混凝土护壁有等厚度护壁、外齿式护壁和内齿式护壁三种形式，如图 2 - 39 所示。

现浇混凝土护壁施工应边开挖边分节浇筑，每挖掘 1.0～1.5m 深立模灌注混凝土一次，护壁厚度为 10～20cm。护壁混凝土强度等级应不低于 C15，当护壁作为桩体一部分时应不低于桩身混凝土强度等级，混凝土坍落度 30～50mm。护壁内可以等距放置 8 根直径 6～8mm、长 1m 的直钢筋。

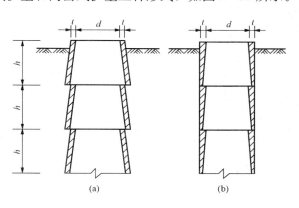

图 2 - 39　混凝土护壁形式
（a）外齿式；（b）内齿式

现浇混凝土护壁具体的施工工艺如下：

1）桩孔每挖进一节，经检查断面尺寸及垂直度符合设计要求，报监理工程师检验合格后，立即支模灌注护壁混凝土。

2）孔口设置作业平台，用来向孔内吊放模板、混凝土和施工用具。

3）安装护壁模板。模板高度与一次开挖深度一致，内齿式护壁的模板应高出上节护壁底端 50～75mm。利用孔口桩中心十字桩，悬线检查模板位置，纠正偏斜，保证线位至模板各点的距离不小于设计桩径（减去模板厚度）。

4）灌注护壁混凝土。混凝土从模板上端开口处灌入，采用钢钎或插入式捣固器将混凝土捣固密实。

5）拆除模板继续下一段施工。护壁混凝土达到一定强度后（常温下 24h）便可拆模，继续开挖下一段桩孔。如此开挖—支模—灌注混凝土—拆模，循环作业，直到挖至设计深度。

6）每节桩孔护壁做好以后，将桩位轴线和高程测设在护壁上口，然后，用十字线对中，吊线坠向井底投点，以半径尺杆检查孔壁的垂直度和孔中心位置，随之进行修整，保证垂直度。孔深必须以基准点为依据向孔内引测。

7）模板安装符合要求后，可用木楔打入土中支撑模板，稳定位置，防止混凝土在捣固时模板发生位移。

（3）施工准备。施工前应根据地质和水文条件及安全施工、提高挖掘速度和因地制宜的原则，选择合适的孔壁支护类型，进行护壁结构设计、石质地层开挖的爆破设计、混凝土配合比设计，制订安全预案。

施工前，应该平整施工现场，清除坡面危石浮土。施工现场的出土路线应畅通。坡面有裂缝或坍塌迹象者应加设必要的保护，铲除松软的土层并夯实。现场四周应设置排水沟、集水井和沉淀池；孔口四周挖排水沟，做好排水系统；及时排除地表水，搭好孔口雨棚。

施工复测后，定出桩孔准确位置，在桩位外侧设置桩中心的十字控制桩，设置护桩并固桩，经常检查校核护桩。放出桩孔圆周。专人负责按桩位编号，做好桩孔的垂直中心线、轴线、桩径、桩长和基岩土质的记录，钢筋笼和桩身混凝土等隐蔽验收记录，并在完工后整理编册分送有关单位并送技术部门存档。

安装提升设备；合理堆放材料和机具，使其不增加孔壁压力、不影响施工。护壁模板分节的高度视土质情况而定，一般可用 50～100cm。每节模板安装，应设专人严格校核中心位置及护壁厚度，可用十字架对准轴线标记，在十字交叉中心悬吊垂球，复核模板位置，保证垂直度。符合要求后，可用木楔打入土中支撑模板，稳定位置，防止振捣混凝土时模板发生位移。

施工前，施工现场技术负责人和施工员应逐孔全面检查施工准备，逐级进行技术安全交底和安全教育，要使安全、技术管理在思想、组织、措施都得到落实。

在挖掘前，孔井口周围须用木料、型钢或混凝土制成框架或围圈予以围护，其高度应高出地面 20～30cm，防止土、石、杂物滚入孔内伤人。若进口地层松软，为防止孔口坍塌，须在孔口用混凝土护壁，高约 2m。若井口地层有较大的渗水量时，可应用井点法降低地下水位。

（4）挖掘工艺。

1）挖掘方法。位于无水地层的桩基，埋设孔口围护或护筒后，可人工直接开挖，遇到岩石采用浅层小药量爆破，人工清渣掘进，用辘轳将渣石吊运出井，手推车运送弃渣。位于有水地基时要边开挖边用水泵排水。在孔深大于 15m 的井孔中作业时，要采用鼓风机通过传风管向孔底吹入新鲜空气，保障施工安全。在孔壁可能坍塌、有渗水的情况下，应及时增加护壁。护壁方法有安装木框架、竹篱、柳条、荆笆、预制混凝土井圈或钢井圈支护、或现灌或喷射混凝土护壁等，应根据实际情况慎重选用。

2）安全条件。挖孔桩施工必须在保证安全的前提下不间断的进行。在软土地层，同一墩台内，不宜同时开挖两相邻桩孔。如情况较好，以对角两孔和间隔开挖为宜。若孔较深应经常检查孔内 CO_2 浓度，并加强通风。开挖时允许孔壁稍有不平，以提高桩侧的摩擦力。

3）挖掘孔径。挖孔直径应是设计桩径加护壁厚度。根据土质情况，一次开挖深度控制在 80～150cm，护壁或支撑后再继续开挖。每一段开挖均应测量孔的中心位置，发现偏差及时纠正。

4）防水、排水。除在墩台四周挖截水沟外，还应注意防止挖孔内排出的水渗入孔内。对于少量渗水，人工舀取或采用抽水机排出。水量较大时，采取对周围桩孔同时抽水，以减少开挖孔内的涌水量，并采取交替循环施工的方法，组织安排合理，能达到很好的效果。对不太深的挖孔桩，可在场地四周合理布置统一的轻型管井降水分流，基础平面占地较大时，也可增加降水管井的排数。有时因周围环境不允许无限制抽水，或大量抽水达不到目的时，可以采取截断水源、封闭水路的措施。桩孔较浅时，可用板桩封闭；桩孔较深时，用钻孔压力灌浆形成帷幕挡水。

5）流砂的处理。人工挖孔时，细砂、粉砂层地质在地下水的作用下极易形成流砂，严重时会发生井漏，要采取有效可靠的措施。

①流砂情况较轻时，可以缩短循环开挖深度，减少挖层孔壁的暴露时间，及时进行护壁混凝土灌注。当孔壁塌落，有泥砂流入而不能形成桩孔时，可用纺织袋土逐渐堆堵，形成桩孔的外壁，并控制保证内壁满足施工图要求。

②流砂情况较严重时，可以下钢套筒，加强护壁。钢套筒与护壁钢模板相似，以孔外径为直径，可分成 4～6 段圆弧，再加上适当的肋条，相互用螺栓或钢筋环扣连接，每开挖 0.5m 左右，即可分片将套筒装入，深入孔底不少于 0.2m，插入上部混凝土护壁外侧不小于 0.5m，安装后即支模灌注护壁混凝土。若放入套筒后流砂仍上涌，可采取混凝土封闭孔底，待混凝土凝结后，将孔心部位的混凝土清凿以形成桩孔。必要时，可以打管注浆，固结砂土后开挖。

6）淤泥质土层的处理。在遇到淤泥质土层等软弱土层时，一般可用方木、木板、模板等支挡，并要缩短这一段的开挖深度，及时灌注混凝土护壁。支挡的方木沿周边打入底部不少于 0.2m 深，上部嵌入上段已浇好的混凝土护壁后面，可斜向放置，双排布置互相反向交叉。

（5）终孔检查处理。挖孔达到设计高程后，应进行孔底处理。必须做到平整，无松渣、污泥及沉淀等软层。嵌入岩层深度应符合设计要求。开挖过程中应经常检查了解地质情况，如有与设计资料不符的，应提出变更设计。

（6）钢筋笼制作与吊装。根据施工条件，钢筋骨架可在孔外制作后吊入孔内，也可在孔内绑扎。为使钢筋骨架正确牢固定位，除主筋上安设钢筋"耳环"或混凝土垫块外，也可在孔壁上打入钢钎，用钢丝与主筋绑扎使其牢固定位。

（7）灌注混凝土。灌注混凝土与钻孔桩基本相同。无水的可以由下至上逐步拆除支护进行灌注。

（8）安全生产与环境保护。

1）挖孔工人必须配有安全帽、安全绳、穿绝缘胶鞋，必要时应搭设掩体。严禁穿拖鞋、赤脚、酒后上岗作业。井下操作人员连续工作时间不宜超过 4h，应及时轮换。现场施工人员必须佩戴安全帽、安全带，安全带接绳由孔上人员负责随作业而加长，井下有人操作时，井上配合作业人员必须坚守岗位，不得擅离职守。孔底如需抽水时，必须在全部井下作业人员上地面后进行。

2）孔内应配置照明，采用低压电源，防水带罩的安全灯具或安全矿灯。每班检查孔内空气质量，采取通风措施，孔深超过 5m 时应首先通风 10～20min 作业人员才能进入孔内。井孔内一律采用 12V 安全电压和防水带罩灯照明，井上现场可用 24V 低压照明。现场用电均须安装漏电保护装置。

3）挖井至 4m 以下时，下井之前，应用气体检测仪对井内空气进行抽样检测并做好记录，发现有害气体含量超过允许值，应用鼓风机向井底通风（必要时送氧气），然后方能下井作业。在医院或其他有毒物质存放区施工，应先检查有毒物质对人体的伤害程度，再确定是否采用人工挖孔的施工方法。

4）孔口应设置型钢和钢筋防护围栏，高度不低于 120cm。孔内作业时，孔口必须有专人看守；夜间停工时，要在井口设置标志或覆盖物，防止人员不慎坠入。挖孔桩孔口，应设水平活动安全盖板。当吊桶提升到离地面高 1.5m 左右（超过人高）时推活动盖板关闭孔口，再由手推车推至盖板上，卸土后再开盖板下吊桶吊土，以防土块和工具掉入孔内伤人。最上一节混凝土护壁在井口处高出地面 25cm（厚度与护壁相同），以防地面水流入井孔内或脚踢杂物入孔内。孔井口边 1m 范围内不得有任何杂物，堆土应在孔井口边 1.5m 以外。

5）挖孔桩渣土临时堆放应距孔口 1m 以上，且堆置高度不得大于 80cm，及时清运，不得随意丢弃，必须切实保护环境不受污染。

6）井内施工人员必须乘专用吊笼上下，不得乘坐吊桶或脚踩护壁上下井孔。井孔内必须设置应急安全绳和软爬梯。井下需要工具，应该用提升设备递送，禁止向井内抛掷。井孔上、下应有可靠的通话联络，如对讲机等。

7）随挖孔进程完成护壁或支撑，严禁只挖不护壁。桩孔下挖过程中，必须按照挖一节土，做一节护壁或安放一次工具式钢筋防护笼。桩孔垂直度和直径尺寸应每挖一节检查一次，发现偏差及时纠正，以免误差积累过大，造成倾斜或塌方。

8）挖孔桩施工一般不得在孔内放炮破石，若遇特殊情况，非在孔内放炮不可时，需制定专项安全技术措施，并报请主管部门审批，经批准后方可实施。孔内实施爆破时，严格按照设计控制药量和布眼。井下全部人员必须从井孔内撤离到孔外安全距离以外，设置警戒哨。爆破后，先向孔内强制输送清洁空气，排除有害气体，待有害气体排完后方可下井。

9）正在开挖的井孔，每天上班前应随时注意检查卷扬机、支腿、钢丝绳、挂钩（保险钩）、提桶超高限位装置等，应对井壁、混凝土护壁的状况进行检查，发现问题及时采取措施。垂直起重设备必须经常性检修维护，保证机件能够运转正常，操作灵活，按钮开关、减速器、钢丝绳、绳卡、吊钩、吊桶、吊笼等不得带病作业。垂直起重设备支架应牢固，应能承受一定的冲击力不至翻倒，垂直起重设备必须经检验合格后，方可投入使用。

10）多孔同时开挖施工时，应采取间隔开挖的方法。相邻的孔桩不能同时开挖，必须待相邻桩孔灌注完混凝土之后才能开挖，以保证土壁稳定。

11）桩底扩孔应间隔削土，留一部分工作支撑，待灌注混凝土前再挖，此时宜加钢支架支护，灌注混凝土前再拆除。

12）挖孔、成桩必须严格按图施工，若发现问题需要变更，应及时与设计负责人联系，孔桩护壁后在无可靠的安全技术措施条件下，严禁破石修孔。挖孔、扩孔完成后，应及时组织验收并灌注混凝土，特别是孔壁为砂土、松散填土、软土等不良土壤时不得隔夜灌注混凝土，以免塌孔。护壁混凝土拆模，须经现场技术负责人批准。

13）挖孔桩作业人员下班休息时，必须盖好孔口，或用高于 80cm 的护身栏将井口封闭围挡。夜间一般禁止挖孔作业，如遇特殊情况需夜间挖孔作业时，须经现场负责人同意，并有安全员在场。

3. 打入桩基础施工

桥梁桩基所用打入桩主要为预制的钢筋混凝土桩和预应力混凝土桩。打入桩主要适用于下述情况：

（1）当荷载较大，地基上部土层软弱，地基持力层埋藏较深，采用浅基础或其他地基处理方式在技术上和经济上都不合理时。

（2）当水流冲刷力较大，河岸或海岸不稳定，位于基础或结构物下面的土层有可能被侵蚀、冲刷时。

（3）当软基上的建筑物承受较大水平荷载，需减少建筑物的水平位移和倾斜时。

（4）当施工水位或地下水位较高，采用其他深基础施工不便或经济上不合理时。

打入桩的主要施工方法有：锤击沉桩、射水沉桩、振动沉桩、静力压桩等。

（1）锤击沉桩。锤击沉桩一般适用于中密砂类土、黏性土。由于锤击沉桩依靠桩锤的冲击能量将桩打入土中，因此一般桩径不能太大（不大于 0.6m），入土深度在 40m 左右，否则对沉桩设备要求较高。

沉桩设备是桩基施工质量与成败的关键，应根据土质、工程量、桩的种类、规格、尺寸、施工期限、现场水电供应等条件选择。锤击沉桩的主要设备有桩锤、桩架及动力装置三部分。冲击锤的选择原则上是重锤轻击。

（2）射水沉桩。射水施工方法的选择应视土质情况而异，在砂夹卵石层或坚硬土层中，一般以射水为主，锤击或振动为辅；在亚黏土或黏土中，为避免降低承载力，一般以锤击或振动为主，以射水为辅，并应适当控制射水时间和水量；下沉空心桩，一般用单管内射水，当下沉较深或土层较密实，可用锤击或振动，配合射水；下沉实心桩，将射水管对称地装在桩的两侧，并能沿着桩身上下自由移动，以便在任何高度上射水冲土。必须注意，不论采取任何射水施工方法，在沉入最后阶段至设计标高 1～1.5m 时，应停止射水，单用锤击或振动沉入至设计深度。对湿陷性黄土地层，除设计有特殊规定外，不宜采用射水沉桩。

（3）振动沉桩。振动沉桩适用于砂质土、硬塑及软塑的黏性土和中密及较松散的碎、卵石类土。对于软塑类黏土及饱和砂质土，当基桩入土深度小于 15m 时，可只用振动沉桩机。除此情况外，宜采用射水配合沉桩。在选择沉桩机（锤）时，应验算振动上拔力对桩身结构的影响。同时应注意确保振动沉桩机、机座、桩帽连接可靠，沉桩和桩中心轴线尽量保持在同一直线上。每一根桩的沉桩作业应一次完成，不可中途停顿，以免土层的摩阻力恢复，增加下沉的困难。

（4）静力压桩。静力压桩系采用静压力将桩压入土中，即以压桩机的自重克服沉桩过程中的阻力，适用于高压缩性黏土或砂性较轻的亚黏土层。静力压桩的准备工作包括：根据地质钻探、静力触探或试桩资料估算压桩阻力；选用压桩设备，但应注意使设计承载力大于压桩阻力的 40%。

桩尖接近设计标高时，应严格控制压桩进程。当遇到插桩初压时，桩尖即有较大走位和倾斜，或沉桩过程中桩身倾斜或下沉速度加快，以及压桩阻力突然剧增或压桩设备倾斜等情况时，应暂停施工，分析原因，及时处理。

2.1.4 沉井基础施工

1. 沉井基础的类型与构造

（1）沉井基础的适用条件。

当地基土层的基本承载力较低或河床冲刷深度较大，基础需埋置较深时，若采用明挖基础，则基坑深，开挖土方量很大，有时坑壁需要支撑和做板桩围堰及相应的打桩机具，因此施工技术复杂，也不经济。在这种情况下，常采用桩基础或沉井基础。

沉井基础的优点：整体性好、本身刚度大，与桩基础相比有较大的横向抗力，抗震性能也较可靠。只要挖土方便，它可以达到很大的深度，特别是当一座桥梁中有多个沉井基础时，可全面开工以缩短工期。在南京长江大桥，成功地下沉了一个底面尺寸为 20.2m×24.9m 的巨型沉井，穿过的覆盖层厚度近 55m。近年来，由于泥浆润滑套及空气幕新施工技术的采用，沉井下沉深度更大，目前，在深基础的设计施工中，沉井基础的应用已十分普遍。

沉井基础既适合于在岸滩及浅水条件下修建，也可在深水中用浮运下沉的方法修建。它最适合于在不透水或透水性小的土层中下沉，因为在此条件下井孔中的水可以排干，井孔内挖土可以人工进行，沉井下沉方向便于控制，下沉进度也快，如果遇到障碍物也便于处理。

（2）沉井的类型

1）按沉井的材料分类。按材料分，沉井有混凝土沉井、钢筋混凝土沉井、竹筋混凝土沉井和钢沉井四类。

混凝土沉井只适用于下沉深度不大（4～7m）的松软土层中，一般应做成圆形。当井壁有足够厚度时，也可做成矩形（此时有拉应力产生）。

钢筋混凝土沉井是一种最常采用的深基础沉井，它能充分地发挥建筑材料的强度，可以做成任何形式，适宜于多种不同的地质情况和施工方法。

沉井在下沉过程中，井壁内力较复杂，一旦施工完毕，沉井中钢筋的作用就不甚重要了。竹材是一种抗拉强度较高、耐久性较差、价格低廉的材料，南方各省盛产竹材，可以就地取材，故用竹筋代替钢筋，可节省大量钢材。

钢沉井适用于空心浮运中所用的沉井，但用钢量大，一般情况不宜采用。

2）按沉井的平面形状分类。如图 2-40 所示，按沉井的平面形状分，沉井有圆形沉井、矩形沉井和圆端形沉井等几类。

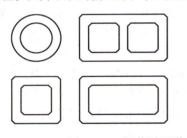

图 2-40　沉井平面形式

圆形沉井的结构本身受力均匀，在周围土压力、水压力作用下，井壁主要承受轴向压力；圆形引起的河床局部冲刷较小；下沉过程中用机械挖土较方便，且有利于刃脚均匀地支承在土层上，沉井不易倾斜。缺点是与同面积的矩形沉井相比，圆形沉井基底压应力较大。圆形沉井一般适用于圆形或接近于方形的墩台基础，最适合于斜交桥和流向不稳定的河流。

矩形沉井的外形构造简单，制作较容易；与圆端形或矩形墩台身截面配合较好；在外力和基底应力相同的条件下，矩形的基底面积为最小（因其惯性矩大），节省坞工。缺点是在土压力、水压力作用下，井壁受较大挠曲应力，需布置较多的受力钢筋；矩形阻水系数较大，河床局部冲刷较严重，沉井四个角机械挖土不易控制，下沉方向不易控制，其四角应做成圆角或钝角，以利于受力和清孔。故矩形沉井宜在无流水或流速较小河流中采用。

圆端形沉井引起河床局部冲刷最小，但沉井的制作较麻烦，其他优缺点介于上述两种沉井之间，常用于圆端形桥墩的基础。

3）按沉井立面形状分类。如图 2-41 所示，按沉井的立面形状分，沉井有柱形沉井、阶梯形沉井和锥形沉井等几类。

柱形沉井 ［图 2-41（a）］ 在下沉时，井壁周围土体对沉井约束较紧，井壁摩阻力大，下沉困难。适宜于摩阻力较小的松软土层。

阶梯形沉井 ［图 2-41（b）］ 是一种常用的多节沉井形式，下沉时底节以上各节井壁所接触的土层已松动过，减少了井壁摩阻力，有利于沉井下沉，但容易偏斜。适宜于摩阻力较大的土层中。

锥形沉井［图 2-41（c）］井壁摩阻力较小，下沉时发生偏斜的可能性较大，一般不常采用。

4）按沉井的施工方法分类。按沉井的施工方法分，沉井有就地制作沉井和浮式沉井两类。

就地制作沉井就是直接在墩台位置的地面上制造沉井，并就地下沉，若在浅水区，可以先用人工筑岛，在岛面上制造沉井，然后下沉。

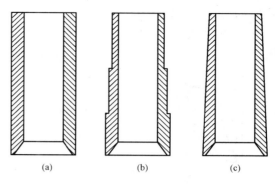

图 2-41　沉井立面形式

（a）柱形；（b）阶梯形；（c）锥形

而浮式沉井是在深水地区，无法用人工筑岛时，采用岸边制作井筒，浮运至桥墩设计位置处，然后下沉。

（3）沉井的构造。沉井通常由井壁、隔墙、刃脚、井孔（取土井）、凹槽、封底混凝土、顶盖、射水管组、探测管、环墙等组成，还有井顶围堰和井内填充物等，如图 2-42 所示。

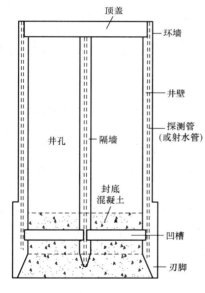

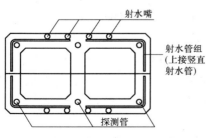

图 2-42　沉井的构造

1）井壁（沉井的外壁）。井壁是沉井的主体部分，在下沉过程中起着挡土、防水、压重等作用。当沉井施工完毕后，井壁就成为沉井基础的主要承重部分。

井壁的外侧通常做成台阶式，台阶设在沉井分节处，其宽度一般为 100mm 左右。井壁内侧应做成垂直面，其厚度按强度、下沉需要的压重、便于取土及清基等因素而定，一般为 0.7～1.5m，厚者可达 2m，最薄也不宜小于 0.4m。井壁混凝土的强度等级不得低于 C15。

2）隔墙（又称内壁）。隔墙的作用主要是缩短外壁的跨度，减小外壁的挠曲应力，加强沉井的刚度，将沉井分成若干个取土井，以便于均衡取土及纠正沉井在下沉中的倾斜和偏移。

隔墙的间距一般不宜大于 5～6m，厚度通常为 0.8～1.2m。隔墙底部做成两面倾斜的刃脚，其底面应高于刃脚底面不小于 0.5m，以免隔墙下端被土搁住妨碍沉井下沉。

对于采用排水下沉的沉井，宜在隔墙下部设置 1.0m×1.2m 的过人孔，以便井下工作人员来往于各井孔。隔墙底部与井壁下刃脚连接处设置梗肋，以起到支承刃脚悬臂的作用。各节沉井隔墙的顶面下 2～3m 处，常预设 200mm×200mm 的透水孔若干个，以利于在抽水或补水时保持各井孔内水位一致。

3）刃脚。刃脚位于井壁的最下端，是受力最集中的部位。在下沉过程中，刃脚有两个作用：一是切土下沉，另一作用是支承，故应具有一定的强度。常用的刃脚形式有两种，图 2-43 分别为带有踏面的钢筋混凝土刃脚［图 2-43（a）］和钢筋混凝土钢刃尖［图 2-43（b）］的刃脚，后者用于较坚硬土层或到达岩层的沉井。刃脚尖端或踏面应用钢板或角钢包住，以免混凝土破损。

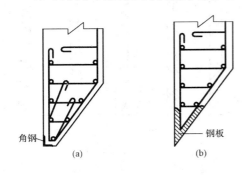

图 2-43　刃脚的构造

刃脚斜面与水平面之夹角不宜小于 45°，斜面的高度视井壁厚度，并考虑施工人员便于抽垫及挖土而定，一般不宜小于 1.5m；踏面宽度不宜大于 150mm，并用角钢保护。

刃脚一般采用 C15、C20 混凝土。

4）井孔（取土井）。井孔是挖土、排土的工作场所。井孔的平面尺寸应满足挖土机具所需的净空要求，最小边长一般不宜小于 3m。井孔内壁上可安设 $\phi19\sim\phi22$ 圆钢制成的扶梯，供施工人员上、下使用。

5）凹槽。凹槽设在井壁和隔墙的下部靠近刃脚处，一般高约 1m，深为 0.15～0.25m。它的作用是使封底混凝土能嵌入井壁连接成整体。另外，当下沉过程中遇到障碍，又极难排除，需将沉井改为气压沉箱时，可在凹槽部位浇灌钢筋混凝土顶盖。当地质资料可靠，井孔准备用混凝土填充时，也可不设凹槽。

6）探测管与射水管。

①探测管。在不排水下沉的沉井中，可在井壁内设置 $\phi200\sim\phi500$mm 的钢管或预制管道作为探测管。其主要作用是：a. 探测井壁刃脚下和隔墙底面下的泥面标高，以便控制除土部位，并可探测基底标高，作为基底标高检验的依据。b. 可在探测管中安设射水管，破坏沉井刃脚下的土以利下沉，沉井下沉至设计位置后，也可用来射水清基。c. 沉井水下封底后，可作为封底混凝土的质量检查孔。

②射水管。当预计沉井自重不足以克服下沉阻力时，可在井壁四周预埋高压射水管。射水管的作用是利用高压射水冲动沉井周围及刃脚下的土，以减小土对沉井的摩阻力。射水管装设在井壁内，管口开在刃脚下端和井壁外侧，沿井壁均匀布置，并联成四个单独分离的管组，以便于控制射水部位，校正沉井的倾斜。

7）封底混凝土。对于不排水挖土下沉的沉井，当沉至设计位置后，需要先用水下混凝土封底，隔断井外水源，然后抽水填充。封底混凝土通常用 C20，其厚度除按受力条件计算外，不宜小于井孔最小边长的 1.5 倍。封底混凝土的顶面应高出凹槽 0.5m。

8）顶盖（封顶或井盖）。当井孔用混凝土或其他圬工材料填充时，顶盖可用不低于 C15 的混凝土灌注。沉井若为空心基础，井内不填充任何材料或仅用砂、石料填充的，则顶部必须设置钢筋混凝土顶盖，以承受墩台身及其以上结构的荷载。顶盖厚一般为 1.5～2.0m，钢筋的配置由计算确定。

9）井孔填充物。根据受力或稳定的要求，井孔内可保持中空或用砂石料、混凝土（不低于 C10）、浆砌片石等填充。在严寒地区，低于冻结线 0.25m 以上部分，应用混凝土或圬工填实。

10) 环墙和井顶围堰。环墙位于沉井顶部，高度与井盖厚度相同，做成台阶，用以支承顶盖，一般高为 1.5～2.0m，宽度至少为 0.3m。

当沉井顶面位于地面或岛面以下时，在环墙上需砌筑井顶围堰，用以挡土或防水。通常在环墙内预埋锚栓或预留板桩槽，以连接井顶围堰（图 2-44）。井顶围堰的支撑应结合井孔的布置，使其不影响从井孔中取土的通路。当井顶围堰高度不大时（如 1.0～2.0m），为了节约木材和增加沉井压重，也可用浆砌片石砌筑井顶围堰。

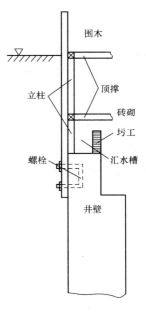

图 2-44　木板井顶围堰

2. 沉井基础的施工

沉井基础施工一般可分为旱地施工和水中施工两种，现分别简介如下。

(1) 旱地上沉井的施工。桥梁墩台位于旱地时，沉井可就地制造、挖土下沉、封底、充填井孔以及浇筑顶板情况下，一般较容易施工。施工顺序如图 2-45 所示，具体施工工序如下：

1) 整平场地。若天然地面土质较好，只需将地面杂物清掉整平地面，就可在其上制造沉井。如为了减小沉井的下沉深度也可在基础位置处挖一浅坑。在坑底制造沉井下沉时，坑底应高出地下水面 0.5～1.0m。若土质松软，应整平夯实或换土夯实。在一般情况下，应在整平场地上铺上不小于 0.5m 厚的砂或砂砾层。

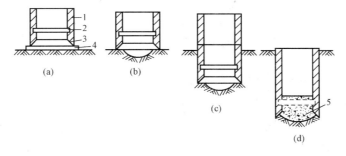

图 2-45　旱地沉井施工顺序图
(a) 制作第一节沉井；(b) 抽垫木、挖土下沉；(c) 沉井接高下沉；(d) 封底
1—井壁；2—凹槽；3—刃脚；4—承垫木；5—素混凝土封底

2) 制造第一节沉井。由于沉井自重较大，刃脚踏面尺寸较小，应力集中，场地土往往承受不了这样大的压力。所以在整平的场地上应在刃脚踏面位置处对称地铺满一层垫木（可用 200mm×200mm 的方木）以加大支承面积，使沉井重量在垫木下产生的压应力不大于 100kPa。垫木的布置应考虑抽除垫木方便（有时可用素混凝土垫层代替垫木）。然后在刃脚位置处放上刃脚角钢，竖立内模，绑扎钢筋，立外模，最后浇筑第一节沉井混凝土。模板应有较大的刚度，以免发生挠曲变形。外模板应平滑以利于下沉。钢模较木模刚度大，周转次数多，也易于安装。在场地土质较好处，也可采用土模。

3) 拆模及抽垫。沉井混凝土达到设计强度的 70% 时方可拆除模板，强度达设计强度后才能抽撤垫木。抽撤垫木应按一定的顺序进行，以免引起沉井开裂、移动或倾斜。其顺序是：先撤除内隔墙下的垫木，再撤沉井短边下的垫木，最后撤长边下的垫木。拆长边下的垫木时，以定位垫木（最后抽撤的垫木）为中心，对称的由远到近拆除，最后拆除定位垫木。注意在抽垫木过程中，抽除一根垫木应立即用砂回填进去并捣实。

4）挖土下沉。沉井下沉施工可分为排水下沉和不排水下沉，如图 2-46 所示。当沉井穿过的土层较稳定，不会因排水而产生大量流砂时，可采用排水下沉。土的挖除可采用人工挖土或机械除土，排水下沉常用人工挖土，它适用于土层渗水量不大且排水时不会产生涌土或流砂的情况。人工挖土可使沉井均匀下沉和清除井下障碍物，但应采取措施，确实保证施工安全。排水下沉时，有时也用机械除土。不排水下沉一般都采用机械除土，挖土工具可以是抓土斗或水力吸泥机，如土质较硬，水力吸泥机需配以水枪射水将土冲松。由于吸泥机是将水和土一起吸出井外，故需经常向井内加水维持井内水位高出井外水位 1~2m，以免发生涌土或流砂现象。

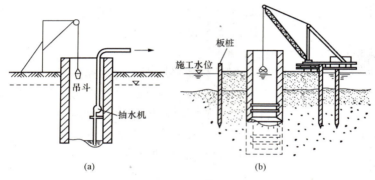

图 2-46　沉井下沉
（a）排水下沉；（b）不排水下沉

5）接高沉井。第一节沉井顶面下沉至距地面还剩 1.0~2.0m 时，应停止挖土，接筑第二节沉井。接筑前应使第一节沉井位置正直，凿毛顶面，然后立模浇筑混凝土。待混凝土强度达设计要求后再拆模继续挖土下沉。

6）筑井顶围堰。如果沉井顶面低于地面或水面，应在沉井上接筑围堰，围堰的平面尺寸略小于沉井，其下端与井顶上预埋锚杆相连。围堰是临时性的，待墩台身出水后可拆除。

7）地基检验和处理。沉井沉至设计标高后，应进行基底检验。检验内容是地基土质是否与设计相符、是否平整，并对地基进行必要的处理。如果是排水下沉的沉井，可以直接进行检查；不排水下沉的沉井由潜水工进行检查或钻取土样鉴定。地基为砂土或黏性土时，可在其上铺一层砾石或碎石至刃脚底面以上 200mm；地基为风化岩石时，应将风化岩层凿掉，岩层倾斜时，应凿成阶梯形。若岩层与刃脚间局部有不大的孔洞，由潜水工清除软层并用水泥砂浆封堵，待砂浆有一定强度后再抽水清基。不排水情况下，可由潜水工清基或用水枪与吸泥机清基。总之要保证井底地基尽量平整，浮土及软土清除干净，以保证封底混凝土、沉井及地基紧密连接。

8）封底、充填井孔及浇筑顶盖。地基经检验及处理合乎要求后，应立即进行封底。如封底是在不排水情况下进行，则可用导管法灌注水下混凝土（见钻孔灌注桩施工）。若灌注面积大，可用多根导管，以先周围后中间、先低后高的次序进行灌注。待混凝土达设计强度后，再抽干井孔中的水，填筑井内坞工。如井孔中不填料或仅填以砾石，则井顶面应浇筑钢筋混凝土顶盖，以支承墩台，然后砌筑墩身，墩身出土后可拆除临时性的井顶围堰。

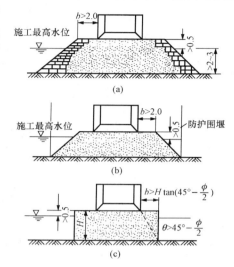

图 2-47 水上筑岛下沉沉井

（2）水中沉井的施工。

1）筑岛法。当水流速不大，水深在 3 或 4m 以内时，可用水中筑岛的方法。筑岛材料为砂或砾石，周围用草袋围护，如水深较大可作围堰防护〔图 2-47（a）、（b）〕。岛面应比沉井周围宽出 2m 以上，作为护道，并应高出施工最高水位 0.5m 以上。砂岛地基强度应符合要求，然后在岛上浇筑沉井。如筑岛压缩水面较大，可采用钢板桩围堰筑岛，但要考虑沉井重力对它产生的侧向压力。为避免沉井对它的影响，可按下式决定围堰距井壁外缘的距离 b。

$$b \geqslant H\tan(45° - \phi/2)$$

式中　H——筑岛高度；

　　　ϕ——砂在水中的内摩擦角。

距离 b 可以作为护道，一般 b 不小于 2.0m。其余施工方法与旱地施工相同。

2）浮运沉井施工。水深较大，如超过 10m 时，筑岛法很不经济，且施工也困难，可改用浮运法施工。

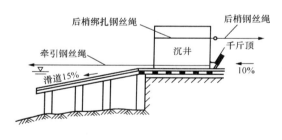

图 2-48 浮运沉井下水图

沉井在岸边做成，利用在岸边铺成的滑道滑入水中，然后用绳索引到设计墩位，如图 2-48 所示。沉井井壁可做成空体形式或采用其他措施（如带木底或装上钢气筒）使沉井浮于水上，也可以在船坞内制成，用浮船定位和吊放下沉，或利用潮汐，水位上涨浮起，再浮运至设计位置。图 2-49 和图 2-50 为某工程沉井接高和吸泥下沉施工图片。

图 2-49 钢沉井接高

图 2-50　吸泥下沉

　　沉井就位后，用水或混凝土灌入空体，徐徐下沉直至河底，或依靠在悬浮状态下接长沉井及填充混凝土使它逐步下沉，这时每个步骤均需保证沉井本身足够的稳定性。沉井刃脚切入河床一定深度后，可按前述下沉方法施工。

　　（3）沉井下沉过程中遇到的问题及处理。沉井在利用自身重力下沉过程中，常遇到的主要问题有：

　　1）沉井发生倾斜和偏移。在下沉过程中应随时观测沉井的位置和方向，发现与设计位置有过大的偏斜应及时纠正。纠正前应分析偏斜的原因。偏斜原因主要有：土岛表面松软，使沉井下沉不均，河底土质软硬不匀；挖土不对称；井内发生流砂，沉井突然下沉，刃脚遇到障碍物顶住而未及时发现；井内挖除的土堆压在沉井外一侧，沉井受压偏移或水流将沉井一侧土冲空等。沉井偏斜大多数发生在沉井下沉不深的时候，下沉较深时，只要控制得好，发生倾斜较少。

　　沉井如发生倾斜可采用下述方法纠正：在沉井高的一侧集中挖土；在低的一侧回填砂石；在沉井高的一侧加重物或用高压射水冲松土层，必要时可在沉井顶面施加水平力扶正。

　　纠正沉井中心位置发生偏移的方法是先使沉井倾斜，然后均匀除土，使沉井底中心线下沉至设计中心线后，再进行纠偏。

　　在刃脚遇到障碍物的情况，必须予以清除后再下沉。清除方法可以是人工排除，如遇树根或钢材可锯断或烧断，遇大孤石宜用少量炸药炸碎，以免损坏刃脚。在不能排水的情况下，由潜水工进行水下切割或水下爆破。

　　2）沉井下沉困难。这主要是由于沉井自身重力克服不了井壁摩阻力，或刃脚下遇到大的障碍物所致。解决因摩阻力过大而使下沉困难的方法是从增加沉井自重和减小井壁摩阻力两个方面来考虑的。

　　①增加沉井自重。可提前浇筑上一节沉井，以增加沉井自重，或在沉井顶上压重物（如钢轨、铁块或砂袋等）迫使沉井下沉。对不排水下沉的沉井，可以抽出井内的水以增加沉井自重，采用这种方法要保证土不会产生流砂现象。

　　②减小沉井外壁的摩阻力。减小沉井外壁摩阻力的方法是：可以将沉井设计成阶梯形、钟形；或在施工中尽量使外壁光滑；也可在井壁内埋设高压射水管组，利用高压水流冲松井壁附近的土，且水流沿井壁上升而润滑井壁，使沉井摩阻力减小。以上几项措施在设计时就

应考虑。在刃脚下挖空时，可采用炸药，利用炮震使沉井下沉。这种方法对沉井快沉至设计标高时效果较好，但要避免震坏沉井，用药量要少，次数不宜太多。

近年来，对下沉较深的沉井，为了减少井壁摩阻力常采用泥浆润滑套或壁后压气沉井的方法。

（4）泥浆润滑套与壁后压气沉井施工法。

1）泥浆润滑套。泥浆润滑套是把配置的泥浆灌注在沉井井壁周围，形成井壁与泥浆接触。选用的泥浆配合比应使泥浆具有良好的固壁性、触变性和胶体稳定性。一般采用的泥浆配合比（重量比）为黏土 35%～45%，水 55%～65%，另加分散剂碳酸钠 0.4%～0.6%，其中黏土或粉质黏土要求塑性指数不小于 15，含砂率小于 6%（泥浆的性能指标以及检测方法可参见有关施工技术手册）。这种泥浆对沉井壁起润滑作用，它与井壁间摩阻力仅 3～5kPa，大大降低了井壁摩阻力（一般黏性土对井壁摩阻力为 25～50kPa，砂性土为 12～25kPa），因而具有提高沉井下沉的施工效率，减少井壁的坏土数量，加大了沉井的下沉深度，施工中沉井稳定性好等优点。

泥浆润滑套的构造主要包括：射口挡板，地表围圈及压浆管（图 2-51～图 2-53）。

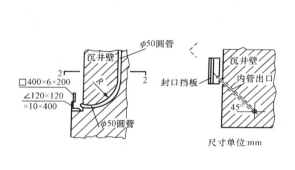

图 2-51　泥浆润滑套射口挡板与内管压浆法

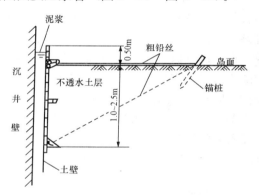

图 2-52　泥浆润滑套地表围圈

射口挡板可用角钢或钢板弯制，置于每个泥浆射出口处，固定在井壁台阶上。它的作用是防止泥浆管射出的泥浆直冲土壁而起缓冲作用，防止土壁局部坍落堵塞射浆口。

地表围圈是埋设在沉井周围保护泥浆的围壁。它的作用是沉井下沉时防止土壁坍落；保持一定数量的泥浆储存量以保证在沉井下沉过程中泥浆补充到新造成的空隙内；通过泥浆在围圈内的流动，可调整各压浆管出浆的不均衡。地表围圈的宽度即沉井台阶的宽度，其高度一般在 1.5～2.0m，顶面高出地面或岛面约 0.5m，圈顶面宜加盖，可用木板或钢板制作。

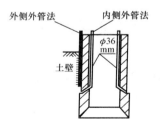

图 2-53　外管法压浆管构造

压浆管根据井壁的厚度有内管法和外管法两种。厚壁沉井多采用内管法，薄壁沉井宜采用外管法。

沉井下沉过程中要勤补浆、勤观测，发现倾斜、漏浆等问题要及时纠正。当沉井沉到设计标高时，若基底为一般土质，因井壁摩阻力较小，会形成边清基边下沉的现象，为此，应压入水泥砂浆换置泥浆，以增大井壁的摩阻力。另外，在卵石、砾石层中采用泥浆润滑套效果一般较差。

2）壁后压气沉井法。壁后压气沉井法也是减少下沉时井壁摩阻力的有效方法。它是通过对沿井壁内周围预埋的气管中喷射高压气流，气流沿喷气孔射出再沿沉井外壁上升，形成一圈压气层（又称空气幕），使井壁周围土松动，减少井壁摩阻力，促使沉井顺利下沉。

施工时压气管分层分布设置，竖管可用塑料管或钢管，水平环管则采用直径 25mm 的硬质聚氯乙烯管，沿井壁外缘埋设。每层水平环管可按四角分为四个区，以便分别压气调整沉井倾斜。压气沉井所需的气压可取静水压力的 2.5 倍。

与泥浆润滑套相比，壁后压气沉井法在停气后即可恢复土对井壁的摩阻力，下沉量易于控制，且所需施工设备简单，可以水下施工，经济效果好。现认为在一般条件下较泥浆润滑套更为方便，它适用于细、粉砂类土和黏性土中。但设计方法和施工措施尚待积累更多的资料。

当表层地基土的承载力不足、地下深处有较好的持力层，或山区河流中冲刷大，或河中有较大卵石不便于桩基施工；或岩层表面较平坦，覆盖层不厚，但河水较深等条件下，即当水文地质条件不宜修筑明挖基础和桩基时，根据经济比较分析，可考虑采用沉井基础。

沉井基础的特点是埋置深度可以很大，整体性强，稳定性好，刚度大，能承受较大的荷载作用。沉井本身既是基础，又是施工时的挡土、防水围堰结构，且施工设备简单，工艺不复杂，可以几个沉井同时施工。沉井施工工期较长。对粉砂类土在井内抽水易发生流砂现象，造成沉井倾斜，下沉时如遇有大孤石、沉船、落梁、大树根或井底岩层表面倾斜过大，均会给施工带来很大困难。因此要求在施工前，应事先详细钻探，探明地层情况及获取有关资料，以利于制定沉井下沉方案。

南京长江大桥 1 号墩基础就是用筑岛沉井修成的，其平面尺寸为 20.2m×24.9m，沉井下沉入土深度为 54.87m，是世界上有名的深置沉井之一。世界上最深的沉井已达 70m 以上，最大平面尺寸为 64m×75m。

2.2 桥梁墩台施工

2.2.1 桥梁墩台及支座的类型与构造

桥梁墩台是桥梁结构的重要组成部分，称为桥梁结构的下部结构，主要由墩台帽、墩台身和基础三部分组成，如图 2-54 所示。

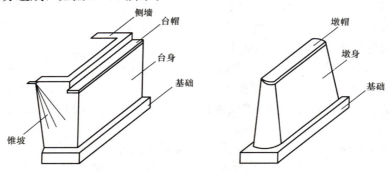

图 2-54 重力式墩台

1. 桥墩的主要类型及构造

桥墩是指多跨（不少于两跨）桥梁的中间支承结构，是支承桥跨结构和传递桥梁荷载的结构物。它承受上部结构自重以及作用于其上的车辆人群荷载作用，并将荷载传到地基上，且还承受流水压力、水面以上风力以及可能出现的冰荷载、船只等漂浮物的撞击力等。

桥墩按其构造可分为实体墩、空心墩、柱式墩、排架墩、框架墩等；按其受力特点可分为刚性墩和柔性墩；按其截面形状可分为矩形、圆形、圆端形、尖端形及各种组合形桥墩；按施工工艺可分为就地浇筑或砌筑墩、预制安装墩等。本书主要按其构造类型进行介绍。

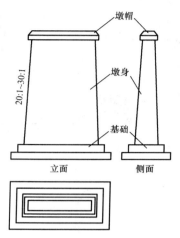

图 2-55 重力式桥墩图

（1）实体桥墩。实体桥墩是指由一个实体结构组成的桥墩，按其截面尺寸或刚度及重力的不同又可分为重力式桥墩（图 2-55）和实体轻型桥墩。

1）重力式桥墩。重力式桥墩主要依靠自身重力来平衡外力，从而保证桥墩的稳定。它通常由圬工材料修筑而成，具有刚度大、防撞能力强等优点，但同时具有阻水面积大、自重大、对地基承载力要求高等缺点，适用于荷载较大的大中型桥梁或流冰、漂浮物多的河流以及砂石料丰富的地区和基岩埋深较浅的地基。

①墩帽。墩帽是桥墩的顶端，它通过支座承托上部结构，并将相邻两跨桥上的荷载传到墩身。由于其受到支座传来的很大的集中应力作用，因此要求它有足够的厚度和强度。其最小厚度一般不小于 0.4m，中小跨径梁桥一般也不应小于 0.3m。墩帽一般要求用 C20 以上的混凝土浇筑并加配构造钢筋，小跨径非严寒地区可不设构造钢筋。构造钢筋直径一般取 8～12mm，采用间距 20cm 左右的网格布置。支座下墩帽内应布置一层或多层加强钢筋网，其平面分布范围取支座支承垫板面积的两倍，钢筋直径为 8～12mm，网格间距 5～10cm。墩帽钢筋布置如图 2-56 所示。对于小桥，也可用 M5 以上砂浆砌 MU25 以上料石做墩帽。

当桥面的横向排水坡不用桥面三角垫层调整时，墩帽顶面常做成 10% 的排水坡，并在四周墩身顶出檐 5～10cm，且在其上做成沟槽形滴水（檐口）以避免水侵蚀墩身。

墩帽的平面尺寸应考虑上部结构形式、支座布置情况、架设上部构造的施工方法而决定。顺桥向墩帽最小宽度 b 一般按下式确定

$$b \geqslant f + \frac{a}{2} + \frac{a'}{2} + 2c_1 + 2c_2 \tag{2-3}$$

式中 f——相邻两跨支座间的中心距；

     a、a'——支座垫板顺桥向宽度；

     c_1——顺桥向支座垫板至墩身顶边缘最小距离；

     c_2——墩帽檐伸出距离。

横桥向墩帽最小宽度 B＝桥跨结构两外侧主梁中心距＋支座底板横向宽度＋$2c_2$＋支座垫板至墩台边缘最小宽度的两倍。

在同一桥墩，当支承相邻两跨桥跨结构的支座高度不相同时，可通过在墩顶上设置钢筋混

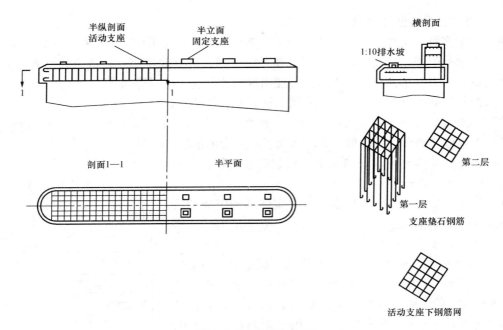

图 2-56   墩帽构造图

凝土垫石来调整。垫石的平面尺寸及钢筋的配置要根据支座尺寸及其受力情况计算确定。一般规定支座垫板边缘距支承垫石边缘的距离不小于 15~20cm，垫石厚度为其长度的 1/3~1/2。

对一些宽桥或高墩桥梁，为节省墩身圬工体积，常常将墩帽做成悬臂式或托盘式。悬臂的长度和宽度根据上部结构的形式、支座的位置及施工荷载的要求确定，悬臂的受力钢筋需要经过计算确定。悬臂式墩帽的混凝土强度等级一般要求较高，悬臂端部的最小高度不小于 0.3~0.4m。

②墩身。墩身是桥墩的主体部分，用片石混凝土浇筑或采用浆砌块石、浆砌料石，也可用混凝土预制块砌筑。混凝土墩身多用不低于 C15 的混凝土浇筑，并可掺入不多于 25％ 的片石。石砌桥墩墩身应采用强度等级不低于 MU25 的料石，大中桥用 M5 以上砂浆砌筑，小桥涵用不低于 M2.5 砂浆砌筑。混凝土预制块强度不低于 C20。

梁式桥的墩身顶宽，小跨径桥不宜小于 80cm，中跨径桥不宜小于 100cm，大跨径桥根据上部结构类型确定。墩身侧坡一般采用 20：1~30：1，小跨径桥桥墩不高时可做成直坡。实体桥墩的截面形式较多样（图 2-57），其中圆形、圆端形、尖端形的导流性好。圆形截面对各方向的水流阻力和导流情况相同，适用于潮汐河流或流向不定的桥位；矩形桥墩主要用于无水的岸墩或高架桥墩。在有强烈流水或大量漂浮物的河道上，桥墩的迎水端应做成破冰棱体（图 2-58），破冰体可由强度较高的石料砌成或用强度等级高的混凝土辅以钢筋制成。

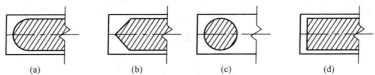

图 2-57   实体桥墩常见截面形式
(a) 圆端形；(b) 尖端形；(c) 圆形；(d) 矩形

③基础。基础是桥墩与地基直接接触的部分，其类型与尺寸主要取决于地基条件。最常见的是刚性扩大基础，一般采用 C15 以上片石混凝土或浆砌块石。基础的平面尺寸较墩身底面尺寸略大，四周各放大 20cm 左右。基础可以做成单层，也可做成 2～3 层台阶式，台阶的宽度由基础用材的刚性角确定。

2）实体轻型桥墩。实体轻型桥墩可用浆砌块石、混凝土或钢筋混凝土等材料制成。其中实体钢筋混凝土薄壁墩最典型（图 2-59）。该型桥墩与重力式桥墩相比圬工体积明显减少，自重减小，抗冲击能力较弱，不宜用于流速较大并夹有大量河砂的河流或可能有船只、冰等漂浮物撞击的河流中，多用于中小跨径的桥梁。

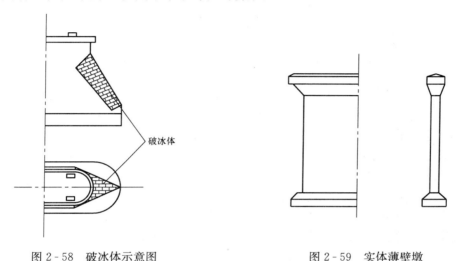

图 2-58 破冰体示意图   图 2-59 实体薄壁墩

①墩帽。轻型桥墩墩帽多采用不低于 C15 的混凝土配 $\phi 8$ 的构造钢筋制成。墩帽的平面尺寸由墩身顶部尺寸确定，墩帽高度不小于 25～30cm，墩帽四周挑檐 5cm，周边做成 5cm 倒角。

当桥面的横向排水坡不用三角垫层调整时，可在墩帽顶面从中心向两端倾斜地加筑三角垫层。

上部结构与墩身之间用砂浆胶结，并以栓钉锚固，因此在墩帽上要预留栓钉孔，以备埋置栓钉。

②墩身。墩身用不低于 C15 的混凝土浇筑，也可用浆砌块石或砖，石料强度不低于 MU25 号，砂浆不低于 M5，砖的强度不低于 MU7.5。

墩身的宽度要求需满足上部结构的支承需要，一般不小于 60cm，墩身的长度应满足上部结构宽度的要求。

③基础。基础一般采用 C15 混凝土。其平面尺寸较墩身底面尺寸略大，四周各放大 20cm 左右。基础多做成单层，其高度一般为 50cm。

相邻墩台基础之间的支撑梁一般采用 C20 混凝土，截面尺寸为 20cm×30cm，并配四根 $\phi 12$ 钢筋和 $\phi 6$ 箍筋，也可用截面为 40cm×40cm 的素混凝土梁。

（2）空心桥墩。空心桥墩有两种形式，一种为中心镂空式桥墩，另一种为薄壁空心桥墩。

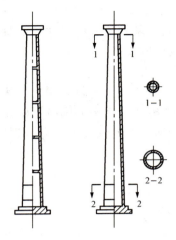

图 2-60　圆形空心墩

　　中心镂空桥墩是在重力式桥墩基础上镂空中心一定数量的圬工体积，能减少圬工数量，减轻桥墩自重，降低对地基承载力的要求。但镂空有一个前提，必须保证桥墩强度和刚度足以承担和平衡外力，从而保证桥墩的稳定性。

　　薄壁空心墩是用强度高、墩身壁较薄的钢筋混凝土构筑而成的空格形桥墩（图 2-60）。其最大特点是大幅削减了墩身圬工体积和墩身自重，减小了地基负荷，因此适用于软弱地基。

　　空心墩按壁厚分为厚壁和薄壁两种，一般用壁厚与中间直径的比来区分，比值小于 1/10 的为薄壁。

　　空心墩在构造尺寸上应符合下列规定：墩身最小壁厚，对于钢筋混凝土不小于 30cm，素混凝土不小于 50cm；墩身内应设横隔板或纵、横隔板以加强墩壁的局部稳定，一般 40m 以上的墩每 6~10m 设一横隔板；墩顶应设实体段，实体段高度不小于 1~2m；墩身周围应设置适当的通风孔与泄水孔，孔的直径不宜小于 20cm，墩顶实体段以下应设置带门的进人洞或相应的检查设备；按计算配筋，一般配筋率在 0.5% 左右，也有只按构造或承受局部应力或附加应力配筋。

　　（3）柱式墩。柱式桥墩是目前公路桥梁中广泛采用的桥墩形式，特别是对于桥宽较大的城市桥或立交桥。该种桥墩节约圬工材料，自重较小，且轻巧美观。

　　柱式桥墩一般由盖梁、柱式墩身和基础上的承台组成，常用的有单柱式、双柱式、哑铃式和混合双柱式等形式（图 2-61）。

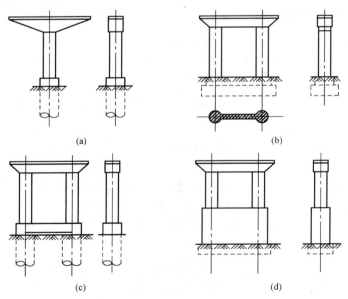

(a)　　　　　　　　　　　　(b)

(c)　　　　　　　　　　　　(d)

图 2-61　柱式桥墩

(a) 单柱式；(b) 哑铃式；(c) 双柱式；(d) 混合双柱式

　　盖梁是柱式桥墩的墩帽，一般用 C20~C30 钢筋混凝土就地浇筑，也有采用预制安装的。盖梁的横截面形状一般为矩形或 T 形。盖梁宽度根据上部结构构造形式、支座间距和尺寸等确定；盖梁高度一般为梁宽的 0.8~1.2 倍；盖梁的长度应大于上部构造两边梁间的距离，并应满足上部构造安装时的要求；设置橡胶支座的桥墩应预留更换支座所需位置，即支座垫石的高度按端横隔板底与墩顶面之间的距离以能安置千斤顶来确定；盖梁悬臂高度不小于 30cm。各截面尺寸与配筋需通过计算确定。

墩柱一般采用直径 0.6~1.5m 的圆柱或方形、六角形柱。墩柱配筋由计算确定并符合柱体结构构造要求（图 2-62）。纵向受力钢筋的直径应不小于 12mm，纵向受力钢筋截面面积应不小于混凝土计算截面的 0.4%，纵向受力筋之间净距应不小于 5cm。为使桥墩有较好的整体性，墩柱一般应嵌入盖梁或承台 15~20cm，露出柱顶的主筋可弯成与铅垂线约成 15° 倾斜角的喇叭形，伸入盖梁或承台中，喇叭形主筋外围应设置直径不小于 8mm 的箍筋，间距一般为 15~20cm。当用横系梁加强桩柱的整体性时，横系梁的高度可取柱径的 0.8~1.0 倍，宽度可取柱径的 0.6~1.0 倍。横系梁一般不直接承受外力，可不做内力计算，按横截面面积的 0.1% 配置构造钢筋即可，构造筋需与桩柱主筋连接。

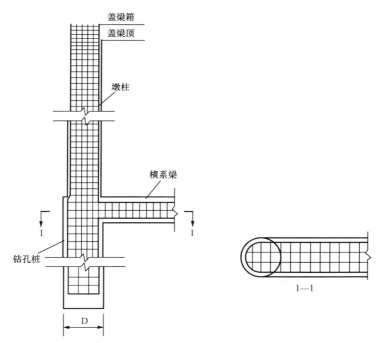

图 2-62　墩柱的构造

承台的尺寸与配筋需由计算确定。

（4）柔性排架墩。柔性排架墩由单排或双排的钢筋混凝土柱与钢筋混凝土盖梁连接而成（图 2-63）。单排架墩一般用于高度不超过 4~5m 的情况；当墩柱较高时，为避免行车时可能发生的纵向晃动，宜设置双排架墩。当受桩上荷载或支座布置等条件限制不能采用单排架墩时也可采用双排架墩。

柔性排架墩的主要特点是上部结构传来的水平力按各墩台的刚度分配到各墩台，作用在每个柔性墩上的水平力较小，而作用在刚性墩台上的水平力很大，因此柔性墩截面尺寸可以减小。柔性排架墩多用于墩高为 5~7m、跨径 13m 以下、桥长 50~80m 的中小型桥中。不

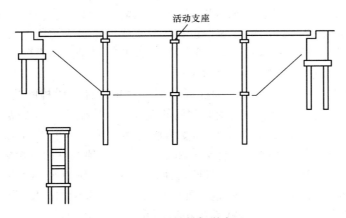

图 2 - 63 柔性排架墩布置

宜用在山区河流或漂浮物多的河流。柔性墩一般布设在两端具有刚度较大桥台的多跨桥中，全桥除一个中墩设置活动支座外，其余墩台均采用固定支座。由于柔性墩在布置上只设一个活动支座，当桥孔数较多且桥较长时，宜分成若干联，每联设置一个刚性墩。两个活动支座之间或刚性台与第一个活动支座间称为一联（图 2 - 64）。

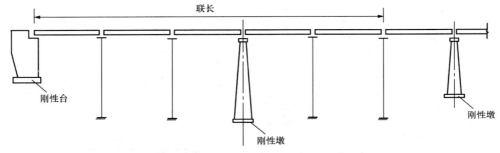

图 2 - 64 多跨柔性墩的布置

预制钢筋混凝土方桩的截面尺寸，一般当桩长在 10m 以内时，横截面尺寸 30cm×30cm；桩长大于 10m 时，为 35cm×35cm；大于 15m 时，为 40cm×40cm。桩与桩之间的中距应小于桩径的 3 倍或 1.5～2.0m。钻孔灌注桩排架墩，桩径不宜大于 90cm，桩间距离不小于 2.5 倍成孔直径。

盖梁一般为矩形截面，单排桩盖梁的宽度为 60～80cm，盖梁的高度一般采用 40～50cm。对于钻孔灌注桩排架墩盖梁宽度一般比桩径大 10～20cm，高度依据受力情况拟定。

盖梁与梁的接触面之间垫 1cm 的油毛毡。为使全桥形成框架体系，可用锚栓将上下部构造连接起来，锚栓的直径为 25～28mm，预埋在盖梁内。孔的接缝处用水泥砂浆填实，最好设置桥面连续装置。桥台背墙与梁端接缝也填以水泥砂浆，不设伸缩缝。

（5）框架墩。框架式桥墩采用钢筋混凝土或预应力混凝土等压挠或挠曲构件组成平面框架代替墩身，必要时可做成双层或多层框架。这是较空心墩更进一步的轻型桥墩结构，如 V 形墩、Y 形墩、X 形墩等都属于框架墩（图 2 - 65）。这类桥墩结构轻巧美观，而且使桥梁的跨越能力提高，缩短了主梁的跨径，降低了梁高，但其结构复杂，施工比较麻烦。

框架墩形式较多，均为压弯构件，所有钢筋均应通过计算确定。

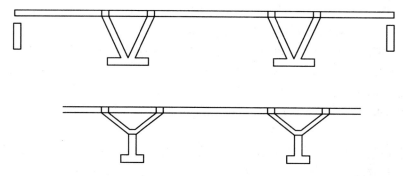

图 2-65　V 形和 Y 形桥墩

对于有分叉的墩，可用墩帽，也可无墩帽。无墩帽时，分叉张开角度一般应小于 90°；有墩帽时，张角可略大些，视受力情况而定。

2. 桥台的主要类型及构造

桥台是设置在桥的两端，支承桥跨结构并与两岸接线路堤衔接的构造物。其既要承受桥梁边跨结构和桥台本身结构自重以及作用在其上的车辆荷载的作用，并将荷载传到地基上，又要挡土护岸，而且还要承受台背填土及填土上车辆荷载所产生的附加土侧压力。

桥台类型按其形式划分主要有以下几种：重力式桥台、轻型桥台、框架式桥台、组合式桥台和承拉桥台。

（1）重力式桥台。重力式桥台一般采用砌石、片石混凝土或混凝土等圬工材料就地砌筑或浇筑而成，主要依靠自重来平衡台后土压力，从而保证自身的稳定。重力式桥台依据桥梁跨径、桥台高度及地形条件的不同有多种形式，常用的类型有 U 形桥台、埋置式桥台、八字式和一字式桥台、拱式桥台、埋置衡重式高桥台等。

1）U 形桥台。由台身（前墙、两侧翼墙）、台帽与基础组成，在平面上呈 U 字形（图 2-66）。台身支承桥跨结构并承受台后土压力。翼墙与台身连成整体承受土压力，并起到与路堤衔接的作用。U 形桥台构造简单，基础底承压面大，应力较小，但圬工体积大，桥台内的填土容易积水，应注意防水，防止冻胀，以免桥台结构开裂。U 形桥台适用于 8m 以上跨径的桥梁。

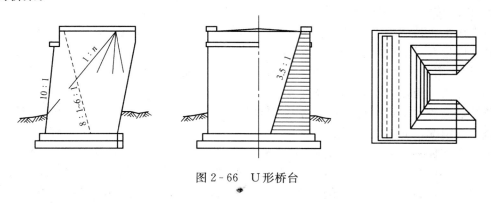

图 2-66　U 形桥台

U 形桥台防护墙顶宽，对片石砌体不小于 50cm，对块石、料石砌体及混凝土不小于 40cm。前墙任一水平截面的宽度不宜小于该截面至墙顶高度的 0.4 倍。背坡一般采用 5:1～

8：1，前坡为10：1或直立。侧墙外侧直立，内侧为3：1～5：1的斜坡，侧墙顶宽一般为60～100cm，任一水平截面的宽度，对片石砌体不小于该截面至墙顶高度的0.4倍，对块石、料石砌体及混凝土不小于0.35倍，如桥台内填料为透水性好的砂性土或砂砾，则上述两项可分别减为0.35和0.3倍。侧墙尾端应有0.75m以上的长度伸入路堤以保证与路堤衔接良好。台帽和基础尺寸可参照桥墩拟定。U形桥台台心应填透水性良好的土，台内一定高度处设黏土隔水层，设置向台后方向的斜坡，并通过盲沟将水排向路基外。桥台两侧设锥坡，坡度由纵向的1：1逐渐变到横向的1：1.5，锥坡的平面形状为1/4椭圆，用土夯实填筑，其表面用片石砌筑。拱桥U形桥台尺寸拟定与梁桥U形桥台基本相同，但前墙背坡改为2：1～4：1，前坡改为20：1～30：1或直立。前墙顶宽比梁桥大，其值可按经验公式估算。

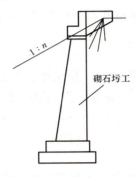

图2-67　埋置式桥台

2）埋置式桥台。台身为圬工实体，台帽及耳墙采用钢筋混凝土。台身埋置于台前溜坡内，利用台前溜坡填土抵消部分台后填土压力，不需另设翼墙，仅由台帽两端的耳墙与路堤衔接（图2-67）。埋置式桥台圬工较省，但溜坡对河道有影响，因此仅适用于桥头为浅滩，溜坡受冲刷较小，填土高度在10m以下的中等跨径的多跨桥中。

埋置式桥台由于作用在桥台上的水平力较U形桥台小，在拟定尺寸时台身底部可略大于顶部尺寸，最后由验算确定。埋置式桥台挡土采用耳墙，耳墙长度一般不超过3～4m，厚度为0.15～0.3m，高度为0.5～2.5m，其主筋伸入台帽或背墙加以锚固。

3）八字式和一字式桥台。当台身两侧为独立的翼墙，将台身与翼墙分开并在其间设变形缝。其中，台身与翼墙斜交时为八字式桥台，台身与翼墙在同一平面则为一字式桥台。八字翼墙和一字翼墙除挡住路堤填土外，还起到引导河流的作用。这类桥台适用于桥台不高、河岸稳定、河床压缩小的中小跨径桥以及跨越人工河道的桥和立交桥。

八字式和一字式桥台，其前墙同U形桥台，翼墙顶宽取0.4m，外侧用10：1斜坡，内侧坡度用8：1～10：1。翼墙的长度根据地形确定，以保证挡土需要，尾端应保持一个相当高度。

4）拱式桥台。是由埋置式桥台改进而来，台身用块石或混凝土砌筑，中间挖空成拱筒形以节省圬工。其适用于基岩埋藏浅或地质良好而有浅滩的河流的多孔桥。但该类型桥台不宜过高，以免台身放坡伸入桥孔过多影响过水面积。

5）埋置衡重式高桥台。利用衡重台及其上的填土重力平衡部分土压力，在高桥中圬工较省。其适用于跨径大于20m、高度大于10m的跨深沟及山区等特殊地形的桥梁。

（2）轻型桥台。轻型桥台通常用圬工材料或钢筋混凝土砌筑。圬工轻型桥台只限于桥台高度较小的情况，而钢筋混凝土轻型桥台应用更为广泛。从结构形式上分，轻型桥台有薄壁轻型桥台和支撑梁型轻型桥台。薄壁轻型桥台常用的形式有悬臂式、扶壁式、撑墙式和箱式（图2-68）。其主要特点是利用钢筋混凝土结构的抗弯能力来减少圬工体积从而使桥台轻型化。相对而言，悬臂式桥台的柔性较大，钢筋用量较大，而撑墙式和箱式桥台刚度大，但施工时模板用量多。

圬工轻型桥台，台帽用钢筋混凝土浇筑，混凝土强度等级不低于C20，厚度不小于30cm，

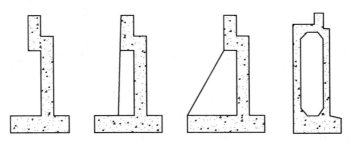

图 2-68　薄壁轻型桥台

并有 5~10cm 的挑檐。当填土高度较高或跨径较大时，宜采用有台背的台帽，以保证有良好的支撑作用。当上部构造不设三角垫层时，可在台帽上做成有斜坡的三角垫层。上部构造与台帽间应用栓钉连接，栓钉孔、上部结构和台背之间需用小石子混凝土（强度等同上部结构）或砂浆填实。栓钉直径不小于上部构造主筋的直径，锚固长度为台帽厚度加上三角垫层和板厚。台身可用混凝土或浆砌块石砌筑，混凝土强度等级不低于 C15，砂浆强度等级不低于 M5，块石强度等级不低于 MU25。也可用 M5 以上的砂浆砌筑 MU7.5 以上的砖。台身厚度，块石砌体不宜小于 40~50cm，混凝土不宜小于 30~40cm；八字墙的顶面宽度，混凝土不宜小于 30cm，块石砌体不宜小于 50cm，端部顶面应高出地面 20cm。轻型桥台基础按支承于弹性地基上的梁进行验算，一般用混凝土浇筑。当其长度大于 12m 时，应按构造要求配筋。基础埋置深度一般在原地面（无冲刷）或局部冲刷线以下不小于 1m。

对于单跨或少跨的小跨径桥，在条件许可的情况下，可在轻型桥台基础间设置 3~5 根支撑梁，成为支撑型桥台（图 2-69），其主要特点是：利用上部结构及下部的支撑梁作为桥台的支撑，以防止桥台向跨中移动或倾覆；整个构造物成为四铰刚构系统；除台身按上下铰接支承的简支竖梁承受水平土压力外，桥台还应作为弹性地基梁加以验算。

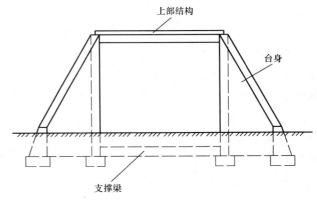

图 2-69　支撑梁轻型桥台

支撑梁可用 20cm×30cm 的钢筋混凝土浇筑成，或用尺寸不小于 40cm×40cm 的混凝土或块石砌筑。支撑梁按基础长度之中线对称布置，其间距约为 2~4m。当基础能嵌入风化岩层 15~25m 时，可不设支撑梁。

用得较多的钢筋混凝土薄壁轻型桥台，由扶壁式挡土墙和两侧的薄壁侧墙构成。挡土墙由厚度不小于 15cm 的前墙和间距为 2.5~3.5m 的扶壁组成。其顶帽及背墙成 L 形，并与其下的倒 T 形竖墙台身及底板连成钢筋混凝土整体结构。

轻型桥台翼墙有八字式、一字式和耳墙式。八字形的八字墙与台身之间设断缝分开，一字翼墙与台身连成一体，带耳墙的桥台由台身、耳墙和边柱组成。

轻型桥台应用在拱桥中，由于拱桥拱脚水平推力的存在，形成了一些特殊形式，如齿槛式、空腹式、一字台、E字台、U形台和前倾一字台等。齿槛式桥台的齿板宽度和深度一般不小于0.5m。

（3）框架式桥台。框架式桥台由台帽、桩柱及基础或承台组成，是一种在横桥向呈框架式结构的桩基础轻型桥台。桩基埋入土中，所受土压力较小，适用于地基承载力较低、台身高度大于4m、跨径大于10m的梁桥。其构造形式有双柱式、多柱式、肋墙式、半重力式、双排架式和板凳式等。

柱式桥台指台帽置于立柱上，台帽两端设耳墙以便与路堤衔接，是一种结构简单、圬工数量小的桥台形式，适用于填土高度小于5m的情况（图2-70）。其可参照桩柱结构拟定尺寸并通过计算配筋。钢筋的上下端分别伸入台帽和承台（或桩身）。立柱一般用普通箍筋柱。

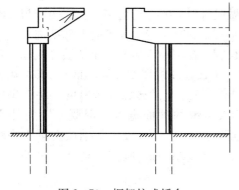

图2-70　框架柱式桥台

当填土高度大于5m时，用少筋薄墙代替立柱支撑台帽即成为墙式桥台。若墙中设骨架肋则成为肋墙式桥台。墙式桥台的墙厚一般为0.4～0.8m，设少量钢筋。

半重力式桥台与墙式桥台相似，只是墙更厚，不设钢筋，尺寸通过计算确定。半重力式桥台与墙式桥台常用桩作基础，桩径一般为0.6～1.0m，桩数根据受力情况结合地基承载力决定。

当水平力较小时，桥台可用双排架式或板凳式，它由台帽、台柱和承台组成。其中柱有两排以形成抗推力偶。

（4）组合式桥台。为使桥台轻型化，可以将桥台上的外力分配给不同对象来承担，如让桥台本身主要承受桥跨结构传来的竖向力和水平力，而台后的土压力由其他结构来承担，这就形成了由分工不同的结构组合而成的桥台，即组合式桥台。常见的组合式桥台有锚碇板式、过梁式、框架式及桥台与挡土墙组合式等。

锚碇板式组合桥台由台身承受竖向力，锚碇板提供抗拔力与土压力平衡。根据结构不同又有分离式与结合式。分离式是将承受竖向力的台身与承受水平力的锚碇板和挡土结构分开，而结合式是将这两部分结合在一起，台身兼作立柱和挡土板（图2-71）。

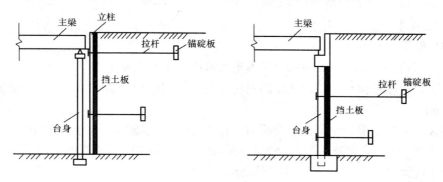

图2-71　锚碇板式组合桥台

过梁式组合桥台是将桥台与挡土墙用梁连接起来，使桥台成为框架式组合桥台。

桥台与挡土墙组合桥台由轻型桥台支承上部结构，台后设挡土墙承受土压力，台身与挡土墙分离，受力明确。当地基条件比较好时，也可将桥台与挡土墙放在同一基础上。该种桥台主要优点是可以不压缩河床，但结构比较复杂。

组合式桥台的结构尺寸及配筋需经计算确定，分别依据其受力状况和结构特点进行分析处理。

（5）承拉桥台。某些情况下，桥台需要承受拉力，因此要求在进行设计时考虑满足桥台受力要求，这就是承拉桥台。该种桥的上部结构通常为单箱单室截面，箱梁的两个腹板延伸至桥台形成悬臂腹板，它与桥台顶梁之间设氯丁橡胶支座受拉，悬臂腹板与台帽间设氯丁橡胶支座支承上部结构。

3. 支座的主要类型及构造

桥梁支座的作用是将桥跨结构上的恒载与活载反力传递到桥梁的墩台上去，同时保证桥跨结构所要求的位移与移动，以便使结构的实际受力情况与计算的理论图式相吻合。下面是几种常用的支座形式。

（1）油毛毡或平板支座（石棉板或铅板支座）。标准跨径 10m 以内的钢筋混凝土梁（板）桥一般采用油毛毡或平板支座。油毛毡一般在墩台帽支承面上铺垫 2～4 层，厚约 1cm，层间涂热沥青，使梁或板的端部支承在油毛毡垫层上。安设这类支座时，应先检查墩台支承面的平整度和横向坡度是否符合设计要求，否则应凿平整并以水泥砂浆抹平，再铺垫油毛毡、石棉垫板或铅板支座。梁（板）安装后支承面间不得有空隙。

（2）橡胶支座。

1）板式橡胶支座。板式橡胶支座是由数层薄橡胶片与刚性加劲材料粘接而成。桥梁上常用的橡胶支座每层橡胶片厚 5mm，橡胶片间嵌入 2mm 厚的薄钢板 [图 2 - 72 （a）]。由于钢板的加劲，阻止橡胶片的侧向膨胀，从而提高了橡胶片的抗压能力。板式橡胶支座可用于支承反力 2940kN 左右的中等跨径桥梁。

矩形板式橡胶支座的平面尺寸，目前常用的有 0.12m×0.14m、0.14m×0.18m、0.15m×0.20m、0.15m×0.30m、0.16m×0.18m、0.18m×0.20m、0.20m×0.25m 等。橡胶硬度为 55～60 度（邵式硬度），适用于温度不低于 -25℃ 的地区。支座高度根据橡胶支座的剪切位移而采用不同层数组合而成。目前生产的板式橡胶支座厚度为 1.4cm（二层钢板）、2.1cm（三层钢板）、2.8cm（四层钢板）、4.2cm（六层钢板等）。

2）盆式橡胶支座。盆式橡胶支座的橡胶板置于扁平的钢盆内，盆顶用钢盖盖住 [图 2 - 72 （b）]。在高压力下，其作用如液压千斤顶中的黏性液体，盆盖相当于千斤顶的活塞。由于活塞边缘与盆壁很好的密合，橡胶在盆内是不可能被压缩的，也不可能横向伸长。因此支座能承受相当大的压力。支座在均匀承压应力的情况下，可做微量转动，这就是盆式橡胶支座的工作性质。

盆式橡胶支座分为固定支座与活动支座。活动盆式橡胶支座由上支座板、不锈钢板、聚四氟乙烯板、横向止移板、盆环、氯丁橡胶板、密封圈、盆塞、氟丁橡胶防水圈和下支座板组成。

在大跨径钢筋混凝土梁式桥中已经广泛使用的盆式橡胶支座，承载力在 1000～50 000 kN，纵桥向位移量为 50～250mm，横桥向位移量为 2～100mm。

对于大跨径、大吨位、大转角的箱梁桥常用球形支座。球形支座特别适用于曲线桥、宽

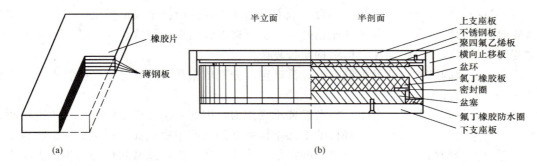

图 2-72 橡胶支座的构造

桥和坡道上斜桥，能更好地适应支座大转角的需要，设计转角可达到 0.05rad 以上，且各向转角性能一致。

（3）钢支座。

1）平板式支座。平板式支座适用于 8～12m 以下跨径桥梁。该种支座由上下两块平面钢板组成，钢板厚度不小于 20mm，钢板间接触面应经过粗制加工，活动端钢板间自由滑动，固定端在钢板间设有栓钉或镶有齿板。

2）弧形钢板支座。弧形钢板支座适用于跨径 20m 和支承力不超过 500～600kN 的梁桥。该种支座由两大块厚约 40～50mm 的钢垫板构成，上面一块为平板形，下面一块的顶面为圆弧形（图 2-73）。用于活动支座时，垫板沿接触面滑动；用于固定支座时，则用穿钉或齿板固定上下两块垫板位置，但为使支座能自由转动，穿钉顶端制成圆弧形。

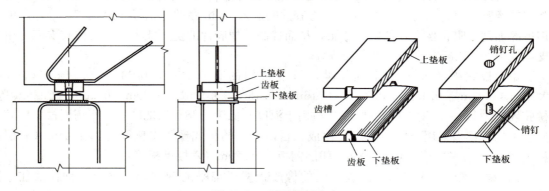

图 2-73 弧形钢板支座

2.2.2 桥梁墩台的施工

桥梁墩台施工是桥梁工程施工中的一个重要组成部分，其施工质量的优劣不仅直接关系到桥梁上部结构的制作与安装质量，而且对桥梁的使用功能效果影响重大。因此在施工过程中，应对桥梁墩台准确定位，采用经过正规检验合格的建筑材料，并严格按施工规范执行，以确保工程质量。

1. 砌筑墩台施工

石砌墩台具有可就地取材和经久耐用的优点，在石料丰富的地区和施工期限允许情况下可优先考虑以节约水泥。

（1）石料、砂浆与脚手架。石砌墩台是用片石、块石及粗料石以水泥砂浆砌筑的。石料与砂浆的规格要符合有关的规定。浆砌片石一般适用于高度小于 6m 的墩台身、基础、镶面以及各式墩台填腹；浆砌粗料石则用于磨耗及冲击严重的分水体及破冰体的镶面工程以及有整齐美观要求的桥墩、台身等。

将石料吊运并安砌到正确位置是砌石工程中难度较大的工序。当重量小或距地面不高时，可用简单的马凳跳板直接运送；当重量较大或距地面较高时，可采用固定式动臂吊机或桅杆式吊机或井式吊机，将材料运到墩台上，然后再分运到安砌地点。用于砌石的脚手架应环绕墩台搭设用以堆放材料，并方便支撑施工人员砌筑镶面定位行列及勾缝。脚手架一般常用固定式轻型脚手架（适用于 6m 以下的墩台）、简易活动脚手架（适用于 25m 以下的墩台）以及悬吊式脚手架（用于较高墩台）。

（2）墩台砌筑施工要点。

1）墩台放样。在砌筑前应按设计图放出实样，挂线砌筑。砌筑基础的第一层砌块时，如基底为土质，只在已砌石块的侧面铺上砂浆即可，不需坐浆；如基底为石质，应将其表面清洗、润湿后，先坐浆再砌石。砌筑斜面墩台时，斜面应逐层放坡，以保证规定的坡度。砌块间用砂浆粘结并保持一定的缝厚，所有砌缝要求砂浆饱满。形状比较复杂的工程，应先作出配料设计图（图 2-74），注明块石尺寸；形状比较简单的，也要根据砌体高度、尺寸、错缝等，先行放样配好料石再砌。

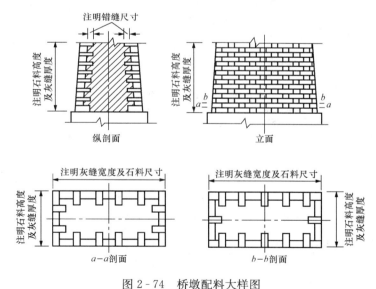

图 2-74　桥墩配料大样图

2）砌筑方法。同一层石料及水平灰缝的厚度要均匀一致，每层按水平砌筑，丁顺相间，砌石灰缝互相垂直。灰缝宽度和错缝按表 2-4 规定办理。砌石顺序为先角石，再镶面，后填腹。填腹石的分层厚度应与镶面相同；圆端、尖端及转角形砌体的砌石顺序，应自顶点开始，按丁顺排列接砌镶石面。砌筑图例如图 2-75 所示，圆端形桥墩的圆端顶点不得有垂直灰缝，砌石应从顶端开始先砌石块①，然后应丁顺相间排列，安砌四周镶面石；尖端桥墩的尖端及转角处不得有垂直灰缝，砌石应从两端开始，先砌石块①，再砌侧面转角②，然后丁顺相间排列，安砌四周的镶面石。

表 2-4　　　　　　　　　　　　　　浆砌铺面石灰缝规定

种　类	灰缝宽度 /cm	错缝（层间或行列间） /cm	三块石料相接处空隙 /cm	砌筑行列高度 /cm
粗料石	1.5～2	≥10	1.5～2	每层石料厚度一致
半细料石	1～1.5	≥10	1～1.5	每层石料厚度一致
细料石	0.8～1	≥10	0.8～1	每层石料厚度一致

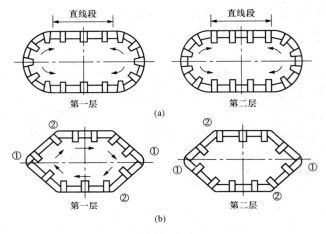

图 2-75　桥墩的砌筑

（3）砌体质量应符合以下规定：

1）砌体所有各项材料类别、规格及质量符合要求。

2）砌缝砂浆或小石子混凝土铺填饱满，强度符合要求。

3）砌缝宽度、错缝距离符合规定，勾缝坚固、整齐，深度和形式符合要求。

4）砌筑方法正确。

5）砌体位置、尺寸不超过允许偏差。

墩台砌体位置及外形允许偏差见表 2-5。

表 2-5　　　　　　　　　　　　　　墩台砌体位置及外形允许偏差

项　次	项　目　检　查	砌　体　类　别	允许偏差/mm
1	跨径	$L_0 \leqslant 60m$	±20
		$L_0 > 60m$	$\pm L_0/3000$
2	墩台宽度及长度	片石镶面砌体	+40，-10
		块石镶面砌体	+30，-10
		粗料石镶面砌体	+20，-10
3	大面平整度 （2m 直尺检查）	片石镶面	50
		块石镶面	20
		粗料石镶面	10
4	竖直度或坡度	片石镶面	$0.5\%H$
		块石、粗料石镶面	$0.5\%H$
5	墩台顶面标高		±10
6	轴线偏位		10

2. 装配式墩台施工

装配式墩台适用于山谷架桥、跨越平缓无漂流物的河沟、河滩等的桥梁，特别是在工地干扰多、施工场地狭窄、缺水与砂石供应困难地区，其效果更为显著。装配式墩台的优点是：结构形式轻便，建桥速度快，圬工省，预制构件质量有保证等。经常采用的有砌块式、柱式和管节式或环圈式墩台等。

（1）砌块式墩台施工。砌块式墩台的施工大体上与石砌墩台相同，只是预制砌块的形式因墩台形式不同有很多变化。图 2-76 为预制砌块墩身施工示意图。

（2）柱式墩施工。

1）常用拼装接头。装配式柱式墩是将桥墩分解成若干轻型部件，在工厂或工地集中预制，再运送到现场装配成桥墩。其形式有双柱式、排架式、板凳式和刚架式等（图 2-77）。施工工序为预制构件、安装连接与混凝土养护等。其中拼装接头是关键工序，既要牢固、安全，又要结构简单、便于施工。常用的拼装接头有：

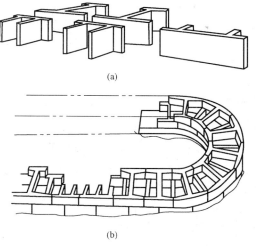

图 2-76　某大桥预制砌块墩身施工示意图
（a）空腹墩壳板；（b）空腹墩砌筑过程

①承插式接头：将预制构件插入相应的预留孔内，插入长度一般为 1.2～1.5 倍的构件宽度，底部铺设 2cm 砂浆，四周以半干硬性混凝土填充。常用于立柱与基础的接头连接。

②钢筋锚固接头：构件上预留钢筋或型钢，插入另一构件的预留槽内，或将钢筋互相焊接，再灌注半干硬性混凝土。多用于立柱与顶帽处的连接。

③焊接接头：将预埋在构件中的铁件与另一构件的预埋铁件用电焊连接，外部再用混凝土封闭。这种接头易于调整误差，多用于水平连接杆与立柱的连接。

④扣环式接头：相互连接的构件按预定位置预埋环式钢筋，安装时柱脚先坐落在承台的柱心上，上下环式钢筋互相错接，扣环间插入 U 形短钢筋焊牢，四周再绑扎钢筋一圈，立模浇注外围接头混凝土。要求上下扣环预埋位置正确，施工较为复杂。

⑤法兰盘接头：在相互连接的构件两端安装法兰盘，连接时将法兰盘连接螺栓拧紧即可。要求法兰盘预埋位置必须与构件垂直，接头处可不用混凝土封闭。

2）装配柱式墩台应注意以下几个问题：

①墩台柱构件与基础顶面预留环形基座应分别编号，并检查各个墩台高度是否符合设计要求；基环四周与柱边的空隙不得小于 2cm。

②墩台柱调入基环内就位时，应在纵横方向测量，使柱身垂直度或倾斜度以及平面位置均符合设计要求；对重大、细长的墩柱，需用风缆或撑木固定，方可摘除吊钩。

③在墩台柱顶安装盖梁前，应先检查盖梁预留槽眼位置是否符合设计要求，否则应先修凿。

④柱身与盖梁（顶帽）安装完毕并经检查符合要求后，可在基环空隙与盖梁槽眼处灌注稀砂浆，待其硬化后，拆除楔子、支撑或风缆，再在楔子中灌填砂浆。

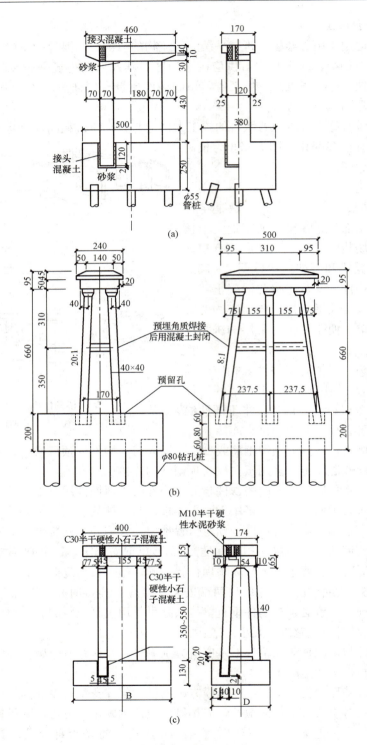

图 2-77　装配式墩示意图（单位：cm）

（a）双柱式拼装墩；（b）排架式拼装墩；（c）刚架式拼装墩

（3）后张法预应力混凝土装配墩施工。装配式预应力钢筋混凝土墩分为基础、实体墩身和装配墩身三大部分。装配墩身由基本构件、隔板、顶板和顶帽等组成，并用高强钢丝穿入预留的上下贯通的孔道内，张拉锚固而成，如图 2 - 78 所示。实体墩身是装配墩身和基础的连接段，其作用是锚固预应力筋、调节装配墩身的高度和抵御洪水时漂流物的冲击等。

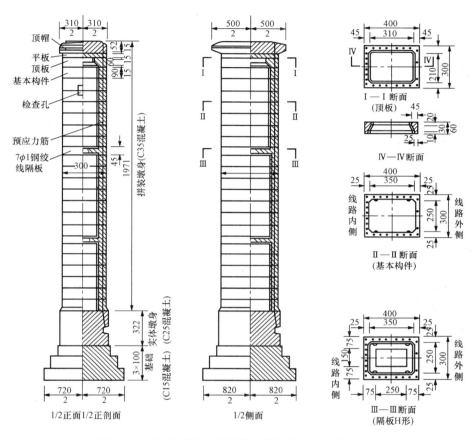

图 2 - 78　装配式预应力混凝土墩构造图（单位：cm）

施工工艺流程分为施工准备、构件预制和墩身装配三部分。全过程贯穿质量检查工作。实体墩身浇筑时预留张拉孔道及工作孔，如图 2 - 79 所示。构件装配的水平接缝采用 M5 水泥砂浆，砂浆厚 15mm。安装构件确保：吊起水平、构件顶面平、内外壁砂浆接缝抹平；起吊、降落、松勾平稳；构件尺寸准、孔道位置准、中线准及预埋配件位置准；接缝砂浆密实；构件孔道畅通。

张拉预应力钢丝束分两种：直径为 5mm 的高强度钢丝，用 18φ5 锥形锚；7φ4 钢绞线，用 JM12-6 型锚具，采用一次张拉工艺。张拉顺序如图 2 - 80 所示。张拉位置顶帽上或实体墩下均可，一般多在顶帽上张拉。

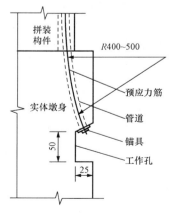

图 2 - 79　实体墩身张拉工作孔

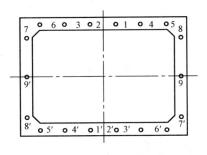

图 2-80 张拉顺序示意

孔道压浆前用高压水冲洗，压浆用纯水泥浆，由下而上压注。压浆分初压与复压，初压后停一小时，待压浆初凝后再复压。复压压力约 0.8～1.0Pa，初压压力可小一些。

实体墩封锚采用与墩身同等级的混凝土，同时采用放水措施。顶帽上封锚采用钢筋网罩焊在垫板上，单个或多个连在一起，然后用混凝土封锚。

（4）质量标准。JTJ 041—2000《公路桥涵施工技术规范》规定，构件安装前必须检查其外形和构件的预埋尺寸和位置，其允许偏差不得超过设计规定；构件安装就位完毕后，经过检查校正符合要求，才允许焊接或浇筑混凝土以固定构件；分段安装的构件继续安装时，必须在先安装的构件固定和受力较大的接头混凝土达到设计要求的强度后方可进行。装配式墩台完成时的允许偏差为：

1）墩台柱埋入基座内的深度和砌块墩台埋置深度，必须符合设计规定。

2）墩台倾斜为 0.3‰H（H 为墩高），最大不得超过 20mm。

3）墩台顶面高程±10mm；墩、台中线平面位置±10mm；相邻墩、台柱间距±15mm。

3. 现浇墩台施工

现浇的混凝土施工有两个主要工序：制作与安装墩台模板、混凝土浇筑。

（1）墩台模板。

1）模板的基本要求。模板是使钢筋混凝土墩台按设计所要求的尺寸成形的模型板，一般用木材或钢材制成。木模板质量轻，便于加工成墩台所需的尺寸和形状，但较易损坏，使用次数少。对于大量或定型的混凝土结构物多采用钢模板。钢模板造价较高，但装拆方便，且可重复使用多次。

模板的设计与施工应符合 JTJ 041—2000《公路桥涵施工技术规范》的规定。钢筋混凝土对模板的基本要求与预制混凝土受压构件相同，其轮廓尺寸的准确性由制模和立模来保证。墩台模板形式复杂、数量多、消耗大，对桥梁工程的质量、进度、经济技术的可靠性均有直接影响。因此模板应能保证墩台的设计尺寸，有足够的可靠度承受各种荷载并保证受力后不变形，结构应简单，制造方便，拆装容易。

2）常用模板类型。

①拼装式模板：各种尺寸的标准模板利用销钉连接，并与拉杆、加劲构件等组成墩台所需形状的模板，如图 2-81 所示。拼装式模板在厂内加工制造，其板面平整，尺寸准确，体

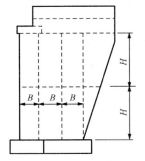
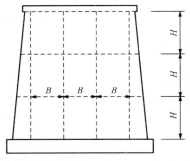

图 2-81 墩台模板划分示意

积小，质量轻，拆装快速，运输方便，应用广泛。

②整体式吊装模板：将墩台模板水平分成若干段，每段模板组成一个整体，在地面拼装后吊装就位，如图 2-82 所示，分段高度可视吊起能力而定。优点是：安装时间短，无需施工接缝，施工进度快、质量高，拆装方便，对建造较高的桥墩较为经济。

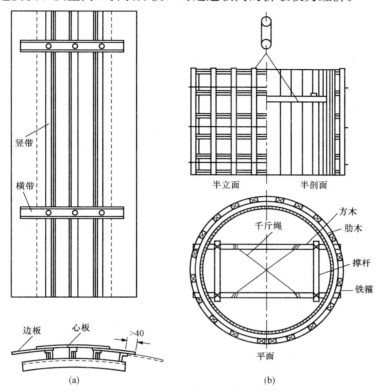

图 2-82　圆形桥墩整体模板

③组合型钢模板：以各种长度、宽度及转角标准构件，用定型的连接件将钢模拼成模板，有体积小、质量轻、拆装简单、运输方便、接缝紧密的优点，适用于地面拼装，整体吊装的结构上。

④滑动钢模板：适用于多种类型的桥墩。各种模板在工程上的应用，可根据墩高、墩台形式、设备、期限等条件合理选用。

3）模板制作、安装的技术标准。模板安装前应对模板尺寸进行检查；安装时要坚实牢固，以免振捣混凝土时引起跑模漏浆；安装位置要符合结构设计要求。有关模板制作与安装的允许偏差见表 2-6～表 2-8。

表 2-6　　　　　　　　　　　　　　　木模板制作的允许偏差

项　次	偏　差　名　称	容许偏差/mm
1	拼合板的长度和宽度与设计尺寸的偏差	5
2	不刨光模板的拼合板，相邻两板表面的高低差别	3
	刨光模板的拼合板，相邻两板表面的高低差别	1
3	拼合板中木板间的缝隙宽度	2

表 2 - 7 钢模板制作的允许偏差

项　次	偏　差　名　称	容许偏差/mm
1	外形尺寸长和宽	0, −1
2	外形尺寸肋高	5
3	面板端偏斜	0.5
4	连接配件的孔眼位置孔中心与板面间距	0.3
5	连接配件的孔眼位置板端孔中心与板端间距	0, −0.5
6	连接配件的孔眼位置沿板长宽方向的孔	0.6
7	板眼局部不平，板面和板侧挠度	1

表 2 - 8 模板构件安装允许偏差表

项　次	偏　差　名　称		容许偏差值/mm
1	模板的立柱及撑杆间距与设计规定的偏差		75
2	模板竖向偏差	每 1m 高度	3
		在结构全高度内	30
3	模板轴线与设计位置的偏差		20
4	模板横截面内部尺寸与设计尺寸的偏差		20
5	平板表面的最大局部不平	刨光模板	5
		不刨光模板	8

（2）墩、台混凝土浇筑。

1）质量控制要点。墩台身混凝土施工前应将基础顶面冲洗干净，凿除表面浮浆，整修连接钢筋。浇筑混凝土过程中，应经常检查模板、钢筋、预埋件的位置和保护层的尺寸以确保不发生变形。施工过程中应确保混凝土的各项技术性能指标满足规范要求，材料选用低流动度的或半硬性的混凝土拌和料，分层分段对称浇筑，并应同时浇完一层。浇筑过程要连续，以保证施工质量。

2）施工注意事项。

①在混凝土运送过程中，如混凝土数量大、浇筑振捣速度快时，可采用混凝土皮带运输机或混凝土运送泵，运输带速度不应大于 1.2m/s。最大倾斜角：当混凝土坍落度小于 40mm 时，向上传送为 18°，向下传送为 12°；当坍落度为 40～80mm 时，则分别为 15°与 10°。

②墩台是大体积圬工，大体积混凝土浇筑中为避免水化热过高引起裂缝，可采取如下措施：

a. 用改善骨料级配、降低水灰比、掺加混合材料与外加剂、掺入片石等方法减少水泥用量。

b. 采用 C_3A、C_3S 含量小、水化热低的水泥，如大坝水泥、矿渣水泥、粉煤灰水泥、低强度等级水泥等。

c. 减小浇筑层厚度，加快混凝土散热速度。

d. 在混凝土内埋设冷却管通水冷却。

③在混凝土浇筑过程中为防止墩台基础第一层混凝土中的水分被基底吸收或基底水分渗入混凝土，对墩台基底处理除应符合天然地基的有关规定外，尚应满足以下要求：基底为非黏性土或干土时应将其湿润；如为过湿土时，应在基底设计标高下夯填一层 10～15cm 厚片石或碎（卵）石层；基底地面为岩石时，应加以湿润，铺一层厚 2～3cm 水泥砂浆，然后在水泥砂浆凝结前浇筑一层混凝土。

墩台身中钢筋的绑扎应和混凝土的浇筑配合进行。在配置第一层垂直钢筋时应有不同的长度，同一断面的钢筋接头应符合规范的规定，水平钢筋的接头也应内外、上下互相错开。

4. 墩台顶帽施工

墩台顶帽是用来支撑桥跨结构的，其位置、高程及垫石表面平整度等均应符合设计要求，以免桥跨结构安装困难，或使顶帽、垫石等出现破裂或裂缝，影响墩台的正常使用功能和耐久性。墩台顶帽的主要施工顺序为：

（1）墩、台帽放样。墩台混凝土（或砌石）灌注至墩、台帽底下约 30～50cm 高度时，即需测出墩台纵横中心线，并开始竖立墩、台帽模板，安装锚栓孔或安装预埋支座垫板、绑扎钢筋等。台帽放样时，应注意不要以基础中心线作为台帽背墙线，浇筑前应反复核实，以确保墩、台帽中心、支座垫石等位置方向与水平标高等不出差错。

（2）墩、台帽模板安装。墩台帽系支撑上部结构的重要部分，其尺寸位置和水平标高的准确度要求较严，浇筑混凝土应从墩、台帽下约 30～50cm 处至墩、台帽顶面一次浇筑，以保证墩、台帽底有足够厚度的紧密混凝土。图 2-83 为混凝土桥墩墩帽模板图，墩帽模板下面的一根拉杆可以利用墩帽下层的分布钢筋，以节省铁件。台帽背墙模板应特别注意纵向支撑或拉条的刚度，防止浇筑混凝土时发生鼓肚，侵占梁端空隙。

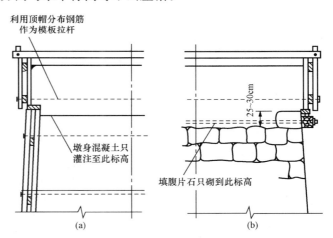

图 2-83　混凝土桥墩墩帽模板

（3）钢筋和支座垫板的安设。墩、台帽钢筋绑扎应遵照 JTJ 041—2000《公路桥涵施工技术规范》有关钢筋工程的规定。墩、台帽上的支座垫板的安设一般采用预埋支座垫板和预留锚栓孔的方法。前者需在绑扎墩台帽和支座垫石钢筋时将焊有锚固钢筋的钢垫板安设在支座的准确位置上，即将锚固钢筋和墩、台帽骨架钢筋焊接固定，同时用木架将钢垫板固定在墩、台帽模板上。此法在施工时垫板位置不易准确，应经常校正。后者需在安装墩、台帽模板时，安装好预留孔模板，在绑扎钢筋时注意将锚栓孔位置留出。此法安装支座施工方便，支座垫板位置准确。

5. 滑动模板施工

（1）滑动模板构造。滑动模板是将模板悬挂在工作平台的围圈上，沿着所施工的混凝土结构的截面的周界组拼装配，并随着混凝土的灌注由千斤顶带动向上滑升。由于桥墩类型、提升工具的类型不同，模板构造也稍有差异，但其主要部件与功能大致相同，一般主要由工作平台、内外模板、混凝土平台、工作吊篮和提升设备等组成，具体组成如图 2-84 所示。

1）工作平台①由外钢环⑤、辐射梁③、内钢环⑥、栏杆④、步板⑱组成，除提供施工操作的场地外，还用它把模板的其他部分与顶杆⑭相互连接起来，使整个滑模结构支承在顶杆上。可以说，工作平台是整个滑模结构的骨架，因此，应具有足够的强度和刚度。

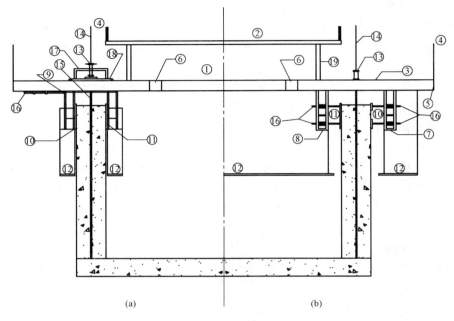

图 2-84　滑动模板构造

(a) 等壁厚收坡滑模半剖面（螺杆千斤顶）；(b) 不等壁厚收坡滑模半剖面（液压千斤顶）

①—工作平台；②—混凝土平台；③—辐射梁；④—栏杆；⑤—外钢环；⑥—内钢环；
⑦—外立柱；⑧—内立柱；⑨—滚轴；⑩—外模板；⑪—内模板；⑫—吊篮；
⑬—千斤顶；⑭—顶杆；⑮—导管；⑯—收坡丝杆；⑰—顶架横梁；
⑱—步板；⑲—混凝土平台立柱

2）内外模板⑩、⑪采用薄钢板制作，用于上下壁厚相同的直坡空心桥墩滑模。内外模板均通过立柱⑦、⑧固定在工作平台的辐射梁上。用于上下壁厚相同的斜坡空心墩的收坡滑模，内外模板仍固定在立柱上，但立柱架（或顶梁⑰）不是固定在辐射梁上，而是通过滚轴⑨悬挂在辐射梁上，并可利用收坡丝杆⑯沿辐射方向移动立柱架及内外模板位置。用于斜坡式不等壁厚空心墩的收坡滑模，则内外立柱固定于辐射梁上，而在立柱与模板间安装收坡丝杆，以便分别移动内外模板的位置。

3）混凝土平台②由辐射梁、步板、栏杆等组成，利用立柱⑲支承在工作平台的辐射梁上，供堆放及灌注混凝土的施工操作用。

4）工作吊篮悬挂在工作平台的辐射梁和内外模板的立柱上，它随着模板的提升向上移动，供施工人员对刚脱模的混凝土进行表面修整和养护等施工操作之用。

5）提升设备由千斤顶⑬、顶杆⑭、顶杆导管⑮等组成，通过顶升工作平台的辐射梁使整个模板提升。

（2）滑动模板提升工艺。滑动模板提升设备主要有提升千斤顶、支承顶杆及液压控制装置等几部分。其提升过程为：

1）螺旋千斤顶（图 2-85）提升步骤：

a. 转动手轮②使螺杆③旋转，使千斤顶顶座④及顶架上横梁⑤带动整个模板徐徐上升。此时，上卡头⑥、卡瓦⑦、卡板⑧卡住顶杆，而下卡头⑨、卡瓦⑦、卡板⑧则沿顶杆向上滑行，当滑至与上下卡瓦接触或螺杆不能再旋转时，即完成一个行程的提升。

b. 向相反方向转动手轮，此时，下卡头、卡瓦、卡板卡住顶杆①，整个模板处于静止状态。仅上卡头、卡瓦、卡板连同螺杆、手轮沿顶杆向上滑行，直至上卡头与顶架上横梁接触或螺杆不能再旋转时为止，即完成一个完整的循环。

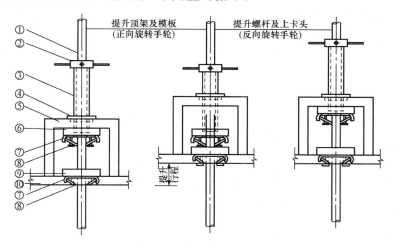

图 2-85　螺旋千斤顶提升示意图
①—顶杆；②—手轮；③—螺杆；④—顶座；⑤—顶架上横梁；⑥—上卡头；
⑦—卡瓦；⑧—卡板；⑨—下卡头；⑩—顶架下横梁

2）液压千斤顶提升步骤（图 2-86）。

a. 进油提升：利用油泵将油压入缸盖③与活塞⑤间，油压作用时，上卡头⑥立即卡紧顶杆①，使活塞固定于顶杆上。随着缸盖与活塞间进油量的增加，使缸盖连同缸筒④、底座⑨及整个滑模结构一起上升，直至上卡头⑥、下卡头⑧顶紧时，提升暂停。此时，缸筒内排油弹簧完全处于压缩状态。

b. 排油归位：开通回油管路，解除油压，利用排油弹簧⑦推动上下卡头使其与顶杆卡紧，同时推动上卡头将油排出缸筒，在千斤顶及整个滑模位置不变的情况下，使活塞回到进油前位置。至此，完成一个提升循环。为了使各液压千斤顶能协同一致地工作，应将油泵与各千斤顶用高压油管连通，由操纵台统一集中控制。

提升时，滑模与平台上临时荷载完全由顶杆承受。顶杆多用 A3 与 A5 圆钢制作，直径 25mm，A5 圆钢的承载能力约为 12.5kN（A3 则为 10kN）。顶杆一端埋置于墩、台结构的混凝土中，一端穿过千斤顶芯孔，每节长 2.0～4.0m，用工具或焊接连接。为了节省钢材，使支承顶杆能重复使用，可在顶杆外安装上套管，套管随同滑模整个结构一起上升，待施工完毕后可拔出支承顶杆。

（3）滑动模板的设计要点。滑动模板整体结构是混凝土成形的装置，也是施工操作的主

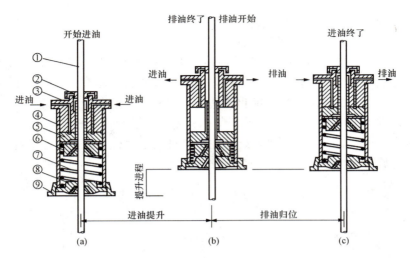

图 2-86　液压千斤顶提升示意图

①—顶杆；②—行程调整帽；③—缸盖；④—缸筒；⑤—活塞；

⑥—上卡头；⑦—排油弹簧；⑧—下卡头；⑨—底座

要场地，必须具有足够的整体刚度、稳定性和合理的安全度。为了保证施工质量与安全，滑动模板各组成部件必须按强度和刚度要求进行设计和验算。

1）荷载取值。作用在滑动模板整个结构上的荷载有静荷载与活荷载。工作平台、内外模板、混凝土平台、工作吊篮、提升设备、液压管线等自重都属于静荷载，操作人员、施工机具、平台上堆放的材料及半成品的重力以及滑升时混凝土与模板间的摩阻力等属于垂直活荷载；向模板内倾倒混凝土时所产生的冲击力，新浇筑混凝土对模板的侧压力，以及风荷载等属于水平活荷载。具体可按有关规范与设计要求分别取值。

2）确定支承顶杆和千斤顶的数量

①支承顶杆的数量：其最小值 n 按下式计算：

$$n = KP/N$$

式中　P——滑动模板提升时全部静荷载和垂直活荷载；

N——单根支承顶杆的容许承载能力，按下式取值：

$$N = \phi A[\sigma]$$

ϕ——纵向弯曲系数，可根据长细比大小查表确定；支承顶杆的计算长度 L_0 应根据不同的施工情况予以否决，如正常提升时，其自由长度 L 取千斤顶上卡头至新浇筑层混凝土低部的距离，并示上卡头处为固结、下端为铰接，所以 $L_0 = 0.7L$；

A——支承顶杆的截面面积；

$[\sigma]$——支承顶杆的抗压容许应力；

K——工作条件系数，液压千斤顶取值为 0.8。

提升过程中支承顶杆实际受力情况比较复杂，其容许承载能力应根据工程实践的经验选用。上述计算确定的支承杆数量，还应根据结构物的平面和局部构造加以适当的调整。

②千斤顶的数量：液压千斤顶的起重能力约为 30kN，施工时考虑其他因素后，按 15kN取值。大体上与支承顶杆的承载能力相同，即一根支承顶杆上安装一台千斤顶，所需千斤顶

数量与支承杆数量相同。

3）确定支承顶杆、千斤顶、顶升架和工作平台的布置方案。

①支承顶杆和千斤顶的布置方案：一般有均匀布置、分组集中布置及分组集中与均匀布置相结合等。在筒壁结构中多采用均匀布置方案，在平面较为复杂的结构中则宜采用分组集中与均匀相结合的布置方案。

千斤顶在布置时应使各千斤顶所承受的荷载大致相同，以利用同步提升。当平台上荷载分布不均时，荷载较大的区域和摩阻力较大的区段千斤顶布置的数量要多些。考虑到平台荷载内重外轻，在数量上内侧应较外侧布置多些，以避免顶升架提升时向内倾斜。

②顶升架的布置方案：应根据结构形式、建筑平面、平台荷载与刚度进行布置。筒壁结构顶升架可采用均匀布置方案，间距控制在 $1.2\sim2.5m$。

③工作平台的布置方案：必须保证结构的整体性与足够的刚度，应根据施工对象的结构特点、荷载大小和分布情况，顶升架和千斤顶的布置要求以及垂直运输方式等来确定工作台的布置方案。圆形结构中，工作平台的承重结构、承重桁架或梁宜采用辐射形式布置使平台的刚度好，作用在各顶升架上的荷载比较均匀。方形结构中，工作平台的承重结构可单向或双向布置。单向布置时，承重梁间应设置水平支撑，两端的承重梁应设置垂直支撑，以加强平台结构的整体性和稳定性。

4）模板的设计，包括模板尺寸的确定和模板的刚度。模板必须具有足够的刚度，才能保证浇筑混凝土和提升过程中在混凝土侧压力作用下不发生超过允许的变形值。一般条件下，模板在水平荷载作用下，其支点间在力作用方向的变形不超过 $1/1000$。作用在模板上的水平荷载主要是新浇筑混凝土的侧压力，此时，模板按简支板计算。因为滑模施工中，模板有一定倾斜度，出模混凝土具有 $0.05\sim0.25MPa$ 的强度，所以模板底部的混凝土对模板已不存在侧压力。在侧压力作用的高度范围内，模板承受的新浇混凝土的侧压力计算式为

$$P = \gamma h/2$$

式中　P——新浇混凝土侧压力的计算最大值（kPa）；

　　　γ——混凝土的容重（kN/m^2）；

　　　h——侧压力的计算作用高度，$h=0.65H\sim0.70H$，H 为模板高度。

侧压力的合力为 $0.75Ph$，合力作用点距模板上口的距离在 $3h/5$ 处。

5）顶升架与工作平台的设计。顶升架的构造型式，主要是根据结构水平截面形状、部位和千斤顶的类型决定的，一般常采用一字形的单横梁或双横梁。顶升架承受提升时的全部垂直荷载，以及混凝土与模板的侧压力等水平荷载，其计算内容包括顶升架立柱间的净宽 W 和立柱设计。对于等截面结构的滑模工程，净宽 W 为

$$W = A + 2(B + C + D) + E$$

式中　A——结构的截面宽度（m）；

　　　B——模板的厚度（m）；

　　　C——围圈的宽度（m）；

　　　D——支承围圈的支托宽度（m）；

　　　E——由于模板的倾斜度要求两侧放宽尺寸（m）。

顶升架的横梁底面与模板顶板顶面间的距离，对于钢筋混凝土的结构取值为 $0.45\sim$

0.50m，主要是为了满足绑扎水平钢筋和预埋件的要求。顶升架的立柱按拉弯构件计算。

工作平台的计算可视其具体受力情况，按常用的结构计算方法检验其强度。

(4) 滑模浇筑混凝土施工要点。

1) 滑模组装。在墩位上就地进行组装时，安装步骤为：

①在基础顶面搭枕木垛，定出桥墩中心线。

②在枕木垛上先安装内钢环，并准确定位，再依次安装辐射梁、外钢环、立柱、顶杆、千斤顶、模板等。

③提升整个装置，撤去枕木垛，再将模板落下就位，随后安装余下的设施；内外吊架待模板滑升至一定高度，及时安装；模板安装前，表面需涂润滑剂，以减少滑升时摩阻力；组装完毕后，必须按设计要求及组装质量标准进行全面检查，并及时纠正偏差。

2) 灌注混凝土。滑模宜灌注低流动度或半干硬性混凝土，灌注时应分层、分段对称地进行，分层厚度以 20～30cm 为宜，灌注后混凝土表面距模板上缘有不小于 10～15cm 的距离。混凝土入模时，要均匀分布，应采用插入式振动器捣固，振捣时应避免触及钢筋及模板，振动器插入下一层混凝土的深度不得超过 5cm。脱模时混凝土的强度应为 0.2～0.5MPa，以防在其自重压力下坍塌变形。为此，可根据气温、水泥强度等级经试验后掺入一定量的早强剂，以加速提升。脱模后 8h 左右开始养护，用吊在下吊架上的环绕墩身的带小孔的水管来进行。养护水管一般设在距模板下缘 1.8～2.0m 处效果较好。

3) 提升与收坡。整个桥墩灌注过程可分为初次滑升、正常滑升和最后滑升三个阶段。从开始灌注混凝土到模板首次试升为初次滑升阶段；初灌混凝土的高度一般为 60～70cm，分三次灌注，在底层混凝土强度达到 0.2～0.4MPa 时即可试升。将所有千斤顶同时缓缓起升 5cm 以观察底层混凝土的凝固情况。现场鉴定可用手指按刚脱模的混凝土表面，基本按不动，但留有指痕，砂浆不沾手，用指甲划过能留下痕迹，滑升时能耳闻"沙沙"的摩擦声，这些表明混凝土已具有 0.2～0.4MPa 的脱模强度，可以再缓慢提升 20cm 左右。初升后，经全面检查设备，即可进入正常滑升阶段。即每灌注一层混凝土，滑模提升一次，使每次灌注的厚度与每次提升的高度基本一致。在正常气温条件下，提升时间不宜超过 1h。最后滑升阶段是混凝土已经灌注到需要的高度，不再继续灌注，但滑模尚需继续滑升阶段。灌注完最后一层混凝土后，每隔 1～2h 提升模板 5～10cm，滑动 2～3 次后即可避免混凝土与模板粘结。滑升模板时应做到垂直、均衡一致，顶架间的高差不大于 20mm。顶架横梁水平高差不大于 15cm，并要求三班连续作业，不得随意停工。

随着模板的提升，应转动收坡丝杆，调整墩壁曲面的半径，使之符合设计要求的收坡坡度。

4) 接长顶杆、绑扎钢筋。模板每提升到一定高度时，就需要穿插进行接长顶杆、绑扎钢筋等工作。为不影响提升的时间，钢筋的接头均应事先配好，并注意将接头错开。对预埋件及预埋的钢筋接头，滑模抽离后，要及时清理，使之外露。

5) 混凝土停工后的处理。在整个施工过程中，由于工序的改变或发生意外事故，使混凝土的灌注工作停止较长时间，即需要进行停工处理。例如，每隔半小时左右稍微提升模板一次，以免粘结；停工时在混凝土表面要插入短钢筋等，以增强新老混凝土的结合；复工时还需将混凝土的表面凿毛，并用水冲走残渣，湿润混凝土的表面，灌注一层厚度为 2～3cm 的 1∶1 水泥砂浆，然后再灌注原配合比的混凝土，继续滑模施工。

　　爬升模板施工与滑动模板施工相似，不同的是支架通过千斤顶支承在预埋墩壁中的预埋件上。待浇筑好的墩身混凝土达到一定强度后，将模板松开，千斤顶上顶，把支架连同模板升到新的位置，模板就位后，再继续浇筑墩身混凝土。如此反复循环，逐节爬升。每次升高约 2m。

　　翻升模板施工是采用一种特殊钢模板，一般由三层模板组成一个基本单元，并配置有随模板升高的混凝土接料工作平台。当浇筑完上层模板的混凝土后，将最下层模板拆除翻上来拼装成第四层模板，以此类推，循环施工。翻升模板也能够用于有坡度的桥墩施工。

2.2.3　支座的安装

1. 油毛毡或平板支座（石棉板或铅板支座）的安设

　　安设这类支座时，应先检查墩台支承面的平整度和横向坡度是否符合设计要求，否则应修凿平整并以水泥砂浆抹平，再铺垫油毛毡、石棉垫板或铅板支座。梁（板）就位后与支承面间不得有空隙和翘动现象，否则易发生局部应力集中，使梁（板）受损，也不利于梁（板）的伸缩与滑动。

2. 橡胶支座的安设

　　（1）板式橡胶支座的安设。板式橡胶支座在安装前应进行全面的检查和力学性能检验，包括支座长、宽、厚、硬度、容许荷载、容许最大温差以及外观检查等，如果不符合设计要求则不得使用。如设计未规定，其力学性能可参考下列数值：硬度 HRC＝55～60HRC；压缩弹性模量 $E＝6×10^2$ MPa；允许压应力 $[\sigma]＝10$ MPa；剪切弹性模量 $G＝1.52$ MPa；允许剪切角 $\tan\gamma＝0.2～0.3$。

　　支座安装时，支座中心尽可能对准梁的计算支点，必须使整个橡胶支座的承压面上受力均匀，为此应注意以下几点：安装前应将墩台支座支垫处和梁底面清洗干净，除去油垢，用水灰比不大于 0.5 的 1∶3 水泥砂浆仔细抹平，使其顶面标高符合设计要求；支座安装尽可能安排在接近年平均气温的季节里进行，以减小由于温度变化过大而引起的剪切变形；梁（板）安放时必须细致稳妥，使梁（板）就位准确且与支座密贴，勿使支座产生剪切变形，就位不准时必须吊起重新安放，不得用撬杠移动梁（板）；当墩台两端标高不同，顺桥向或横桥向有坡度时，支座安装必须严格按设计规定办理；支座周围应设排水坡，防止积水，并注意及时清除支座附近的尘土、油脂和污垢等。

　　（2）盆式橡胶支座的安设。盆式橡胶支座的顶面、底面面积大，支座下埋设在桥墩顶的钢垫板面积也很大，浇筑墩顶混凝土时必须有特殊设施，使垫板下混凝土能浇筑密实。盆式橡胶支座主要部分是聚四氟乙烯滑板与不锈钢板的滑动面和密封在钢盆内的橡胶垫块，两者都不能有污物和损伤，否则易增大摩擦系数，降低使用寿命。

　　盆式橡胶支座各部件的组装应满足的要求是：支座底面和顶面的钢垫板必须埋置牢固，垫板与支座间必须平整密贴，支座四周探测不得有 0.3mm 以上的缝隙；支座中线水平位置偏差不得大于 2mm；活动支座的聚四氟乙烯板不得有撞伤、刮伤；橡胶板块密封在钢盆内，安装时应排除空气，保持密封；支座组拼要保持清洁。

　　安装施工时应注意下列事项：安装前应将支座的各相对滑移面和其他部分用丙酮或酒精擦拭干净；支座的顶板和底板可用焊接或锚固螺栓栓接在梁体底面和墩台顶面的预埋钢板

上；采用焊接时，应防止烧坏混凝土；安装锚固螺栓时，其外露螺杆不得大于螺母的厚度；上下支座安装顺序宜先将上座板固定在大梁上，然后根据其位置确定底盆在墩台的位置，最后进行固定；安装支座的标高应符合设计要求，平面纵横两个方向水平；支座承压不超过5000kN时，其四角高差不得大于1mm，支座承压超过5000kN时，高差不得大于2mm；安装固定支座时，其上下各个部件纵轴线必须对正；安装纵向活动支座时，上下各部件纵轴线必须对正，横轴线应根据安装时的温度与年平均的最高、最低温差由计算确定其错位的距离，支座上下导向挡块必须平行。另外，桥梁施工期间，混凝土将由于预应力和温差引起弹性压缩、徐变和伸缩而产生位移量，因此要在安装活动支座时对上下板预留偏移量，以使桥梁建成后的支座位置能符合设计要求。

2.2.4　案例

现以某大桥主墩墩身施工为例，介绍墩身施工的组织。

1. 墩身施工工艺流程

施工工艺流程如图2-87所示。

2. 各环节施工组织

（1）墩身施工测量。

1）墩身施工测量的控制要素。施工测量重点是保证墩身各部分结构的倾斜度、外形几何尺寸、平面位置、高程满足规范及设计要求。墩身施工测量难点是在有风振、温差、日照等情况下，确保墩身测量控制的精度。其主要控制定位有：劲性骨架定位、钢筋定位、墩身模板定位、预埋件安装定位等。

2）高程基准传递控制。由承台顶上的高程基准向上传递至墩身，其传递方法以全站仪悬高测量为主，以水准仪钢尺量距法作为校核。

①全站仪悬高测量。该法原理是采用全站仪三角高程测量已知高程水准点至待定高程水准点之高差。悬高测量要求在较短的时间内完成，标高精确量至毫米，正倒镜观测，使目标影像处于竖丝附近，且位于竖丝两侧对称的位置上，以减弱横线不水平引起的误差影响，六测回测定高差，再取中数确定待定高程水准点与已知高程水准点高差，从而得出待定高程水准点高程。

②水准仪钢尺量距法。该法首先将检定钢尺悬挂在固定架上，测量检定钢尺边温度，下挂一与检定钢尺检定时拉力相等的重锤，然后由上、下水准仪的水准尺读数及钢尺读数，通过检定钢尺检定求得的尺长方程式求出检定钢尺丈量时的实际长度（检定钢尺长度应进行倾斜改正），最后通过已知高程水准点与待定高程水准点的高差计算待定水准点高程。为检测高程基准传递成果，至少变换三次检定钢尺高度，取平均值作为最后成果。

3）超高墩墩身施工测量放样。墩身施工首先进行劲性骨架定位，然后进行墩身钢筋主筋边框架线放样，最后进行墩身截面轴线点、角点放样及墩身模板检查定位与预埋件安装定位。各种定位及放样以全站仪三维坐标法为主。

①墩身截面轴线点、角点以及特征点坐标计算。根据施工设计图纸和主墩施工节段划分，建立数学模型，编制数据处理程序，计算墩身截面轴线点、角点以及特征点三维坐标。

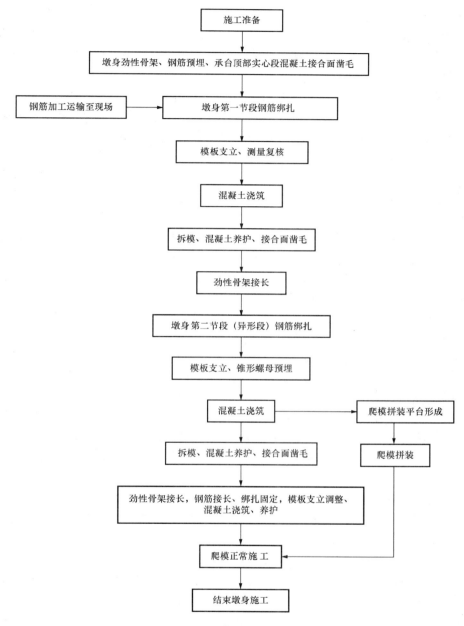

图 2-87　墩身施工工艺流程图

②劲性骨架定位。墩身劲性骨架是由角钢加工制作，用于钢筋定位。墩身劲性骨架定位精度要求不高，要求其平面位置不影响墩身混凝土保护层厚度即可。墩身劲性骨架分节段加工制作，分段长度与主筋长度基本一致。在无较大风力影响情况下，采用重锤球法定位劲性骨架，定位高度大于该节段劲性骨架长度的 2/3，以靠尺法定位劲性骨架作校核。如果受风力影响，锤球摆动幅度较大，则采用全站仪三维坐标法定位劲性骨架。除首节劲性骨架控制底面与顶面角点外，其余节段劲性骨架均控制其顶面四角点的三维坐标，从而控制劲性骨架横、纵向倾斜及扭转。

③墩身主筋框架线放样。即放样竖向钢筋内边框线，确保混凝土保护层厚度，其放样精度要求较高。采用全站仪三维坐标法放样墩身同高程截面竖向主筋内边框架线及墩身截面轴线，测量标志尽可能标示于劲性骨架，或间接地标示在劲性骨架支撑的构件上，以便于墩身竖向主筋分中支立。

④墩身截面轴线及角点放样。首先采用全站仪三角高程测量劲性骨架外缘临时焊的水平角钢高程，然后采用 FX－4500P 编程计算器，按墩身倾斜率等要素计算相应高程处墩身设计截面轴线点、角点三维坐标，最后于劲性骨架外缘临时焊的水平角钢上放样墩身截面轴线点及角点，从而控制墩身外形，以便于墩身模板定位。

⑤墩身模板检查定位。因墩身模板为定型模板，故只需定位模板就能实现墩身精确定位。根据实测墩身模板角点及轴线点高程，计算相应高程处墩身角点及轴线点设计三维坐标，若实测墩身角点及轴线点三维坐标与设计三维坐标不符，重新就位模板，调整至设计位置。对于不能直接测定的墩身模板角点及轴线点，可根据已测定的点与不能直接测定点的相对几何关系，用边长交会法检查定位。墩身壁厚检查采用检定钢尺直接丈量。

⑥墩身预埋件安装定位。根据墩身预埋件安装定位的精度要求，分别采用全站仪三维坐标法与轴线法放样、定位。全站仪三维坐标法定位精度要求较高的预埋件，轴线法定位精度要求不高的预埋件。

（2）墩身钢筋施工。

1）主筋定位设置。主筋采用劲性骨架定位，根据测量放出的墩身位置线用吊垂球的方法调整定位框架位置，使定位框架外边线与钢筋主筋内边线重合。

2）主筋连接。塔吊将主筋吊入定位框架内，与已浇混凝土的预留主筋用镦粗直螺纹套筒连接，镦粗直螺纹连接必须满足施工技术规范要求，按设计要求在定位框架上临时固定。

钢筋主筋接长施工应满足同一断面接头的截面面积不超过总截面面积的 50%。严格控制钢筋的规格、型号、数量、间距满足设计及规范要求，同时严把原材料进场质量关和取样试验。

（3）墩身模板设计施工。

1）薄壁墩身四面收坡外模施工工艺设计。墩身施工外模设计为夹模方式，采用横桥向模板包夹纵桥向模板的支立方式，如图 2-88 所示。

按这种夹模设计墩身外模，可以保持墩身横桥向模板整体拼装，在施工到一定高度后，拆除模板两侧各一拼装单元，减轻模板系统部分自重，继续墩身向上施工，如此循环。纵桥向模板两侧采用预加工成 4.5cm 模数的收分模板，具体为在纵桥向模板加工时，在需要变截面的范围处，利用 6mm 钢板作为面板的肋板，每 4.5cm 一道，按 100：1 的坡度设置背带，每施工完成一节段，沿着 6mm 钢肋板将纵桥向模板两端分别割除 4.5cm 模板，以满足墩身下一节段断面尺寸要求。

2）薄壁墩身四面收坡内模施工。利用塔吊吊入内模板到墩身空心位置，内模板放置在内模施工平台上。

经测量校核，模板微调准确就位后，将模板上口用对拉螺杆与内模板对拉加固。安装内模板时调整好内模板高度，保证与外模板一致。内模板与外模板上口设置对拉螺杆。为了保证墩身壁厚度，按照 2m×2m 布置在墩身壁内设置型钢内撑杆，内撑杆长度等于墩身壁厚。内模如图 2-89 所示。

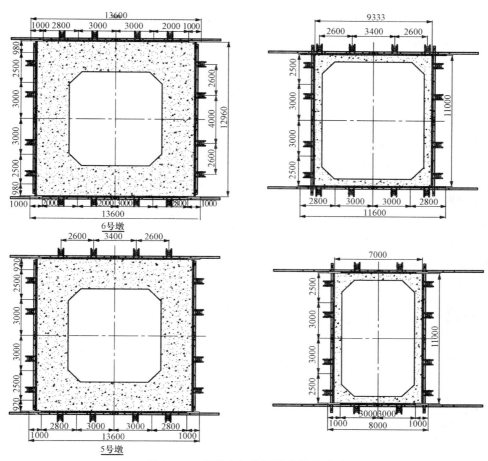

图 2-88　爬模支架布置及外模体系图

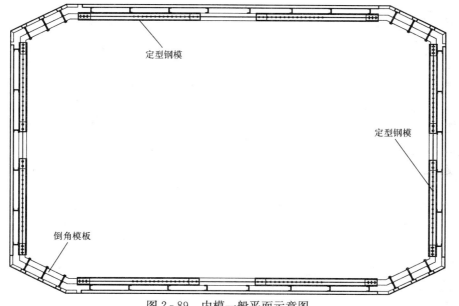

图 2-89　内模一般平面示意图

内模的收坡处理与外模采用同样的施工工艺，同时在施工墩身隔板段时，由于内模定型模板的底口与外模不一致，故加工的内模主背带沿竖向设置，保证内模的对拉螺杆可以调整至与外模一致。

（4）墩身混凝土施工。

1）配合比设计。墩身混凝土为 C50（掺高强聚丙烯单丝纤维）混凝土，采用泵送入仓，混凝土满足设计强度、施工和易性及泵送等要求，其混凝土配合比要求如下：

混凝土强度 50MPa；

混凝土外加剂要具有缓凝、早强、减水作用；

坍落度要求：16～20cm；

初凝时间：8～10h。

2）浇筑前准备。墩身混凝土浇筑前，检查施工缝凿毛、清理情况以及墩身模板加固情况、墩身预埋件位置等，还应落实混凝土浇筑材料、机械设备准备情况。已浇混凝土结合面凿毛时，钢筋内侧用风镐凿毛，外侧保护层用人工凿毛，确保新老混凝土结合面质量及结合断面外观质量。

3）混凝土输送工艺。根据现场各墩位位置与右岸主拌和站（75m³/h）的布设，对 5 号主墩和 6 号主墩的墩身混凝土按如下浇筑方案进行。

5 号主墩：由于该墩距拌和站距离较近（约 100m），对墩身下部 40m 的浇筑采用从拌和站直接用 8018 柴油拖泵泵送入仓；墩身 40m 以上采用罐车送至承台附近，再利用 8018 柴油拖泵泵送入仓。

6 号主墩：由于该墩距拌和站距离较远，对墩身下部 40m 的浇筑采用拌和站 8018 柴油拖泵泵送至栈桥处，再用栈桥处 8018 柴油拖泵二次泵送入仓；墩身 40m 以上采用罐车从拌和站运送至栈桥处，用栈桥处 6016 柴油拖泵泵送到 6 号墩承台处，再采用 8018 柴油拖泵二级泵送入仓。

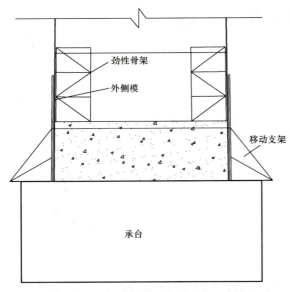

图 2-90 墩身起始段施工工艺示意图

（5）墩身异形段施工。

1）墩身首节施工。两主墩墩身起始段施工高度分别为 3.75m（5 号墩）和 5.25m（6 号墩），采用在承台顶埋设预埋件，运用爬模结构的移动支架对起始段模板进行支撑加固。移动支架通过预埋件来固定，同时对模板顶口用对拉螺杆进行加固处理。该对拉螺杆采用 $\phi25mm$ 圆钢制作。墩身起始段施工工艺示意图如图 2-90 所示。

2）墩身第二节段施工。第 2 节段墩身施工高度均为 4.5m。在施工第 2 节段埋设锚锥，埋设位置从标准段模板底口向上 3.8m 处进行预埋（以后每节段照此尺寸进行埋设），作为 3 号节段施工操作平台的预埋用。锚锥主要由锥形螺帽、锚筋、螺帽（含锚板）及高强螺栓等组成，是第三段模板及操作人员的承力结构。锚锥通过堵头螺栓固定在外模板上，在墩身钢筋绑扎完成后按设计要求将其固定在设计位置。脱模时拆下对拉螺杆及堵头螺栓，外拉模板脱离混凝土面，再安装连接螺栓。锚锥埋设连接示意图如图 2 - 91 所示。

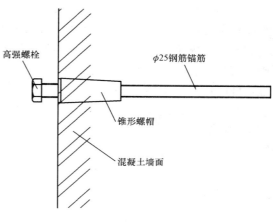

图 2 - 91　锚锥埋设示意图

（6）墩身标准节段施工。墩身标准节段为 3 号～35 号（36 号）节段，采用液压爬模施工。

（7）墩身横隔板施工。

1）横隔板支架。主墩墩内竖向每隔 13.5m 设一道 0.5m 厚的横隔板，拟采用内箱埋设预埋件、焊接三角托架施工，同时在三角托架上设置卸荷块，卸荷块上设置分配梁。三角托架、分配梁均采用 [16 型钢，分配梁下设置 [16 型钢卸荷块，分配梁上铺设底模（底模采用定型钢模），底模铺设完毕后，再进行横隔板钢筋的绑扎。具体布置如图 2 - 92 所示。

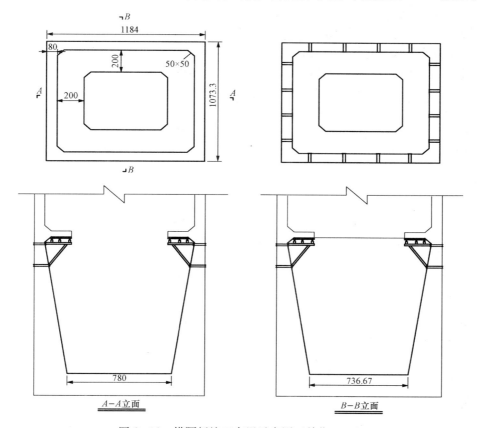

图 2 - 92　横隔板施工布置示意图（单位：cm）

2）模板设计。根据爬架外模及墩身分节段综合考虑，墩身混凝土均按每次浇筑至横隔板下倒角下缘控制，下、上倒角模板及隔板底模设计为定型钢模。

（8）墩身纵桥向墩身下部变坡段与上部 70m 无变坡段施工工艺转换。在浇筑完成墩身变截面的最后一次混凝土后（高度到墩身上部纵向变坡点位置），液压爬模上升，爬架上部通过连杆的伸长使爬架上部和模板外倾角与墩身的倾角一致，调整安装模板，浇筑无收坡段首节 4.5m 混凝土，然后移开模板，上升爬轨和爬架并通过连杆的缩短使爬架垂直，最后安装模板和浇筑无收坡段墩身的第二节段的混凝土。主墩变坡点为墩顶向下 70m 位置，5 号墩为第 20 节段，6 号墩为第 21 节段。

复 习 思 考 题

1. 桥梁常用的基础形式有哪些？
2. 简述选择桩基础类型的要点。
3. 水中基础的基坑开挖时，对围堰的基本要求有哪些？
4. 简述水中钢板桩围堰的施工过程。
5. 简述各种钻孔方法的原理、适用范围及优缺点。
6. 钻孔灌注桩施工中，护筒的作用是什么？护筒埋设的要求有哪些？
7. 钻孔灌注桩施工中，泥浆的作用是什么？
8. 钻孔灌注桩施工中，坍孔的原因有哪些？有什么预防措施？
9. 导管法灌注水下混凝土有哪些注意事项？
10. 简述挖孔灌注桩支护中现浇混凝土护壁施工要点。
11. 打入桩基础施工的方法有哪些？各自适用范围是什么？
12. 简述沉井基础的组成及适用条件。
13. 沉井下沉过程中遇到的问题及处理方法有哪些？

第3章 梁式桥

3.1 梁式桥的类型与特点

国内外大部分的中小跨径公路桥梁或城市桥梁以及绝大部分的铁路桥梁，都是钢筋混凝土或预应力混凝土梁式桥。预应力混凝土梁桥更兼有降低梁高和跨越能力大的长处，特别是预应力技术的采用，为现代装配式结构提供了最有效的接头和拼装手段，使建桥技术和运营质量均产生了较大的飞跃。

钢筋混凝土与预应力混凝土的梁式桥具有多种不同的构造类型。除了从力学上考虑充分发挥材料特性而不断改进桥梁的截面形式外，构件的施工方便以及起重安装设备的能力也是影响梁桥构造形式发生变化的重要因素。

3.1.1 梁桥的主要类型及其适用条件

梁桥按照不同的分类标准有不同的分类方法。下面按照梁桥的施工方法、主梁横截面形式、承重结构的静力体系以及主梁有无预应力等几个方面分别进行分类。

1. 按施工方法分

（1）整体浇筑式梁桥。整体浇筑式梁桥的建桥施工作业全部在施工现场进行。由于全桥在纵向和横向都是现场整体浇筑，所以桥梁结构的整体性好，可以按需要做成各种外形，但施工速度比较慢，工业化程度低，又要耗费较多的支架和模板等材料，目前除了弯、斜桥和部分连续梁桥外，一般情况下较少修建。

（2）装配式梁桥。装配式梁桥的上部构造是在预制工厂（桥梁厂）或工地预制场分块分片预制，再运到现场吊装就位，然后在接头处把构件连接成整体。装配式桥的预制构件采用工厂化施工，受季节影响小，质量易于保证，而且还能与桥梁下部工程同时施工，加快了施工进度，并能节约支架和模板的材料。

（3）组合式梁桥。组合式梁桥也是一种装配式的桥跨结构，如图 3-1 所示。不过它是用纵向水平缝将桥梁分割成 I 字形的梁肋或开口槽形梁和桥面板，桥面板再借纵横向的竖缝划分成在平面内呈矩形的预制构件。这样可以显著减轻预制构件的重力，并便于集中制造和运输吊装。

组合梁的特点是整个截面分两个（或几个）阶段组合而成，在 I 形梁或开口槽形梁上搁置轻巧的预制空心板或微弯板构件，通过现浇混凝土接头而与 I 形梁或槽形梁结合成整体；或以弧形薄板或平板作为现浇桥面混凝土的模板，通过现浇混凝土使各主梁结合成整体。

2. 按横截面形式分

（1）板桥。板桥横截面包括整体式矩形实心板、装配式实心板、装配式空心板等形式（图 3-2）。

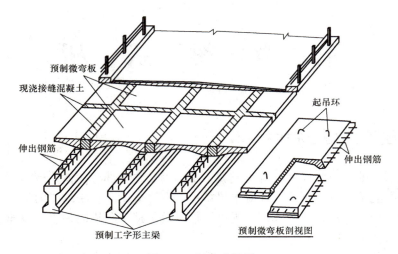

图 3-1　组合式梁桥

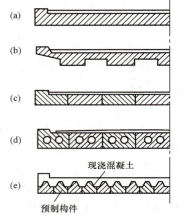

图 3-2　板桥横截面

整体式矩形实心板〔图 3-2（a）〕具有形状简单、施工方便、建筑高度小、结构整体刚度大等优点，但施工时需现浇混凝土，受季节气候影响，又需模板与支架。从受力要求看，截面材料不经济、自重大，所以只在小跨板桥使用。有时为了减轻自重，也可将截面受拉区稍加挖空做成矮肋式的板截面〔图 3-2（b）〕。使用最广泛的装配式板桥〔图 3-2（c）〕，由几块预制的实心板利用板间企口缝填入混凝土而成。装配式板桥也可做成横截面被显著挖空的空心板桥〔图 3-2（d）〕，在缺乏起重设备的情况下，横截面可做成一种装配—整体组合式桥〔图 3-2（e）〕。钢筋混凝土简支实心板梁的跨径只用于 8m 左右的小桥，预应力混凝土空心板跨径可以用到 16～32m。

（2）肋梁桥。在横截面内形成明显肋形结构的梁桥称为肋板式梁桥，或简称肋梁桥。在此种桥上，梁肋（或称腹板）与顶部的钢筋混凝土桥面板结合在一起作为承重结构（图 3-3）。由于肋与肋之间处于受拉区域的混凝土得到很大程度的挖空，就显著减轻了结构自重。

肋梁式桥截面有三种基本类型：Ⅱ形、Ⅰ形、Ｔ形。

钢筋混凝土简支肋梁桥的常用跨径为 8～20m，预应力混凝土简支肋梁桥的常用跨径为 25～50m。

（3）箱梁桥。横截面呈一个或几个封闭箱形的梁桥简称为箱形梁桥（图 3-4）。这种结构除了梁肋的上部翼缘板外，在底部尚有扩展的底板，因此它提供了承受正、负弯矩的足够的混凝土受压区。箱形梁桥的另一个重要特点是在一定的截面面积下能获得较大的抗弯惯性矩，而且抗扭刚度也特别大，在偏心的活载作用下各梁肋（腹板）的受力比较均匀。因此箱形截面能适用于较大跨径的悬臂梁桥和连续梁桥，也可用来修建全截面均参与受力的预应力混凝土简支梁桥。显然，对于普通钢筋混凝土的简支梁桥来说，底板除徒然增加自重外并无其他益处，故普通钢筋混凝土梁桥中不宜采用箱形截面。

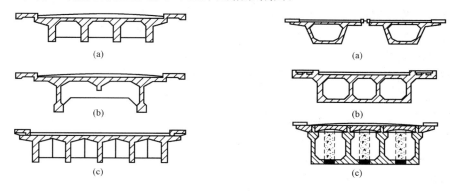

图 3-3 肋板式梁桥横截面　　　　图 3-4 箱形梁桥横截面

3. 按承重结构的静力体系分

（1）简支梁桥。简支梁桥是梁式桥中应用最早、使用最广泛的一种桥型。它构造简单，最易设计为各种标准跨径的装配式结构，而且施工工序少，架设方便。在多孔简支梁桥中，由于各跨构造和尺寸均一，简化了施工管理工作，降低了施工费用；因相邻桥孔各自单独受力，桥墩上需设置相邻简支梁的两个支座。简支梁桥的构造较易处理而常被选用，如图 3-5（a）所示。

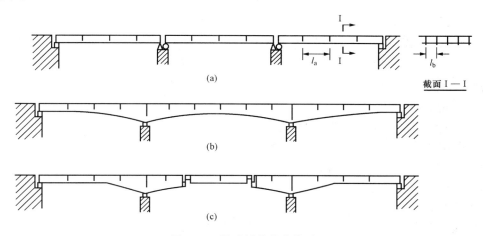

图 3-5 梁式桥的基本体系
（a）简支梁桥；（b）连续梁桥；（c）悬臂梁桥

（2）连续梁桥。这种体系的主要特点是：承重结构（板梁、T 形梁或箱梁）不间断地连续跨越几个桥孔而形成一超静定的结构［图 3-5（b）］。连续孔数一般不宜过多。当桥梁跨径较多时，需要沿桥长分建成几组（或称几联）连续梁。连续梁由于荷载作用下支点截面产生负弯矩，从而显著减小了跨中的正弯矩，这样不但可减小跨中的建筑高度，而且能节省钢筋混凝土数量。跨径增大时，这种节省就更加显著。连续梁通常适用于桥基良好的情况，否则，任一墩台基础发生沉降时，桥跨结构内均产生附加内力。

（3）悬臂梁桥。这种桥梁的结构主体是长度超出跨径的悬臂结构。仅一端悬出者称为单悬臂梁，两端均悬出者称为双悬臂梁。对于较长的桥，还可以借助简支的挂梁与悬臂梁一起

组合成多孔桥 [图 3-5 (c)]。在力学性能上,悬臂根部产生的负弯矩减小了跨中正弯矩,所以悬臂梁也与连续梁相仿,可以节省材料用量。悬臂梁桥属于静定结构,墩台的沉降不会在梁内引起附加内力。

4. 按有无预应力分

梁桥按混凝土构件中有无预应力分为钢筋混凝土梁桥和预应力混凝土梁桥。

钢筋混凝土梁由于混凝土的抗压强度高而抗拉强度低,在一般荷载作用下,受拉区混凝土不可避免会产生裂缝。裂缝超过一定宽度,不仅导致构件刚度下降很多,而且湿气的侵入将引起钢筋锈蚀,降低构件的耐久性,因此必须限制裂缝的宽度。这就限制了高强材料的应用,同时使钢筋混凝土的应用范围受到很大限制。为了解决上述矛盾,人们在长期的生产实践中创造了预应力混凝土结构。

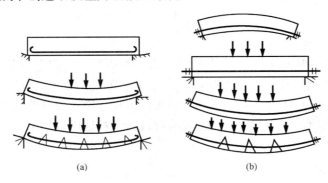

图 3-6 普通钢筋混凝土梁和预应力混凝土
(a) 普通钢筋混凝土梁;(b) 预应力混凝土

图 3-6 (a) 所示是普通钢筋混凝土梁,在荷载作用下,梁发生弯曲;当再加荷时,梁发生裂缝直至破坏。而预应力的钢筋混凝土梁则不一样,如图 3-6 (b) 所示,先在没有荷载时在受拉区加一个压力,这预先加的压力就是预应力。预加的压力使梁产生反拱,当梁受荷载时,梁回复到平直状态,再增加荷载,则梁发生弯曲,当再增加荷载时梁才产生裂缝直到破坏。这就是预应力和非预应力混凝土构件的不同。前者构件早出现裂缝破坏,而后者构件不出现裂缝或推迟出现裂缝。

预应力混凝土梁和钢筋混凝土梁相比有如下优点:

(1) 采用高强钢材,可节省钢材用量约 20%~40%。

(2) 预加力大大提高梁的抗裂性,从而增加了梁的耐久性。

(3) 由于采用高强混凝土,截面尺寸减少,梁体自重减轻,可以扩大跨越能力,也有利于运输和架设。

(4) 混凝土全截面受压,充分发挥了混凝土的抗压性能的优势,提高了梁的刚度。

目前预应力混凝土得到了广泛的应用。8~16m 跨度的先张梁已研制成功,24~32m 跨度简支梁均采用预应力混凝土后张梁,跨度为 40m 采用横向分块、工地拼装的预应力混凝土箱形简支梁。

3.1.2 梁式桥的受力特点

梁式桥是以梁作为主要承重结构的桥梁,其受力特点是梁体主要为受弯,在竖向荷载作用下,梁端支点处只产生竖向力,不产生水平反力。梁体一般安放平直,所以相对于拱桥和索桥而言,梁式桥又称之为平桥。

梁受外荷载作用后在各横截面上产生弯矩,如图 3-7 所示。其大小随截面而异。在工程计算中应使梁截面上的最大应力不超过材料的容许应力。一座桥的承载能力和跨越能力决定于梁的抵抗弯矩的能力，而梁的抗弯能力在很大程度上决定于材料的强度、截面的尺寸和形状，特别是梁体的高度。

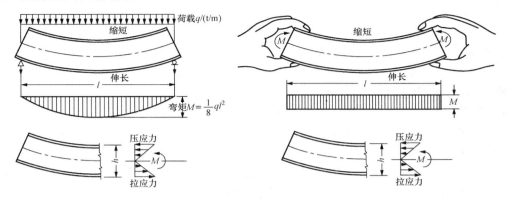

图 3-7 梁式桥受弯示意图

3.2 板桥的设计与构造

板桥是小跨径钢筋混凝土桥中最常用的桥型之一。由于建成以后外形像一块薄板，故习惯称之为板桥。在所有的桥梁形式中，板桥以其建筑高度最小、外形最简单而久用不衰。对于高等级公路和城市立交工程，板桥又以极易满足斜、弯、坡及 S 形、喇叭形等特殊要求的特点而受到重视。

板桥的特点如下：

（1）外形简单，制作方便。其不但外部几何形状简单，而且内部一般无需配置抗剪钢筋，或仅按构造弯起少量斜筋，因而施工简单，模板及钢筋都较省，也利于工厂化成批生产。

（2）建筑高度小，适宜于桥下净空受到限制的桥梁使用；与其他桥型相比较，既降低桥面高度，又可缩短引道长度，外形轻盈美观。

（3）整体式板桥，由于是双向受力结构，因此比一般板桥有更高的承载能力和更大的刚度，而且可以制作成需要的平面形状。但整体式板桥需要搭设施工支架，工期较长。一般为实心截面，其材料使用率也较低。

（4）装配式板桥的预制构件便于工厂生产，构件质量较轻，便于安装。

板桥跨径超过一定限度时，截面的增高使其自重加大。因此，钢筋混凝土简支板桥的标准跨径一般不宜大于 13m，连续板桥的标准跨径不宜大于 16m；预应力混凝土简支板桥的标准跨径不宜大于 25m，连续板桥的标准跨径也不宜超过 30m。

近年来，计算机的应用解决了复杂外形板桥的内力分析问题。常备式钢支架、组合钢模板代替了昂贵的木材支架与模板，加之公路等级的提高，立交工程的出现，为板桥的发展创造了条件。因此，板桥不仅仍被广泛应用，而且有了进一步的发展。在立交工程或高架板桥上，多孔连续板桥不仅纵向做成变截面形式，而且横向也可做成变截面形式；支承形式由线状搁置铰发展到点状局部刚接支承。随着工程生产的不断发展，板桥还会有更大的发展和更进一步的完善。

3.2.1 板桥的类型及其特点

板桥的分类，与梁桥的分类相对应。按结构静力体系可分为简支板桥、悬臂板桥和连续板桥；按横截面形式主要可分为实体矩形、空心矩形；按有无预应力可分为钢筋混凝土板、预应力混凝土板、部分预应力混凝土板；按施工方式可分为整体式板桥、装配式板桥和组合式板桥。以下按结构静力体系分类简述其特点。

1. 简支板桥

简支板桥可以用整体式结构，也可以采用装配式结构。前者跨径一般为方便用户的 4～8m，后者当采用预应力混凝土时，其跨径可达成 25m。在缺乏起重设备而有模板支架材料的情况下宜采用就地浇筑的整体式钢筋混凝土板桥。这种结构的整体性能好，横向刚度较大，施工也较简单，不足的是支架材料消耗量较多，施工期长。在一般施工条件下，宜采用装配式结构。

2. 悬臂板桥

悬臂板桥一般做成双悬臂式结构，中间跨径一般为 8～10m，两端伸出的悬臂长度约为中间跨径的 0.3 倍，板在跨中的厚度约为跨径的 1/14～1/18，在支点处的板厚要比跨中加大 30～40cm。悬臂端可以直接伸到路堤上，不用设置桥台，为了使行车平稳顺畅，两悬臂端部应设置搭板与路堤相衔接。但在车速较高、荷载较重且交通量很大时，搭板容易损害，从而导致车辆上桥时对悬臂的冲击，故目前较少采用。

3. 连续板桥

连续板桥的特点是板不间断地跨越几个桥孔而形成一个超静定结构体系。但当桥梁全长较大时，可以几孔一联，做成多联式的连续板桥，一般三孔或四孔及其以上为一联。连续板桥较简支板桥来说，具有伸缩缝少、车辆行驶平稳的优点。由于它在支点处产生负弯矩，对跨中弯矩起到卸载作用，故可以比简支桥板的跨径做得大一些，或者其厚度比同跨径的简支板做得薄一些，这点和悬臂板桥是相同的。连续板桥的两端直接搁置在桥台上，避免了像悬臂板桥所出现的车辆上桥时对悬臂端部的冲击。连续板桥一般做成不等跨的，边跨与中跨之比约为 0.7～0.8，这样可以使各跨的跨中弯矩接近相等。连续板桥有整体式结构和装配式结构两种。

(1) 整体连续板桥。当采用就地浇筑混凝土时，连续板桥可以做成变厚度的，如图 3-8 (a) 所示。支点截面的厚度较大，约为跨中截面板厚的 1.2～1.5 倍。这不但是为了使之能承受较大的负弯矩，而且也可进一步减小跨中的板厚度。跨中板厚度一般为 $h=(1/22～1/30)L$，其中 L 为中跨跨长。

(2) 装配连续板桥。采用装配式结构的最大优点是可以节约模板支架，构件可以在岸边预先制作，然后安装就位。由于连续板的构件较长，为便于制作和安装，除了横向被划分成若干块以外，在纵向也被分成若干节段。在制作时预留接头钢筋，待安装就位后，连接接头筋，再浇筑混凝土接缝使之成整体。接头所在位置可以有两种方案。图 3-8 (b) 是对板的自重为简支与对活载为连续的装配方案。它既保持了简支板施工简便的优点，又吸取了连续结构可减小荷载弯矩的长处，只是需要将跨中受力钢筋在靠近板端处弯起、并伸至接头处与相邻块件的同类钢筋相焊接。图 3-8 (c) 是对板的自重为悬臂系与对活载为连续体系的另

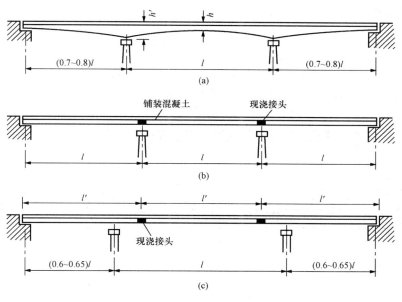

图 3 - 8　连续板桥

一种装配方案，在架设板段时，类似于两边孔为单悬臂、中孔带挂梁的悬臂体系。接头可以布置在连续梁的恒载弯矩接近为零或较小的位置处，不足的是需要在接头处搭设临时支架来浇筑接头混凝土。

3.2.2　整体式简支板桥的构造

整体浇筑的简支板桥一般均采用等厚度板，它具有整体性能好、横向刚度大，而且易于浇筑成各种形状的优点。

整体式简支板桥的宽度大，一般均为双向受力板。荷载位于桥中线时，板内产生负弯矩；荷载位于板两边时，板内可能产生负弯矩。所以，针对这些受力特点，除了配置纵向受力钢筋，板内还设置垂直于主钢筋的横向分布钢筋，在板的顶部配置适当的横向钢筋。

JTG D62—2004《公路钢筋混凝土及预应力混凝土桥涵设计规范》规定，钢筋混凝土板内主筋直径不小于 10mm，主筋间距不大于 20cm，板内主筋可以不弯起，也可以弯起。当弯起时，通过支点的不弯起钢筋，每延米板宽内不少于三根，截面积不少于主筋的 1/4。弯起的角度为 30°或 45°，弯起的位置为沿板高中线计算的 1/4～1/6 跨径处。对于分布钢筋，应采用直径不小于 8mm，间距不大于 20cm，同时在单位长度板宽内的截面积应不少于板的截面面积的 0.1％。板的主钢筋与板边缘间的净距应小于 3cm，分布钢筋与板边缘间的净距应小于 15mm。

图 3-9 为标准跨径 6m 的公路钢筋混凝土整体式简支板桥构造图，行车道宽 7m，两侧设 0.25m 的安全带。计算跨径为 5.69m，净跨径为 5.40m，板厚为 36cm。纵向主钢筋用直径 18mm 的 HRB335 钢筋，分布钢筋用直径 10mm 的 R235 钢筋。由于板内的主拉应力一般不大，按计算可不设斜筋，但是从构造上考虑，有时将多余的一部分主钢筋弯起。桥跨结构

的混凝土强度等级为 C20。

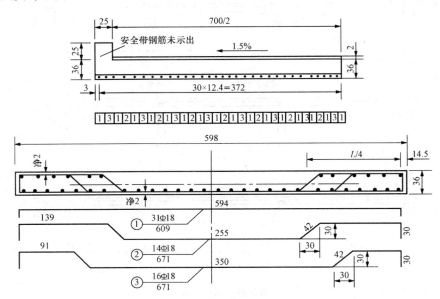

图 3-9　板桥的构造（单位：cm）

3.2.3　装配式简支板桥的构造

装配式简支板桥的横截面形式主要有实心板和空心板两种。

1. 装配式正交实心板桥

矩形实心板桥具有形状简单、施工方便、建筑高度小、施工质量易于保证等优点。如图 3-10 为装配式简支实心板桥横截面构造。

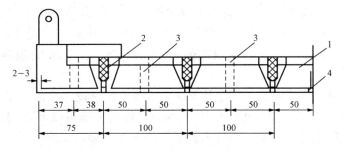

图 3-10　装配式简支实心板桥横截面构造（单位：cm）

1—预制板；2—接缝；3—预留孔；4—垫层

如图 3-11 所示为标准跨径 6m，行车道宽 7m，两边设 0.75m 的人行道，公路等级 I 级，人群荷载按 3kN/m² 设计的装配式行车道板块件构造。块件安装后在企口缝内填筑 C30 小石子混凝土，并浇筑厚 6cm 的 C30 级防水混凝土铺装层使之连成整体。为了加强预制板与铺装层的结合以及相邻预制板的连接，将板中的箍筋伸出预制板顶面，待板安装就位后将这段钢筋放平，并与相邻预制板中的箍筋相互搭接，以铁丝绑扎，然后浇筑于混凝土铺装层中。预制板的混凝土强度等级为 C25。

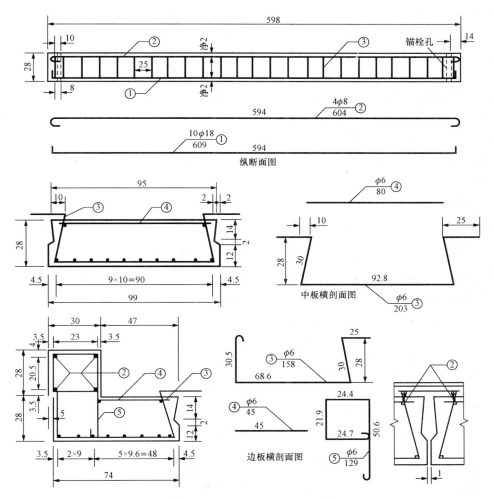

图 3-11 空心板行车道板块件构造（单位：cm）

2. 装配式正交空心板桥

当跨径增大时，实心板梁截面就显得不合理，此时宜采用空心板梁。目前钢筋混凝土空心板桥板厚度一般为 40～80cm，跨径范围一般为 6～13m；而预应力混凝土空心板桥板厚为 40～85cm，常用跨径在 8～25m。空心板梁质量轻，运输安装方便，而建筑高度又较同跨径的 T 梁小。如图 3-12 所示为几种常用的开孔形式。图 3-12（a）和图 3-12（b）开成单孔，挖空面积最大；图 3-12（c）、（d）挖成两个圆孔。目前空心板梁的内模一般采用高压充气胶囊，具有制作及脱模方便等优点，所以充气胶囊内模应用较为广泛。当板的厚度改变时，只需更换两块侧模板。空心板横截面的最薄处不得小于 7cm，以保证施工质量和局部承载的需要。为了保证抗剪强度，应在截面内按计算需要配置弯曲钢筋和箍筋。

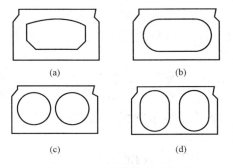

图 3-12 空心板的截面形式

如图 3-13 所示为标准跨径 13m 的装配式预应力混凝土空心板桥的构造。桥面净宽为净—7＋2×0.25m 的安全带，总宽为 8m，由 8 块宽 99cm 的空心板组成，板与板之间的间隙为 1cm。板全长 12.96m，计算跨径 12.6m，板厚 60cm。空心板横截面形式采用图 3-12(d)，腰圆孔宽 38cm，高 46cm。采用 C40 混凝土预制空心板和填塞铰缝。每块底层配置Ⅳ级冷拉钢筋作预应力筋，共 7 根 $\phi'20$，每根预应力筋拉力为 194kN，每米钢筋的拉伸值为 0.35cm。板顶面除配置 3 根 $\phi12$ 的架立钢筋外，在支点附近还配置 6 根直径 8mm 的非预应力钢筋来承担由于应力产生的拉应力。用以承担剪力的箍筋 N5 与 N6 做成开口形式，待立好心模后，再与其上横向钢筋 N4 相绑扎组成封闭的箍筋。

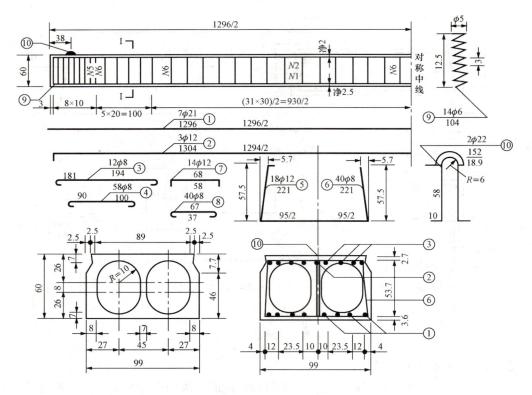

图 3-13 装配式预应力混凝土空心板桥的构造（单位：cm）

3. 装配式板桥的横向连接

为了增加装配式板桥块件间的整体性和在外荷载作用下相邻的几个块件能共同承受车辆荷载，在块件之间必须设置横向连接。横向连接的构造有企口混凝土铰接和钢板焊接连接两种。

企口混凝土铰接有圆形、漏斗和菱形三种 ［图 3-14 (a)、(b)、(c)］。它是在块件安装就位后，在企口缝内用 C30～C40 细骨料混凝土填筑密实而成；如果要使桥面铺装也参与受力，也可将预制板中的钢筋伸出与相邻板的对应钢筋相互绑扎，再浇筑在铺装层内 ［图 3-14 (d)］。

由于企口内的混凝土需要达到设计强度后才能通车，当需要加快工程进度提前通车时，可以采用钢板连接，如图 3-15 所示。具体做法是将钢板 N_1 焊接在相邻两块件的预埋钢板 N2 上。连接构件的纵向中距通常为 80～150cm，在跨中部分布置较密，向两端支点逐渐减疏。

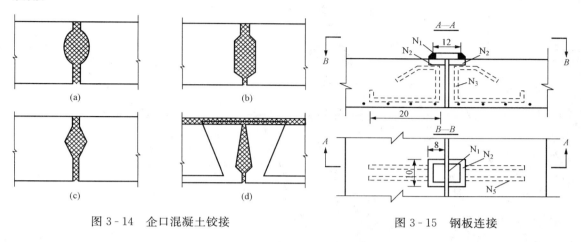

图 3-14　企口混凝土铰接　　　　　　　　图 3-15　钢板连接

3.3　钢筋混凝土简支 T 梁桥的设计与构造

国内外所建造的装配式钢筋混凝土简支梁桥以 T 形梁桥最为普遍。钢筋混凝土简支梁桥在我国的标准跨径有四种，分别为 10m、13m、16m 和 20m。

如图 3-16 所示，装配式钢筋混凝土 T 梁上部构造由几片 T 形截面的主梁并列在一起装配连接而成。T 梁的顶部翼缘板构成行车道板，与主梁梁肋垂直相连的横隔梁（横隔板）将各个主梁连成整体，这样就能使作用在行车道板上的局部荷载分布给各片主梁共同承受。

3.3.1　构造布置及尺寸

1. 主梁布置

对于设计给定的桥面宽度（包括行车道和人行道宽度），如何选定主梁的间距（或主梁片数）是构造布局中首先要解决的课题。它不仅与钢筋和混凝土的材料用量以及构件的吊装质量有关，而且还涉及到翼板的刚度等因素。

对于跨径较大的简支梁桥，如果梁高不受限制，增加梁高，只增加腹板高度，混凝土数量增加不多，可以节省混凝土数量，往往比较经济。另外，增大主梁间距，也可以减少钢筋和混凝土的用量，这样也比较经济，但往往给梁体的运输和架设增大了困难，同时悬臂翼缘板端部较大的挠度对引起桥面接缝处纵向裂缝的可能性也大些。当吊装重量允许时，主梁间距采用 1.60～2.20m 为宜。

2. 横隔梁布置

横隔梁在装配式 T 梁中起保证主梁相互连接成整体的作用。它的刚度越大，桥梁的整体性就越好。端横隔梁是必须要设置的，跨内随跨径增大可以设 1～3 道横隔梁，间距采用 5～6m 为宜。

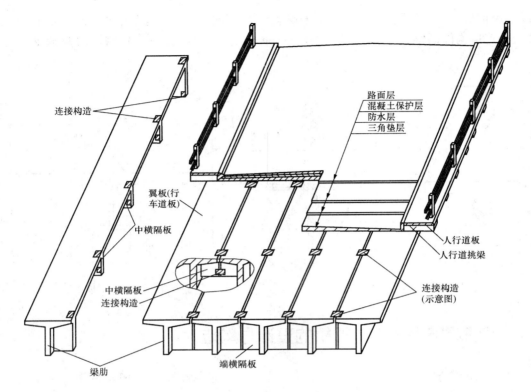

图 3-16 装配式简支 T 梁桥概貌

跨中横隔梁的高度通常做成主梁高度的 3/4 左右；梁肋下部呈马蹄形加宽时，横隔梁延伸至马蹄的加宽处。横隔梁的肋宽常采用 12～16cm。

横隔梁的设置使梁体预制模板的制作工作稍趋复杂，同时，横隔梁现浇部分的模板制作、钢筋绑扎也比较复杂。然而实践证明，横隔梁的设置可以保证 T 梁桥的整体性，使梁桥中荷载横向分布比较均匀，可以减轻翼缘板接缝处的纵向开裂现象。

3. 梁体尺寸

图 3-17 中给出了墩中心距为 16m 的公路装配式 T 形混凝土梁桥的纵、横断面主要尺寸。

(1) 主梁梁高和肋宽。主梁的合理高度与梁的间距、活载的大小等有关。梁高常取 0.9～1.5m。当出现建筑高度受到严格限制的情况时，主梁高度就要适当减小，但需要增加钢筋的用量，必须适当增加主梁的片数。当吊装能力允许时，可适当增加梁高，以取得较大的抗弯力臂。通过对 T 梁进行的经济分析表明，公路桥梁梁高与跨径之比（俗称高跨比）的经济范围大约为 1/11～1/18，跨径大的取用偏小的比值。而铁路上，普通高度的钢筋混凝土梁，高跨之比约为 1/6～1/9；低高度的钢筋混凝土梁则约为 1/11～1/15。

主梁梁肋（腹板）的宽度在满足抗剪强度需要的前提下，一般都做得较薄，以减轻构件的质量。但是，从保证梁肋的屈曲稳定条件以及不致使振捣混凝土发生困难方面考虑，梁肋也不能太薄。T 形截面梁的腹板宽度不应小于 140mm，目前常用的梁肋宽度为 160～240mm，视梁内主筋的直径和钢筋骨架的片数而定。

对于跨径 10、13、16、20m 的标准设计采用的梁高相应为 0.9、1.1、1.3、1.5m，常用的梁肋宽度为 15～18cm。

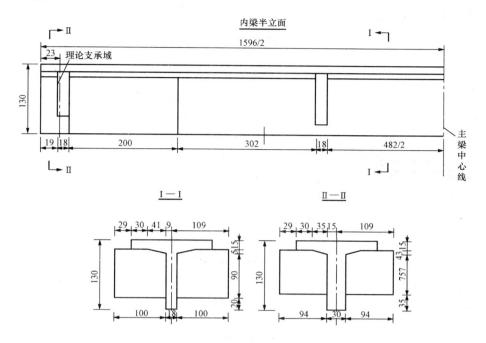

图 3-17　公路装配式 T 形混凝土梁的纵、横断面（单位：cm）

（2）主梁翼板尺寸。一般装配式主梁翼板的宽度视主梁间距而定，在实际预制时，翼板的宽度应比主梁中距小 20mm，以便在安装过程中易于调整 T 梁的位置和制作上的误差。

翼缘板的厚度应满足强度和构造最小尺寸的要求。根据受力特点，翼板通常做成变厚度的，即端部较薄，向根部逐渐加厚。为了保证翼板与梁肋连接的整体性，翼板与梁肋衔接处的厚度应不小于主梁梁高的 1/10，当该处设有承托时，翼缘厚度可计入承托加厚部分厚度；当承托底坡 $\tan\alpha$ 大于 1/3 时，取 1/3，预制 T 形截面梁翼缘悬臂端的厚度不应小于 100mm；当预制 T 形截面梁之间采用横向整体现浇连接时，其悬臂端厚度不应小于 140mm。目前高速公路上的桥梁及城市高架桥均设置防撞栏杆，根据防冲撞的要求，翼缘板端部厚度不小于 200mm。为使翼缘板和梁肋连接平顺，在截面转角处一般均应设钝角或圆角式承托，以减小局部应力和便于脱模。

（3）横隔梁尺寸。跨中横隔梁的高度应保证具有足够的抗弯刚度，通常可做成主梁高度的 3/4 左右。梁肋下部呈马蹄形加宽时，横隔梁延伸至马蹄的加宽处。

为便于安装和检查支座，端横隔梁底部与主梁底缘之间宜留有一定的空隙，或可做成和中横隔梁同高；但从梁体在运输和安装阶段的稳定要求来看，端横隔梁又宜做成与主梁同高。如何取舍应视工地施工的具体情况来定。

横隔梁的肋宽通常采用 120～180mm，且宜做成上宽下窄和内宽外窄的楔形，以便脱模工作。

3.3.2 主梁和横隔梁的钢筋构造

1. 主梁的钢筋构造

装配式 T 形钢筋混凝土简支梁桥的钢筋可分为纵向主钢筋、架立钢筋、斜钢筋、箍筋和分布钢筋等几种。

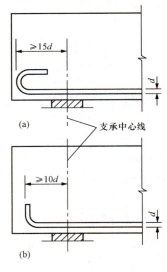

图 3 - 18　端主钢筋的锚固

简支梁承受正弯矩作用，故抵抗拉力的主钢筋设置在梁肋的下缘。随着弯矩向支点处减小，主钢筋可在跨间适当位置处切断或弯起。为保证主筋在梁端有足够的锚固长度和加强支承部分的强度，JTG D62—2004《公路钢筋混凝土及预应力混凝土桥涵设计规范》规定，至少有 2 根，并不小于总数 20% 的主钢筋应伸过支承截面。简支梁两侧的受拉主钢筋应伸出支点截面以外，并弯成直角顺梁端延伸至顶部与顶层纵向架立钢筋相连。两侧之间其他不向上弯曲的受拉主钢筋伸出支承截面的长度，对带半圆弯钩的光圆钢筋不小于 $15d$，如图 3 - 18（a）所示；对带直角弯钩的螺纹钢筋不小于 $10d$，如图 3 - 18（b）所示。

由主钢筋弯起的斜向钢筋用来增强梁体的抗剪强度。当无主钢筋弯起时，尚需配置专门的焊于主筋和架立筋上的斜钢筋，斜钢筋与梁的轴线一般布置成 45°。弯起钢筋应按圆弧弯折，圆弧半径（以钢筋轴线计算）不小于 $10d$（d 为钢筋直径）。

当 T 形梁梁肋高度大于 100cm 时，为了防止梁肋侧面因混凝土收缩等原因而导致裂缝，因此需要在梁肋的两侧设置纵向防裂的分布钢筋，其截面积 $A_s = (0.001\sim0.002)\,bh$，式中 b 为梁肋宽度，h 为梁的全高。当梁跨较大，梁肋较薄时取用较大值。这种分布钢筋的直径为 6～8mm。其间距在受拉区不应大于梁肋宽度，且不应大于 200mm，在受压区不应大于 300mm，在支点附近剪力较大区段，腹板两侧纵向钢筋截面面积应予以增加，纵向钢筋间距宜为 100～150mm。

箍筋的主要作用也是增强主梁的抗剪强度。钢筋混凝土梁应设置直径不小于 8mm 或 1/4 主筋直径的箍筋，其最小配筋率规定，对于 R235 钢筋不小于 0.18%，HRB335 钢筋应不小于 0.12%。每根箍筋所箍受拉筋每排不应多于 5 根，所箍受压筋不多于 3 根。

箍筋间距不大于梁高的 1/2 或 40cm，当所箍为受压钢筋时，并应不大于受压钢筋直径的 15 倍，且不应大于 400mm。薄壁受弯构件及高度小于 300mm 的梁，其箍筋间距不应超过 200mm。梁高大于 4m 时，箍筋间距不应大于梁高的 1/10。支承截面处，支座中心向跨径方向长度相当于不小于一倍梁高范围内，箍筋间距不大于 100mm。近梁端第一根箍筋应设置在距端面一个保护层的距离处。梁与梁或梁与柱的交叉范围内可不设箍筋。靠近交接面的一根箍筋，其与交接面的距离不宜大于 50mm。

受扭矩作用的梁，箍筋应制成封闭式，箍筋末端做成 135° 弯钩。

架立钢筋布置在梁肋的上缘，主要起固定箍筋和斜筋并使梁内全部钢筋形成立体或平面骨架的作用。

为了防止钢筋受到大气影响而锈蚀，并保证钢筋与混凝土之间的黏着力充分发挥作用，钢筋到混凝土边缘需要设置保护层。若保护层厚度太小，就不能起到以上作用，太大则混凝土表层因距钢筋太远容易破坏，且减小了钢筋混凝土截面的有效高度，受力情况也不好。因此 JTG D62—2004《公路钢筋混凝土及预应力混凝土桥涵设计规范》规定：主钢筋与梁底面的净距应不小于 30mm，不大于 50mm；主筋与梁侧面净距应不小于 25mm；混凝土表面至箍筋或防裂分布钢筋间的净距应不小于 15mm。混凝土保护层厚度如图 3 - 19 所示。

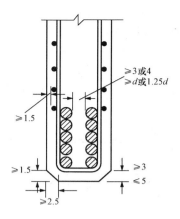

图 3 - 19　混凝土保护层厚度
（单位：cm）

为了使混凝土的粗骨料能填满整个梁体，以免形成灰浆层或空洞，规定：各主筋之间的净距主钢筋为三层或三层以下者不小于 30mm，且不小于钢筋直径；三层以上者不小于 40mm，且不小于钢筋直径的 1.25 倍。对于束筋，此处钢筋直径采用等代直径。

在装配式 T 形梁中，钢筋数量多，如按钢筋最小净距要求（在高度方向钢筋的净距也要满足 ≥30mm 或 ≥1.25d 的要求），排列就有困难，在此情况下可将钢筋叠置，并与斜筋、架立钢筋一起焊接成钢筋骨架（图 3 - 20）。焊接骨架的钢筋层数不应多于六层，单根钢筋直径不应大于 32mm。试验证明，焊接钢筋骨架整体性好，能保证钢筋与混凝土共同工作，其钢筋重心位置较低，梁肋混凝土体积也较小，此外可避免大量就地绑扎工作，入模安装很快，是装配式 T 形梁桥最常用的钢筋构造形式。然而，焊接钢筋骨架的主筋与混凝土的粘接面积较小，一般说来抗裂性能稍差，因此，在实践中采用表面呈螺纹形或竹节形的钢筋，并选用较小直径的钢筋，有条件时还可将箍筋与主筋接触处点焊固结，以增大其粘接强度，从而改善其抗裂性能。

在焊接钢筋骨架中，为保证焊接质量，使焊缝处强度不低于钢筋本身强度，焊缝的长度必须满足下述要求：

（1）利用主钢筋弯起的斜筋，在起弯处应与其他主筋相焊接，可采用每边各长 2.5d 的双面焊缝或一边长 5d 的单面焊缝（图 3 - 20）。弯起钢筋的末端与架立钢筋（或其他主筋）相焊接时，采用长 5d 的双面焊缝或 10d 的单面焊缝，其中 d 为受力钢筋直径。

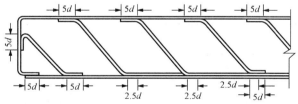

图 3 - 20　骨架焊接缝尺寸图
（图中尺寸为双面焊缝，单面焊缝应加倍）

（2）对于附加的斜筋，其与主筋或架立筋的焊缝长度，采用每边各长 5d 的双面焊缝或一边长 10d 的单面焊缝。

（3）各层主钢筋相互焊结固定的焊缝长度，采用 2.5d 的双面焊缝或 5d 的单面焊缝。

通常对于小跨径梁可采用双面焊缝，先焊好一边再把骨架翻身焊另一边，这样既可缩短接头长度，又可减小焊接变形。但当骨架较长而不易翻身时，就可用单面焊缝。

T 梁翼缘板内的受力钢筋沿横向布置在板的上缘，以承受悬臂的负弯矩。在顺主梁跨径方向还应设置少量的分布钢筋。按 JTG D62—2004《公路钢筋混凝土及预应力混凝土桥涵设计规范》要求，板内主筋的直径不小于 10mm，每米板宽内不应少于 5 根；分布筋的直径不小于 6mm，间距不大于 25cm，在单位板宽内分布筋的截面积不少于主筋截面积的 15%，在有横隔梁的部位分布筋的截面积应增至主筋的 30%，以承受集中轮载作用下的局部负弯矩；所增加的分布筋每侧应从横隔梁轴线伸出 $l/4$（l 为横隔板的间距）的长度。

如图 3-21 所示为标准跨径 20m，行车道宽 7m，两边设 0.75m 的人行道，人群荷载 3kN/m² 设计的装配式钢筋混凝土简支 T 形梁块件构造，主梁的混凝土为 C25。

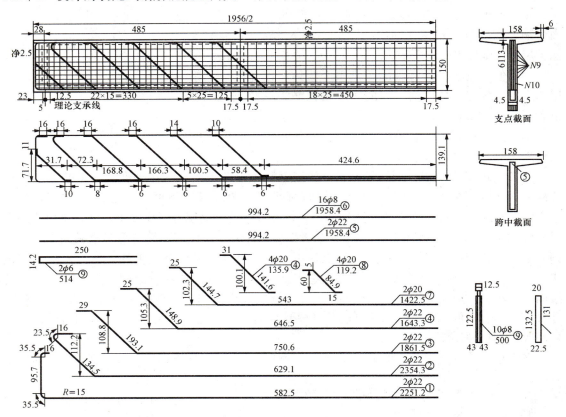

图 3-21　装配式 T 形梁块件梁肋钢筋构造（单位：cm）

2. 横隔梁的钢筋构造

在横隔梁靠近下部边缘的两侧和顶部翼板内均埋有焊接钢板 A 和 B（图 3-22），焊接钢板则与横隔梁的受力钢筋焊在一起做成安装骨架，当 T 梁安装就位后即在横隔梁的预埋钢板上再加焊盖接钢板使联成整体。横隔梁的箍筋是抗剪的。

3.3.3　装配式 T 形梁的横向连接

装配式 T 形梁的接头处要有足够的强度，以保证结构的整体性，并使在施工、营运中不发生松动。其连接的方式有以下几种。

（1）钢板连接（图 3-23）。它是在横隔梁上、下进行钢板焊接。

（2）螺栓接头。此方式与钢板连接相似，不同是用螺栓与预埋钢板连接。钢板要预留螺栓孔。但此方法螺栓易松动，如图 3-24（a）所示。

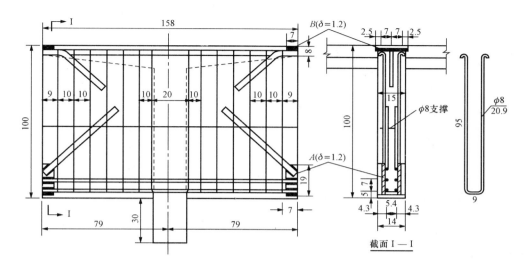

图 3-22　横隔梁构造形式（单位：cm）

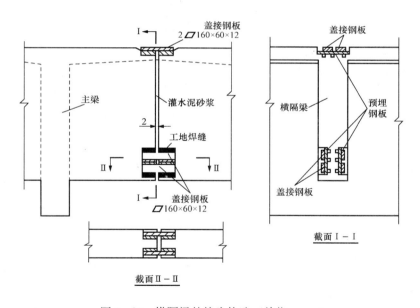

图 3-23　横隔梁的接头构造（单位：mm）

（3）扣环接头。横隔梁在预制时在接缝处伸出钢筋扣环 A，安装时在相邻构件的扣环两侧再安上腰圆形的接头扣环 B，在形成的圆环内插入短分布筋后就现浇混凝土封闭接缝，接缝宽度为 0.20～0.50m，如图 3-24（b）所示。

目前，为改善挑出翼板的受力状态，横向连接往往做成企口铰接式的简易构造，如图 3-25（a）是 T 梁标准设计中所采用的连接方式。主梁翼缘板内伸出连接钢筋，交叉弯制后在接缝处再安放局部的 φ6 钢筋网，并将它们浇筑在桥面混凝土铺装层内。或者可将翼板的顶层钢筋伸出，并弯转套在一根长的钢筋上，以形成纵向铰，如图 3-25（b）所示。显然，此种接头构造由于连接钢筋甚多，给施工增添了一些困难。

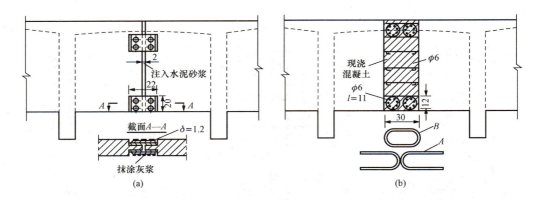

图 3-24 隔梁接头的构造（单位：cm）

（a）螺栓接头；（b）扣环接头

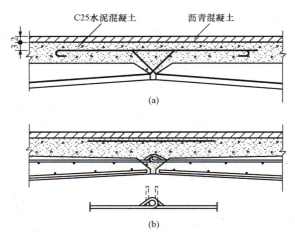

图 3-25 梁翼板连接构造

3.4 预应力混凝土简支 T 梁的设计与构造

预应力混凝土结构以其良好的使用性能被广泛地应用。目前公路上预应力混凝土简支梁的跨径已达到 50～60m，我国编制了后张法装配式预应力混凝土简支梁桥的标准设计，标准跨径为 25m、30m、35m、40m。

下面就介绍一下预应力混凝土简支梁桥的构造布置、截面尺寸及配筋特点。

3.4.1 构造布置及其尺寸

我国编制的公路桥涵标准图中，主梁间距采用 1.6m，并根据桥梁横断面不同的净宽而相应采用 5、6、7 片主梁。图 3-26 为标准跨径 30m，桥面净宽为净－7＋2×0.75m 人行道的标准设计构造布置图。

当吊装质量不受限制时，对于较大跨径的 T 梁，宜用较大的主梁间距（1.8～2.5m），可减少钢筋与混凝土的用量。

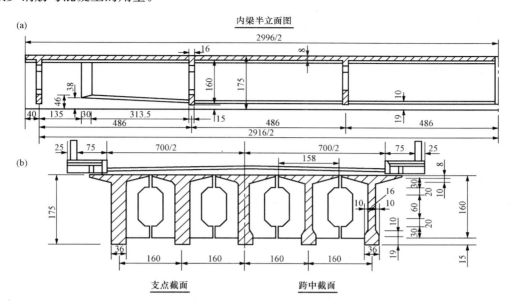

图 3-26　跨径 30m 预应力混凝土 T 梁的构造布置（单位：cm）

主梁的高度是随截面形式、主梁片数及建筑高度的不同而不同。对于常用的等截面简支梁，高跨比可在 1/14～1/25 内选取，随着跨径增大取较小值，随梁数减少取较大值，中等跨径一般可取 1/16～1/18。

预应力混凝土简支 T 梁的梁肋下部通常加宽做成马蹄形，以满足钢丝束的布置来承受很大预压力的需要（图 3-26），在靠近支点处腹板要加厚至与马蹄同宽，加宽范围最好达一倍梁高左右。一般跨径中部肋宽采用 16cm，肋宽不宜小于肋板高度的 1/15。

为了防止在施工和运输中马蹄部分产生纵向裂缝，除马蹄面积不宜小于全截面的 10%～20% 以外，尚建议具体尺寸如下：

（1）马蹄宽度约为肋宽的 2～4 倍，并注意马蹄部分（尤其是斜坡区）的管道保护层不宜小于 6cm。

（2）马蹄全宽部分高度加 1/2 斜坡区高度约为（0.15～0.20）h，斜坡宜陡于 45°。

同时应注意，马蹄部分不宜过高过大，否则会降低截面形心，减小偏距 e，并导致降低抵消自重的能力。在靠近支点时，为适应预应力筋的弯起，可将马蹄逐渐加高。从预应力梁的受力特点可知，为了使截面布置经济合理，节省预应力筋的配筋数量，T 形梁截面的效率指标应大于 0.50。加大翼板宽度能有效地提高截面的效率指标。

3.4.2　配筋特点

装配式预应力混凝土简支梁内配筋除了主要的纵向预应力筋外，还有一些非预应力筋，如架立钢筋、箍筋、水平分布钢筋、承受局部压力的钢筋骨架。

1. 纵向预应力筋的布置

布置方式有以下几种，如图 3-27 所示。

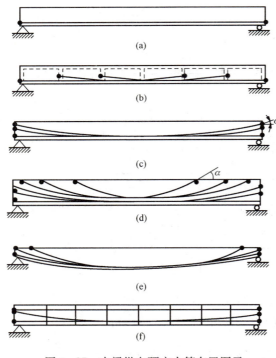

图 3 - 27　支梁纵向预应力筋布置图示

（a）为全部主筋直线形布置，适用于先张法。缺点是在梁端上缘会产生过高拉应力。有时为了减小此应力，可根据弯矩的变化，将纵向预应力筋按需要截断。

（b）为直线形预应力筋的后张法梁，为了减小梁端负弯矩，节省钢材，可以将主梁在中间截面截断。但锚固处受力与构造较复杂，且预应力筋没有充分发挥抗剪作用。

（c）为将预应力筋全部弯至梁端锚固，这种布置的预应力筋弯起角 α 不大，一般控制在 20°以下，可以减少摩阻损失，但梁端受预应力较大。

（d）为当梁高受限制时，可以将一部分预应力筋弯出梁顶。这种布置的预应力筋弯起角 α 较大（达 25°～30°）。此方法摩阻损失增大，但能缩短预应力筋的长度，且能提高梁的抗剪能力，这对减小预应力摩阻损失有利。

以上四种方式中（b）、（c）方式应用较广泛。

预应力钢筋总的布置原则是：在保证梁底保护层厚度及使预应力钢筋位于索界内的前提下，尽量使预应力筋的重心靠下；在满足构造要求的同时，预应力钢筋尽量相互紧密靠拢，使构件尺寸紧凑。

2. 非预应力筋的布置

预应力混凝土 T 形梁与钢筋混凝土梁一样，按规定布置箍筋、防收缩钢筋和架立钢筋。另外，还有其自身特点。

如图 3 - 28 所示为梁端锚固区（约等于梁高的长度内）的配筋构造。加强钢筋网的网格约为 10cm×10cm。锚具下设置厚度不小于 16mm 的钢垫板与 ϕ8 的螺旋筋，其螺距为 3cm，长 21cm，以提高混凝土的抗裂性。

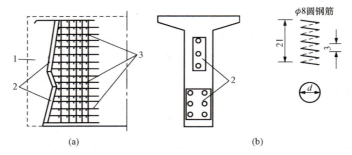

图 3 - 28　端非预应力钢筋构造（单位：cm）
1—后浇封头混凝土；2—垫板；3—钢筋网（直径 ϕ8，间距 10cm）

此外，对于预应力筋比较集中的下翼缘（下马蹄）内必须设置（直径不小于8mm）闭合式加强箍筋，其间距不大于200mm（图3-29）。此外，马蹄内还应设置直径不小于12mm的定位钢筋。图中 d 为制孔管的直径，应比预应力筋直径大10mm，采用铁皮套管时应大20mm。管道间的最小净距主要是由灌注混凝土的要求所确定，在有良好振捣工艺时（例如同时采用底振和侧振），最小净距不小于40mm。

另外，在预应力混凝土简支梁中，有时为了补充局部梁段内强度的不足，或为了满足极限强度的要求，或为了更好地分布裂缝和提高梁的韧性等，可以将预应力筋与非预应力筋共同配置，这样往往能够达到经济合理的效果。

图3-30（a）表示当梁中预应力筋在两端不便弯起时，为了防止张拉阶段在梁端顶部可能开裂而布置的受拉钢筋。

对于自重比恒载与活载小得多的梁，在预加力阶段跨中部分的上翼缘可能会开裂破坏，因而也可在跨中部分的顶部加设无预应力的纵向受力钢筋，如图3-30（b）所示。这种钢筋在营运阶段还能加强混凝土的抗压能力，在破坏阶段则可提高梁的安全度。

如图3-30（c）所示在跨中部分下翼缘内设置的钢筋，多半是在全预应力梁中为了加强混凝土承受预加压力而设置。

对于部分预应力梁也往往利用通常布置在下翼缘的纵向钢筋来补足极限强度的需要，如图3-30（d）所示。并且这种钢筋对于配置无黏结预应力筋的梁能起到分布裂缝的作用。

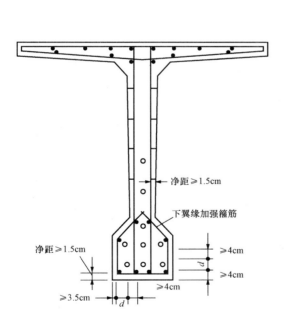

图 3-29 横截面内的钢筋布置

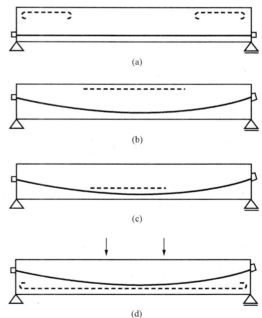

图 3-30 无预应力纵向受力钢筋（虚线）的布置

如图3-31所示为墩中心距为30m的装配式预应力混凝土简支梁标准设计图的构造布置。此梁的全长为29.96m，计算跨径为29.16m，梁肋中心距为标准尺寸1.60m。在横截面上，可以用5～7片主梁来构成净-7、净-9并附不同人行道宽度的桥面净空。

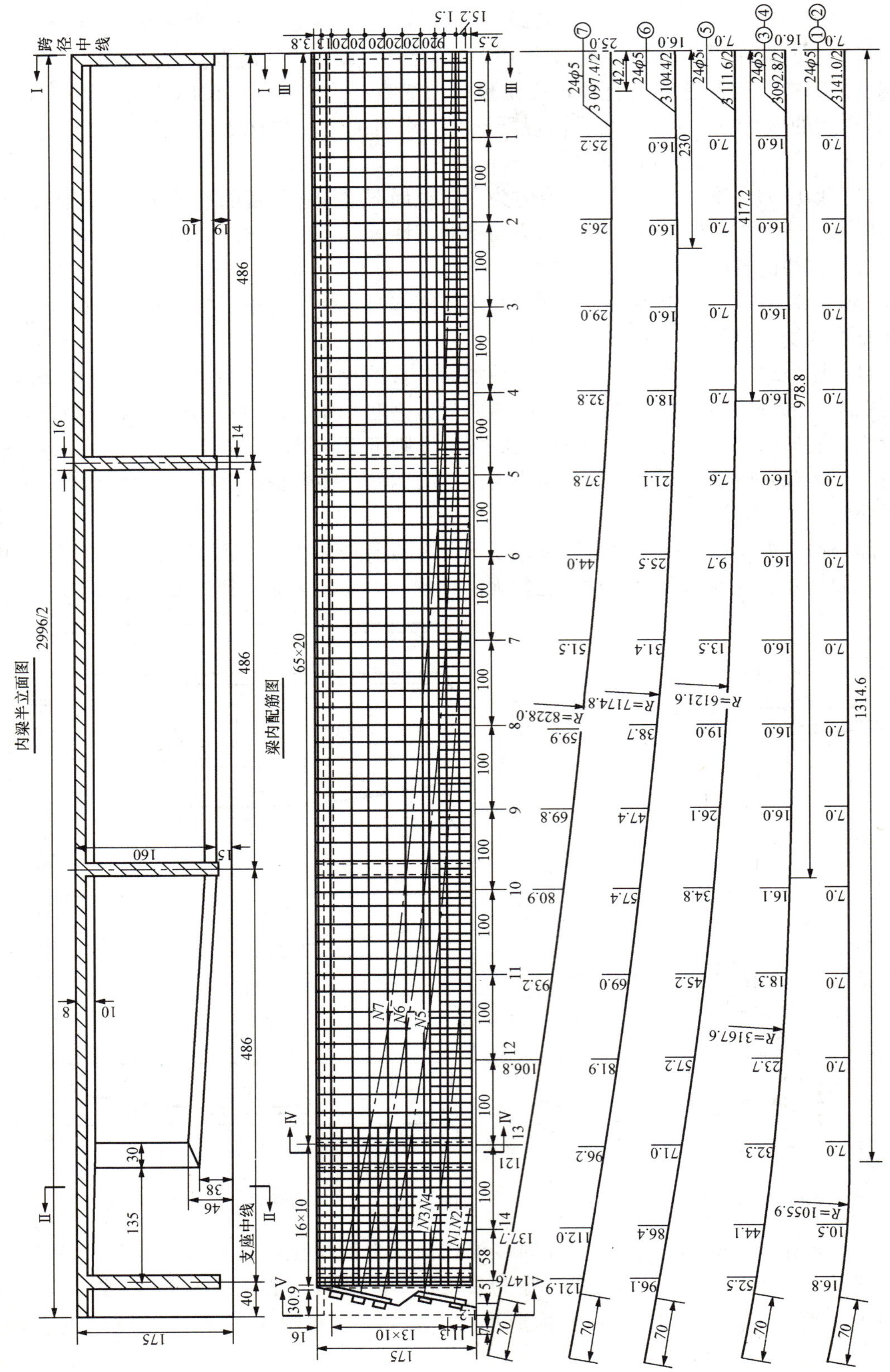

图 3 - 31 装配式预应力混凝土简支梁桥配筋（单位：除钢筋直径以 m 计外，其余均以 cm 计）

主梁采用 C40 混凝土带马蹄的 T 形截面，梁高为 1.75m，高跨比为 1/16.7。厚 16cm 的梁肋在梁端部分（约等于梁高的长度内）加宽至马蹄全宽 36cm，以利预应力筋的锚固。在截面设计中将所有混凝土内角做成半径为 5cm 的圆角，以利脱模。

T 梁预应力采用了 7 根 24φ5 高强钢丝束，钢丝极限强度为 $1600×10^3 kPa$，全部钢丝束均以圆弧起弯并锚固在梁端厚 2cm 的钢垫板上。

3.5 其他体系梁桥简介

钢筋混凝土简支梁桥由于构造简单，预制和安装方便，在桥梁建设中得到了广泛使用。然而这种简支体系当跨径超过 20～25m 时，跨中恒载弯矩和活载弯矩将迅速增大，致使梁的截面尺寸和自重显著增加，这样不但材料耗用量大、不经济，并且很大的安装重量也给装配式施工造成困难。因此，对于较大跨径的桥梁，为了降低材料用量指标，就宜采用能减小跨中弯矩值的其他体系梁桥，如悬臂体系、连续体系的梁桥等。

对于预应力混凝土梁桥，简支体系的跨径一般也不超过 50m。当需要跨越更大的跨径时，也宜修建其他体系。

3.5.1 悬臂梁桥

将简支梁梁体加长，并越过支点就成为悬臂梁桥。仅梁的一端悬出的称为单悬臂梁，两端均悬出的称为双悬臂梁。可见，使用悬臂梁的桥型至少有三孔。在较长桥中，则可由单悬臂梁、双悬臂梁与简支挂梁联合组成多孔悬臂梁桥。习惯称悬臂梁主跨为锚跨。

悬臂梁利用悬出支点以外的伸臂，使支点产生负弯矩对锚跨跨中正弯矩产生有利的卸载作用。

如图 3-32 所示，简支梁的各跨跨中恒载弯矩最大，无论单悬臂梁或双悬臂梁，在锚跨跨中弯矩因支点负弯矩的卸载作用而显著减小，而悬臂跨中因简支挂梁的跨径缩短而跨中正弯矩也同样显著减小。从标志材料用量的弯矩图面积大小（绝对值之和）来看，悬臂梁也比简支梁小。

由此可见，与简支梁相比较，悬臂梁可以减小跨内主梁高度和降低材料用量，是比较经济的。

悬臂梁桥一般为静定结构，可在地基较差的条件下使用。在多孔桥中，墩上均只需设置一个支座，减小了桥墩尺寸，也节省了基础工程的材料用量。

但是，无论是钢筋混凝土或预应力混凝土悬臂梁桥，在实际桥梁工程中均较少采用。主要原因是桥梁结构体系的应用与施工方法有着较密切的关联，而判断体系的优劣同时还需顾及结构的使用性能。悬臂梁虽然在力学性能上优于简支梁，可适用于更大跨径的桥型方案，但悬臂梁中同时存在正、负弯矩区段，通常采用箱形截面梁，其构造较复杂；跨径较大时，梁体重力过大，不易装配化施工，而往往要在费用昂贵的支架上现浇。钢筋混凝土悬臂梁，还因支点负弯矩区段存在，不可避免地将在梁顶产生裂缝，桥面虽有防护措施，但仍常因雨水侵蚀而降低使用年限。预应力混凝土悬臂梁桥虽无此患，并可采用节段悬臂施工，可它同连续梁一样，支点因是简单支承，施工时必须采用临时固定措施。但与连续梁相比，跨中要增加悬臂与挂梁间的牛腿、伸缩缝构造；在使用时，行车又不及连续梁平顺，除了是静定结

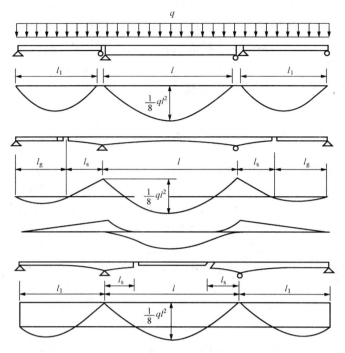

图 3-32 简支梁与悬臂梁弯矩比较图

构这个特点外，别的优点不多，因而也较少采用。

国内箱形薄壁钢筋混凝土悬臂梁桥最大跨径为 55m，最大跨度的预应力混凝土悬臂梁桥是 64.6m 的成昆孙水河五号桥，国外一般在 80m 以下。预应力混凝土悬臂梁桥世界上最大跨径为 150m，一般也在 100m 以下。

3.5.2 连续梁桥

将简支梁梁体在支点上连接形成连续梁，连续梁可以做成两跨或三跨一联的，也可以做成多跨一联的。每联跨数众多，联长就要加大，受温度变化及混凝土收缩等影响产生的纵向位移也就较大，使伸缩缝及活动支座的构造复杂化；每联长度太短，则使伸缩缝的数目增加，不利于高速行车。为充分发挥连续梁对高速行车平顺的优点，现代的伸缩缝及支座构造不断改进，最大伸缩缝伸缩长度已达 660m，梁体的连续长度已达 1000m 以上，如杭州钱塘江二桥公路桥为 8 孔一联预应力混凝土连续梁桥，跨径布置为 45m+65m+14×80m+65m+45m，连续长度为 1340m。一般情况下，连续梁中间墩上只需设置一个支座，而在相邻两联连续梁的桥墩仍需设置两个支座。在跨越山谷的连续梁中，中间高墩也可采用双柱（壁）式墩，每柱（壁）上都设有支座，可削减连续梁支点的负弯矩尖峰。

连续梁在恒载作用下，由于支点负弯矩的卸载作用，跨中正弯矩显著减小，其弯矩图形与同跨悬臂梁相差不大。如悬臂梁的悬臂长度恰好与连续梁的弯矩零点位置相对应，则弯矩图就完全一样。然而，连续梁在活载作用下，因主梁连续产生支点负弯矩，对跨中正弯矩仍有卸载作用，其弯矩分布要比悬臂梁合理。

钢筋混凝土连续梁桥同悬臂梁桥一样，因在施工上和使用上有前述缺点，仅在城市高架桥、小半径弯桥中有少量应用。而预应力混凝土连续梁的应用却非常广泛，尤其是悬臂施工法、顶推法、逐跨施工法在连续梁桥中的应用，这种充分应用预应力技术的优点使施工设备机械化，生产工厂化，从而提高了施工质量，降低了施工费用。连续梁的突出优点是结构刚度大，变形小，动力性能好，主梁变形挠曲线平缓，有利于高速行车。

然而应指出的是，预应力混凝土连续梁设计中的一个特点是，必须以各个截面的最大正、负弯矩的绝对值之和，也即按弯矩变化幅值布置预应力束筋。实际上支点控制设计的是负弯矩，跨中控制设计的是正弯矩（因支点上的活载正弯矩与恒载负弯矩之和为负弯矩；跨中活载负弯矩与恒载正弯矩之和为正弯矩）。在梁体中，弯矩有正、负变号的区段仅在支点到跨中的某一区段。这样，预应力束筋并不增加太大的用量，就能满足设计要求。反之，在活载较大的铁路桥上及恒载弯矩占总弯矩比例不大的小跨径连续梁桥上，因预应力筋节省有限，施工较简支梁复杂，经济效益差，而较少采用。

为克服钢筋混凝土连续梁因支点负弯矩在梁顶面产生裂缝，影响使用年限，在支点负弯矩区段布置预应力束筋，以承担荷载产生的负弯矩，在梁的正弯矩区段仍布置普通钢筋，构成局部预应力混凝土连续梁。这种结构具有良好的经济及使用效果，施工较预应力混凝土连续梁方便，目前在城市高架桥中已基本取代钢筋混凝土连续梁。

连续梁是超静定结构，基础不均匀沉降将在结构中产生附加内力，因此，对桥梁基础要求较高，通常宜用于地基较好的场合。此外，箱梁截面局部温差，混凝土收缩、徐变及预加应力均会在结构中产生附加内力，增加了设计计算的复杂性。

钢筋混凝土连续梁桥跨径一般不超过 25～30m，预应力连续梁常用跨径为 40～160m。其最大跨径受支座最大吨位限制。目前国内最大跨径的连续梁是南京长江二桥北汊桥（跨径布置为 90m+3×165m+90m），如果采用墩上双支座，消去结构在支座区的弯矩高峰，它的跨径可以达到 200m。

3.6　简支梁桥施工

前面已经讲到，梁桥的按施工方法分为整体浇筑式梁桥、装配式梁桥和组合式梁桥三类，而大多数简支梁桥采用预制安装的方法，即后两种方法进行施工。预制安装简支梁桥的施工过程分为简支梁的预制和简支梁的架设两大过程。下面以预应力钢筋混凝土简支梁桥的施工过程为例，来说明简支梁桥的施工过程。

3.6.1　简支梁预制

简支梁的预制施工作业可在专业的桥梁厂内进行，也可以在桥位附近的预制场内进行。预应力混凝土梁中预应力施加的方法有两种：先张法和后张法，下面分别进行简单介绍。

1. 施加预应力方法的介绍

（1）先张法。先张法预应力混凝土梁是在灌注混凝土前利用张拉台座等设备先张拉预应力钢筋（钢丝或钢绞线）使其达到设计应力后，临时锚固在台座上，随后灌注混凝土，待混凝土达到一定强度后，放松预应力钢筋，通过钢筋与混凝土之间的黏结力或通过预设于混凝土内的锚具将预应力传给混凝土。采用先张法制作预应力混凝土构件，一般是在预制场内进行。

先张法在张拉预应力筋时，只需夹具，且可重复使用。它的锚固是依靠预应力筋与混凝土的黏结力自锚于混凝土中。其工艺构造简单，施工方便，成本低。

先张法的缺点是：需要专门的张拉台座，其场地建设投资大。构件中预应力筋一般只能采用直线配筋，施加的张拉力小，适用于长度20m以内的预制构件。

（2）后张法。后张法预应力混凝土梁是在灌注混凝土前先要预留孔道，待混凝土达到设计强度后，在管道中穿进预应力钢筋进行张拉。张拉至设计应力后，利用锚具将钢筋锚固在梁端混凝土上，于是，钢筋通过锚具对混凝土施加了预压应力。然后撤去张拉设备，在孔道内压注水泥浆，以防预应力钢筋遭受锈蚀，并使钢筋和梁体混凝土黏结成整体。后张法制梁中预应力钢筋多布置成曲线形，适应荷载弯矩的需要，提高了梁的抗剪强度。后张法工序繁杂，用钢材较多，但不需专门的台座，适用于现场制造大型构件。

后张法的优点有：可直接在构件上张拉预应力筋，不需专门的台座；预应力筋可按设计要求配合弯矩和剪力变化布置成直线形或曲线形；施加的张拉力较大，适合于预制或现浇的大型构件。

后张法的缺点是：每一根预应力筋或每一束两头都需要加设锚具，施工中需预留孔道、压浆和封锚等工序，施工工艺较复杂，成本较高。

2. 先张法预应力混凝土的施工工艺

先张法生产可采用台座法或机组流水线法。机组流水线法生产速度快，但需大量钢模板和较高的机械化程度，一般只用于工厂内预制定型构件。台座法不需要复杂的机械设备，施工适用性强，应用较广。

先张法预制预应力混凝土梁的流程如图3-33所示。

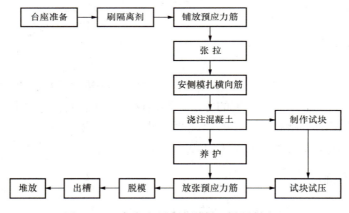

图3-33 先张法预应力混凝土梁预制流程

下面从台座、预应力筋的制备、张拉工艺及预应力筋放张等方面介绍先张法特有的生产过程。

（1）先张法张拉台座。张拉台座是先张法生产预应力构件的主要设备之一，由它承受预应力筋张拉时的全部张拉力，所以张拉台座应具备足够的承载力、刚度和稳定性。按其构造可分为墩式台座和槽式台座两类。

1）墩式台座。靠自重和上压力来平衡张拉力所产生的倾覆力矩，并靠土壤的反力和摩擦力来抵抗水平位移。在地质条件良好、台座张拉线较长的情况下，采用墩式台座可以节约大量混凝土。台座由台面、承力架、横梁和定位钢板等组成，如图 3-34 所示。

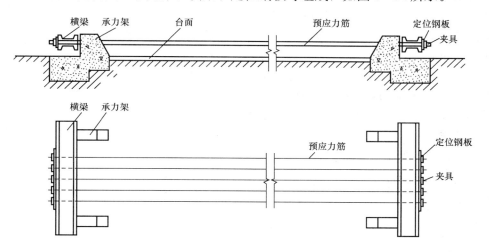

图 3-34 墩式台座结构示意图

台面有整体式混凝土台面和装配式台面两种，它是预制构件的底模。承力架承受全部的张拉力，可以因地制宜采用不同的形式，如图 3-35 所示。横梁是将预应力筋张拉力传给承力架的构件，它们都须进行专门的设计计算。定位钢板用来固定预应力筋的位置，其厚度必须保证承受张拉力后具有足够的刚度。定位板上圆孔的位置则按构件中预应力筋的设计位置确定。

图 3-35 台座承力架

2）槽式台座。当现场地质条件较差、台座又不很长时，采用的由台面、传力柱、横梁、横系梁等构件组成的台座，如图 3-36 所示。传力柱和横系梁一般用钢筋混凝土做成，其他部分与墩式台座相似。

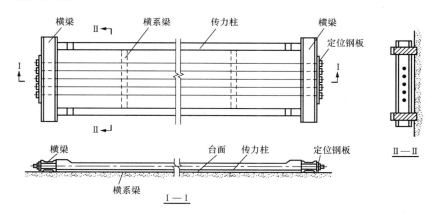

图 3-36 槽式台座结构示意图

（2）先张法预应力筋的张拉。预应力筋的张拉一般采用各类液压拉伸机，它由千斤顶、油泵和连接油管组成。张拉时，可单根张拉，也可多根成批张拉。预应力筋的张拉工作，必须严格按照设计要求和张拉操作规程进行。

1) 张拉前的准备工作。张拉前应先在端横梁上安装预应力筋定位钢板，同时检查其孔孔径是否符合设计要求。安装定位钢板时，要保证最下层和最外侧预应力筋的混凝土保护层厚度满足设计要求。

定位钢板安装并将预应力筋穿过端横梁和定位钢板后，将预应力筋临时固定于横梁上时，应保证预应力筋不被台面上的脱模剂污染。

张拉设备的各个部件在张拉前应仔细检查，只有在一切无误的情况下才能开始张拉。

2) 张拉程序。为减少预应力损失，通常采用超张拉的方法，可按表 3-1 的程序进行。初应力宜为张拉控制应力 δ_{con} 的 $10\% \sim 15\%$。

为避免台座承受过大的偏心力，单根张拉时应先拉台座截面重心附近的预应力筋，且对称向两边张拉。

表 3-1　　　　　　　　　　　　先张法预应力筋张拉程序

预应力筋种类	张　拉　程　序
钢筋	$0 \rightarrow$ 初应力 $\rightarrow 1.05\sigma_{con}$（持荷 2min）$\rightarrow 0.9\sigma_{con} \rightarrow 6\sigma_{con}$（锚固）
钢丝、钢绞线	$0 \rightarrow$ 初应力 $\rightarrow 1.05\sigma_{con}$（持荷 2min）$\rightarrow 0 \rightarrow \sigma_{con}$（锚固）
	对于夹片式等具有自锚性能的锚具： 普通松弛力筋 $0 \rightarrow$ 初应力 $\rightarrow 1.03\sigma_{con}$（锚固） 低松弛力筋 $0 \rightarrow$ 初应力 $\rightarrow \sigma_{con}$（持荷 2min 锚固）

注：1. 表中 σ_{con} 为张拉时的控制应力值，包括预应力损失值。
　　2. 超张拉数值超过规定的最大超张拉应力限值时，应按该条规定的限制张拉应力进行张拉。
　　3. 张拉钢筋时，为保证施工安全，应在超张拉放张至 $0.9\sigma_{con}$ 时安装模板、普通钢筋及预埋件等。
　　4. 低松弛预应力筋张拉的伸长值 ΔL 如较小且设计未计入锚圈口预应力损失时，应采取超张拉施工。

3) 断丝、断筋。张拉时，预应力筋的断丝数量不得超过表 3-2 的规定。

表 3-2　　　　　　　　　　　　先张法预应力筋断丝限制

类　　　别	检 查 项 目	控 制 数
钢丝、钢绞线	同一构件内断丝数不得超过钢丝总数的	1‰
钢　筋	断　筋	不容许

（3）先张法预应力筋放张。先张法预应力筋放张就是要从台座上将预应力筋的张拉力放松，逐渐将此力传递到混凝土构件上。放张时，混凝土的强度应满足设计规定的强度，设计无规定时，一般不得低于混凝土设计强度等级的 75%。预应力筋的放张可采用砂筒法、千斤顶法或滑楔法，应分阶段、对称、相互交错地进行，放张速度不宜过快。

1) 砂筒放张。在台座固定端的承力架和横梁之间，张拉前预先安放砂筒，即在承力架和横梁之间各放一个砂筒，如图 3-37 所示。张拉时筒内砂子被压实。当需要放松预应力筋时，可将出砂口打开，使砂子慢慢流出，放砂速度要均匀一致，活塞徐徐顶入，直至张拉力全部放松为止。本法易于控制放松速度，故应用较广。

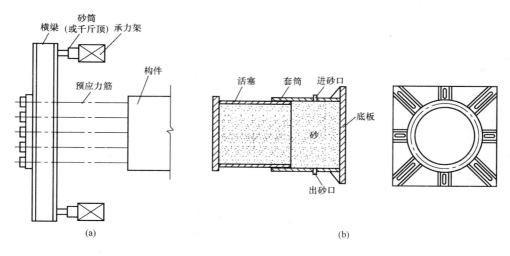

图 3-37　砂筒放张示意图
（a）砂筒布置；（b）砂筒构造

2）千斤顶放张。在张拉预应力筋之前，以千斤顶代替砂筒放张法中的砂筒，即在承力架和横梁之间各放一个千斤顶。待混凝土强度达到放张强度后，两个千斤顶同时回油，使预应力筋徐徐回缩，让钢筋慢慢回缩完毕为止，如图 3-38 所示。

3）螺杆、张拉架放张。在台座固定端设置螺杆和张拉架，张拉架顶紧横梁让预应力筋锚固在张拉架上，如图 3-39 所示。放松时，再略微拉紧力筋，让其伸长一些，然后拧松螺母，再将千斤顶回袖，力筋就慢慢回缩，张拉力即被释放。

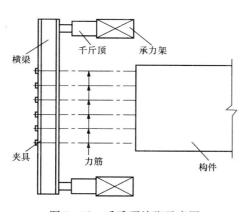

图 3-38　千斤顶放张示意图

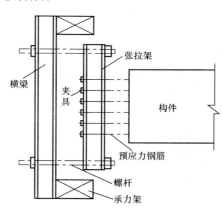

图 3-39　螺杆、张拉架放张示意图

4）滑楔放张。也可用图 3-40 所示的钢滑楔代替砂筒放张法中的砂筒进行放张。滑楔由三块钢楔块组成，中间一块上装有螺钉。将螺钉拧进螺杆就使三个楔块连成一体。需要放张时，将螺钉慢慢往上拧松，由于钢筋的回缩力，随着中间楔块的向上滑移，张拉力就被放张。

放张后，对预应力钢筋可采用乙炔—氧气切割，但应采取措施防止烧坏钢筋端部；对钢丝可采用切割、锯断或剪断的方法切断；对钢绞线可采用砂轮锯切断。

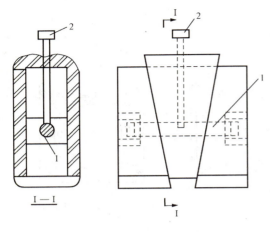

图 3-40 钢滑楔
1—螺杆；2—螺钉

3. 后张法预应力混凝土的施工工艺

后张法在公路、铁路桥梁施工中应用广泛，其施工工艺流程如图 3-41 所示。

下面从预应力筋的制备、预留孔道、张拉工艺、孔道压浆及封锚等方面介绍后张法的施工工艺。

（1）预应力钢筋工程。

1）预应力粗钢筋的加工。直径为 12～32mm 的预应力筋的加工要经过下料、对焊、冷拉、时效及端头镦粗或轧丝加工等工序。

钢筋下料时，应按钢筋的计算长度、工作长度和原材料的试验数据确定下料长度，做到合理配料，尽量减少接头数目。

钢筋的下料长度可按式（3-1）计算

$$L = \frac{l}{1 + \delta_1 - \delta_2} + nb + l_0 \tag{3-1}$$

式中　L——下料长度；

　　　l——计算长度；

　　　δ_1——冷拉伸长率，一般为2%～4%；

　　　δ_2——弹性回缩率，一般为 0.45%；

　　　n——接头数目；

　　　b——焊接损耗预留量，每个接头的预留量与钢筋直径有关，可取 25～35mm；

　　　l_0——工作长度，先张法梁的工作长度随台座情况：采用轧丝锚时取 0.15m，两端张拉取 0.2m。

粗钢筋对焊接长多采用二次闪光对头焊接，其对接焊接的轴线偏差不得大于 2mm 或钢筋直径的 1/10。

在常温下，将热轧钢筋进行拉伸，使其拉伸控制应力超过屈服强度，但小于抗拉极限强度，可以提高钢材的屈服强度。冷拉时最好采用同时控制钢筋应力和延伸率，即所谓"双控"，并以应力控制为主，延伸率控制为辅。在没有测力设备的情况下，可仅单一的控制其延伸率，称为"单控"。单控操作简单，双控操作除需冷拉设备外，还需测力设备。但双控对冷拉质量

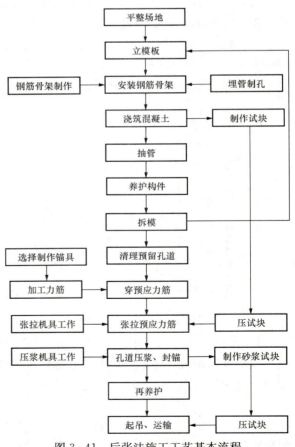

图 3-41　后张法施工工艺基本流程

控制更有保证。需要焊接的钢筋，必须先进行焊接，冷却至正常温度后即可进行冷拉。钢筋冷拉应按操作规程要求进行。

钢筋进行冷拉后，屈服强度提高但脆性增加，为此钢筋冷拉后应进行时效处理。时效的作用是将冷拉后的钢筋置于一定的温度下经过一段时间，使由冷拉引起的钢材晶格的歪曲得到一定程度的恢复，消除钢筋的内应力，使钢筋的屈服强度、抗拉强度比冷拉完成时有所提高，钢筋的弹性模量得到恢复，这就是冷拉时效。钢筋时效的时间与温度有关，有条件时可采用人工时效，即将冷拉后的钢筋在 1000℃ 的恒温下保持 2h 左右，否则可采用自然时效，当自然气温在 20～30℃ 时，至少应放置 24h。无论如何，都应保证预应力的实际强度不低于设计取用的相应强度。

钢筋端头的镦粗及轧丝可在冷拉之前进行，也可在冷拉以后加工。先张法预制板梁的粗钢筋，在冷拉或张拉时，通过连接器和锚具进行。采用镦头钢筋和开孔的垫板可代替锚具或夹具。

粗钢筋采用成束张拉时，应将下料好的钢筋梳理顺直，按适当间隔用铅丝绑扎牢固，防止扭花、弯曲，并在钢筋束两端适当距离内放置空心衬心（弹簧心或钢管）并绑扎牢固，使钢筋束端截面和锚具孔对应，以利装锚。

2）高强钢筋。直径为 6～10mm 的高强钢筋，以盘圆供应，施工中可免去冷拉工序和对焊接长等加工工作，有利于施工。

3）高强钢丝和钢绞线的成束。国产高强钢丝单根直径有 3～7mm，强度有 1470～1670MPa，甚至可提供直径 7mm、1770MPa 的高强度、低松弛钢丝。钢绞线有 9.0mm、12.0mm、15.0mm 三种直径，其强度为 1470～1770MPa。如直径 15mm 的钢绞线，它是由 6 根 5mm 钢丝为边缘，围绕一根直径为 5.15～5.20mm 的钢丝绞捻而成。

高强钢丝和钢绞线经过下料、编束后用于预应力混凝土板、梁的纵向预应力筋。

高强钢丝的来料一般为盘圆，打开后基本呈直线状，无须整直即可下料。如在自由放置的情况下，任意 1m 长范围内弯曲矢高大于 5mm 时，需要进行整直后使用。

预应力钢丝、钢绞线的下料长度，应通过计算确定。计算时应考虑构件长度（或台座长度）、锚夹具长度、千斤顶长度、焊接接头或镦头顶留量、冷拉伸长量、弹性回缩量、张拉伸长量和外露长度等。采用锥形锚具，双作用千斤顶张拉钢丝时，钢丝的下料长度取用预制梁的预留孔道长度加上每张拉端 0.7～0.8m 的工作长度。采用钢丝束镦头锚具时，同束钢丝下料长度的相对差值，当钢丝束长度≤20m 时，不宜大于 1/3000；当钢丝束长度＞20m 时，不宜大于 1/5000。长度为 6m 及小于 6m 的先张法构件的钢丝成组张拉时，下料长度的相对差值不得大于 2mm。

钢丝成束时先用梳丝板（图 3-42）将其理顺，然后每隔 1.0～1.5m 衬以长 3～4cm 的螺旋衬圈或短钢管，并在衬圈处用 2 号铁丝缠绕 20～30 道。绑扎的铁丝扣应弯入钢丝束内，以免影响穿束。成束时要保持钢丝一端齐平再向另一端进行。绑束完成后，应按设计编号堆放，并挂牌表示，以防错乱。搬运钢束时，支点间跨度不得大于 3m，两端悬出不得大于 1m。

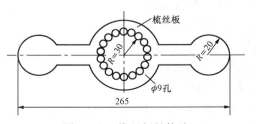

图 3-42　梳丝板的构造

钢绞线、钢丝、热处理钢筋及冷拉Ⅳ级钢筋的下料，宜采用切割机或砂轮锯。不得使用电弧切割下料。钢绞线切割时，应将切口两端各 30～50mm 处用铅丝绑扎。切断后将切口焊牢以免松散。钢绞线在编束前应进行预拉，或在梁上张拉前进行。钢绞线成束的编扎方法与制丝束相同。

预应力混凝土板、梁中的构造钢筋或普通受力钢筋的加工与普通钢筋相同。对于高、窄、长的钢筋骨架，可分段、分片预制成骨架或钢筋网，在施工现场再装配成整体。

（2）预留孔道。预留孔道为在梁体混凝土内形成预应力筋（束）的孔道，在浇筑混凝土前应预先安放制孔器。制孔器按制孔方式不同可分为预埋式制孔器和抽拔式制孔器两类。

在桥梁施工中预留预应力筋孔道所用的制孔器目前常用的主要有三种，即金属波纹管、塑料波纹管和橡胶管。

金属波纹管、塑料波纹管制孔器属于预埋式制孔器，它按预应力筋设计位置和形状固定在钢筋骨架中，本身便是孔道。在后张法预应力混凝土结构中，力筋的孔道一般由浇筑在混凝土中的金属波纹管构成。在桥梁的某些特殊部位，当设计规定时采用塑料波纹管。

橡胶管制孔器是抽拔式制孔器，它也按设计位置固定在钢筋骨架中，待混凝土抗压强度达到 0.4～0.8MPa 时，再将制孔器抽拔出以形成孔道。为了增加橡胶管的刚度和控制位置的准确，需在橡胶管内设置圆钢筋（又称芯棒），以便在先抽出芯棒之后，橡胶管易于从梁体内拔出。对于曲线束筋的孔道，则用两段胶管在跨中对接，对接接头处套一段长为 0.3～0.5m 的铁皮管，如图 3-43 所示。抽拔时，该段铁皮管留在梁内，橡胶管则从梁的两端抽拔出来。

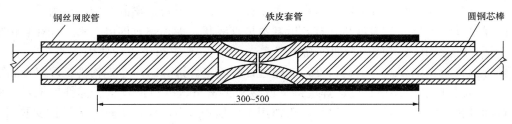

图 3-43　橡胶管制孔器接头

1）制孔器的安装。采用定位钢筋固定安装，并使其牢固地置于构件内的设计位置，并在浇筑期间不产生位移。定位钢筋可采用"♯"字钢筋，其间距对于波纹管不宜大于 0.8m，对钢管不宜大于 1m，对曲线管道要适当加密。

所有的管道均应设压浆孔，还应在最高处设排气孔及需要时在最低处设排水孔。压浆孔、排气孔和排水孔内径最小为 20mm。

2）抽拔式制孔器的抽拔。抽拔应在混凝土初凝之后与终凝之前进行。过早抽拔，混凝土可能塌陷而堵塞管道；过迟抽拔，可能拔断制孔器，一般应以混凝土抗压强度达到 0.4～0.8MPa 时抽拔为宜。

抽拔制孔器的顺序为先抽芯棒，后抽胶管，先下后上，先曲后直；先拔早浇筑的半根芯管，再拔晚浇筑的半根芯管。

抽芯后应用通孔器或压气、压水等方法对孔道进行检查，如发现孔道堵塞或有残留物或与邻孔串通，应及时处理。

（3）后张法张拉设备选择。预应力筋的张拉设备的选择与采用的锚具及预应力钢筋类型有关。一般情况下，张拉钢丝束可采用锥形锚具、锥锚式千斤顶；张拉粗钢筋可采用螺栓端杆锚具、拉杆式千斤顶；张拉钢绞线可采用夹片式锚具、穿心式千斤顶。

（4）后张法预应力筋的张拉。当构件的混凝土强度达到设计要求时，即可对预应力筋进行张拉，张拉顺序要符合设计要求。当设计未作规定时，构件的混凝土强度达到设计强度等级的 75% 时，即可采用分批、分阶段、对称的方法对预应力筋进行张拉。

1）预应力筋张拉端的设置应符合设计要求。若设计无具体要求，应符合以下规定：

①对曲线预应力筋或长度大于等于 25m 的直线预应力筋采用两端张拉；长度小于 25m 直线预应力筋，可在一端张拉。

②曲线配筋的精轧螺纹钢筋应在两端张拉，直线配筋的可在一端张拉。

③当同一截面中有多束一端张拉的预应力筋时，张拉端宜分设在构件两端。

④预应力筋采用两端张拉时，可先在一端张拉锚固后，再在另一端补足预应力值后进行锚固。

2）后张法预应力筋可按表 3-3 进行张拉。

后张预应力筋的张拉应符合设计要求，设计无规定时，其张拉程序可参照表 3-3 进行。

表 3-3 后张法预应力筋张拉程序

预 应 力 筋		张 拉 程 序
钢筋、钢筋束		$0 \rightarrow$ 初应力 $\rightarrow 1.05\sigma_{con}$（持荷 2min）$\rightarrow \sigma_{con}$（锚固）
对于夹片式等具有自锚性能的锚具	钢绞线束	普通松弛力筋 $0 \rightarrow$ 初应力 $\rightarrow 1.03\sigma_{con}$（锚固）
	钢丝束	低松弛力筋 $0 \rightarrow$ 初应力 $\rightarrow \sigma_{con}$（持荷 2min 锚固）
其他锚具	钢绞线束	$0 \rightarrow$ 初应力 $\rightarrow 1.05\sigma_{con}$（持荷 2min）$\rightarrow \sigma_{con}$（锚固）
	钢丝束	$0 \rightarrow$ 初应力 $\rightarrow 1.05\sigma_{con}$（持荷 2min）$\rightarrow 0 \rightarrow \sigma_{con}$（锚固）
精轧螺纹钢筋	直线配筋时	$0 \rightarrow \sigma_{con} \rightarrow$ 初步锚固 $\rightarrow 0 \rightarrow \sigma_{con}$（持荷 2min 锚固）
	曲线配筋时	$0 \rightarrow \sigma_{con}$（持荷 2min）$\rightarrow 0$（可反复几次）$\rightarrow$ 初应力 $\rightarrow \sigma_{con}$（持荷 2min 锚固）

注：1. 表中 σ_{con} 为张拉时的控制应力，包括预应力损失值。

2. 两端同时张拉时，两端千斤顶升降压、画线、测伸长、插垫等工作应基本一致。

3. 梁的竖向预应力钢筋建议反复张拉到控制应力，以尽可能消除构件间到非弹性变形，然后按正常张拉程序张拉锚固后测伸长和锚固；也可采用先张拉、锚固，在压浆前再次重新张拉、锚固的方法张拉。

4. 超张拉数值超过规定的最大超张拉应力限值时，应按该条规定的限值进行张拉。

张拉时张拉力的大小可通过油压表控制，同时应测量千斤顶活塞伸长量，从而确定张拉力是否满足要求。对一次不能张拉完的预应力筋，可进行二次张拉，二次张拉的伸长量应符合设计要求。

预应力筋应在控制应力达到稳定后方可锚固，锚固后经检验合格后即可切断多余的预应力筋，严禁用电弧焊切割，应采用砂轮机切割。

3）滑丝、断丝。后张预应力筋断丝及滑移不得超过表 3-4 的控制数。

表 3 - 4　　　　　　　　　　　　　　　　　后张预应力筋断丝、滑移限制

类　别	检　查　项　目	控　制　数
钢丝束和钢绞线束	每束钢丝断丝或滑丝	1 根
	每束钢绞线断丝或滑丝	1 丝
	每个断面断丝之和不超过该断面钢丝总数的	1%
单根钢筋	断筋或滑移	不容许

注：1. 钢绞线断丝是指单根钢绞线内钢丝的断丝。

　　2. 超过表列控制数时，原则上应更换，当不能更换时，在许可的条件下，可采取补救措施，如提高其他束预应力值，但须满足设计上各阶段极限状态的要求。

（5）孔道压浆。孔道压浆为了使孔道内预应力筋不受锈蚀，并与构件混凝土结合成整体，保证构件的强度和耐久性，当后张法预应力筋张拉完毕后，应尽快进行孔道压浆。

1）冲洗孔道。压浆前先用清水冲洗孔道，使之湿润，以保持灰浆的流动性，同时要检查压浆孔和排气孔是否畅通无阻。

2）确定灰浆配合比。应根据孔道形式、灌浆方法、材料性能及设备条件由试验确定灰浆配合比；孔道压浆一般采用水泥浆，孔道较大时，可在水泥浆中掺入适量的细砂。压浆所用水泥一般采用普通硅酸盐水泥，强度等级不宜低于 42.5。水灰比应控制在 0.4～0.5 之间。掺入减水剂时，水灰比可减少到 0.35。水泥浆的泌水率最大不超过 3%，拌和后 3h 泌水率应控制在 2%，泌水应在 24h 内重新全部被浆吸收。

3）压浆。一般采用活塞式压浆泵，不得使用压缩空气。对曲线孔道和竖向孔道以最低点的压浆孔压入，由最高点的排气孔排气和泌水。压浆过程中及压浆后 48h 内结构混凝土温度不得低于 5℃，否则应采取保温措施。当温度高于 35℃时，压浆则在夜间进行。水泥浆自拌制至压入孔道的间隔时间不得超过 30～45min，水泥浆在使用前和压注过程中应连续搅拌。压浆要缓慢、均匀、连续地进行，不得中断。

如中间因故停顿时，要立即将已灌入孔道的灰浆用水冲洗干净后重新压浆。压浆应达到孔道另一端饱满和出浆，并达到排气孔排出与规定稠度相同的水泥浆为止，并在关闭出浆口后，保持不小于 0.5MPa 压力至少 2min 的稳压期。压浆顺序宜先压注下层孔道，后压注上层孔道。压浆时，每一工作班要留取不少于 3 组的 70.7mm×70.7mm×70.7mm 立方体试件，标准养护 28d，检查其抗压强度。操作压浆工要注意戴防护眼镜以防水泥浆喷出射伤眼睛。

（6）封锚。孔道压浆后要立即将锚固端水泥浆冲洗干净，并将端面混凝土凿毛。在绑扎端部钢筋网和安装封锚模板时，要妥善固定，以免浇筑封锚混凝土时模板走样，同时必须保证梁体外形尺寸。封锚混凝土抗压强度要符合设计规定，一般不宜低于构件混凝土抗压强度的 80%。浇筑后 1～2h 带膜养护，脱模后继续洒水养护不少于 7d。对长期外露的锚具，要采取可靠的防锈措施。

4. 预应力混凝土施工要点

（1）张拉应力控制。预应力筋的张拉控制应力 σ_{con} 要由设计确定，施工中要控制张拉应力符合设计的要求。

当施工中预应力筋需要超张拉或计入锚圈口预应力损失时，可比设计要求提高 5%，但

在任何情况下不得超过规定的最大张拉控制应力。钢丝、钢绞线的最大控制应力（千斤顶油泵上显示的值）不应超过 $0.8f_{pk}$；对精轧螺纹钢筋不应超过 $0.8f_{pk}$（此处 f_{pk} 为预应力筋的标准强度）。

预应力筋的控制张拉力是张拉前需要确定的一个重要数据，预应力筋的控制张拉力 P_j 等于张拉控制应力 σ_{con} 和预应力筋截面面积 A_p 的乘积，即

$$P_j = \sigma_{con} A_p \tag{3-2}$$

施工时，必须将控制张拉力换算成液压千斤顶上的油压表读数（油压表的读数表示千斤顶油缸内单位面积的油压），才能在张拉时对操作进行控制。因此张拉前，要由主管部门授权的法定计量技术机构对千斤顶进行标定，得到张拉力和油压表读数的对应关系曲线，通过这个对应关系曲线就可以对预应力筋的张拉力进行控制。在施工中，当千斤顶使用超过 6 个月或 200 次或在使用过程中出现不正常现象或检修以后都要对张拉力和油压表读数的对应关系曲线进行校验。

预应力筋采用应力控制方法张拉的同时，以伸长值进行校核。实际伸长值与理论伸长值的差值应符合设计的要求，当设计无规定时，实际伸长值与理论伸长值的差值控制在 6％ 以内，否则应暂停张拉，待查明原因并采取措施予以调整后，才可继续张拉。

预应力筋的理论伸长值 ΔL（mm）可按下式计算：

$$\Delta L = \frac{P_p L}{A_p E_p} \tag{3-3}$$

式中　P_p——预应力筋的平均张拉力（N），直线筋取张拉端的拉力，两端张拉的曲线筋，
　　　　　　计算方法见 JTJ 041—2000《公路桥涵施工技术规范》附录 G-8；
　　　L——预应力筋的长度（mm）；
　　　A_p——预应力筋的截面面积（mm²）；
　　　E_p——预应力筋的弹性模量（N/mm²）。

预应力筋张拉时，应先调整到初应力。该初应力一般是张拉控制应力 δ_{con} 的 10％～15％，伸长值应从初应力时开始量测。预应力筋的实际伸长值除量测的伸长值外，必须加上初应力以下的推算伸长值。对后张法构件，在张拉过程中构件产生的弹性压缩值一般可省略。

预应力筋张拉的实际伸长值 ΔL（mm），可按下式计算

$$\Delta L = \Delta L_1 + \Delta L_2 \tag{3-4}$$

式中　ΔL_1——从初应力至最大张拉应力间的实测伸长值（mm）；
　　　ΔL_2——初应力以下的推算伸长值（mm），可采用相邻级的伸长值（如初应力为张拉
　　　　　　控制应力 δ_{con} 的 10％，则相邻级的伸长值指张拉控制应力 σ_{con} 在 10％～20％
　　　　　　之间的伸长值，以此类推）。

（2）混凝土施工注意事项。

1）预应力混凝土的配合比。混凝土用料及配合比除了符合规范有关规定以外，混凝土的水泥用量不宜超过 500kg/m³，特殊情况下不应超过 550kg/m³。可以掺入适量的外加剂，但不得掺入氯化钙、氯化钠等氯盐。

2）预应力混凝土的振捣。浇筑混凝土时，对先张构件应避免振动器碰撞预应力筋；对后张构件应避免振动器碰撞预应力筋的管道、预埋件等。并应经常检查模板、管道、锚固端垫板及支座预埋件等，以保证其位置及尺寸符合设计要求。对箱梁腹板与底板及顶板连接处

的承托、预应力筋锚固区以及其他钢筋密集部位，振捣时要特别注意。

（3）预应力筋的加工和张拉质量检验评定。对工程质量的检验，除一般混凝土、钢筋混凝土工程的应有检验项目外，尚应进行钢筋冷拉、预应力钢材编束、孔道预留、施加预应力、孔道压浆等项目的施工检验以及预应力筋、张拉机具、锚夹具的质量检查、检验。其结果应满足以下要求：

1）预应力束的力筋应梳理顺直，不得扭绞，表面不应有损伤。

2）单根力筋不允许有断筋、断丝或滑移。

3）同一截面预应力筋接头面积不超过预应力筋总面积的25%，接头的质量应符合规范要求。

4）预应力筋张拉或放张时，混凝土强度和龄期必须符合设计要求，并应严格按设计规定的顺序进行操作。

5）采用镦头锚时，镦头应头形圆整，不得有斜歪、破裂。

6）制孔管道应安装牢固，接头密合，弯曲圆顺。锚垫板平面应与孔道轴线垂直。

7）压浆工作在5℃以下进行时，应采取防冻保温措施。

8）压浆的水泥浆性能和强度应符合施工技术规范要求，压浆时排气、排水孔应有原浆溢出后方可关闭。

9）应按设计和规范要求浇筑封锚混凝土。

预应力筋表面应清洁，不应有明显的锈迹。预应力筋制作安装的允许偏差列于表3-5～表3-7。

表3-5 先张预应力筋制作安装允许偏差

检 查 项 目		规定值或允许偏差
镦头钢丝同束长度相对差/mm	$L>20$m	$L/5000$及5
	6m≤L≤20m	$L/3000$
	$L<6$m	2
张拉应力值		符合设计要求
张拉伸长值		符合设计要求，设计未规定时普通力筋的伸长值不超过计算值的±6%
同一截面内断丝根数不超过钢丝总数的比例（普通预应力筋）		1%

表3-6 粗钢筋先张法制作安装允许偏差

项 目	规定值或允许偏差
冷拉钢筋接头在同一平面内的轴线偏位/mm	2及1/10直径
中心偏位/mm	4%短边及5
张拉应力值	符合设计要求
张拉伸长值	符合设计要求，设计未规定时普通力筋的伸长值不超过计算值的±6%

表 3-7		后张预应力筋制作安装允许偏差	
项　　目		允　许　偏　差
管道坐标/mm	梁长方向	±30
	梁高方向	±10
管道间距/mm	同排	10
	上下层	10
张拉应力值		符合设计要求
张拉伸长值		符合设计要求，设计未规定时普通力筋的伸长值不超过计算值的±6%
断丝滑丝数	普通钢丝束	每束1根，且每断面不超过总数的1%
	钢筋	不允许

（4）梁体质量应符合下列规定：

1）混凝土质量检验应符合 JTJ 041—2000《公路桥涵施工规范》第 6 章的有关规定。

2）混凝土表面应平整、密实，预应力部位不得有蜂窝、露筋现象。

3.6.2 简支梁的架设

普通钢筋混凝土梁和预应力混凝土梁，在桥梁的下部结构完工后，就需要进行梁体的架设。预制混凝土简支梁的架设包括起吊、纵移、横移、落梁等工序。铁路梁更多地采用专用架桥机架设；公路梁重量相对轻一些，除专用架桥机外，另有多种灵活、简便的架设方法。

从架梁的工艺类别来分，有陆地架设、浮吊架设和利用安装导梁或塔架、缆索的高空架设等。每一类架设工艺中，按起重、吊装等机具的不同，又可分成各种独具特色的架设方法。

随着经济、社会的发展，高速铁路、高速公路、轻轨交通和城市高架道路得到蓬勃发展，桥梁结构形式也向多样化发展。其中预制箱形截面混凝土简支梁成为高速铁路、高速公路及城市轻轨桥梁最常用的梁型之一。大型箱形预制梁的发展，也促进了大型机械化运、架梁设备的发展。同时，日新月异的机械化施工技术，也为桥梁向新型、大跨发展提供了更广阔的空间。如今，可架设重达 1000t 箱梁的架桥机已应用于工程实践。

1. 架桥机架梁

由于大型预制构件的大量应用，架桥机在公路、铁路桥梁施工中的应用十分普遍。架桥机架梁速度快，不受桥高、水深的影响。架桥机架梁时，一般需要专用的运梁设备，将梁由预制场地或桥头临时存梁地点，运至架桥机尾部，但运架一体式架桥机除外。

目前在我国使用的架桥机类型很多，既有 20 世纪 60～70 年代研制并逐渐改进的传统架桥机，也有 20 世纪 90 年代以后研制的新型、大吨位架桥机；既有国外产品，也有国内厂商研制的产品。工程实践中，习惯以各生产厂家的型号来表示。根据划分标准的不同，架桥机大致可以划分为以下几种。

按所架设桥梁的用途划分，有公路架桥机、铁路架桥机、公铁两用架桥机及其他专用架桥机。

按架梁时架桥机的受力状态划分，有悬臂式和简支梁式。由于悬臂式轴重很大，且稳定性较差，现在很少采用。

按架桥机组成构件的来源划分，有专用架桥机和拼装式架桥机。前者指架桥机的主要构件为该型号架桥机专用；后者指架桥机是由万能杆件、贝雷梁、拆装梁、军用梁等常备式构件拼装而成。

按架桥机主梁的数目划分，有单梁式架桥机和双梁式架桥机。有的拼装式架桥机横向两侧的主梁由多片拼装桁架组成，仍可认为是双梁式架桥机。由于双梁式架桥机架梁时预制梁从两个主梁中间穿过，所以也形象地将其称为穿巷式架桥机。

按架桥机主梁的结构形式划分，有桁梁式、箱梁式、板梁式及蜂窝梁式等。

根据架桥机纵移的方式不同，可分为步履式架桥机（采用步履方式纵移的架桥机）、行走式架桥机（采用轮式行走方式纵移的架桥机）、上导梁式架桥机（通过导梁完成整机纵移作业，导梁位置高于梁位的箱梁架桥机）和下导梁式架桥机（通过导梁完成架梁及整机纵移过孔作业，导梁位置位于梁位的箱梁架桥机）。

此外，还有轮胎运架梁一体式架桥机（集吊梁、运梁、架梁一体化的架桥机）。

铁路上，尤其高速铁路和客运专线铁路架梁施工中，还用到一些架桥配套设备，包括机动平车、运梁车、倒装龙门吊（架）、提梁机等。

伴随着我国铁路建设的发展，铁路架桥机的结构和功能也逐步改进，新型的架桥机不断问世。1948年，我国铁路职工为抢修铁路，将旧钢板梁拼制成我国第一台80t板梁式双悬臂架桥机，开创了我国铁路架桥机的先河。1966年，西南铁路建设时研制成功简支状态下架梁的单梁式66型架桥机，以后又经改进，统称为胜利型架桥机。1970～1972年间，我国一些铁路局研制出双梁式架桥机，如燎原130型、红旗130型、井冈山130型等。1978年起到20世纪90年代中期，随着改革开放、经济技术的发展，单梁式架桥机又有JQ130型、JQ160型、D.1K140型、JD90g－130型等问世。双梁式研制出长征系列架桥机、PG28型、DPK32型等架桥机。近年来，随着客运专线的修建，可以架设大型预制箱梁的新型架桥机相继投入使用，如JQ600型架桥机、下导梁式架桥机、运架梁一体式架桥机、DF450型架桥机、SPJ450型架桥机等。

公路架桥机早期以联合架桥机、拼装式双梁架桥机为主。近年来也发展了若干专用架桥机，如DFⅢ型系列架桥机、JQL架桥机等。另外，上述用于铁路的架桥机稍加改进也可架设公路梁。

以下介绍几种铁路、公路常用架桥机的特点及架梁步骤。

（1）胜利型架桥机架梁。

1）结构特点。胜利型架桥机的机臂是单一的箱形截面梁，故又称为单梁式架桥机，其最大起吊能力为130t，可架设跨度32m铁路简支T形梁。

其基本特点是：机臂能做升降、水平摆动；可在隧道洞口及半径450m的曲线上，连续架设跨度32m以内的各种混凝土梁；不需架梁岔线；机械化程度较高，本身设有自动行驶的动力装置，既能架梁又能铺轨；一般不须使用超重车压道和特殊加固路基；能依靠自身装置装梁、自行运梁、直接喂梁；架桥机不需吊梁运行，安全性好。该机型的主要缺点是不能使梁片一次就位，需墩上人工移梁，费时费工也会降低安全性。在胜利型基础上改进的JQ130型、JQ160型、DJK140型等，都具有机上横移梁功能。

2）架桥机的构造。架桥机由 1 号车（主机）、2 号车（机动平车）和龙门架三部分组成，如图 3-44 所示。

1 号车：1 号车是架梁作业的主机。车的前端有 1 号柱，由此向后 7m 处装有 2 号柱。1、2 号柱上装有机臂。0 号柱吊在机臂的前端，架梁时支承在前方墩台上，使机臂呈简支状态。机臂上部装有吊梁小车两部，下部装有吊轨小车两部。1 号车车底板上，装有拖梁小车一部。

2 号车：2 号车是运送梁的机动车，可以自行。梁用龙门架装上 2 号车，由 2 号车运到 1 号车。2 号车底部装有一组柴油发电机组，作为动力电源。在车辆两端的两侧，各设有一个司机室。在车辆前端两侧底部，各装有一个油压千斤。当梁拖运到 1 号车时，要用它来起落。车上还设有一台拖梁小车，拖梁时用来支承梁。

龙门架：整套设备包括两个龙门架和一组 75kW 的移动式柴油发电机，用来将装在运梁平车上的梁换装到机动平车上起吊。两台龙门架应设置在靠近位的路基上，以缩短机动平车的运距。

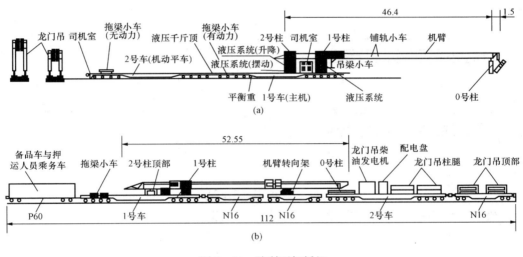

图 3-44 胜利型架桥机

(a) 架桥机总图；(b) 运输状态

3）架梁作业过程。架梁作业全过程如图 3-45 所示，按照顺序分述如下：

①架桥机自行至桥头。架梁前，架桥机应在车站组装完毕。在半悬臂状态下（机臂回缩 13m）与机动平车联挂，由主机控制运行至前方，待架梁的桥头约 150m 处停下。

②组装换装龙门吊。因车站的设备较好（如股道多，有吊装设备），龙门吊宜在车站组装。龙门吊组装完毕后，可骑在待架的梁片上，由机车在后面将它们一起向前顶进。

③梁片换装。龙门吊将梁吊起后，机车将运梁平车拉出龙门吊。机动平车自行至梁下对位后，将梁放在其上。梁放在机动平车上时，前端搁在枕木上，后端搁在拖梁小车上。

④架桥机对位。2 号柱下拉，使机臂前端 0 号柱处于上翘状态（此举为调整由于大悬臂引起的挠度）。主机以 500m/h 的速度前进，达到桥孔架设位置时停下。机臂前伸，直到 0 号柱达到前方桥墩上空，放下 0 号柱，2 号柱上升。

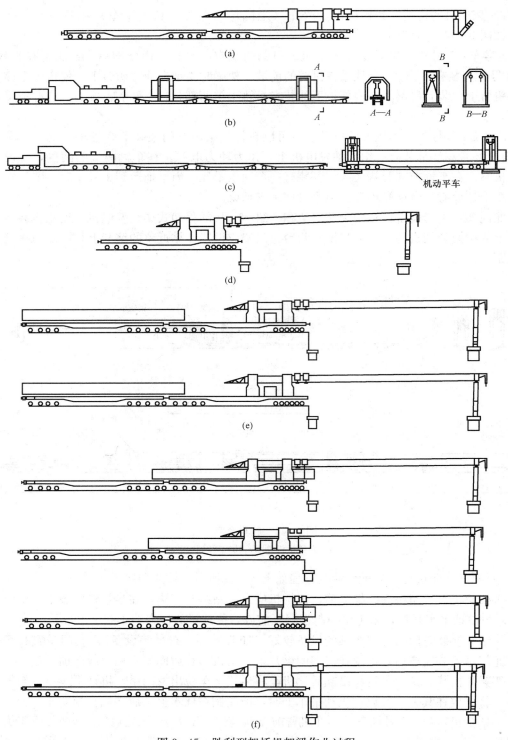

图 3-45　胜利型架桥机架梁作业过程

（a）架桥机自行至桥头；（b）组装换装龙门吊；（c）梁片换装；

（d）架桥机对位；（e）运梁至桥头；（f）架梁到桥孔

⑤运梁至桥头。利用机动平车前端的液压千斤顶将梁顶起，拆除枕木，落下千斤顶，使梁前端落在主机的拖梁小车上（有动力），后端落在机动平车的拖梁小车上（无动力）。

⑥架梁。拖梁使梁前端到第一部吊梁小车下，用第一部吊梁小车将梁前端吊起，通过千斤顶的顶、落将梁的后端落在主机的拖梁小车上。然后由吊梁小车向前运梁。当梁后端达到第二部吊梁小车时，第二部吊梁小车再将梁后端吊起。继续前行到桥位，然后落梁。落梁后需横移梁。

（2）长征 130 型架桥机架梁。

1）结构特点：长征 130 型架桥机有两片主梁，又称为双梁式架桥机，其最大起吊能力为 130t。主要技术特点如下：与单梁式架桥机相比，喂梁简单，可直接从运梁平车上吊梁，桥梁不需换装；架设两片梁，均能直接落梁一次就位，无须使用拨道法或移梁法，在墩台上无须人工移梁；架桥机轴重小，桥头线路无须特殊加固，压道量小；不需铺设桥头岔线；吊点低，架桥机不吊梁走行，作业平稳、安全；能在隧道口及隧道内架梁；可在半径大于350m 的曲线上架设 32m 及以下的各种跨度的混凝土梁和钢板梁；架桥机两端均能架梁，不需转向；主梁间距能宽能窄，宽时为工作状态，窄时为运输状态；电动机械设备完整配套，结构简单，操纵方便，具有自动走行装置。架桥机构造如图 3-46 所示，主要由台车、主梁、机臂、前门架、后门架、前支腿、中支腿、后支腿、吊梁桁车、活动横梁等组成。

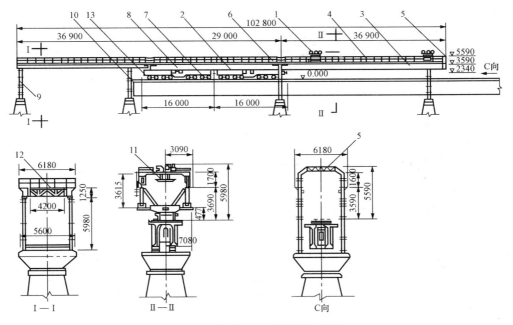

图 3-46　长征 130 型架桥机外形图

1—吊梁行车；2—主梁；3—机臂；4—人行道及栏杆；5—后门架；6—机臂摆动机构；

7—台车；8—活动横梁；9—前支腿及油顶；10—中支腿；11—吊梁扁担；

12—前门架；13—架桥机走行机构

2）架梁作业程序。长征型架桥机的架梁作业过程如下：①起动自力走行装置，架桥机自行到桥头就位，对准位置，支好台车及前、中、后支腿。②运梁平车将梁运入机身，吊梁桁车开到相应位置吊梁。③吊梁桁车吊梁运行。④吊梁桁车对位、下落，横移小车将第一片梁落位，然后起吊扁担梁、横移、后退，继续将第二片梁对位、下落、横移、再下落、就位。⑤架完一孔梁并铺好桥面后，缩短支腿高度，架桥机自行到下一跨继续架梁。

（3）闸门式架桥机架梁。架设公路的多片简支 T 形梁，在桥高、水深，尤其是桥较长的情况下，可用闸门式架桥机（或称穿巷式吊机）架梁。架桥机主要由两根分离布置的安装梁、两根起重横梁和可伸缩的钢支腿三部分组成。安装梁用四片钢桁架或贝雷桁架拼组而成。下设移梁平车，可沿铺在已架设梁顶面的轨道行走。两根型钢组成的起重横梁，支承在能沿安装梁顶面轨道行走的平车上。横梁上设有不带复式滑车的起重小车。根据穿巷式架桥机安装梁主桁架间净距的大小，可分为窄、宽两种。窄穿巷式架桥机的安装梁主桁架净距小于 T 形梁肋之间的距离。因此，边梁要先吊放在墩顶托板上，然后再横移就位。宽穿巷式架桥机可以进行边梁的起吊，并横移就位。宽穿巷式架桥机如图 3-47 所示。

宽穿巷式架桥机架梁步骤如下：

1）一孔架完后，前后横梁移至尾部做平衡重。

2）架桥机沿梁顶轨道向前移动一孔位置，并使前支腿支撑在墩顶上。

3）前横梁吊起 T 形梁，梁的后端仍放在运梁平车上，继续前移。

4）后横梁也吊起 T 形梁，缓慢前移，对准纵向梁位后，先固定前后横梁，再用横梁上的吊梁小车横移梁就位。

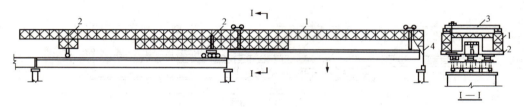

图 3-47　宽穿巷式架桥机

1—安装梁；2—支承横梁；3—起重横梁；4—可伸缩支腿

（4）联合架桥机架梁。架设中、小跨度公路简支梁时，常用联合架桥机架梁，如图 3-48所示。此法架设过程中不影响桥下通航、通车，预制梁的纵移、起吊、横移、就位都较方便。缺点是架设设备用钢量较多，但可周转使用。

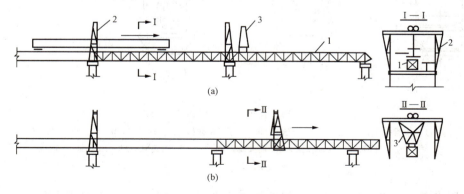

(a)

(b)

图 3-48　联合架桥机架梁

1—钢导梁；2—门式吊车；3—托架（蝴蝶架）

联合架桥机由一根两跨长的钢导梁、两套门式吊机和一个托架（又称蝴蝶架）三部分组成。导梁顶面铺设运梁平车和托架行走的轨道。门式吊车顶横梁上，设有吊梁用的行走小车。为了不影响架梁的净空位置，其立柱底部还可做成在横向内倾斜的小斜腿。这样的吊车俗称拐脚龙门架。钢导梁由贝雷梁装配。门式吊机由工字梁组成。蝴蝶架是专门用来托运门式吊机转移的，它由角钢组成。

联合架桥机架梁顺序如下：

1）在桥头拼装钢导梁，梁顶铺设钢轨，并用绞车纵向拖拉导梁就位。

2）拼装蝴蝶架和门式吊机，用蝴蝶架将两个门式吊机移运至架梁孔的桥墩（台）上。

3）由平车轨道运送预制梁至架梁孔位，将导梁两侧可以安装的预制梁，用两个门式吊机吊起，横移并落梁就位。

4）将导梁所占位置的预制梁临时安放在已架设好的梁上。

5）用绞车纵向拖拉导梁至下一孔后，将临时安放的梁由门式吊机架设就位，完成一孔梁的架设工作，并用电焊将各梁连接起来。

6）在已架设的梁上铺接钢轨，再用蝴蝶架顺序将两个门式吊机托起并运至前一孔的桥墩上。

如此反复，直至将各孔梁全部架设好为止。

（5）下导梁式架桥机架梁。下导梁式架桥机分成上、下两个梁体，下梁为导梁，上梁为吊装梁。架设时，运梁车从后部行驶至两梁之间，此时上梁的后支腿先向上折起，然后落下后支腿于已架好的梁体上。利用钢下导梁作运输通道，用运梁车将混凝土梁运到被架桥跨上方，通过靠近支腿位置的起重小车将混凝土梁提离运梁车，运梁车退出后将下导梁往前纵移一跨，让出梁体位置，上梁吊梁小车再将梁准确落到正式支座上。

现简单介绍由中铁大桥工程局研制，用于秦沈客运专线架梁的下导梁式架桥机。

下导梁式架桥机由下导梁、主梁（上梁）、前支腿、后支腿、喂梁支腿、起重小车等组成，如图 3-49 所示。

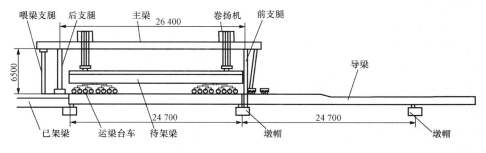

图 3-49　下导梁式架桥机

架梁过程如下：

1）架桥机通过后支腿的走行系统，运行到架梁的适当位置，固定好支腿。

2）轮轨式运梁车喂梁就位。

3）起吊箱梁，退运梁车。

4）前移下导梁，落梁就位。

5）铺运输轨道，架桥机前移一跨。

（6）轮胎运架一体式架桥机架梁。轮胎运架一体式架桥机是集吊、运、架梁为一体的多功能桥梁施工设备，主要由运架梁机和导梁两大部分组成。运架梁机的两组轮胎可以纵横向移动，解决了在预制场内将箱梁从存梁场（或直接从制梁台座）吊出横行的问题。轮胎运架一体式架桥机架梁情况如图 3-50 所示。

意大利 NICOLA 生产的轮胎运架一体式架桥机架梁过程如下：

运架梁机在制梁场取梁→运架梁机运梁→运架梁机前行走轮组驶到导梁滚动小车上托梁→导梁与桥墩锚固、运架梁机携梁沿导梁前行就位→稳固运架梁机、导梁前行至下一墩位→腾出落梁位置→安装桥梁支座→落梁就位→导梁后移一段距离→运架梁机前轮组驶下导梁→运架梁机退出→进行下一个循环。

图 3-50　轮胎运架一体式架桥机

2. 其他常用架梁方法

（1）陆地架设法。

1）自行式吊车架梁。在桥不高、场内又可设置行车便道的情况下，用自行式吊车（汽车吊车或履带吊车）架设中、小跨径的桥梁十分方便。由于大型的自行式吊机的逐渐普及且自行式吊机本身有动力，架设迅速，可缩短工期，不需要架设桥梁用的临时性设备，不必进行任何架设设备的准备工作，不需要如其他方法架梁时所必备的技术工种，因此，一般中小跨径的预制梁（板）的架设安装越来越多地采用自行式吊机。此法视吊装重量不同，可以采用一台吊机架设、二台吊机架设、吊机绞车配合架设等方法。

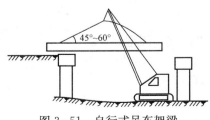

图 3-51　自行式吊车架梁

当预制梁重量不大，而吊机又有相当的起重能力，河床坚实无水或少水允许吊机行驶、停搁时，可用一台吊机架设安装，如图 3-51 所示。

用两台吊机架梁，是用两台自行式吊机各吊住梁（板）的一端，将梁（板）吊起并架设安装。此法应注意两吊机的互相配合。

吊机和绞车配合架梁时，预制梁一端用拖履、滚筒支垫，另一端用吊机吊起，前方用绞车或绞盘牵引预制梁前进。梁前进时，吊机起重臂随之转动。梁前端就位后，吊机行驶到后端，提起梁后端取出拖履、滚筒，再将梁放下就位。

2）跨墩门式吊车架梁（图3-52）。对于桥不太高、架梁孔数又多、沿桥墩两侧铺设轨道不困难的情况下，可以采用一台或两台跨墩门式吊车架梁。此时，除了吊车行走轨道外，在其内侧尚应铺设运梁轨道，或者设便道用拖车运梁。梁运到后，就用门式吊车起吊、横移，并安装在预定位置。

在水深不超过5m、水流平缓、不通航的中小河流上，也可以搭设便桥并铺轨后，用门式吊车架梁。

3）摆动式支架架梁法（图3-53）。本法是将预制梁（板）沿路基牵引到桥台上并稍悬出一段，悬出距离根据梁的截面尺

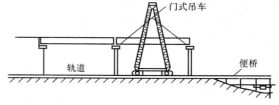

图3-52　跨墩门式吊车架梁

寸和配筋确定。从桥孔中心河床上悬出的梁（板）端底下设置人字扒杆或木支架，前方用牵引绞车牵引梁（板）端，此时支架随之摆动而到对岸。为防止摆动过快，应在梁（板）的后端用制动绞车牵引制动。

摆动式支架架梁法较适宜于桥梁高跨比稍大的场合。当河中有水时也可用此法架梁，但需在水中设一个简单小墩，以供设立木支架用。

4）移动支架架梁法（图3-54）。此法是在架设孔的地面上，顺桥轴线方向铺设轨道，其上设置可移动支架，预制梁的前端搭在支架上，通过移动支架将梁移运到要求的位置后，再用龙门架或人字扒杆吊装；或者在桥墩上设枕木垛，用千斤顶卸下，再将梁横移就位。

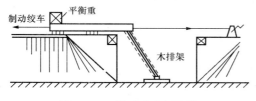

图3-53　摆动式支架架梁

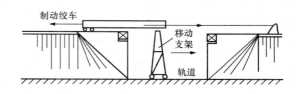

图3-54　移动式支架架梁

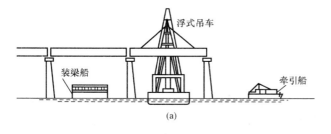

(a)

(b)

图3-55　浮吊架设法

利用移动支架架设，设备较简单，但可安装重型的预制梁；无动力设备时可使用手摇卷扬机或绞盘移动支架进行架设。但不宜在桥孔下有水、地基过于松软的情况下使用。为保证架设安全，一般也不适宜桥墩过高的场合。

（2）浮吊架设法。

1）浮吊船架梁。在海上和深水大河上修建桥梁时，用可回转的伸臂式浮吊架梁比较方便［图3-55（a）］。这种架梁方法高空作业少，施工比较

安全，吊装能力也大，工效较高，但需要大型浮吊。鉴于浮吊船来回运梁航行时间长，要增加费用，故一般采取用装梁驳船贮梁后成批一起架设的方法。

浮吊架梁时需在岸边设置临时码头，移运预制梁。架梁时，浮吊要认真锚固。如流速不大，则可用预先抛入河中的混凝土锚作为锚固点。

2）固定式悬臂浮吊架梁。在缺乏大型伸臂式浮吊时，也可用钢制万能杆件或贝雷钢架，拼装固定式悬臂浮吊进行架梁［图3-55（b）］。

（3）高空架设法。架桥机架梁也属于高空架设法。在此简介架桥机以外的高空架设法工艺特点。

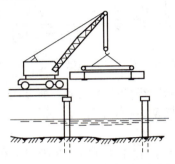

图3-56 自行式吊车桥上架梁

1）自行式吊车桥上架梁法。在预制梁跨径不大，重量较轻且梁能运抵桥头引道上时，可直接用自行式悬臂吊车（汽车吊或履带吊）架梁（图3-56）。对于架桥孔的主梁，当横向尚未联成整体时，必须核算吊车通行和架梁工作时的承载能力。此种架梁方法简单方便，几乎不需要任何辅助设备。

2）扒杆纵向"钓鱼"法架梁。此法是用立在安装孔墩台上的两副人字扒杆，配合运梁设备，以绞车互相牵吊。在梁下无支架、导梁支托的情况下，把梁悬空吊过桥孔，再横移落梁、就位安装的架梁法，如图3-57所示。

用此法架梁时，必须根据预制梁的重量和墩台间跨径，在竖立扒杆、放倒扒杆、转移扒杆或架梁或吊着梁进行横移等各个工作阶段，对扒杆、牵引绳、控制绳、卷扬机、锚碇和其他附属零件，进行受力分析和应力计算，以确保设备的安全。并且还需对各阶段的操作安全性进行检查。

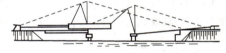

图3-57 扒杆纵向"钓鱼"法架梁

本法不受架设孔墩台高度和桥孔下地基、河流水文等条件影响；不需要导梁、龙门吊机等重型吊装设备；扒杆的安装移动简单，梁在吊着状态时横移容易，也较安全，故总的架设速度快。但不宜用于不能设置缆索锚碇和梁上方有障碍物处。

3.7 连续梁桥施工

3.7.1 连续梁桥预制装配式施工

预制装配式施工方法是中等跨径预应力混凝土连续梁桥常采用的施工方法之一。它将整根连续梁按起吊安装设备的能力先在工厂或现场分段预制，然后用各种安装方法将预制构件安装在墩台和轻型的临时支架上，再现浇接头混凝土，最后通过张拉部分预应力筋，使梁体集整形成连续梁。当起吊能力受到限制时，也可沿桥的横向将梁分割，分别预制，在安装形成连续梁体系后再进行横向整体化施工。由于预制梁或预制梁段较长，因此需要在预制时先进行第一次预应力筋的张拉，拼装就位后进行二次张拉。在施工过程中，桥梁的结构体系经历了先简支后连续的体系转换。

采用预制装配式施工法的主要特点是：①可以避免整体浇筑中的满布支架，最大限度减少在桥上现浇混凝土的数量；②施工能连续操作，可以使桥梁结构选择最佳的施工接缝位置和合理的结构形式；③可以使上部结构的预制工作和下部结构的施工同步进行，大大缩短工期，特别是横向整体的整孔架设施工，速度最快；④便于使用逐段接长的预应力筋，还可按最优的位置布置力筋；⑤施工过程中结构体系不断改变；⑥起重能力要求较大；⑦由于受到辅助设备和起重能力的限制，桥梁跨径不宜过大，以中等跨径的长桥最为合适，经济效益高。

预制简支—连续梁施工程序如下：预制简支梁，分片进行预制安装，预制时按预制简支梁的受力状态进行第一次预应力筋（正弯矩）的张拉锚固，安装完成后经调整位置（桥横向及标高），浇筑墩顶接头处混凝土，更换支座，进行第二次预应力筋（负弯矩筋）的张拉锚固，进而完成一联预应力混凝土连续梁的施工。

采用此法施工时，连续作用只对简支预制梁连续后的小部分恒载及活载有效，因而，此法不适用于跨径较大和预制梁自重所占总荷载的比重较大的情况。在实践中，此法一般适用于的桥梁跨径多为 25～50m 的情况。

当矮箱梁和 T 形截面梁集整为连续梁时，多采用简支—连续施工法施工，下部结构可以安排平行作业施工，这样可以大大节省工期。

广东省广珠公路的细滘桥，采用简支—连续施工法施工。该桥全长 634.64m，主桥为 5 跨一联预应力混凝土连续梁桥，桥面宽度为 14.5m，采用六梁式 T 梁截面，梁高 2.5m，主梁间距 2.4m，预制梁宽 1.9m，各梁之间留有 0.5m 翼缘板作为现浇湿接缝。简支梁现场预制，纵向分段，斜向分层，从一端向另一端连续浇筑施工，待达到设计强度后进行第一次张拉和压浆。其施工程序是先安装第 1、2、3 跨预制简支梁，安装前在桥墩承台上设置两个临时支座，当 3 跨简支梁就位后调整后，现浇主梁接头混凝土，张拉二期预应力筋，拆除临时支座，使结构转换为 3 跨连续梁，在每片主梁从一岸向跨中方向进行整体化施工后，继续加设第 4、5 跨简支梁，并从另一岸开始进行两跨连续梁的转换施工。最后在 3 跨连续梁和两跨连续梁之间合龙，成为 5 跨一联连续梁。在每片主梁形成 5 跨连续梁后，现浇横隔梁和桥面板的湿接头，将各梁连成整体，最后进行桥面和人行道等的施工。

3.7.2　连续梁桥就地浇筑施工

连续梁桥就地浇筑施工包括固定支架浇筑施工法、移动支架逐孔现浇施工法和移动模架逐孔浇筑施工法三种形式，分别介绍如下。

1. 固定支架浇筑施工法

固定支架就地浇筑法是在桥跨间设置支架、安装模板、绑扎钢筋、现浇混凝土的施工方法，是桥梁施工中应用较早的一种施工方法，以往多用于桥墩较低的简支梁桥和中、小跨连续梁桥。它的主要特点是桥梁整体性好，施工简便可靠，对机具和起重能力要求不高。对预应力混凝土连续梁桥来说，结构在施工中不出现体系转换的问题，不引起恒载徐变次内力。但这种施工方法需要大量施工脚手架，施工工期长。

近年来，随着桥梁结构的多样化发展，如变宽桥、弯桥等复杂的混凝土结构，加之钢脚手架的应用和支架构件趋于常备化，在其他施工方法都较难实施时，或经过比较采用固定支架就地浇筑施工是方便、经济的情况下，也常用在中、大跨径的桥梁施工当中。因此扩大了其应用范围，在近些年的公路建设中大量地应用了这种施工方法。

固定支架浇筑施工法的优点是：①梁体混凝土浇筑与预应力张拉可一气呵成，连续梁整体性好，施工平稳可靠；②施工中不需要体系转换，不引起恒载徐变二次矩；③对机具和起重能力要求不高，无需大型起重设备；④可以采用强大的预应力体系，施工方便。

固定支架浇筑施工法的缺点是：①施工中需要大量的脚手架，可能影响通航和排洪；②对于桥墩较高、水较深的桥梁，支架施工不方便；③设备周转次数少，施工期长；④施工费用高。

固定支架浇筑施工法的适用条件是：①适用于有搭设支架条件的中小跨度连续梁桥，适宜跨径为 20～60m；②对于弯桥、宽桥、斜交桥、立交桥等复杂桥型，可以考虑使用该法。

（1）支架。

1）支架的形式。就地浇筑混凝土梁桥的上部结构，首先应根据桥梁的跨径、桥孔下面覆盖土层的地质条件、水的深浅等因素，合理地选择支架的形式，在桥孔位置搭设支架，以支承模板、浇筑的钢筋混凝土。关于支架的构造及其适用条件，请参见本书 1.2.1 节。

2）对支架的要求。支架虽然是临时结构，但它要承受桥梁的大部分恒重，因此必须有足够的强度、刚度，构件结合紧密并加入纵、横向连接杆件，使支架成为整体，保证就地浇筑的顺利进行。为了使浇筑的梁体不产生大的变形，支架的基础要坚实可靠，以保证其沉陷值不超过规定值。

支架在受荷后有变形和挠度，在安装前要有充分的估计和计算，并在安装支架时设置预拱度，使就地浇筑的主梁线形符合设计要求。支架的卸落设备有木楔、砂筒和千斤顶等数种，卸架时要对称、均匀，不应使主梁产生局部受力。

在河道中施工的支架要充分考虑洪水和漂浮物的影响，除对支架的结构构造有所要求外，在安排施工进度时尽量避免在高水位情况下施工。

除了对支架本身的要求以外，还需对地基进行处理，原则上应使得地基平整、稳定，满足支架所传到地基上的应力要求。由于满堂支架间距较小，一般为 60～120cm，支点多，这就对地基承力要求较低，一般情况下，针对不同土类进行施工面整体换填。在软基可换填石灰土，在一般性土类可换填砂砾，换填厚度为 30～100cm，有条件的用压路机压实。在各支点下设置混凝土方块、条形方木、型钢等材料，分布承压面积。

梁式支架在软基或水中用打入桩或钻孔桩较好，在软土或一般性土类用换填法，基础一般做成沿横桥向的条状，宽度要满足传力扩散角的要求，换填深度应按沉降量及地基承载力要求计算。在湿陷性黄土地区，应做好防水排水措施。换填时必须分层夯实，严格控制。支柱与地基间应设置钢筋混凝土块以分散传给地基的应力。

3）支架的预拱度。为了使上部结构在卸架后能满意地获得设计规定的外形，必须在施工时设置一定数值的预拱度。在确定预拱度时应考虑以下因素：

①卸架后由上部结构自重及活载一半所产生的挠度 δ_1。

②施工期间支架结构在恒载及施工荷载（施工人员、机具、设备等）作用下的弹性压缩 δ_2 和非弹性变形 δ_3。

③支架基底土在荷载作用下的非弹性沉陷 δ_4。

④由混凝土收缩及温度变化引起的挠度 δ_5 等。

第②、第③项引起的变形可通过对支架用同等荷载预压消除。根据梁的挠度和支架的变形所计算出来的预拱度之和就是梁的预拱度最高值，它应该设置在跨径的中点。其他各点的预拱度，则按照直线或二次抛物线比例进行分配，在两端的支点处则为零。

（2）钢筋与模板。钢筋与模板的操作工艺以及施工要求同一般混凝土构件的施工工艺。支模前所有支座钢垫板均应固定于支座上，并在不与混凝土接触部位做好防锈处理。在支模时使混凝土直接与支座钢板及锚螺栓接触。梁端与桥台相邻处以及支座四周应使用可拆卸的板材料作底模板，以防在混凝土浇筑后，由于模板不能取出，影响桥梁的正常工作。

箱形梁一般分两步浇筑混凝土，但整个箱形梁混凝土外模板（包括底模与外侧模板）应一次支齐，以利绑扎钢筋。第一步，混凝土浇到顶板与腹板接缝处，待混凝土强度达到50%设计强度后，可拆除胶板内模。第二步，利用钢丝网板或其他方法作箱梁顶板内胎，可架于已浇好的混凝土胶板上，绑扎顶板钢筋和浇筑顶板混凝土。

钢丝网内模外形应与设计箱形梁顶板内底板形状一致，根据安装要求，可沿箱形梁的纵向长度分为若干段，横向不应分段，以便于安装。

（3）混凝土浇筑。

1）基本规定。梁体混凝土宜采用水平分层连续浇筑或倾斜分层连续浇筑，但均应在下层混凝土初凝前浇完上层混凝土。

水平分层连续浇筑，上下层前后间隔距离宜保持15m以上。倾斜分层坡度不宜过陡，浇筑面与水平夹角不得大于25°。采用插入式振捣器，每层厚度不宜大于0.3m。

2）工作缝。

①工作缝设置，原则上应设在主梁弯矩最小处。

②工作缝的构造：工作缝两端应以木板与主梁体隔开，并留出钢筋通过的孔洞，由主梁底一直分隔到桥面板顶部；工作缝宽度一般为80～100cm，补浇混凝土时，工作缝两侧应凿毛。

3）悬臂梁。悬臂梁混凝土应自跨中向两墩台方向连续浇筑，并同时自悬臂端向墩顶方向浇筑，在墩顶处交汇。

4）箱形梁。箱形梁可采用全断面一次浇筑成型，也可采用横断面两次浇筑成型，即先浇筑底板、腹板混凝土，二次浇筑顶板混凝土。

①箱形梁全断面一次浇筑成型时应符合下列要求：

a. 当箱内净空较大、便于操作、混凝土生产能力较强时，可采用一次浇筑成形。

b. 顶板模板应留出足够数量的下料口，保证梁底板混凝土入模需要。

c. 底板混凝土宜采用低流动性混凝土。在保证底板混凝土初凝前，浇筑上层混凝土（即腹板混凝土）的条件下，可拉大上下层浇筑距离，避免腹板混凝土浇筑时大量流淌至底板内。

d. 在箱内应设专人随时清理流淌出的混凝土，并保证底板混凝土振捣密实不超厚。

e. 箱梁内模板支撑应简练，少占净空，顶板模板应适度留出混凝土进料口。

f. 为拆模及预应力张拉需要，顶板可留70cm×100cm人孔，人孔宜设在1/4跨附近。

g. 箱内湿度大、温度高、空间小，应保证通风、用电等施工安全。

②箱形梁二次浇筑成形时应符合下列要求：

a. 两次成形顺序是先浇筑底板腹板混凝土，腹板内模拆除后，支顶板模，再浇筑顶板混凝土。两次成形浇筑时，支点横梁两侧预应力束上弯部位不宜两次成形，应全断面一次浇筑。

b. 两次成形的接缝宜留在腹板加腋下 5cm 处，接缝按工作缝处理。工作缝凿毛、钢筋除污时混凝土强度不低于 2.5MPa，应人工凿毛。预应力混凝土梁凿毛时不得损坏波纹管。

c. 两次浇筑的混凝土宜使用同品种、同强度等级、同生产厂家、同批生产的水泥。

d. 梁式结构采用两次浇筑时，可采用下列措施，防止一期混凝土产生次生变形、裂缝。

（a）增大模板支架刚度、最大限度减少二次浇筑混凝土时的变形。

（b）增大第一次浇筑混凝土部分比例，宜达到 60%～70% 以上，使支架非弹性变形在第一次浇筑混凝土时基本完成。

（c）推迟二期混凝土的浇筑工期，使一期混凝土有较高的强度，能承受次生变形，不致产生裂缝。

（d）支架预压，消除非弹性变形。

5）多跨梁。

①多跨连续梁因整联长度过长，需分段张拉，或混凝土浇筑量过大，不能整联一次连续浇筑完成时，可分段浇筑，分段位置如设计无规定宜留在梁跨 1/4 部位处。

②多跨连续梁宜整联浇筑，必须分段浇筑时，应自一端跨逐段向另一端跨推进，每段浇筑跨数，可依设计施工需要而定。

③多跨连续梁分段浇筑（含混凝土浇筑、预应力张拉和脱架），不宜由两端跨开始，到中间跨合龙。如果必须从两端跨开始，在中间跨合龙时，合龙段应作合龙设计，按合龙要求处理。

④多跨连续梁逐孔浇筑应自每联的一端跨开始逐跨向另一端跨推进，第一次宜浇筑 1～2 跨。

6）应注意的质量问题。在基底刚性不同的支架上浇筑连续梁、悬臂梁混凝土时，为避免所浇筑的混凝土因支架不均匀沉降产生裂缝，应按下列方法之一进行混凝土浇筑：

①尽量加快混凝土浇筑速度，初凝前浇筑完全部混凝土，免受支架变形影响。

②在梁体混凝土浇筑前，先在支架上加载预压，加载强度与梁重相等，使支架提前充分变形，在浇筑混凝土时再将预压荷载从支架上逐渐撤除。预压过程支架发生变形，支架高程与设计不符时应在浇筑混凝土前调整。

③将梁分为数段，并拟定适当的能够消除支架不均匀沉降影响的混凝土浇筑顺序，进行分段浇筑。分段方法、分段浇筑顺序宜与设计单位洽商确定。

（4）预应力筋。采用支架法对预应力筋连续梁桥进行施工，其预应力筋可一次性布置，集中张拉，因此便于采用大型力筋，如莱昂哈特体系、VSL 体系等。我国的通惠河铁路桥，利用整体支架浇筑施工法施工，采用的力筋为莱昂哈特体系，力筋为 $7\phi3mm$ 钢绞线，在套管中排成 18 层 13 列，共计 234 根，每端总张拉力为 25 088kN，采用多台千斤顶一次张拉施工。

2. 移动支架逐孔现浇施工法

移动支架逐孔现浇施工法与在固定支架现浇施工法的不同点在于：支架逐孔现浇施工仅在一跨梁上设置支架，当预应力筋张拉结束后，将支架移到下一跨施工；而在支架上整体浇筑施工通常在一联桥跨内布设支架连续施工，因此支架逐孔现浇施工法在施工过程中有体系转换问题，混凝土徐变对结构产生次内力，而整体支架浇筑施工法没有这类问题。

移动支架法逐孔现浇施工法的特点是：①支架数量较整体支架浇筑法要少，周转次数多，利用效率高，经济效益好；②施工速度较快；③施工周期较长。

移动支架常用的形式有落地式和梁式，如图 3-58 所示。落地式支架适用于在陆地上或桥墩较低、水不深的情况下建桥。梁式支架的承重梁支承在锚固于桥墩上的横梁上，也可支承在已完成的梁体上，它适用于在较深的水中建桥。

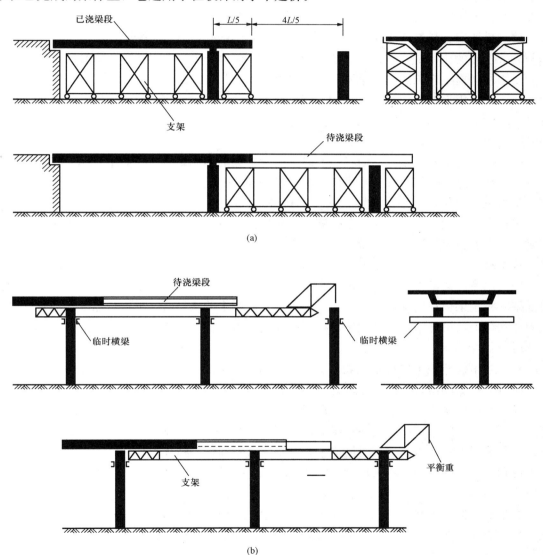

图 3-58　移动支架逐孔现浇施工
（a）落地式支架；（b）梁式支架

3. 移动模架逐孔浇筑施工法

移动模架逐孔浇筑施工法是采用可移动模板及支架逐孔浇筑施工的方法。施工时每孔仅

在 $0.2L \sim 0.25L$ 附近处（L 为跨长）设一道横向工作缝，浇完一孔后，将移动模架前移到下孔位置，如此重复施工。它就像一座严密而坚固的，沿着桥梁跨径封闭的"桥梁预制厂"，随着施工的进行不断前移施工。双线桥梁时，可同时采用两套移动模架交叉施工。

移动模架逐孔浇筑施工法的优点是：①机械化、自动化程度高，模板、钢筋、混凝土和张拉工艺等整套工序均可在模架内完成；②施工作业可周期进行，不受外界因素干扰，不仅便于管理，又能提高工程质量，加快施工速度；③场地占用少。

移动模架逐孔浇筑施工法的缺点是：①需要一整套设备及配件，耗用钢材多，一次性投入大；②设备拼装、运输、维修及养护繁琐。

移动模架逐孔浇筑施工法可应用于以下类型桥梁的施工：①等截面桥梁；②跨径多为 $20 \sim 60$m 左右的桥梁；③桥长大多超过 200m，多为 $400 \sim 600$m 的桥梁；④弯桥或坡桥。

使用移动模架施工法的桥梁有德国的克钦卡汉桥（自此施工方法在该桥上得到应用之后，此法的应用逐渐推广起来）、日本的四叶町 576 区高架桥及 562—563 区的高架桥、英国奥韦尔桥的引桥、瑞士莱内高架桥、伊拉克摩苏尔 4 号桥、我国的厦门跨海大桥和青岛女姑山跨海大桥等。

移动模架的形式很多，下面我们就以下两种常见的移动模架作一简单介绍。

（1）移动悬吊模架。移动悬吊模架的基本结构主要是承重梁、从承重梁伸出的肋骨状横梁和支承主梁的移动支架。承重梁常采用钢梁，长度大于跨径的两倍，为承受施工设备自重、模板系统重量和现浇混凝土重量的主要构件。承重梁的后段通过可移式支承落在已完成的梁段上，它将重量传给桥墩或直接坐落在墩顶；承重梁的前端支承在桥墩上，工作状态呈单悬臂状态；在承重梁两侧呈悬臂状态的许多横梁覆盖桥梁全宽，它由承重梁上 $2 \sim 3$ 组钢索拉住，以增加其刚度。横梁的两端垂直向下，到主桥的下端再呈水平状态，形成下端开口的框架并将主梁包在内部，当模板支架处于浇筑混凝土的状态时，模板依靠下端的悬臂梁和锚固在横梁上的吊杆定位，并用千斤顶固定模板浇筑混凝土。移动悬吊模架的施工程序如图 3-59 所示。

移动悬吊模架施工的优点是机械化、自动化程度较高，施工环境好，施工质量容易保证，还可节约劳动力，经济效益较好；不足之处是需要一套大型设备，一次性投入大。

（2）活动模架施工。活动模架的形式较多，这里我们简要介绍两种。一种是采用两根长度大于两倍跨径的承重梁分设在箱梁截面的翼板缘下方，兼作支承和移动模架的功能，不需导梁。承重梁设置在墩顶的临时横梁上，两根承重梁间用钢螺栓框架连接。英国的奥韦尔桥的引桥和瑞士莱内高架桥均采用这种模架施工。另一种形式是由承重梁、导梁、台车和桥墩托架等构件组成，如图 3-60 所示。承重梁设置于混凝土箱形梁两侧，用于支承模板和承受施工重量。浇混凝土时，承重梁支撑在桥墩托架上。导梁长度大于两倍桥梁跨径，用于运送承重梁和活动模架。当一跨梁施工完成后，脱模、卸架，由台车将承重梁和活动模架运送至下一跨，承重梁就位后导梁再向前移动。

活动模架法施工的优点是：①机械化程度高，功能完善，施工效率高；②梁体整体性好；③便于深水作业，不影响通航；④工序重复，易于掌握和管理。其不足是：①结构庞大，价格较高，一次性投入大；②设备的拼装、运输、维修和养护困难，附加费用高。

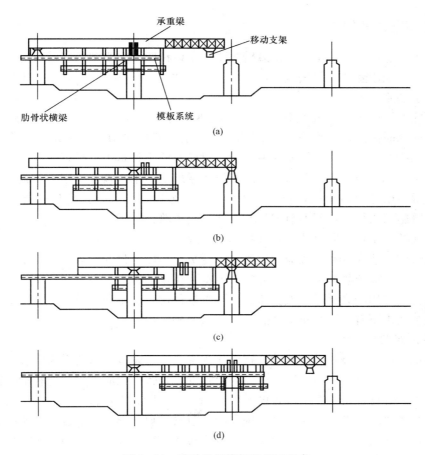

图 3-59 移动悬吊模架的施工程序

（a）施工完成；（b）放模板，移承重梁；（c）前移；（d）就位，安装模板

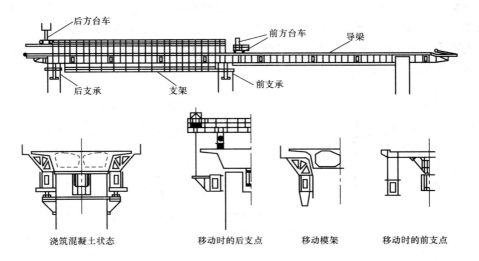

图 3-60 活动模架的构造

3.7.3   连续梁桥悬臂法施工

悬臂施工法也称为分段施工法。悬臂施工法是以桥墩为中心向两岸对称地、逐节悬臂接长的施工方法。采用悬臂浇筑法施工占 80% 左右,采用悬臂拼装法施工占 20% 左右。悬臂施工法有以下的施工特点:

(1) 预应力混凝土连续梁及悬臂梁桥采用悬臂施工时需进行体系转换,即在悬臂施工时,梁墩采取临时固结,结构为 T 形刚构,合龙前,撤销梁墩临时固结,结构呈悬臂梁受力状态,待结构合龙后形成连续梁体系。设计时应对施工状态进行配束验算。

(2) 桥跨间不需搭设支架,施工不影响桥下通航或行车。施工过程中,施工机具和人员等重力均全部由已建梁段承受,随着施工的进展,悬臂逐渐延伸,机具设备也逐步移至梁端。所以悬臂施工法可应用于通航河流及跨线立交大跨径桥梁。

(3) 多孔桥跨结构可同时施工,加快施工进度。

(4) 悬臂施工法充分利用预应力混凝土承受负弯矩能力强的特点,将跨中正弯矩转移为支点负弯矩,使桥梁跨越能力提高,并适合变截面桥梁的施工。

(5) 悬臂施工用的悬拼吊机或挂篮设备可重复使用,施工费用较省,可降低工程造价。

悬臂施工法主要有悬臂浇筑法及悬臂拼装法两种。

1. 悬臂浇筑法施工

悬臂浇筑(简称悬浇)采用移动式挂篮作为主要施工设备,以桥墩为中心,对称向两岸利用挂篮浇筑梁段混凝土,待混凝土达到要求强度后,张拉预应力束,再移动挂篮,进行下一节段的施工。悬臂浇筑每个节段长度一般 2~6m,节段过长,将增加混凝土自重及挂篮结构重力,同时还要增加平衡重及挂篮后锚设施;节段过短,影响施工进度。所以施工时应根据设备情况及工期,选择合适的节段长度。悬臂浇筑法是桥梁施工中难度较大的施工工艺,需要一定的施工设备及一支熟悉悬臂浇筑工艺的技术队伍。

(1) 悬臂施工程序。悬臂浇筑施工时,梁体一般要分四部分浇筑,如图 3-61 所示。Ⅰ为墩顶梁段(又称 0 号块),Ⅱ为由 0 号块两侧对称分段悬臂浇筑部分,Ⅲ为边孔在支架上浇筑部分,Ⅳ为主梁在跨中合龙段。主梁各部分的长度视主梁形式和跨径、挂篮的形式及施工周期而定。0 号块一般为 5~10m,悬浇分段一般为 3~5m,支架现浇段一般为 2~3 个悬臂浇筑分段长,合龙段一般为 1~3m。

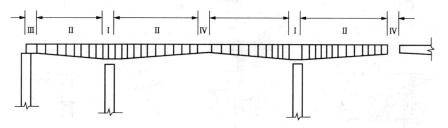

图 3-61   悬臂浇筑分段示意图

Ⅰ—墩顶梁段;Ⅱ—0 号块两侧对称分段悬臂浇筑梁段;Ⅲ—支架浇筑梁段;Ⅳ—主梁跨中合龙段

施工程序一般如下:

1) 在墩顶托架上浇筑 0 号块并实施墩梁临时固结系统。

2）在 0 号块上安装悬臂挂篮，向两侧依次对称地分段浇筑主梁至合龙段。

3）在临时支架或梁端与边墩间临时托架上支模板浇筑现浇梁段。当现浇梁段较短时，可利用挂篮浇筑；当与现浇相接的连接桥是采用顶推施工时，可将现浇梁段锚固在顶推梁前端施工，并顶推到位。此法不需要支撑，省料省工。

4）主梁合龙段可在改装的简支挂篮托架上浇筑。多跨合龙段浇筑顺序按设计或施工要求进行。

（2）分段悬浇施工。

1）墩顶 0 号段施工。0 号块结构复杂，预埋件、钢筋、各向预应力钢束及其孔道、锚具密集交错，梁面有纵横坡度，端面与待浇段密切相连，务必精心施工。视其结构形式及高度，一般分 2～3 层浇筑，先底板，再腹板，后顶板。

悬臂梁和连续梁采用悬臂浇筑法施工时，墩顶 0 号块梁段采用在托架上立模现浇，并在施工过程中设置临时梁墩锚固，如图 3-62 所示，使 0 号块梁段能承受两侧悬臂施工时产生的不平衡力矩。施工托架可根据承台形式、墩身高度和地形情况，分别支承在承台、墩身或地面上。它们可采用万能杆件、贝雷桁架（或装配式公路钢桁架）、六四军用桁架及型钢等组成，也可采用钢筋混凝土构件做临时支撑。

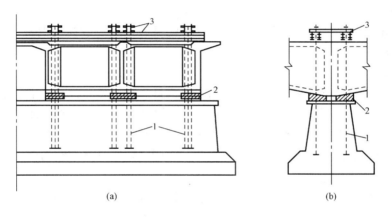

图 3-62　0 号段与桥墩的临时固结
1—预埋临时锚固的预应力筋；2—临时支座；3—工字钢

由于考虑到在托架上浇筑梁段 0 号块混凝土，托架变形对梁体质量影响很大，在作托架设计时，除考虑托架强度要求外，还应考虑托架的刚度和整体性。由于托架弹性、杆件连接处有缝隙、地基有沉降等因素影响，可能使托架下沉，引起混凝土梁段出现裂缝，因此采用万能杆件、贝雷梁、板梁、型钢等作托架时，在混凝土浇筑以前，可采取预压、抛高或调整等措施，以减少托架变形，并检验托架是否安全。

垫石是永久支座的基石。由于支座安装平整度和对中精度要求高，因此垫石四角及平面高差应小于 1mm，为此垫石分两层浇筑。首层浇筑高程比设计高程低 15cm。第二层应利用带微调整平器的模板，控制浇筑高程比设计高程稍高，再利用整平器及精密水准仪量测，反复整平混凝土面。在安装支座前凿毛垫石，铺 2～3cm 厚与墩身等强的砂浆，砂浆浇筑高程较设计高程略高（3cm），然后安放支座就位，用锤振击，使其符合设计高程，偏差不得大于 1mm，水平位置偏差不得大于 2cm。

　　大跨径预应力混凝土桥梁采用悬臂施工法施工，如结构采用 T 形刚构，因墩身与梁本身采用刚性连接，所以不存在梁墩临时固结问题。悬臂梁桥及连续梁桥采用悬臂施工法时，为保证施工过程中结构的稳定可靠，必须采取 0 号块梁段与桥墩间临时固结或支承措施。临时支座的作用是在施工阶段临时固结墩、梁，承受施工时由墩两侧传来的悬浇梁段荷载，在梁体合龙后便于拆除和体系转换。

　　临时固结措施或支承措施有下列几种形式：

　　①临时支座一般采用 C40 混凝土，并用塑料包裹的锚固钢筋穿过混凝土预埋梁底和墩顶中，其布置如图 3-62 所示。

　　②在桥墩一侧或两侧加临时支承或支墩，如图 3-63（a）、（b）所示。

　　③将 0 号块梁段临时支承在扇形或门式托架的两侧，如图 3-63（c）所示。

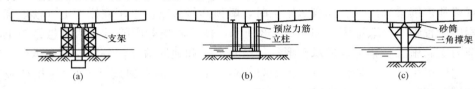

图 3-63　临时支承措施

　　④临时支承可用 10～20cm 厚夹有电阻丝的硫磺砂浆层、砂筒或混凝土块等卸落设备，以使体系转换时，较方便地解除临时支承。

　　2）Ⅱ梁段悬浇施工。

　　①挂篮的分类。挂篮是悬臂浇筑施工的主要机具。挂篮是一个能沿着轨道行走的活动脚手架，挂篮悬挂在已经张拉锚固的箱梁梁段上，悬臂浇筑时箱梁梁段的模板安装、钢筋绑扎、管道安装、混凝土浇筑、预应力张拉、压浆等工作均在挂篮上进行。当一个梁段的施工程序完成后，挂篮解除后锚，移向下一梁段施工。所以挂篮既是空间的施工设备，又是预应力筋未张拉前梁段的承重结构。

　　作为施工梁段的承重结构，同时又是施工梁段的作业现场，随着施工技术的不断改进，挂篮已由过去的压重平衡式发展成现在通用的自锚平衡式。

　　挂篮按使用材料分类，有万能杆件、军用梁、贝雷梁等制式杆件组拼和型钢加工制成两种；按主要承重结构形式分，有桁架式（包括平行桁架式、平弦无平衡重式、菱形桁架式、三角形组合梁式、弓弦式等，如图 3-64～图 3-68 所示）、斜拉式（图 3-69）、钢板梁式及牵索式四种。

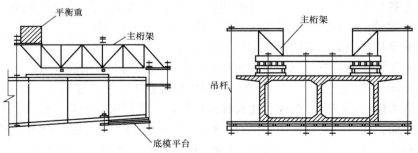

图 3-64　平行桁架式挂篮

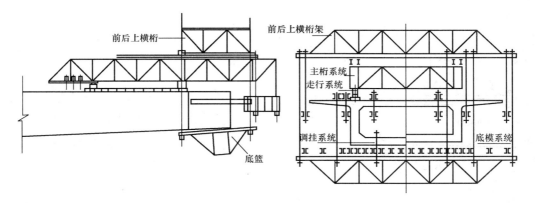

图 3-65 平弦无平衡重挂篮

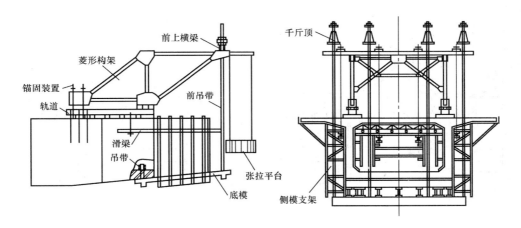

图 3-66 菱形桁架式挂篮

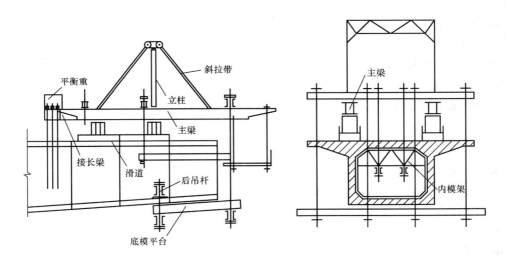

图 3-67 三角形组合梁式挂篮

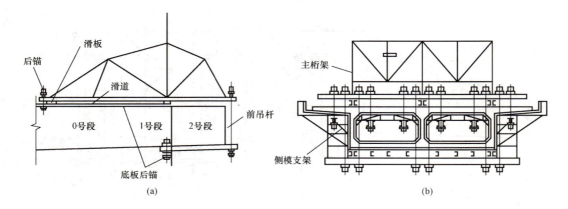

图 3-68   弓弦式挂篮

(a) 挂篮侧面；(b) 挂篮正面

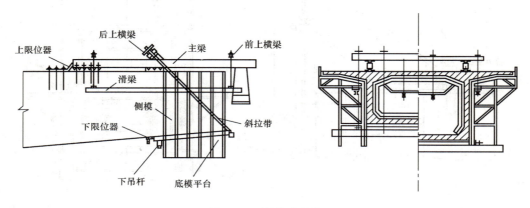

图 3-69   斜拉式挂篮

②挂篮的主要构造。挂篮主要构造如图 3-70 所示。

a. 主纵桁梁。主纵桁梁是挂篮悬臂承重结构，可由万能杆件或贝雷桁架（或装配式公路钢桁架）组拼或采用钢板或大号型钢加工而成。

b. 行走系统。行走系统包括支腿和滑道及拖移收紧设备。采用电动卷扬机牵引，通过圆棒滚动或在铺设的滑道上移动。滑道要求平整光滑，摩阻力小，拆装方便，能反复使用。

目前大多采用上滑道覆一层不锈钢薄板，下滑道用槽钢，内设聚四氟乙烯板，行走方便，安全、稳定性好。

c. 底篮。底篮直接承受悬浇梁段的施工重力，可供立模板、绑扎钢筋、浇筑混凝土、养护等工序用，由下横桁梁和底模纵梁及吊杆（吊带）组成。横梁可用万能杆件或贝雷桁架或型钢、钢管构成，底模纵梁用多根 24～30 号槽钢或工字钢；吊杆一般可用 ϕ32cm 的精轧螺纹钢筋或 16Mn 钢带。

d. 后锚系统。后锚是主纵桁梁自锚平衡装置，由锚杆压梁、压轮、连接件、升降千斤顶等组成，目的是防止挂篮在行走状态及浇筑混凝土梁段时倾覆失稳。

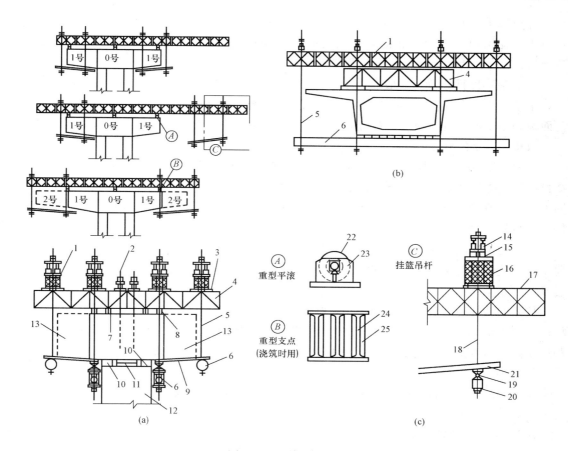

图 3 - 70　挂篮的结构

(a) 挂篮施工纵断面;(b) 挂篮施工正面;(c) 挂篮接长和移动示意图

1—主横桁梁;2—后锚点;3—行走滑板;4—主纵桁梁;5—吊杆;6—底篮横梁(钢管);7—后支点;

8—前支点;9—底模;10—临时固定支座;11—永久支座;12—桥墩;13—待浇梁段;14—千斤顶;

15—型钢横梁;16—组合贝雷(型钢)横桁梁;17—组合贝雷纵桁梁;18—挂篮吊杆;

19—底篮模架活动铰;20—吊杆底端横梁;21—底篮纵梁;22—钢滚筒;

23—滚筒支架;24—工字钢;25—加劲板

　　系统结构按计算确定,混凝土浇筑前,应按设计锚力的 0.6、1.0、1.5 倍分别用千斤顶检验锚杆。

　　③挂篮设计与选择。挂篮的合理设计是保证施工质量、加快施工进度的重要因素。在设计中要求挂篮的质量小、结构简单、受力明确、运行方便、坚固稳定、变形小、装拆方便,并尽量利用当地现有构件。

　　a. 设计时首先需确定悬浇的分段长度。分段长,节段数量少,挂篮周转次数少,施工速度加快,但结构庞大,需要的施工设备相应增多;分段短,节段多,挂篮周转次数多,施工速度较慢,但结构较轻,相应的施工设备较少。因此悬浇长度应根据施工条件权衡利弊综合考虑确定。我国近来修建 T 构的分段长度一般约 3～5m。

　　b. 设计时,应考虑各项实际可能发生的荷载情况,进行最不利的荷载组合。设计荷载大体有以下几种：挂篮自重，模板支架自重（包括侧模、内模、底模和端模等），振动器自重和振动力、千斤顶和油泵及其他有关设备自重，施工人群荷载，最大节段混凝土自重等。

c. 挂篮横断面布置，一般取决于桥梁宽度和箱梁的横断面形式。当桥梁横断面为单箱时，全断面用一个挂篮施工；当桥梁横断面为双箱时，一般采用两个挂篮分别施工，最后在桥面板处用现浇混凝土连接；有时为了加速施工，如上海市金山大桥采用大型宽体桁架式挂篮，双箱一次浇筑施工。

d. 验算挂篮的抗倾覆稳定性能，确定结构整体的图式和尺寸以及后锚点的锚力等。选择挂篮形式主要考虑结构简单、自重轻、受力明确、变形较小、行走安全、装拆方便等方面因素。在一般情况下，尽量选择本单位现有设备，达到保证施工质量，加速施工进度，投资较省的目的。

挂篮的选择应满足梁段设计的要求，即满足梁体结构、形体、质量及设计对挂篮质量的要求。挂篮质量与梁段混凝土的质量比值宜控制在 0.3～0.5 之间，特殊情况下也不应超过 0.7。

挂篮的选择还应满足施工安全、高质量、低成本、短工期和操作简便的要求。采用万能杆件、贝雷桁架、六四军用桁架组拼的挂篮桁架，一般比型钢加工制作的挂篮成型快，设备利用率高，成本低；而自行加工或专业单位生产的挂篮虽一次性投入成本大，但常有节点少、变形小、质量轻、结构完善、施工灵活和适用性强的优点。

④挂篮的安装。挂篮组拼后，应全面检查安装质量，并做载重试验，以测定其各部位的变形量，并设法消除其永久变形。

在起步长度内梁段浇筑完成并获得要求的强度后，在墩顶拼装挂篮。有条件时，应在地面上先进行试拼装，以便在墩顶熟练有序地开展挂篮拼装工作。拼装时应对称进行。

挂篮的操作平台下应设置安全网，防止物件坠落，以确保施工安全。挂篮应呈全封闭形式，四周设围护，上下应有专用扶梯，方便施工人员上下挂篮。

挂篮行走时，须在挂篮尾部压平衡重，以防倾覆。浇筑混凝土梁段时，必须在挂篮尾部将挂篮与梁进行锚固。

⑤挂篮试压。为了检验挂篮的性能和安全，并消除结构的非弹性变形，应对挂篮试压。试压通常采用试验台加压法、水箱加压法等。

a. 试验台加压法。对新加工的挂篮可用试验台加压法检测桁架受力性能和状况。试验台可利用桥台承台和在岸边梁中预拉力筋锚住主桁梁后端，前端按最大荷载计算值施力，并记录千斤顶逐级加压变化情况，测出挂篮弹性变形和非弹性变形参数，用作控制悬浇高程依据，如图 3-71 所示。

b. 水箱加压法。对就位待浇混凝土的挂篮，可用水箱试压法检查挂篮的性能和状况。加压的水箱一般设于前吊点处，后吊杆穿过紧靠墩顶梁段边的底篮和纵桁梁，锚固于横桁梁上，或穿过已浇箱梁中的预留孔，锚于梁体，在后吊杆的上端装设带压力表的千斤顶，反压挂篮上横桁梁，计算前后施加力后，分级分别进行灌水和顶压，记录全过程挂篮变化情况即可求得控制数据，如图 3-72 所示。

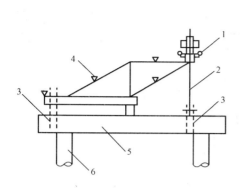

图 3-71　菱形挂篮试验台试压示意图

1—压力表千斤顶；2—拉杆；3—预埋钢筋；
4—观测点；5—承台；6—桩

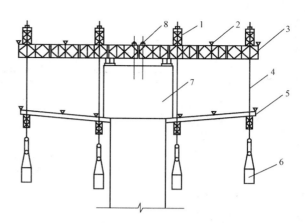

图 3-72　挂篮水箱法试压示意图

1—横桁梁；2—观测点；3—纵桁梁；4—吊杆；
5—底篮；6—水箱；7—墩顶梁段；8—后锚固

⑥浇筑混凝土时消除挂篮变形的措施。每个悬浇段的混凝土一般可二次或三次浇筑完成（混凝土数量少的也可采用一次浇筑完成），为了使后浇混凝土不引起先浇混凝土的开裂，需要消除后浇混凝土引起挂篮的变形。一般可采取下的几种措施。

a. 箱梁混凝土一次浇筑法。箱梁混凝土的浇筑采用一次浇筑，并在底板混凝土凝固前全部浇筑完毕。也就是要求挂篮的变形全部发生在混凝土塑性状态之间，避免裂纹的产生。但需在浇筑混凝土前预留准确的下沉量。

b. 水箱法。浇筑混凝土前先在水箱中注入相当于混凝土质量的水，在混凝土浇筑过程中，逐步放水使挂篮的负荷和挠度基本不变。

c. 抬高挂篮的后支点法。浇筑混凝土前将模板前端设计高程抬高 10～30cm，预留第一次浇筑混凝土的下沉量。同时用螺旋式千斤顶顶起挂篮后支点，使之高于滑道或钢轨顶面，（一般顶高约 20～30mm）。在浇筑第一次混凝土时千斤顶不动，浇筑混凝土质量使挂篮的下沉量与模板的抬高量相抵消。在浇筑第二次混凝土时，将千斤顶分次下降，并随即收紧后锚系的螺栓，使挂篮后支点逐步贴近滑道面或轨道面。随着后支点的下降，以前支点为轴的挂篮前端必然上升一数值。此数值应正好与第二次混凝土质量使挂篮所产生的挠度相抵消，保证箱梁模板不发生下沉变形。此法需用设备很少，较水箱法简单，但需顶起量合适，顶起量应由实测确定。

斜拉式挂篮因其总变形小，一般可在浇筑混凝土前预留下沉量，不必在浇筑过程中进行调整。也可试用某桥的施工实践，将挂篮底模承重横梁采用直径 1.0～1.2m 加劲钢管，管内与水泵及卸水管连通，使加卸载控制灵活。在梁段混凝土浇筑过程中，逐渐卸水，保持挂篮的负荷和挠度基本不变。

3）现浇Ⅲ段梁施工。施工边跨支架上的现浇梁段部分时，可在墩旁搭设临时墩支承平台，一般采用万能杆件、贝雷架等拼装，在其上分段浇筑。当现浇段较短时，可利用挂篮浇筑，如图 3-73 所示。当与采用顶推法施工的连接桥相接时，可把现浇梁段Ⅰ临时固结在顶推梁上，到位后再进行梁的连接，如图 3-74 和图 3-75 所示。

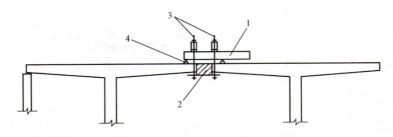

图 3-73　用挂篮浇筑合龙段

1—由悬臂挂篮改装为简支挂篮；2—合龙段挂篮模架；3—可调挂篮吊杆；4—挂篮梁前支点

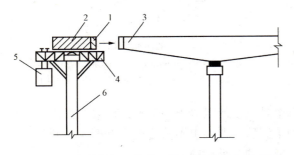

图 3-74　边墩托架上浇筑 C 段后拖拉拼合示意图

1—在挂篮或托架上预制的梁段端部；2—在托架上
浇筑的 C 段；3—已完成的箱梁悬臂端；
4—墩顶托架；5—平衡水箱；6—边墩桩

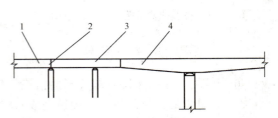

图 3-75　现浇段用顶推法施工

1—顶推梁；2—解联处；
3—现浇段改一孔顶推梁；4—T 构或连续梁

合龙时虽支架现浇段经预压已相对稳定，而悬臂端受气象影响在三个方向均可能产生较大变形。在预应力筋张拉之前，尤其是混凝土浇筑初期，这些变形可能导致合龙段混凝土开裂，施工工艺应保证合龙段适应这些变形，避免裂缝出现。根据观测资料及应力、应变的定量分析确定边跨合龙施工工艺，其要点包括：选择日间悬臂高程最高时（一般在一日之清晨）用支撑撑住悬臂端使其不能上翘（楔紧支撑时间是在高程最高时），也不能下挠（有支撑撑住），这样既避免了竖向相对位移又无需庞大的压重；支撑后再连续观测二日，确认稳定后再进行其余工序。端部现浇段的支架下装滚轴，使其能纵向移动；再在合龙段设二片由型钢组成的桁架，构成刚性支承以抵抗悬臂端伸长变形产生的压应力；支承桁架于合龙前一日清晨焊接完毕；按开始进入日低温稳定区时混凝土初凝的原则确定开盘时间；混凝土浇筑的次日，温度回落前，张拉部分顶板和底板预应力筋，使合龙段混凝土受到与其强度发展相适应的预压应力，以抵抗次日降温收缩应力，抵抗降温拉应力的力筋不在混凝土浇筑前而在浇筑次日温度回落前张拉；混凝土强度达到设计强度 80% 时，再张拉与边跨合龙段体系转换相应的预应力筋。

4）合龙段施工及体系转换。连续梁的分段悬浇施工，常采用对称施工，但在一定条件下也可用不对称施工。全梁施工过程是从各墩顶 0 号段开始至该 T 构的完成，再将各 T 构拼接而形成整体连续梁。这种结构的拼接就是合龙。合龙是连续梁施工和体系转换的重要环节，合龙施工必须满足受力状态的设计要求和保持梁体线形，控制合龙段的施工误差。

利用连续梁成桥设计的负弯矩预应力筋为支承，是连续梁分段悬浇施工的受力特点。悬浇中各独立 T 构的梁体处于负弯矩受力状态，随着各 T 构的依次合龙，梁体也依次转化为成桥状态的正负弯矩交替分布形式，这一转化就是连续梁的体系转换。因此，连续梁悬浇施工的过程就是其应力体系转换的过程，也就是悬浇时实行支座临时固结、各 T 构的合龙、固结的适时解除、预应力的分配以及分批依次张拉的过程。通常多跨连续梁合龙段施工的顺序为先各边跨，再各次边跨，最后为中跨。次边跨和中跨合龙段施工的原则和要求类似边跨合龙施工，中跨合龙段因温差引起的变形变位大，由此产生的应力也大，对合龙临时连续约束的设施也有更高要求。

体系转换中应注意：

①连续预应力筋的张拉顺序应按照设计的规定，一般为先顶板后底板再腹板，先短力筋后长力筋的顺序，并对称实施张拉。

②正弯矩力筋张拉过程中，要有专人观察记录锯齿板后端梁断面的变化，检查是否出现裂纹。

③在解除临时支座后，注意观察永久支座的下沉量并做好记录，以校核转换效果。

（3）悬臂浇筑法施工的优缺点。悬臂浇筑法施工的主要优点是：不需要占地很大的预制场地；逐段浇筑，易于调整和控制梁段位置，且整体性好；不需要大型机械设备；主要作业在挂篮内进行。缺点是：梁体部分不能与墩柱平行施工，施工周期长；悬臂浇筑的混凝土加载龄期短，混凝土的收缩和徐变影响较大。最常采用悬臂浇筑法施工的跨径为 50～120m。

2. 悬臂拼装法施工

悬臂拼装法（简称悬拼）是悬臂施工法的一种，它是利用移动式悬拼吊机将预制梁段起吊至桥位，然后采用环氧树脂胶和预应力钢丝束连接成整体。采用逐段拼装，一个节段张拉锚固后，再拼装下一节段。悬臂拼装的分段，主要决定于悬拼吊机的起重能力，一般节段长 2～5m。节段过长则自重大，需要悬拼吊机起重能力大；节段过短则拼装接缝多，工期也延长。一般在悬臂根部，因截面积较大，预制长度比较短，以后逐渐增长。悬拼施工适用于预制场地及运吊条件好，特别是工程量大和工期较短的梁桥工程。

悬拼按照起重吊装的方式的不同可分为：浮吊悬拼、牵引滑轮组悬拼、连续千斤顶悬拼、缆索起重机（缆吊）悬拼及移动支架悬拼等。悬拼的核心是梁的吊运与拼装，梁体节段的预制是悬拼的基础。

悬拼施工工序主要包括梁体节段的预制、移位、堆放、运输；梁段起吊拼装；悬拼梁体体系转换；合龙段施工。

（1）块件预制。箱梁块件通常采用长线浇筑法或短线浇筑的立式预制方法，桁架梁段采用卧式预制方法。与桥梁装配式施工中的梁节段预制基本相同。

（2）块件运输。箱梁块件自预制底座上出坑后，一般先存放于梁场，拼装时块件由存梁场至桥位处的运输方式，一般可分为场内运输、块件装船和浮运三个阶段。

1）场内运输。当存梁场或预制台座布置在岸边，又有大型悬臂浮吊时，可用浮吊直接从存梁场或预制台座将块件吊放到运梁驳船上浮运。当预制底座垂直于河岸时，存梁场往往设于底座轴线的延长线上，此时，块件的出坑和运输一般由预制场上的龙门吊机担任，块件上船也可用预制场的龙门吊机。预制底座平行于河岸时，场内运输应另备运梁平车进行。栈桥上也必须另设起重吊机，供吊运块件上船。当预制场与栈桥距离较远时，应首先考虑采用平车运输。起运前要将块件安放平稳，底面坡度不同的块件要使用不同厚度的楔形木来调整。块件用带有花篮螺钉的缆索保险。

2）块件装船。块件装船在专用码头上进行。码头的主要设施是施工栈桥和块件装船吊机。栈桥的长度应保证在最低施工水位时驳船能进港起运,栈桥的高度要考虑在最高施工水位时栈桥主梁不应被水淹,栈桥宽度要考虑到运梁驳船两侧与栈桥之间需有不少于0.5m的安全距离。栈桥起重机的起重能力和主要尺寸(净高和跨度)应与预制场上的吊机相同。

3)浮运。浮运船只应根据块件重量和高度来选择,可采用铁驳船、坚固的木戽船、水泥驳船或用浮箱装配。为了保证浮运安全,应设法降低浮运重心。开口舱面的船应尽量将块件置于船舱底板。必须置放在甲板面上时,要在舱内压重。

块件的支垫应按底面坡度用碎石子堆成,满铺支垫或加设三角形垫木,以保证块件安放平稳。块件一般较大,还需以缆索将块件系紧固定。

(3)悬拼方法与接缝处理。预制块件的悬臂拼装可根据现场布置和设备条件采用不同的方法来实现。当靠岸边的桥跨不高且可在陆地或便桥上施工时,可采用自行式吊车、门式吊车来拼装。对于河中桥孔,也可采用水上浮吊进行安装。如果桥墩很高或水流湍急,而不便在陆上、水上施工时,就可利用各种吊机进行高空悬拼施工。

梁段拼装工程中的接缝有湿接缝、干接缝和胶接缝等几种,不同的施工阶段和不同的部位,采用不同的接缝形式。通常一号块即墩柱两侧的第一块,与墩柱上的零号块以湿接缝相接。其他块件用胶接缝或干接缝拼装。在拼装过程中,如拼装误差较大,可增设一道湿接缝来调整。不过增设的湿接缝宽度必须用凿打块件端面的办法来提供。

(4)悬臂拼装法施工的主要优缺点。悬臂拼装法施工的主要优点是:梁体块件的预制和下部结构的施工同时进行,拼装成桥的速度较现浇的快,可显著缩短工期;块件在预制场内集中制作,质量较易保证;梁体塑性变形小,可减少预应力损失,施工不受气候影响等。缺点是:需要占地较大的预制场地;为了移运和安装需要大型的机械设备;如不用湿接缝,则块件安装的位置不易调整等。

3.8 案例 铁路预应力混凝土装配式简支梁桥

1. 设计概况

某铁路简支梁桥,桥跨布置为5m×24m预应力混凝土装配式T梁,桥梁全长133.11m,采用双线T形桥台,圆端形独柱墩,钻孔灌注桩基础,桩径1m。桥跨设计参数有:按1/100洪水频率设计,双线标准轨距(1435mm),设计行车速度≤120km/h。该桥位于+6‰的坡道及直线段,线间距4.0m。采用有碴轨道,轨底至梁顶高度600mm。

该桥所在地区为滨海冲、洪积平原区,地势起伏不大。地震基本烈度为9度,Ⅱ类场地土。抗震设计依据当地国家设计规范进行。

2. 总体结构

该桥的桥面布置如图3-76所示。桥面宽度根据限界确定,桥面两侧设置电缆槽,其上为检修通道,两侧采用不锈钢栏杆。行车期间桥上不考虑滞留人员通行及养护维修设备存放。检修通道供夜间列车停运时检修人员通行。桥面系采用碎石道碴桥面。

桥跨布置及地质情况如图3-77所示。该桥采用双曲面钢支座,图中M表示活动支座,设置在大里程端,F表示固定支座,设置在小里程端。

基础平面布置如图3-78所示。基础采用桩基础,布置形式为梅花形布置,桩径1.0m。

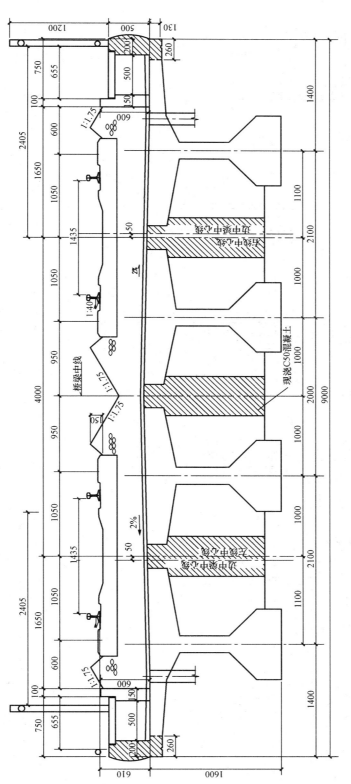

图 3-76 桥面布置图 (单位: cm)

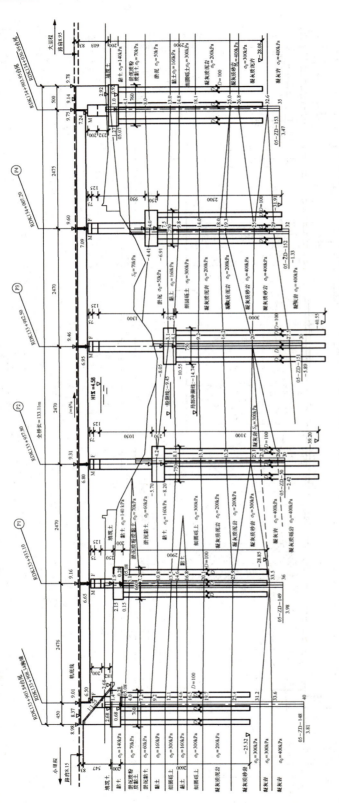

图 3-77 5×24m 预应力混凝土装配式 T 梁桥立面图（单位：除里程、高程、钻孔深度为 m 外，其余为 cm）

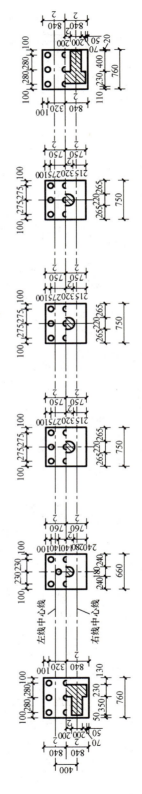

图 3-78 半基顶及半基底平面（单位：cm）

3. 基础和桥墩结构

本案例取 1 号墩为例说明该桥墩身和基础的结构形式。该桥采用独柱墩，如图 3-79 所示。该桥位于直线上，墩顶支撑垫石左右前后均对称布置，如图 3-80 所示。该桥位于河中，采用圆端形桥墩，如图 3-81 所示。基础和承台的平面布置尺寸参见图 3-78。

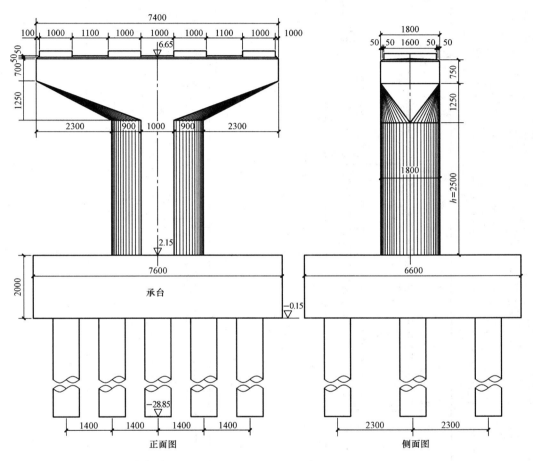

图 3-79　1 号墩轮廓图（单位：除标高为 m 外，其余为 mm）

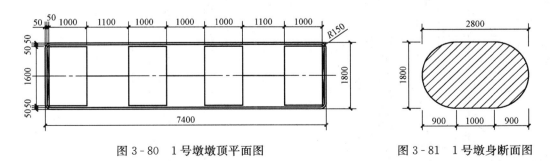

图 3-80　1 号墩墩顶平面图　　　　　图 3-81　1 号墩身断面图

4. 梁体结构

（1）梁体外轮廓。以边梁为例说明梁体的结构，如图 3-82～图 3-85 所示。

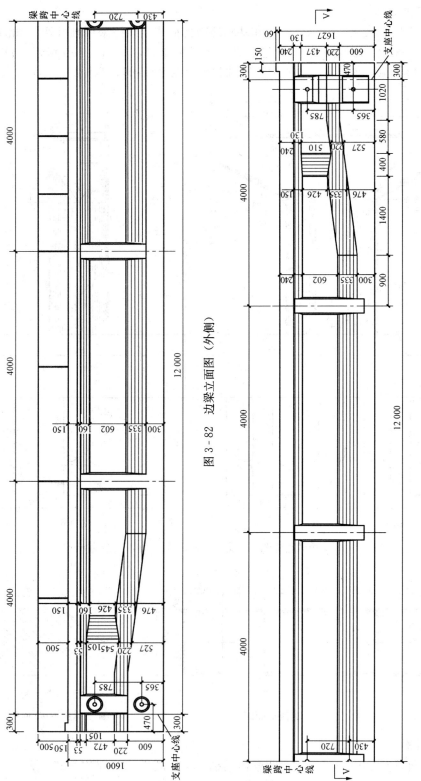

图 3 - 82 边梁立面图（外侧）

图 3 - 83 边梁立面图（内侧）

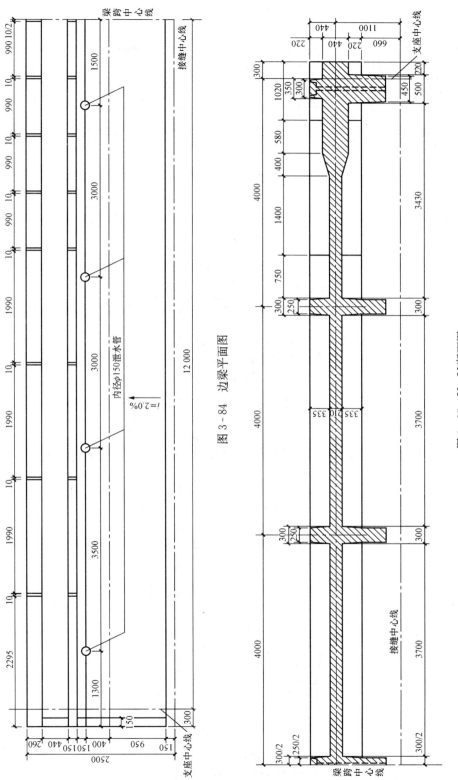

图 3 - 84 边梁平面图

图 3 - 85 V－V 断面图

横隔板轮廓及横隔板大样如图 3-86 和图 3-87 所示。

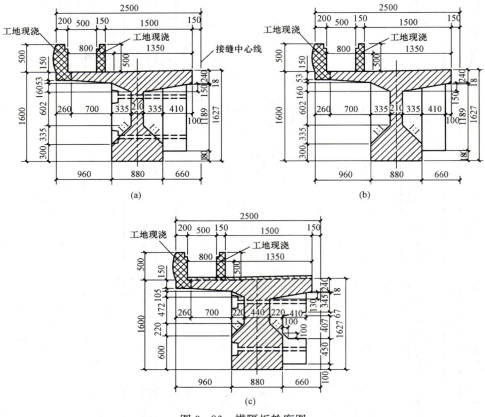

图 3-86　横隔板轮廓图

（a）跨中横隔板（有横向预应力筋）；（b）跨中横隔板（无横向预应力筋）；（c）端横隔板

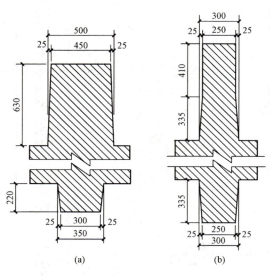

图 3-87　横隔板大样图（平面）

（a）端横隔板；（b）跨中横隔板

T 梁上下翼缘，隔板与腹板相交处宜做成半径为 40mm 的圆弧倒角。

（2）钢筋布置。

1）梁体钢筋。仍以边跨梁为例，梁体的钢筋分别示于图 3-88（见书末插页）～图 3-90 中。

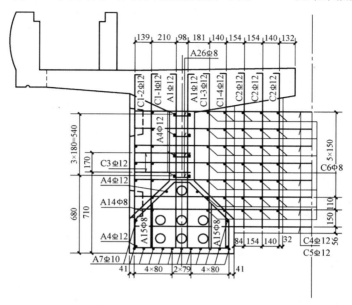

图 3-89　边跨中横隔板钢筋图

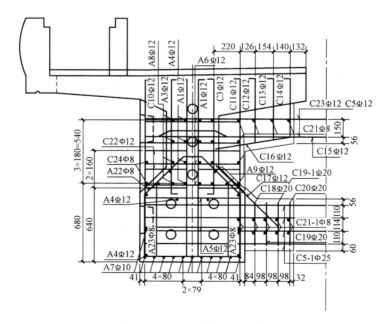

图 3-90　边跨端横隔板钢筋图

2）桥面板钢筋。边跨梁桥面板的钢筋布置情况如图 3-91 所示。

（3）预应力钢筋布置。预应力钢筋布置如图 3-92～图 3-95 所示。

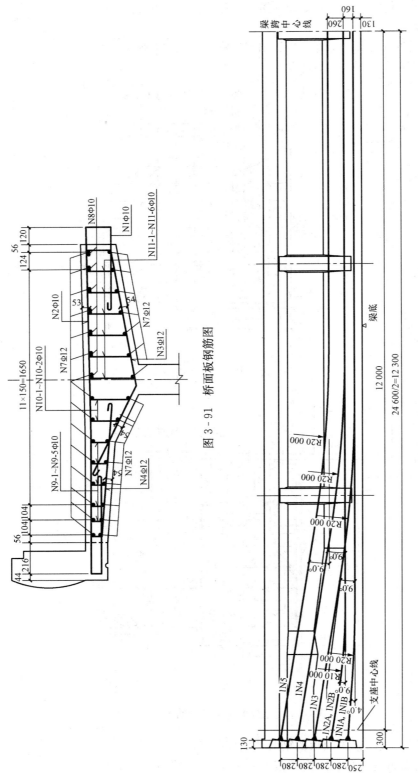

图 3 - 91　桥面板钢筋图

图 3 - 92　预应力钢筋布置

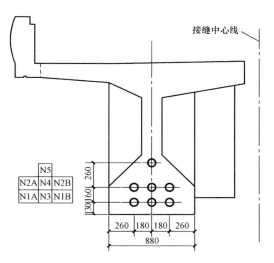

图 3-93 跨中预应力孔道截面图

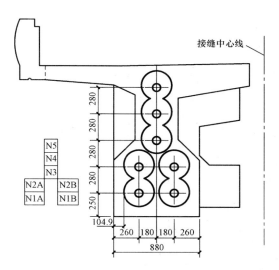

图 3-94 梁端封锚截面图

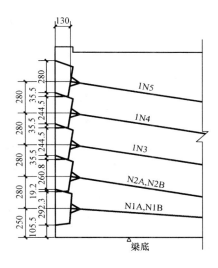

图 3-95 梁端封锚立面图

每片边梁钢束数量和锚具数量见表 3-8。

表 3-8   每片边梁钢束数量表

钢束编号	规格	工作长度/mm	下料长度/mm	根数	φ55 抽拔橡胶管长度/m	张拉端锚具/套
N1A，N1B	7-7φ5	24 348	25 748	2	48.696	OVM15-7（4）
N2A，N2B	7-7φ5	24 372	25 772	2	48.744	OVM15-7（4）
N3	7-7φ5	24 436	25 836	1	24.436	OVM15-7（2）
N4	7-7φ5	24 454	25 854	1	24.454	OVM15-7（2）
N5	6-7φ5	24 458	25 858	1	24.458	OVM15-6（2）

锚下钢筋布置如图 3-96 所示。

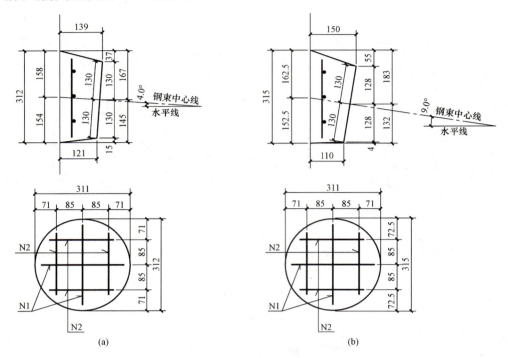

图 3-96 锚下钢筋布置

(a) N1 封端大样；(b) N2～N5 封端大样

（4）梁体横向连接。根据 TB 10002.3—2005《铁路桥涵钢筋混凝土和预应力混凝土结构设计规范》，本桥对横隔板施加横向预应力将梁片连为整体，并对桥面用现浇钢筋混凝土连接。横向预应力分别施加在端横隔板和跨中横隔板三处，如图 3-86 所示；横向预应力钢束的水平分布如图 3-97 所示。横向预应力钢束采用钢绞线，采用普通夹片式锚具。横向预应力孔道采用金属波纹管成孔。

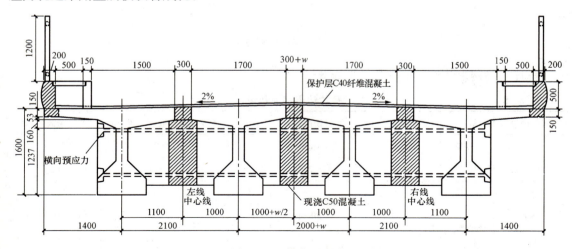

图 3-97 横向预应力

现浇钢筋混凝土横向连接如图 3-98～图 3-101 所示。

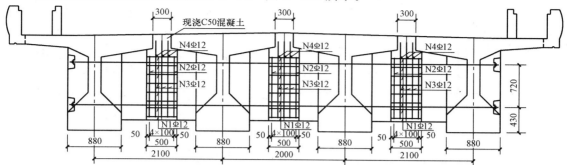

图 3-98　跨中横隔板处现浇混凝土立面图

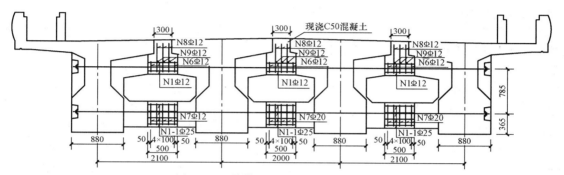

图 3-99　端横隔板处现浇混凝土立面图

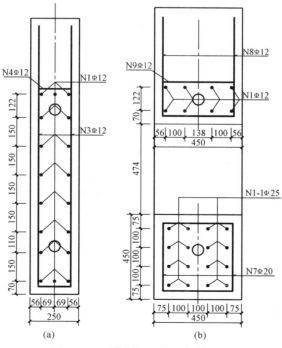

图 3-100　横隔板湿接缝钢筋立面

（a）跨中横隔板处；（b）端横隔板处

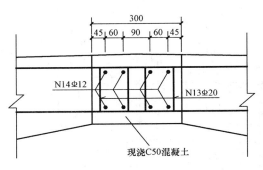

图 3-101　桥面湿接缝钢筋布置

5. 施工要求

（1）基础施工。钻孔桩基础的承台采用旋挖钻机开挖，由于地下水位较浅，开挖中做好防、排水措施。较深的开挖，做好支挡防护。靠近既有建筑的基础开挖，尤其要切实做好防护措施，钻孔桩采用全护筒钻孔。桥墩施工出地面后，应对基坑进行及时回填，基坑回填应分层夯填密实，挖基余土应清理并运至统一安排的弃渣场地堆放。

（2）墩台施工。桥梁墩台为混凝土或钢筋混凝土结构，现场就地灌注施工。墩台位置放样应严格按照施工图要求进行并加强核对。位于弯道上的桥梁墩台，放线时注意核对桥墩台中心与线路中心线的关系，其方向、数值是否准确。钢筋制作、绑扎及混凝土配制、浇筑应严格按照技术规范书的要求操作，保证质量。桥墩台施工时，对于桥墩台上的预埋件应事先备好，及时埋设，并保证预留孔洞及预埋件的位置准确。

（3）桥跨结构施工。桥梁上部采用预应力混凝土结构，简支梁 T 形梁和部分横隔板采用工厂（场）预制，架桥机架设法施工。预制梁架设后，现浇湿接缝及其余部分横隔板。钢筋制作、绑扎，模板制作、安装以及混凝土配制、浇筑、养护，按照技术规范书要求施工。预应力张拉应按照施工图要求进行，张拉时的混凝土强度、弹性模量、龄期应符合施工图设计的要求，张拉期、张拉力、伸长量等均应满足设计要求。位于弯道、坡道上的桥梁架设应注意设计对其调整量的要求。位于声屏障设置范围地段的桥梁应注意声屏障基座设置要求。

复 习 思 考 题

1. 梁式桥是如何分类的？
2. 预应力混凝土梁与钢筋混凝土梁相比有哪些优点？
3. 简述整体式简支板桥的受力及配筋特点。
4. 装配式梁桥横向连接有哪些方式？
5. 什么是先张法？什么是后张法？各有什么优缺点？
6. 简述先张法预应力混凝土简支梁桥现浇施工的施工工艺。
7. 简述后张法预应力混凝土简支梁桥现浇施工的施工工艺。
8. 后张法中孔道压浆的目的是什么？
9. 孔道压浆应注意哪些事项？
10. 简述先张法预应力混凝土简支梁桥的施工过程。
11. 简述无黏结预应力混凝土的施工工艺。
12. 简述装配式梁桥的架设方法。
13. 固定支架浇筑连续梁桥施工中，支架有哪些形式？预拱度的设置要考虑哪些因素？
14. 悬臂现浇和悬臂拼装的主要施工特点是什么？
15. 悬臂现浇施工中挂篮有哪些形式？
16. 简述挂篮试压的方法。

第4章 拱 桥

4.1 拱桥概述

4.1.1 拱桥的基本特点及其适用范围

拱桥是我国公路上使用广泛且历史悠久的一种桥梁结构形式。其外形宏伟壮观，且经久耐用。拱桥与梁桥不仅外形不同，而且在受力上有着本质的区别。梁式桥在竖向荷载作用下，梁体内主要产生弯矩，且在支承处仅产生竖向反力；而拱桥在竖向荷载作用下，支承处不仅有竖向反力，还有水平推力。由于这个水平推力，使拱体内的弯矩大为减小，所以拱是以受压为主的压弯构件。由于轴向压力的作用使大部分截面受压，应力分布均匀，可以充分利用材料的抗压强度。

由于拱具有上述受力特点，所以拱桥可以利用型钢、钢筋混凝土、混凝土、石、砖等材料修建。用砖、石、混凝土等圬工材料修建的拱桥，称为圬工拱桥。

拱桥的主要优点是：①跨越能力大，从小桥到大、中桥乃至特大桥都可以修建；②能就地取材，与钢材和钢筋混凝土梁式桥相比，可以节约大量的钢材和水泥；③耐久性好，养护、维修费用少；④外形美观；⑤构造简单，施工工艺易于掌握。

拱桥的主要缺点为：①自重较大，相应的水平推力也较大，增加了下部结构的工程量，对无铰拱来说，地基条件的要求较高；②在砖、石拱桥的建筑中，目前还不能采用机械化和工业化的施工方法，而且需要较多的劳动力，施工期限也较长；③由于圬工拱桥的水平推力较大，在连续多孔的大、中桥中，为防止一孔破坏而影响全桥，需要设置单向推力墩，增加了造价；④与梁式桥相比，上承式拱桥的建筑高度较高，在平原地区修建拱桥，因桥面标高提高，而使两岸接线的工程量增大。

拱桥虽有上述缺点，但由于优点突出，尤其是圬工拱桥节约钢材，钢筋混凝土拱无需高强钢材，跨越能力大，在山区修建拱桥有其优越性，基础地质条件好，桥形与环境协调，可就地取材，工程费用低。近几年来新创的钢管混凝土拱桥因其跨越能力大，施工便利，造价较低，得到了较大的发展。

4.1.2 拱桥的组成

拱桥与其他桥梁一样，也是由上部结构（桥跨结构）和下部结构两部分所组成的。

拱桥的桥跨结构是由拱圈及其上面的拱上建筑所构成的。拱圈是拱桥的主要承重结构。

由于拱圈是曲线形，一般情况下车辆都无法直接在弧面上行驶，所以在桥面系与拱圈之间需要有传递压力的构件或填充物，以使车辆能在平顺的桥面上行驶。桥面系和这些传力构件或填充物统称为拱上结构或拱上建筑。桥面系包括行车道、人行道及两侧的栏杆或砌筑的矮墙（又称雉墙）等结构。

拱桥的下部结构由桥墩、桥台及基础等组成，用以支承桥跨结构，将桥跨结构的荷载传至地基，并与两岸路堤相连接。对于拱脚处设铰的有铰拱桥，主拱圈与墩（台）帽间还设置了能传递荷载又允许结构变形的拱铰。

拱圈最高处横向截面称为拱顶，拱圈和墩台连接处的横向截面称为拱脚（或起拱面）。拱圈各横向截面（或换算截面）的形心连线称为拱轴线。拱圈的上曲面称为拱背，下曲面称为拱腹。起拱面与拱腹相交的直线称为起拱线。一般将矢跨比大于或等于 1/5 的拱称为陡拱；矢跨比小于 1/5 的拱称为坦拱。拱桥的一般构造和组成如图 4-1 所示。

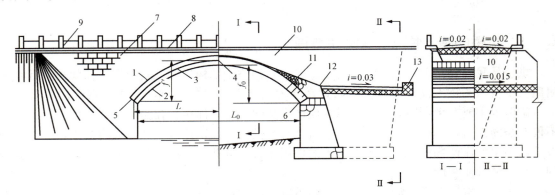

图 4-1　实腹式拱桥上部构造

1—拱背；2—拱腹；3—拱轴线；4—拱顶；5—拱脚；6—起拱线；7—侧墙；8—人行道；9—栏杆；
10—拱腔填料；11—护拱；12—防水层；13—盲沟

4.1.3　拱桥的分类

为了便于研究，我们按照不同的方式将拱桥进行分类。

（1）按照建桥材料（主要是针对主拱圈使用的材料）可以分为圬工拱桥、钢筋混凝土拱桥及钢拱桥等。

（2）按照主拱圈所采用的拱轴线的形式，可将拱桥分为圆弧拱桥、抛物线拱桥或悬链线拱桥等。

（3）按照拱上结构的形式可以分为实腹式拱桥与空腹式拱桥。实腹式拱桥构造简单，施工方便，但重力大。对于小跨径拱桥可采用实腹式拱，大、中跨径拱桥宜采用空腹式拱桥。

（4）按静力图式分为：

1）三铰拱。三铰拱属于静定结构，温度变化、墩台沉陷均不会在拱圈截面内产生附加内力，由于铰的存在，使其构造复杂，施工困难，而且降低了整体刚度，尤其减小了抗震能力。同时拱的挠度曲线在拱顶铰处出现转折，对行车不利。因此，大、中跨径的主拱圈一般不宜采用三铰拱。三铰拱一般用做大、中跨径空腹式拱上建筑的腹拱。

2）无铰拱。无铰拱属于三次超静定结构，在荷载作用下，拱的内力分布比三铰拱好。由于没有设铰，其构造简单，施工方便。但是，温度变化、材料收缩、墩台位移将使拱圈内产生附加内力，所以无铰拱宜于在地基良好的条件下修建。

3）两铰拱。两铰拱是一次超静定结构。其结构整体刚度较三铰拱好，因地基条件较差，而不宜修建无铰拱时，可采用两铰拱。

（5）按拱圈横截面形式可分：

1）板拱桥。如图 4 - 2（a）所示，承重结构的主拱圈在整个宽度内砌成矩形，构造简单，施工方便。但从力学性能方面来看，在相同截面积的条件下，实体矩形截面比其他形式截面的截面抵抗矩小。所以通常只在地基条件较好的中、小跨圬工拱桥中采用板拱形式。

2）肋拱桥。如图 4 - 2（b）所示，将板拱划分成两条或两条以上，并将其分离成独立的拱肋，肋与肋之间用横系梁连接，这样就可用较小的截面积获得较大的截面抵抗矩，以节省材料，减轻拱圈本身重力。一般多用于较大跨径的拱桥。

3）双曲拱桥。如图 4 - 2（c）所示，主拱圈在纵向和横向均呈曲线形，截面的抵抗矩较相同材料用量的板拱大很多，因此可以节省材料。另外，双曲拱桥还具有装配式桥梁的特点。但它也存在着如施工程序多、组合截面的整体性较差、易开裂等缺点。因此，双曲拱只宜在中小跨径桥梁中采用。

4）箱形拱桥。如图 4 - 2（d）所示，外形和板拱相似，由于截面挖空，使箱形的截面抵抗矩较相同材料用量的板拱大很多，所以节省材料。又由于它是闭口箱形截面，截面的抗扭刚度大，横向的整体性和稳定性均较好，适用于无支架施工。但箱形截面施工制作较复杂，一般情况下，跨径在 50m 以上的拱桥宜采用箱形截面。

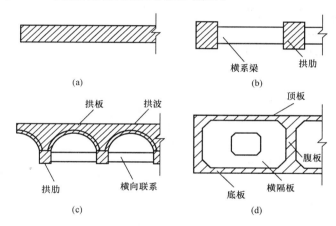

图 4 - 2　主拱圈横截面形状
（a）板拱；（b）肋拱；（c）双曲拱；（d）箱形拱

4.2　拱桥的构造

4.2.1　主拱圈的构造

按照主拱圈不同的截面形式分别介绍主拱圈的构造。

1. 板拱

板拱的主拱圈通常做成实体的矩形截面。常用的板拱有等截面圆弧拱和等截面悬链线拱。按照砌筑拱圈的石料规格可以分为料石拱、块石拱、片石拱和混凝土砌块拱。

用来砌筑拱圈的石料的强度等级应符合设计要求。当设计没有提出要求时，片石和块石的强度等级不得小于 MU40，粗料石的强度等级不应小于 MU60。当采用混凝土砌块砌筑跨度 30m 及以下拱圈时，砌块强度等级不应小于 C25；跨度大于 30m 时，不应小于 C30。砌筑用的砂浆强度等级，对大于 30m 跨径拱桥，不得低于 M15；对等于或小于 30m 跨径拱桥，不得低于 M10。

拱石的规格，片石中部厚度不得小于 15cm，砌筑时敲去其尖锐凸出部分。块石厚度 20～30cm，宽度为厚度的 1～1.5 倍，长度为厚度的 1.5～3.0 倍。粗料石是由岩层或大块石料开劈并经粗略修凿而成，应外形方正，成六面体，厚度 20～30cm，宽度为厚度的 1～1.5 倍，长度为厚度的 2.5～4 倍，表面凹凸深度不大于 2cm。粗料石可作为一般公路的镶面面石。对于城市桥梁，有时为了美观，也可以用细料石作为拱桥的镶面。

用来砌筑拱圈的石料，要求是未经风化。为了节省水泥，在有条件的地方，可以用小石子混凝土砌筑片石，其砌体强度比用同强度等级的水泥砂浆的砌体强度高，而且一般可以节省水泥用量 1/4～1/3。

主拱圈的构造根据受力特点，应满足下列要求：

（1）拱石受压面的砌缝应是辐射方向，即与拱轴线相垂直。这种辐向砌缝，一般做成通缝，可不错缝。

（2）当拱圈厚度不大时，可采用单层拱石砌筑，如图 4-3（a）所示；当拱厚较大，可采用多层拱石砌筑，如图 4-3（b）所示，但要求垂直于受压面的顺桥向砌缝错开，其错缝间距不小于 10cm，如图 4-4 所示。

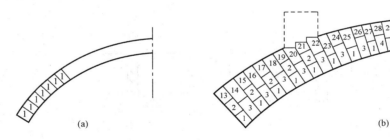

图 4-3　拱石的分段与分层
（a）单层拱石砌筑；（b）多层拱石砌筑

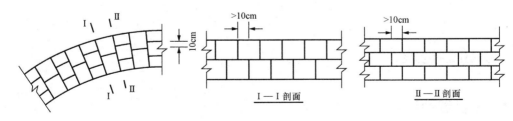

图 4-4　拱石的错缝要求

（3）在拱圈的横截面内，拱石的竖向砌缝应当错开，其错开宽度至少 10cm，如图 4-4 所示的 Ⅰ—Ⅰ 截面及 Ⅱ—Ⅱ 截面。这样在纵向或横向剪力作用下，可以避免剪力单纯由砌缝的砂浆承担，从而可以增大砌体的抗剪强度和整体性。

（4）砌缝的缝宽不应大于 2cm。若用小石子混凝土砌块石拱圈，砌缝宽度可不大于

3～4cm。

（5）拱圈与墩台及拱圈与空腹式拱上建筑的腹孔墩相连接处，应采用特别的五角石，如图 4-5（a）所示，以改善连接处的受力状况。五角石不得带有锐角，以免施工时易破坏和被压碎。目前，为了简化施工，也常采用现浇混凝土拱座及腹墩底梁来代替制作复杂的五角石，如图 4-5（b）所示。

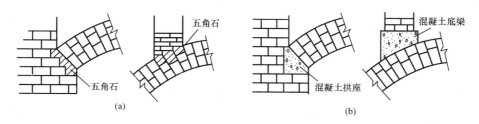

图 4-5　拱圈车墩台及腹孔墩连接

若用块石砌筑拱圈时，应选择较大的平整面与拱轴线垂直，砌缝必须交错，块石的大头应在上，小头应在下。

2. 肋拱

肋拱桥是由两条或多条分离的平行拱肋，以及在拱肋上设置的立柱和横梁支承的行车道部分组成，如图 4-6 所示，适用于大、中跨径拱桥。由于肋拱较多地减轻了拱体重量，拱肋的恒载内力较小，活载内力较大，故宜用钢筋混凝土结构。

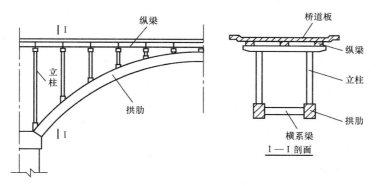

图 4-6　肋拱桥组成图

拱肋是肋拱桥的主要承重结构，通常是由混凝土或钢筋混凝土做成。拱肋的数目和间距以及拱肋的截面形式等，均应根据使用要求（跨径、桥宽等）、所用材料和经济性等条件综合比较选定。为了简化构造，宜选用较少的拱肋数量。同时，与其他形式拱桥一样，为了保证肋拱桥的横向整体稳定性，肋拱桥两侧的拱肋最外缘间的距离，一般也不应小于跨径的 1/20。

拱肋的截面，在小跨径的肋拱桥中多采用矩形，如图 4-7（a）所示。肋高约为跨径的 1/40～1/60，肋宽约为肋高的 0.5～2.0 倍。在较大跨径中，拱肋常做成工字形截面，如图 4-7（b）所示，肋高约为跨径的 1/25～1/35，肋宽约为肋高的 0.4～0.5 倍。其腹板厚度常采用 0.3～0.5m。采用石料砌筑拱肋时，常采用图 4-7（c）、（d）两种截面形式。它是在石板拱的基础上稍作改进而成的，不仅能增大截面抵抗矩，减小自重，节省圬工量，而且保持了石板拱施工简便的优点，适合于中小跨径石拱桥采用。当肋拱桥的跨径大、桥面宽时，拱肋还可以采用箱形截面，这就可以减少更多的圬工体积。

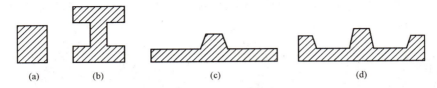

图 4-7　肋拱桥的肋拱截面形式

在分离的拱肋间，需设置横系梁，以增加肋拱桥的横向整体稳定性。拱肋的钢筋配置按计算确定。横系梁一般可按构造要求配置钢筋，但不得少于四根（沿四周），并用箍筋连接。因钢筋混凝土肋拱桥的钢筋用量较多，故也有用混凝土或石砌拱肋的。

3. 箱形拱

大跨径拱桥的主拱圈可以采用箱形截面。为了采用预制装配的施工方法，在横向将拱圈截面划分成一些箱肋，在纵向将箱肋分段，待箱肋拼装成拱后，再浇混凝土把各箱肋连成整体，形成主拱圈的截面。箱形拱桥的主要特点是：

（1）截面挖空率大，挖空率可达全截面的 $50\%\sim70\%$，因此，与板拱相比，可大量节省圬工体积，减轻重量。

（2）箱形截面的中性轴大致居中，对于抵抗正负弯矩具有几乎相等的能力，能较好地适应主拱各截面正负弯矩变化的情况。

（3）由于闭合空心截面，抗弯抗扭刚度大，拱圈的整体性好，应力分布比较均匀。

（4）单根箱肋的刚度较大，稳定性较好，能单片成拱，便于无支架吊装。

（5）预制箱肋的宽度较大，施工操作安全，易保证施工质量。

（6）制作要求较高，起吊设备较多。

因此，箱形截面是大跨径拱桥一种比较经济、合理的截面形式。国外修建的大跨径钢筋混凝土拱桥，绝大多数是采用箱形截面。

箱形拱桥的主拱圈截面是由多个空心薄壁箱组成，其形式有槽形截面箱、工字形截面箱和闭合箱，如图 4-8 所示。下面就介绍一下几种截面形式主拱箱的主要构造。

（1）槽形截面主拱箱的构造。拱箱由钢筋混凝土底板、横隔板、盖板以及连接用的角钢组成。

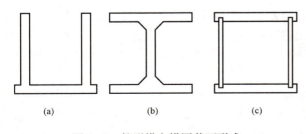

图 4-8　箱形拱主拱圈截面形式
（a）槽形截面箱；（b）工字形截面箱；（c）闭合箱

如图 4-9 所示，槽形拱箱的组成方式是：将底板和箱壁预制成 U 形拱肋（内有横隔板），纵向分段，吊装合龙后，安装预制盖板，再现浇顶板及箱壁接缝混凝土，组成箱形截面。盖板可做成平板或微弯板。U 形肋的优点是预制时不需要顶面模板，只需在拱胎上立侧模板；虽是开口截面，吊装时仍有足够的纵横向稳定性。缺点是现浇混凝土工作量大；在现浇顶板时边缘部分须立侧模板或加预制块代替模板；盖板在参与拱圈受力时作用不大，但增加了拱圈重量。

横隔板的作用是增加拱箱的横向刚度，加强主拱圈的整体性。横隔板采用中间挖空的钢筋混凝土板，以便施工人员通过。横隔板沿拱轴线间距一般为 2~3.5m，在吊点、扣点处也应设置。

为了加强拱箱的整体性，将盖板钢筋伸出与拱箱侧板顶面伸长的钢筋互相连接。盖板上面为现浇混凝土层，最好在上面铺

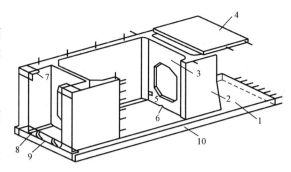

图 4-9 槽形拱箱构造
1—底板；2—制板；3—横隔板；4—盖板；5—钢板；
6—排水孔；7—定位连接角钢；8—定位角钢；
9—连接角钢；10—"马蹄"

设纵横间距为 20~30cm 的钢筋网，以抵抗混凝土收缩和加强各预制块件间的整体性。

拱箱底板两边外伸 4~5cm 的"马蹄"，以便浇筑壁间的混凝土。两拱箱"马蹄"间留有 4~6cm 的空隙，便于吊装时调整拱箱的横向偏移。

拱箱合龙后填筑箱壁间的混凝土，将拱箱连成整体。除此之外，每隔一个横隔板应设置横向连接，即在拱箱侧壁下部预留孔洞，用钢筋穿过，钢筋两端焊接在横隔板的预埋钢板上（或用螺栓夹紧）。

分段拱箱的箱壁和底板设有定位角钢和连接角钢。定位角钢用螺栓夹紧，准确固定接头位置后，再将定位角钢、连接角钢焊牢。

拱脚与墩台帽的连接，一般多在墩台帽上预留深约 40cm 的凹槽，在凹槽与箱壁预埋钢板或角钢直接抵接，拱圈合龙定位后焊牢，现浇混凝土封填凹槽。插入槽内的拱箱应将箱壁加厚。

（2）采用工字形肋组成的多室箱形截面。工字形拱肋（内设横隔板）吊装合龙后，翼缘直接对接，将横向连接的钢板焊牢即形成拱圈截面，省去了现浇混凝土部分，减少了施工工序。工字形拱肋的缺点是吊装稳定性差，焊接下翼缘和横隔板的连接钢板时，工作条件差。

（3）采用闭合箱肋组成的多室箱形截面。此种箱肋的特点是在预制的过程中，箱壁采用了分段预制再组合拼装成箱的工艺。先将预制好的箱壁及横隔板按拱箱尺寸拼装起来，再浇筑混凝土及接头混凝土，组合成开口的 U 形箱，最后在 U 形箱内立支架及上模板，浇筑顶板混凝土形成闭合箱肋。为了加强块件之间的连接，在箱壁和横隔板四周预留环状剪力钢筋及连接钢筋。

4. 桁架拱桥

我国的桁架拱桥由 20 世纪 80 年代以前的中小跨径的普通钢筋混凝土结构，发展到大跨径预应力桁架拱。90 年代随着施工能力的提高、跨径的增大，桁架拱桥也进一步发展，国内已建成的预应力混凝土桁式组合拱桥已达到 330m。

桁架拱由钢筋混凝土或预应力混凝土桁架拱片、横向联系和桥面系组成，如图 4-10 所示。桁架拱片是桁架拱桥主要承重构件，横桥向桁架拱片的片数由桥梁的宽度、跨径、设计荷载、施工条件、桥面板跨越能力等因素综合考虑确定。

钢筋混凝土桁架拱桥是一种具有水平推力的拱形桁架结构，外形轻巧美观，在结构上兼有桁架和拱的特点，各部件截面尺寸较小，重量较轻，节省材料，对墩台的垂直压力和水平

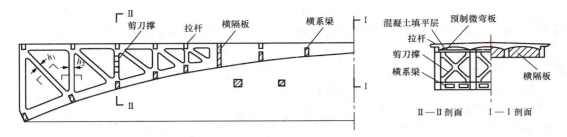

图 4-10　桁架拱桥的主要组成

推力也相应减小，结构的整体性能好，装配化程度高，施工程序少。

预应力混凝土桁式组合拱桥是近年来随着桁架拱桥跨径增大而出现的一种新桥型，桥梁结构从形式上看与钢筋混凝土桁架拱相似，既像是带斜杆的箱形拱，又像上、下弦为闭合箱形断面的桁架拱；从受力体系看是预应力桁架 T 构和行车道板和拱圈闭合箱形断面的无铰箱形拱的组合结构。较之箱形拱桥，它具有桁式体系的优点，拱上建筑与主拱圈联合受力，整体性好。为了其结构受力需要，上弦杆及斜杆常设置预应力钢筋，如此其跨越能力较强，与同跨径的其他桥型比较造价低。该桥型及其相应施工方法是山区大跨径桥梁可选方案之一。

（1）桁架拱片。上弦杆和实腹段上缘构成桁架拱片的上边缘，它与桥面纵向平行（单孔拱桥也可设置竖曲线）。上弦杆的轴线平行于桁架拱片的上边缘。桁架拱片下弦杆的轴线可采用圆弧线、二次抛物线或悬链线。

腹杆包括斜杆和竖杆。根据腹杆的不同布置情况，分为竖杆式、斜压杆式、斜拉杆式、三角式四种（图 4-11）。

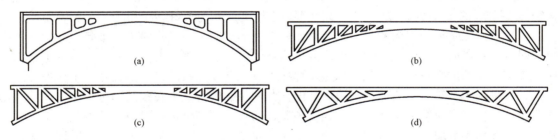

图 4-11　桁架拱桥
（a）竖杆式；（b）斜压杆式；（c）斜拉杆式；（d）三角式

竖杆式桁架拱的优点是外形美观，腹杆少，节点处交汇的杆件只有三根，钢筋布置和混凝土浇筑方便，外形也较整齐。缺点是由于框架杆件以受弯为主，因此钢筋用量较大；由于节点的刚性，在荷载作用下，节点次应力往往导致竖杆两端开裂，故目前采用较少。斜压杆式拱桥的斜杆在恒载作用下受压，竖杆受拉；斜拉杆在恒载作用下斜杆受拉，竖杆受压。由于竖杆对于横向联系的布置较方便，有了竖杆可减小上、下弦杆承受局部荷载的长度，对弦杆受力是有利的，所以带竖杆的斜腹杆桁架采用较多。三角形式腹杆根数比带竖杆的斜腹杆式少，节点数也减少，腹杆总长比带竖杆的短，但是，当跨径过大时，节间过长，上弦杆承受局部弯矩所需的钢筋将增多，故应作技术经济比较，特别是大跨径桁架拱桥更应进行方案比较。中小跨径桁架拱多用带竖杆的斜腹杆形式。

（2）横向联系。为了将各桁架拱片联成整体，使之共同受力，并保证其横向的稳定性，需在桁架拱片之间设置横向联系，其形式有横系梁、横隔板和剪力撑。横系梁设在上、下弦杆的节点处和实腹段（间距 3～5m）；横隔板设在实腹段与桁架部分的交界处和跨中，板的高度一般都直抵桥面；剪力撑设置在 $L/4$ 附近的上、下节点之间及跨径端部。跨径较大的桥，应在下弦杆平面内设置一些水平剪力撑以增加桥梁的横向刚度。

（3）桥面。桁架拱桥的桥面结构形式很多，有横向微弯板、纵向微弯板和预应力混凝土空心板等。横向微弯板桥面比较省钢材，但跨径较小，因此拱片的片数较多。较大跨径的桁架拱桥，为了减少拱片的片数，可采用空心板或纵向微弯板，但纵向微弯板需要较强的横梁。

（4）桁架拱与墩（台）的连接。桁架拱与墩（台）的连接包括下弦杆、上弦杆与桥墩（台）的连接和多孔桁架拱桥桥跨结构之间的连接等。连接构造随上下部结构的形式、施工方法、美观要求等而异，一般常用的形式如图 4 - 12 所示。

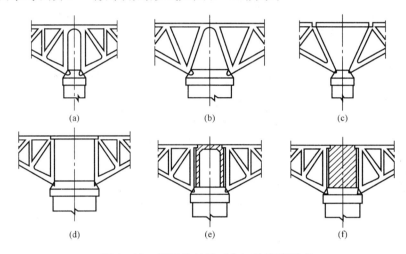

图 4 - 12　桁架拱与墩（台）的连接形式

中小跨径桁架拱桥目前常采用的下弦杆与墩台连接形式是：在墩台帽上预留深 10cm 左右（或与肋高相同）的槽孔，将下弦杆的端头插入，然后四周用砂浆填塞。在跨径较大时，由于墩台位移等原因，往往造成支承面局部承压，引起反力偏心和结构内力变化，因此不宜采用上述方法，而宜采用较完善的铰接。

桁架拱上部与墩台的连接，以及多跨拱间的连接，有悬臂式［图 4 - 12（a）、（b）］、过梁式［图 4 - 12（c）、（d）］和伸入式［图 4 - 12（e）、（f）］等三种，一般以过梁式为好。

4.2.2　其他类型拱桥的构造

1. 刚架拱桥

刚架拱桥是在桁架拱、斜腿刚架等基础上发展起来的另一种新桥型，属于有推力的高次超静定结构，它具有构件少、自重轻、整体性好、刚度大、施工简便、经济指标较先进、选型美观等优点，在我国得到了广泛应用。

刚架拱桥的上部由刚架拱片、横向联系和桥面系等部分组成，如图 4‑13 所示。

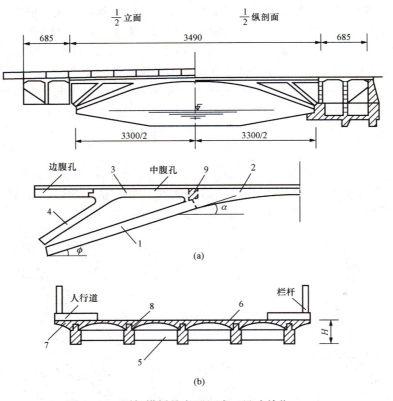

图 4‑13　刚架拱桥的主要组成（尺寸单位：cm）

（a）立面图；（b）拱顶横断面图

1—主拱腿；2—实腹段；3—腹孔段（中腹孔和边腹孔）；4—次拱腿；5—横隔板；
6—微弯板；7—悬臂板；8—现浇桥面；9—现浇接头

　　刚架拱片是刚架拱桥的主要承重结构，一般由跨中实腹段的主梁、空腹段的次梁、主拱腿（主斜撑）、次拱腿（斜撑）等构成。

　　主梁和主拱腿的交接处称为主节点，次梁和次拱腿的交接处称为次节点。节点构造一般均按固结设计，并配置钢筋。

　　刚架拱片可以采用现浇和预制安装的施工方法，目前多数采用后者。为了减小吊装重量，可将主梁和次梁、斜撑等分别预制，用现浇混凝土接头连接。

　　横向联系是为使刚架拱片联成整体共同受力、并保证其横向稳定而设置的。为了简化构造，横向联系可采用预制装配式的横系梁或横隔板形式，其间距视跨径大小酌情布置。一般在刚架拱片的跨中，主、次节点，次梁端部等处设置横系梁。当跨径较大或者跨径小、桥面很宽时，为加强跨中实腹段刚架拱片间的横向整体性，有利于荷载的横向分布，可增设直抵桥面板的横隔板。

　　桥面系可由预制微弯板、现浇混凝土填平层、桥面铺装等部分组成，也可采用预制空心板、现浇混凝土层及桥面铺装构成。

2. 钢管混凝土拱桥

我国近年来发展起来的钢管混凝土拱桥，一方面提高了材料的强度，减轻了拱圈的自重；另一方面使主拱圈本身成为自架设体系，劲性骨架便于无支架施工。因此，钢管混凝土拱桥成为拱桥的发展方向。

钢管混凝土拱桥在我国的兴建方兴未艾，跨径在不断突破，形式在不断创新，技术在日益提高。图 4-14 和图 4-15 分别为湖南茅草街大桥和巫山长江大桥，均为中承式钢管混凝土肋拱桥。巫山长江大桥主跨 460m。

图 4-14　茅草街大桥（效果图）　　　　图 4-15　巫山长江大桥

（1）主拱圈构造。钢管混凝土拱桥中，跨径不大时拱肋可采用单管截面。单管截面主要有圆形和圆端形，如图 4-16 所示。

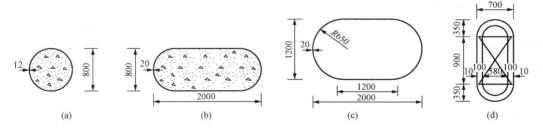

图 4-16　单圆管截面（尺寸单位：m）

（a）福建福安群益大桥拱肋截面；（b）浙江义乌篁园桥拱肋截面；

（c）杭州新塘桥拱肋截面；（d）浙江诸暨西施桥拱肋截面

单圆管加工简单，抗扭性能好，抗轴向力性能由于紧箍力的作用显示出优越性；但抗弯效率低，主要用于跨径不大的城市桥梁和人行桥中。

肋拱桥中绝大部分为哑铃形断面，如图 4-17 所示。哑铃形钢管混凝土肋拱的钢管直径 D 为 45～150cm，以 75～90cm 最多，D/L 为 1/60～1/150（L 为净跨径）；高度 H 为 120～270cm，以 180～200cm 最多；$H/L=1/30～1/60$；$D/H=1/2.11～2.67$，以 1/2.5 居多；钢板厚为 8～16mm，10mm 最常用。哑铃形截面较之单圆管截面抗弯刚度大。

桁式拱肋能够采用较小的钢管直径取得较大的纵横向抗弯刚度，且杆件以受轴向力为主，能够发挥材料的特性。对跨径超过 100m 的钢管混凝土肋拱，桁肋是一个比较合适的截面形式。如图 4-18 所示为六肢桁式断面。

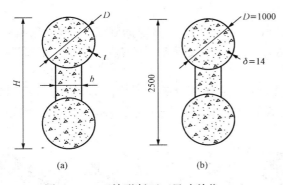

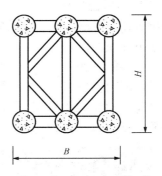

图 4-17　哑铃形断面（尺寸单位：m）
（a）哑铃形断面；（b）江西瓷都大桥拱肋截面

图 4-18　六肢桁式断面

中、下承形式的肋拱桥，随跨径增大以后，横向稳定问题突出，因而对钢筋混凝土拱桥常采用箱肋截面，如图 4-19 所示。

（2）横向联系构造。拱桥特别是大跨径肋拱桥，横向稳定问题突出，所以，其横向结构的合理采用至关重要。对于中承式拱，一部分拱肋在桥面以下，而桥面以上部分受行车空间限制不可能设置很多的横撑，桥面以下部分可采用刚度较大的 K 式或 X 式横撑，以加强拱脚段的横向刚度，如图 4-20 所示为 K 撑的布置。

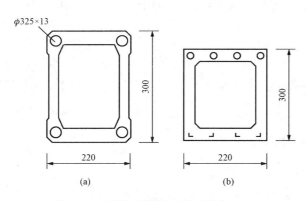

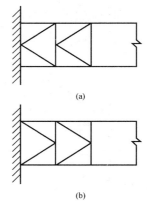

图 4-19　箱肋式断面（尺寸单位：m）
（a）内江新龙坳桥断面；（b）白勉峡大桥断面

图 4-20　中承式肋拱拱脚
K 撑的布置

哑铃形肋拱的横撑常采用单根钢管，焊接于两根拱肋的中部，横撑钢管的直径可与哑铃形中的圆管相同，也可稍大些。哑铃形肋拱的横撑也有用两根管的，不过上下两管之间不像拱肋一样用实腹板相接，而是用腹杆，通常也是钢管；当两根弦管的高度较小时仅用直腹杆，高度较大时还有斜腹杆。哑铃形肋拱的横撑形式如图 4-21 所示。

（3）桥面系。现代拱桥的桥面多采用梁板式结构，大大地减轻了自重，方便了施工，也是实现大跨度的必然。梁板式桥面系的布置形式有三种，即纵铺桥面板式、横铺桥面板式和整体肋板式（图 4-22）。在钢管混凝土拱桥中以整体肋板式和纵铺桥面板式应用最广。

（4）立柱与吊杆。立柱用于上承式拱桥和中承式拱桥上承部分，是桥面系与主拱肋之间的传力结构。钢管混凝土拱桥的立柱主要形式有钢筋混凝土立柱和钢管混凝土立柱。

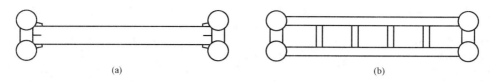

图 4-21　横撑形式

（a）哑铃形肋拱采用的单管横撑；（b）哑铃形肋拱采用的竖平面桁式横撑

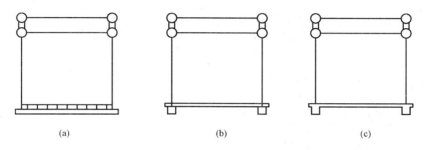

图 4-22　桥面系布置形式

（a）纵铺桥面板式；（b）横铺桥面板式；（c）整体肋板式

吊杆是钢管混凝土中下承式拱桥所采用的，吊杆材料有圆钢、高强钢丝和钢绞线。吊杆为局部受力构件，其受力大小与主桥的跨径关系不大。吊杆受力中活载占有较大的比例，所以设计荷载直接关系到吊杆的受力。吊杆的工作环境与斜拉桥中的斜拉索类似，要求吊杆有高的承载能力和稳定的高弹性模量（低松弛）、良好的耐疲劳和抗腐蚀能力，易于施工，而且价格便宜。

4.2.3　拱上建筑的构造

拱上建筑按形式分为实腹式和空腹式两大类。跨径小于 20m 的板拱桥，因空腹的腹孔墩和腹孔的体积一般超过了实腹的侧墙体积，为施工方便，可用实腹式，但填料较多，恒载较重。大、中跨拱桥宜采用空腹式拱上建筑。

1. 实腹式拱上建筑

实腹式拱上建筑由侧墙、拱腹填料、护拱以及变形缝、防水层、泄水管和桥面等部分组成，如图 4-23 所示。

侧墙承受填料和车辆荷载所产生的侧向压力，一般用块石和片石砌筑。为了美观，可用粗料石镶面。侧墙厚度由计算决定，通常顶宽为 0.5~0.75m，向下逐渐加厚，外坡垂直，内坡为 4:1 或 3:1。墙脚厚度取用墙高的 0.4 倍。侧墙与墩、台间必须设伸缩缝分开。

拱腔填料是用来支承桥面，并有传递荷载和吸收冲击力的作用，一般采用粗砂、砾石、碎石及煤渣等透水性良好的散料，分层填实，以防积水造成冻胀。

拱圈一般都设置护拱，它是在拱脚的拱背上用低强度等级砂浆砌片石而成。由于护拱加厚了拱脚截面，因此能协调拱圈受力。为了便于排除桥面渗入拱腔的雨水，护拱一般做成斜坡式。

2. 空腹式拱上建筑

空腹式拱上建筑除具有实腹式拱上建筑相同的构造外，还有腹孔和腹孔墩。

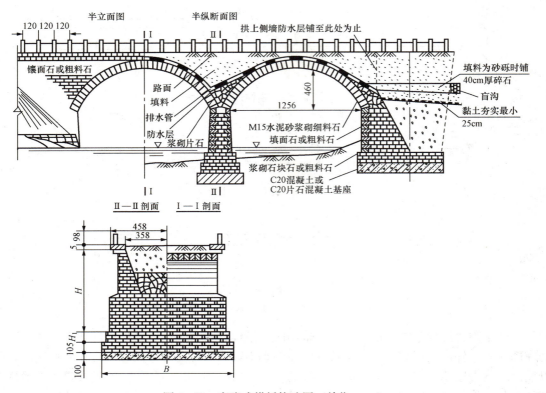

图 4 - 23　实腹式拱桥构造图（单位：cm）

（1）腹孔。腹孔的形式、构造、范围应结合主拱圈的类型、构造、几何尺寸以及施工方法和桥位处的具体情况综合考虑。

腹孔的形式分为两类，一类是拱形腹孔，另一类是梁或板式腹孔。在圬工拱桥中，为了省钢材，大部分采用拱形腹孔。

1）拱形腹孔。腹孔通常对称地布置在主拱圈两侧结构高度所容许的范围内。拱形腹孔（腹拱）跨径一般可选用 2.5～5.5m，且在每半跨内不超过主拱跨径的 1/4～1/3，也不宜大于主拱圈跨的 1/8～1/15，比值随主拱圈跨径的增大而减小。腹拱宜做成等跨的，以利于腹拱墩的受力和施工。

腹拱的拱圈，可以采用石砌、混凝土预制或现浇的圆弧板拱，矢跨比一般为 1/2～1/6。为了减轻重量，也可以采用双曲拱、微弯板和扁壳等各种形式的轻型腹拱。通常，双曲拱的矢跨比采用 1/4～1/8（无支架施工的拱桥，腹拱的矢跨比宜用小者），微弯板的矢跨比用1/10～1/12。腹拱的拱轴线多用圆弧线。

腹拱圈的厚度，当跨径为 1～4m 时，可采用厚度不小于 0.3m 的石板拱或厚度不小于0.15m 的混凝土板拱，也可采用厚度为 0.14m（其中预制厚 0.06m，现浇 0.08m）的微弯板；当腹拱跨径为 4～6m 时，常采用双曲拱，拱圈厚度一般为 0.3～0.4m。如果采用钢筋混凝土拱时，拱厚还可减薄。

腹拱在墩台处的支承形式如图 4 - 24 所示。紧靠墩、台的第一个腹孔，可以直接支撑在墩、台上，也可以跨过墩顶，使桥墩两侧的腹孔相连，靠近墩台附近的腹孔应做成三铰拱，大跨径拱桥靠近实腹段的腹孔也可做成二铰拱，以免主拱圈变形时引起腹拱圈开裂。腹拱铰可用油毛毡隔开。

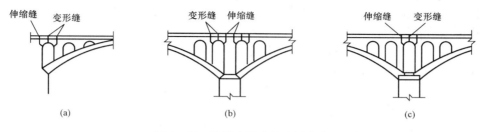

图 4 - 24　腹拱在墩台处支承方案

2）梁式腹孔。采用梁式腹孔的拱上建筑，可以使桥梁造型轻巧美观，减轻拱上重量与地基的承压力，以便获得更好的经济效果。大跨径的钢筋混凝土拱桥绝大多数采用梁式腹孔。梁式腹孔的桥道梁体系可以做成简支式、连续式、连续刚架式等形式，如图 4 - 25 所示。

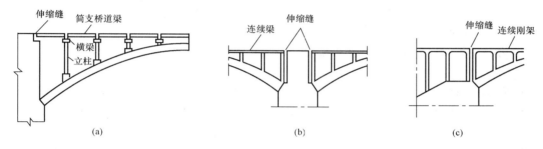

图 4 - 25　梁式腹孔

（2）腹孔墩。腹孔墩可分为横墙（立墙）式和立柱式两种。横墙式通常用石料、混凝土预制块砌筑，或现浇混凝土做成实体墙。有时为了节省圬工、减轻重量或便于检修人员在拱上建筑内通行，也可在横墙上挖孔，如图 4 - 26（a）所示。这种横墙式腹孔墩自重大，但可以不用钢材，故多用于砖、石拱桥中。腹孔墩的厚度，用浆砌片石、块石时，不宜小于 0.60m，用混凝土浇筑时，一般应大于腹拱圈厚度的一倍。

立柱式腹拱墩如图 4 - 26（b）所示，是由立柱和盖梁组成的钢筋混凝土排架结构。为了使立柱传递给主拱圈的压力不至于过分集中，通常在立柱下面还设置了底梁。

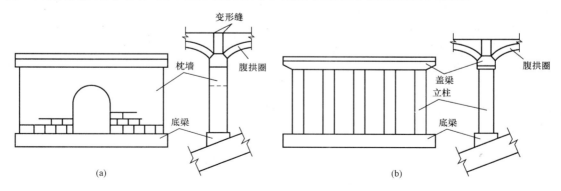

图 4 - 26　腹孔墩构造形式

3. 其他细部构造

（1）拱上填料、桥面及人行道。拱上建筑中的填料，在能起到扩大车辆荷载分布面积的作用的同时，还能减少车辆荷载的冲击作用。一般情况下，无论是实腹式拱桥还是空腹式拱桥，主拱圈及腹拱圈的拱顶处填料厚度（包括路面厚度），对石拱桥不小于50cm；对双曲拱桥不小于30cm。当填土厚度超过上述数值时，可不计汽车荷载对拱圈的冲击力。

在大跨径钢筋混凝土拱桥或地基条件很差的情况下，为了进一步减轻拱上建筑重量，可以减薄填料厚度，甚至可以不用填料，直接在拱顶上修建混凝土路面。这时，除要采取措施保证主拱圈的横向整体性外，计算时还应计入汽车荷载的冲击力。

拱桥行车道和人行道的桥面铺装要求与梁桥的基本相同。目前一般公路拱桥行车道采用较多的是碎（砾）石路面或沥青混凝土路面，钢筋混凝土轻型拱桥多采用混凝土路面。人行道的铺装视具体情况选用，常用混凝土预制块铺砌。

（2）伸缝缩与变形缝。主拱圈在材料收缩及温度变化作用下，其拱轴线将对称地升高或下降；在荷载作用下将产生对称或不对称的变形，而拱上建筑也随主拱圈的变形而变形。因此拱上建筑的构造必须适应主拱圈的变形，所以用设置伸缩缝使拱上建筑与墩台分离，并使拱上建筑和主拱圈一起自由的变形，避免引起腹拱、腹拱墩及侧墙的开裂。通常是在相对变形（位移或转角）较大的位置设置伸缩缝，在相对变形较小的位置设置变形缝。

伸缩缝的宽度一般为0.02~0.03m，通常是在施工时用锯木屑与沥青按1∶1比例配合压制而成的预制板嵌入砌体或埋入现浇混凝土中即可。上缘一般做成活动而不透水的覆盖层。伸缩缝内的填充料，也可采用沥青砂或其他适当材料。变形缝则不留缝宽，可用干砌或油毛毡隔开或用低强度等级砂浆砌筑，以适应主拱圈的变形。

实腹式拱桥的伸缩缝通常设在两拱脚的上方，并需在横桥方向贯通全宽和侧墙的全高及至人行道构造。目前多将伸缩缝做成直线形（图4-27），以使构造简单，施工方便。

拱式拱上结构的空腹式拱桥，一般将紧靠桥墩（台）的第一个腹拱圈做成三铰拱，并在靠墩台的拱铰上方的侧墙上，也相应地设置伸缩缝。在其余两铰上方的侧墙，可设变形缝，如图4-28和图4-24所示。在大跨径拱桥中，根据温度变化情况和跨径长度，必要时还需将靠近拱顶的腹拱圈或其他腹拱也做成两铰或三铰拱。拱铰上面的侧墙也需相应地设置变形缝，以便使拱上建筑更好地适应主拱圈的变形。

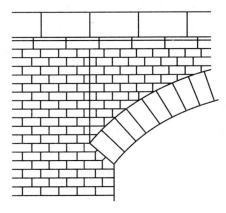

图4-27　实腹式拱桥伸缩缝的布置

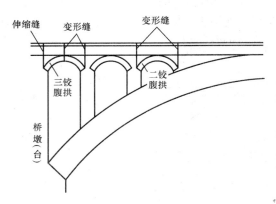

图4-28　空腹式拱桥伸缩缝及变形缝的布置

　　对于梁式或板式拱上结构,宜在主拱圈两端的拱脚上设置腹孔墩或采取其他措施与桥墩(台)设缝分开,梁或腹孔墩的支承连接处宜采用铰接,以适应主拱圈的变形。

　　人行道、栏杆、缘石和混凝土桥面,在腹拱铰的上方或侧墙均应设置贯通的伸缩缝和变形缝。

　　(3)桥面排水和防水设施。对于拱桥,既要排除桥面雨水,又必须将透过桥面铺装而渗入到拱腹内的雨水及时排除,以免冻结时损坏圬工结构。

　　1)桥面排水。如图 4-29 和图 4-30 所示,小桥的桥面雨水可利用顺桥向的纵坡,将水引至两端桥台后面排出,但应注意防止冲刷桥头路堤。

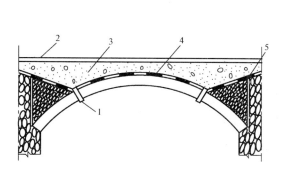

图 4-29　多孔实腹式拱桥拱背排水
1—泄水管;2—桥面铺装;3—填料;
4—防水层;5—伸缩缝

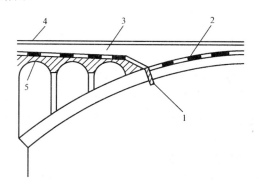

图 4-30　空腹式拱桥拱背排水
1—泄水管;2—防水层;3—填料;
4—桥面铺装;5—腹拱

　　大、中桥面应设横坡,并每隔适当距离设置泄水管,将桥面雨水排出。对于混凝土和沥青桥面的横坡,一般为 1.5%～2.0%,对碎石桥面不宜大于 3%。

　　人行道设置与行车道反向的横坡,一般为 1%～2%。

　　2)防水设施。渗入到拱腹内的水,应通过防水层汇集于预埋在拱腹内的泄水管排出。防水层和泄水管的敷设方式与上部结构形式有关。

　　实腹式拱桥,防水层应沿拱背、护拱、侧墙铺设。对单孔桥,可不设泄水管,积水沿防水层流至两桥台后面的盲沟,然后沿盲沟流出路堤。对于多孔桥,可在 1/4 跨径处设泄水管,如图 4-29 所示。

　　空腹式拱桥,防水层沿腹拱上方和主拱圈实腹段的拱背铺设。泄水管宜布置在 1/4 跨径附近,如图 4-30 所示。

　　泄水管可以采用铸铁管、混凝土管或陶瓷管。泄水管的内径一般为 6～10cm。在严寒地区需适当加大,但不宜大于 15cm。管顶应做成喇叭形并加罩铁筛盖,在筛盖周围堆放碎、砾石,雨水通过碎、砾石过滤后经泄水管排出。施工时,将泄水管四周用水泥砂浆填筑密实,并将防水层伸入喇叭口内少许,以防止渗漏。管节伸出拱圈 10～15cm,但不宜太长,以免被漂浮物碰坏(图 4-31)。排水管避免采用长管和弯管,并尽可能减少管节数量。

　　防水层在全桥范围内不宜断开,当通过伸缩缝或变形缝处应妥善处理,使其既能防水又可以适应变形,如图 4-32 所示。

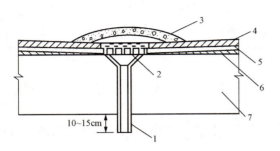

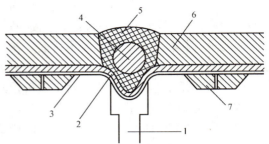

图 4-31　泄水管构造

1—泄水管；2—铁筛盖；3—碎石；4—水泥砂浆抹面
（铁丝网）；5—防水层；6—三合土或砂浆抹平；7—拱圈

图 4-32　伸缩缝处的防水层构造

1—伸缩缝或变形缝；2—2mm 厚白铁皮；
3—防水层；4—涂油脂粗线；5—沥青；
6—混凝土保护层；7—1：4 水泥砂浆

防水层的种类有以下两种：

①石灰三合土或胶泥防水层。在非冰冻区可采用三合土防水层，其厚度可为 10cm 左右。三合土中的石灰应使用石灰膏或熟石灰粉。石灰、胶泥和细砂的比例根据胶泥成分采用 2：1：3 或 2：1：4。在铺设之前应先将拱背按排水方向做成一定的坡度，并砌抹平整。为了确保防水效果，最好涂抹一层沥青。非冰冻地区的较小跨径拱桥，也可采用胶泥做防水层，但须严格控制胶泥的含水量，以防干裂。

②沥青麻布防水层。冰冻地区的砖石拱桥，一般铺设沥青麻布防水层，其作法一般为三层沥青二层麻布。所用麻布应预先用沥青浸透均匀，也可用油毡、玻璃丝布等代替。沥青麻布防水层所用沥青为石沥青或煤沥青。

（4）拱铰。通常，拱桥中有三种情况设铰：一是主拱圈按两铰拱或三铰拱设计时；二是空腹式拱上建筑，其腹拱圈按构造要求需采用两铰或三铰拱，或高度较小的腹孔墩上、下端与顶梁、底梁连接处需设铰时；三是在施工过程中，为消除或减小主拱圈的部分附加内力，以及对主拱圈内力作适当调整时，往往在拱脚或拱顶设临时铰。

前两种永久性铰由于必须满足设计计算的要求，并能保证长时期的正常使用，因此要求较高，构造较复杂，造价高。临时铰在施工结束时或基础变形趋于稳定时即将其封固，所以构造较简单。

目前，常用的拱铰形式有弧形铰、铅垫铰、平铰和不完全铰。

1）弧形铰。如图 4-33 所示，可用钢筋混凝土、混凝土、石料做成。它是由两个不同半径的弧形表面块件合成，一个为凹面（曲率半径为 R_2），一个为凸面（曲率半径为 R_1），R_2 与 R_1 之比值在 1.2～1.5 之间选用。铰的宽度等于拱圈（肋）的宽度，沿拱轴线方向的

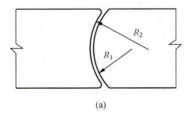

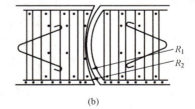

(a)　　　　　　　　　　　　　　　(b)

图 4-33　弧形铰

（a）石铰；（b）钢筋混凝土铰

长度，取为拱厚的 1.15～1.20 倍。设计时应验算接触面的承压应力和横向拉应力。弧形铰的作用并不完善，当圆弧形表面互相位移时压力线的作用点可能偏很多，此时，在靠近铰的拱段中将产生附加弯矩。铰的接触面应精确加工，以保证紧密结合。由于石铰加工困难，目前已用得不多。目前多采用现浇混凝土铰代替石铰。当跨径较大，要求承压强度更高时，可采用钢筋混凝土拱铰。

2）铅垫铰。如图 4-34 所示，对于中、小跨径的板拱或肋拱，可以采用铅垫铰。铅垫铰用厚度 1.5～2.0cm 铅垫板，外部包以锌、铜（1.0～2.0cm）薄片做成。垫板宽度为拱圈厚度的 1/4～1/3，在主拱圈的全部宽度上分段设置。铅垫铰是利用铅的塑性变形达到支承面的自由转动，从而实现铰的功能。同时，为了使压力正对中心，并且能承受剪力，故设置穿过垫板中心而又不妨碍铰转动的锚杆。为了承受局部压力，在墩、台帽内以及邻近铰的拱段，需要用螺旋钢筋或钢筋网加强。直接贴近铅垫铰的主拱圈混凝土，强度不小于 C25。

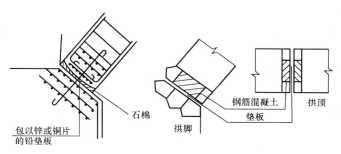

图 4-34 铅垫铰

3）平铰。如图 4-35 所示，由于弧形铰的构造较复杂，铰面的加工既费工又难以保证质量，因此，对于空腹式拱上建筑的腹拱圈，由于跨径较小，也可以采用构造简单的平铰。平铰是平面相连，直接抵承。平铰的接缝间可用低强度等级的砂浆砌筑，也可垫衬油毛毡或直接干砌接头。

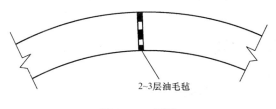

图 4-35 平铰

4）不完全铰。采用钢筋混凝土预制吊装的腹拱圈，为了便于整体安装，可采用如图 4-36 所示的不完全铰。此铰可使拱圈在施工时不断开，而在使用时又起到拱铰的作用，构造简单。

在钢筋混凝土空腹式拱桥腹孔墩上、下端设置柱铰，也是一种不完全铰，如图 4-37 所示。此铰可以保证支撑截面的转动。

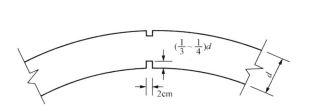

图 4-36 腹拱圈的不完全铰的构造

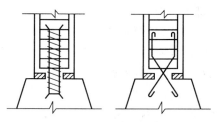

图 4-37 空腹式拱桥的柱铰构造

4.3 拱桥设计初步

公路桥涵应根据所在公路的使用任务、性质和将来的发展需要，按照适用、经济、安全和适当照顾美观的原则进行设计。

4.3.1 拱桥的总体设计

在通过必要的桥址方案比较，确定了桥位之后，即可根据当地水文、地质、地形等具体情况进行拱桥的总体设计。总体布置是否合理，考虑问题是否全面，不但影响桥梁总造价，而且会给桥梁今后的使用、维修、管理带来直接的影响，所以拱桥的总体设计非常重要。

总体设计主要包括：桥梁的长度、跨径、孔数、桥面高程、主拱圈的矢跨比等。

1. 设计高程及矢跨比

拱桥的高程主要有四个，即桥面高程、拱顶底面高程、起拱线高程、基础底面高程，如图 4-38 所示。这几项高程的合理确定对拱桥的设计有直接的影响。

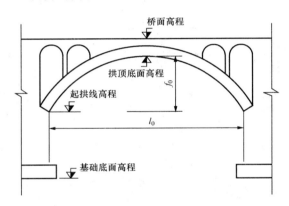

图 4-38　拱桥的主要标高示意图

拱桥桥面的高程，一方面由两岸线路的纵断面设计来控制，另一方面还要保证桥下净空能满足泄洪或通航的要求。设计时需按有关规定，并与有关部门（如航运、防洪、水利等）商定。当桥面高程确定后，由桥面高程减去拱顶填料厚度（一般包括路面厚度在内为 $0.30 \sim 0.50$m），就可得到拱顶上缘（拱背）的高程。随之就可以根据跨径大小、荷载等级、主拱圈材料规格等条件估算出拱圈的厚度。由此可推求出拱顶底面高程。

拟定起拱线高程时，为了尽量减小桥墩（台）基础底面的弯矩、节省墩台的圬工数量，一般宜选用低拱脚设计方案。但具体设计时，拱脚的位置又常常受到通航净空、排洪、流水等条件的限制。

至于基础底面的高程，主要根据冲刷深度、地质情况及地基承载能力等因素确定。

拱桥主拱圈矢跨比是设计拱桥的主要参数之一。它的大小不仅影响拱圈内力的大小，而且也影响到拱桥的构造形式和施工方法的选择。计算表明，恒载的水平推力 H_g 与垂直反力 V_g 之比值，随矢跨比的减小而增大。当矢跨比减小时，拱的推力增大，反之则推力减小。众所周知，推力大，相应地在拱圈内产生的轴向力也大，对拱圈自身的受力状况是有利的，但对墩台基础不利。同时，当拱圈受力后因其弹性压缩，或因温度变化、混凝土收缩，或因墩台位移等原因，都会在无铰拱的拱圈内产生附加的内力，而拱越坦（即矢跨比越小），附加内力越大。当拱的矢跨比过大时，拱脚区段过陡，给拱圈的砌筑或混凝土浇筑带来困难。另外，拱桥的外形是否美观，与周围景物能否协调等也与矢跨比有很大关系。因此在设计时，矢跨比的大小应经过综合比较后进行选定。

通常，对于砖、石、混凝土板拱桥及双曲拱桥，矢跨比一般为 $1/4 \sim 1/6$，不宜小于

1/8，箱形拱桥的矢跨比一般为 1/6～1/8，圬工拱桥的矢跨比一般都不宜小于 1/10。钢筋混凝土桁架拱、刚架拱桥的矢跨比一般为 1/6～1/10，或者更小一些，但也不宜小于 1/12。

2. 不等跨的处理

为了便于施工和平衡桥墩上所受的推力，同一方案中各孔跨径最好相等。但有时考虑到通航要求或技术经济问题，或考虑到协调周围环境，也可采用不等跨。为了尽量减少因结构重力引起推力不平衡对桥墩和基础的偏心作用，可以采用如下措施：

（1）采用不同的矢跨比。利用在跨径一定时矢跨比与推力大小成反比的关系，在相邻两孔中，小跨径用较陡的拱（矢跨比较大），小跨径用较坦的拱（矢跨比较小），使两相邻孔在恒载作用下的不平衡推力尽量减小。

（2）采用不同的拱脚高程。由于采用了不同的矢跨比，致使两相邻孔的拱脚高程不在同一水平线上。因大跨径孔的矢跨比大、拱脚降低，减小了拱脚水平推力对基底的力臂，这样可以使大跨与小跨的恒载水平推力对基底所产生的弯矩得到平衡，如图 4 - 39 所示。但因拱脚不在同一水平、使桥梁外形欠美观，构造也稍复杂。

（3）调整拱上建筑的恒载质量。在必须使（如美观要求等）相邻孔的拱脚放置在相同（或相接近）的高程上时，也可用调整拱上建筑的重量来减小相邻孔间的不平衡推力。于是大跨径可用轻质的拱上填料或空腹式拱上建筑，小跨径用重质的拱上填料或实腹式拱上建筑，以改变恒载重量来调整拱桥的恒载水平推力。

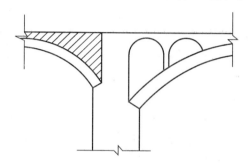

图 4 - 39　相邻孔拱脚标高不在同一水平线上

（4）采用不同类型的拱跨结构。小跨径孔采用板式结构，大跨径孔则采用分离式肋拱结构，以减轻大跨径孔的恒载重量来减小恒载的水平推力。

在具体设计中，可采用上述措施中的任意一种或同时采用几种。如果仍不能达到完全平衡恒载推力的目的，则需设计成体形不对称的或加大尺寸的桥墩的基础来解决。

4.3.2　拱轴线的选择及拱上建筑的布置

从结构力学中知道，拱轴线的形状不仅直接影响着拱圈的内力分布及截面应力的大小，而且与结构的耐久性、经济合理性和施工安全性都有着密切关系。

竖向荷载作用下，拱圈各截面上轴向压力作用点的连线称为压力线。选择拱轴线的原则，就是要尽可能降低由于荷载产生的弯矩数值。最理想的拱轴线又是与拱上各种荷载作用下的压力线相吻合，这时拱圈截面只受轴向压力，而无弯矩作用，借以能充分利用圬工材料的抗压性能。但事实上是不可能获得这样的拱轴线的，因为除恒载外，拱圈还要受到活荷载、温度变化和材料收缩等因素的作用。当恒载压力线与拱轴线吻合时，在活荷载作用下就不再吻合，而公路拱桥的恒荷载占全部荷载的比重较大，因此一般说来，以恒荷载压力线作为设计拱轴线，可以认为基本上是适宜的。但是，就在恒荷载作用下，拱圈本身的轴线还将因材料的弹性压缩而变形，致使拱圈的实际压力线与原来设计所采用的拱轴线，仍会发生偏离。因此在拱桥设计时，要选择一条能够使恒荷载作用下的截面弯矩都为零的拱轴线，实际上是不可能的，只是选择的拱轴线使拱圈截面的弯矩尽量减小而已。

目前拱桥常用的拱轴线形有以下几种：

（1）圆弧线。在均布径向荷载作用下，拱的合理拱轴线是圆弧线，所以在一般情况下，圆弧形拱轴线与恒载压力有偏离，但其线形最简单，施工方便，易于掌握，适合于跨径20m以下的小跨径桥常采用。

（2）悬链线。实腹式拱桥的结构重力从拱顶向拱脚均匀增加，这种荷载引起的压力线是一条悬链线。因此，实腹式拱桥采用悬链线作为拱轴线是合理的。

空腹式拱桥，由于拱上建筑的形式发生变化，结构重力从拱顶向拱脚不再是均匀增加，其相应的结构重力压力线不再是悬链线，而是一个有转折的弧线。为了计算方便，一般仍用悬链线作拱轴线，并合理布置拱上建筑，使所采用的拱轴线在拱顶、拱脚和拱跨1/4点处与结构重力压力线相吻合，其他点则有偏离。理论分析证明此偏离对控制截面内力是有利的。因此，悬链线是目前大、中跨径拱桥采用最普遍的拱轴线形。

（3）抛物线。在均布荷载作用下，拱的合理拱轴线是二次抛物线。对于结构重力比较接近均布的拱桥，可采用二次抛物线作为拱轴线。

某些特大跨径的拱桥，由于拱上建筑布置的特殊性，为了使拱轴线尽量与结构重力压力线相吻合，可采用高次抛物线（四次或六次抛物线）作拱轴线。因计算工作量很大，目前仍很少采用。

由以上可见，拱上建筑的形式及其布置对于合理选择拱轴线形是有密切联系的。在一般情况下，小跨径拱桥可采用实腹式悬链线拱或实腹式圆弧拱；大、中跨径拱桥可采用空腹式悬链线拱；轻型拱桥或矢跨比较小的大跨径钢筋混凝土拱桥可以采用抛物线拱。

4.3.3 拱桥主要尺寸的拟定

1. 拱圈的宽度

拱圈的宽度，决定于桥面的宽度（行车道宽度和人行道宽度之和）。中、小跨径拱桥的栏杆（约宽15～25cm），一般布置在人行道块件的悬出部分，如图4-40（a）所示。

在大跨径拱桥中，为了减小主拱圈的宽度，可将人行道布置在钢筋混凝土预制板悬臂梁上，如图4-40（b）所示，或做成钢筋混凝土悬臂人行道，如图4-40（c）、（d）所示。

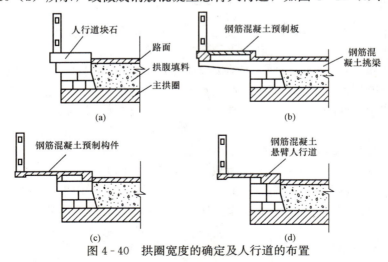

图4-40　拱圈宽度的确定及人行道的布置

2. 拱圈高度及主要构造的尺寸拟定

（1）石拱桥拱圈厚度的拟定。

1）中、小跨径石拱桥拱圈厚度估算公式

$$d = mk \sqrt[3]{L_0}$$ (4 - 1)

式中　d——拱圈厚度（cm）；

　　　m——系数，一般为 4.5～6.0，随矢跨比的减小而增大；

　　　k——荷载系数，对汽车－10 级为 1.0；对汽车－20 级为 1.2；

　　　L_0——拱桥净跨径（cm）。

2）大跨径石拱桥拱圈厚度估算公式

$$d = m_1 k(L_0 + 20)$$ (4 - 2)

式中　m_1——系数，一般为 0.016～0.02，跨径越大，矢跨比越小，系数取大值；

　　　L_0——拱桥净跨径（m）。

其他符号同前。

（2）刚架拱、桁架拱桥和箱形拱桥主拱圈高度估算公式（桁架拱肋中距不大于 3m 和刚架拱）

$$d = \left(a + \frac{L_0}{b}\right)k$$ (4 - 3)

式中　d——主拱圈厚度（cm）；

　a、b——系数，按表 4 - 1 采用；

　　　k——荷载系数，按表 4 - 1 采用；

　　　L_0——拱桥主拱圈净跨径（cm）。

表 4 - 1　　　　　　　　　　　　　系数 a、b、k

系　数 类　型	a	b	k
刚架拱桥	35	100	公路Ⅰ级为 1.2
桁架拱桥	20	70	公路Ⅱ级为 1.2
箱形拱桥	60～70	100	1

4.4　拱桥就地浇筑施工

当拱桥的跨径不是很大、拱圈净高较小或孔数不多时，可以采用就地浇筑方法来进行拱圈施工。就地浇筑方法可以分为两种：拱架浇筑法和悬臂浇筑法。

4.4.1　有支架的拱就地浇筑施工

有支架施工主要工序包括材料准备，拱圈放样，拱架制作与安装，拱圈与拱上建筑的砌筑，最后落架并完成其余部分的施工。

1. 拱架

拱架是有支架施工必不可少的辅助结构，在拱桥建造期间，用以支承全部或部分主拱及拱上结构的重量，并保证主拱圈的形状符合设计要求。故要求拱架既要有足够的强度、刚度和稳定性，又要求构造简单、制作容易、节省材料，并能重复使用，以加快施工进度，减少施工费用。

（1）拱架的型式和构造。拱架的种类很多，按使用材料可分为木拱架、钢拱架、扣件式钢管拱架、斜拉式贝雷平梁拱架、竹拱架、竹木混合拱架、钢木组合拱架以及土牛胎拱架等多种形式。

1）木拱架。木拱架一般有排架式、撑架式、扇形式、叠桁式及木桁架式等。前四种在桥孔中间设有或多或少的支架，统称为满布式拱架。最后一种可采用三铰木桁架形式，在桥孔中可不设支架。

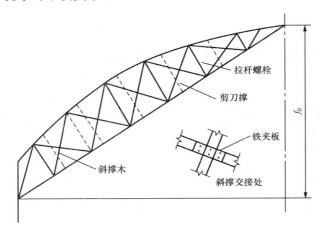

图 4 - 41　满布式木拱架节点构造

拱架制作安装时，拱架尺寸和形状要符合设计要求，立柱位置准确且保持直立，各杆件连接接头要紧密，支架基础要牢固，高拱架应特别注意其横向稳定性。拱架全部安装完成后，应全面检查，确保结构牢固可靠。如图 4 - 41 为满布式木拱架节点构造，图 4 - 42 为三铰木拱架示意图。

支架基础必须稳固，承重后应能保持均匀沉降且下降量不得超过设计范围。

拱架可就地拼装，也可根据起吊设备能力预拼成组件后再进行安装。

2）钢拱架与钢木组合拱架。

①工字梁钢拱架。工字梁钢拱架可采用两种形式：一种是有中间木支架的钢木组合拱架，另一种是无中间木支架的活用钢拱架。

钢木组合拱架是在木支架上用工字钢梁代替木斜梁，以加大斜梁的跨度，减少支架用量。工字钢梁顶面可用垫木垫成拱模弧形线。钢木组合拱架的支架常采用框架式，如图 4 - 43 所示。

工字梁活用钢拱架，构造简单，拼装方便，且可重复使用，其构造形式如图 4 - 44 所示，它适用于施工期间需保持通航，墩台较高、河水较深或地质条件较差的桥孔。

②钢桁架拱架。钢桁架拱架的结构类型通常有常备拼装式桁架型拱架、装配式公路钢桁架节段拼装式拱架、万能杆件拼装式拱架、装配式公路钢桁架或万能杆件桁架与木拱盔组合的钢木组合拱架。如图 4 - 45 为常备拼装式桁架拱架，图 4 - 46 为装配式公路钢桁架节段拼装式拱架。

3）拱圈模板。

①板拱模板。板拱拱圈模板（底模）厚度应根据弧形木或横梁间距的大小来确定。一般有横梁的底模板厚度为 4～5cm，直接搁在弧形木上时为 6～7cm。有横梁时为使顺向放置的模板与拱圈内弧形圆顺一致，可预先将木板压弯。压弯的方法是：每 4 块木板一叠，将两端支起，在中间适当加重，使木板弯至符合要求为止，施压约需半个月左右的时间。40m 以上跨径的拱桥模板可不必事先压弯。

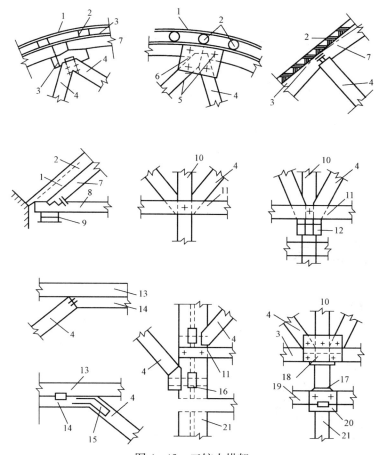

图 4 - 42　三铰木拱架

1—模板；2—横梁；3—填木；4—斜撑；5—螺栓；6—铁（木）板；7—弓形木；8—拉梁；
9—卸架设备；10—立柱；11—水平夹木；12—垫木；13—纵梁；14—托梁；15、18—夹板；
16—键；17—砂筒；19—帽木；20—桩或柱；21—框架立柱

石砌板拱拱圈的模板，应在拱顶处预留空当，以便于拱架的拆卸。

模板顶面高程误差不应大于计算跨径的 1/1000，且不应超过 3cm。

②肋拱拱肋模板。拱肋模板如图 4 - 47 所示。其底模与混凝土或钢筋混凝土板拱拱圈底模基本相同。拱肋之间及横撑间的空当也可不铺底模。

图 4 - 43　钢木组合拱架

拱肋侧面模板，一般应预先按样板分段制作，然后拼装在底模上，并用拉木、螺栓拉杆及斜撑等固定。安装时，应先安置内侧模板，等钢筋入模后再安置外侧模板。模板宜在适当长度内设一道变行缝（缝宽约 2cm），以避免在拱架沉降时模板间相互顶死。

拱肋间的横撑模板与上述侧模构造基本相同，处于拱轴线较陡位置时，可用斜撑支撑在底模板上。

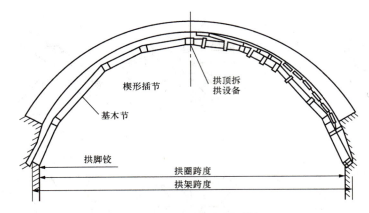

图 4-44 工字梁活用钢拱架

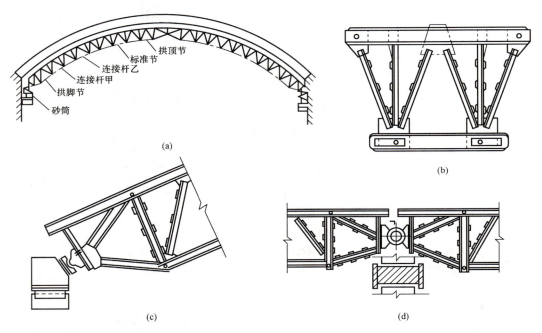

图 4-45 常备拼装式桁架拱架示意图
(a) 常备拼装式；(b) 标准节；(c) 拱脚节；(d) 拱顶节

（2）拱架的设计、制作与安装。为保证拱圈的形状符合要求，拱架要有足够的强度和刚度，制作前要进行必要的计算。

1）拱架的计算。设计计算时应考虑拱架自重荷载，拱圈圬工重量、施工人员及机具重量、横向风力等。

为避免繁琐的计算工作一般采用图解法，并认为节点不承受拉力。拱架的斜梁除受轴向力外，还承受拱石正压力引起的弯矩，应按压弯构件计算，斜撑、立柱按压杆计算，模板按受弯构件计算。斜夹木和横夹木作为增强稳定之用，按构造设置。

除对拱架组成的构件完成以上强度验算外，还应对拱架承受荷载后产生的弹性和非弹性变形，拱圈卸落拱架后由于自重、温度变化及墩台位移等影响因素产生的弹性下沉进行计

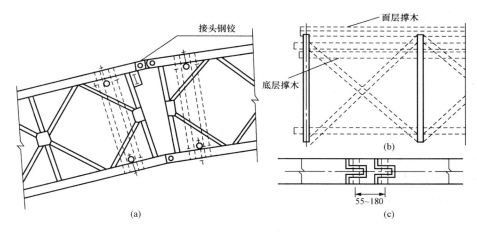

图 4-46　装配式公路钢桁架节段拼装式拱架示意图
（a）桁架节连接；（b）拱架横向连接；（c）钢铰接头平面

算，确定拱架预留拱度，以便施工完成后，抵消这些可能发生的垂直变形。

2）拱架的制作与安装。为了使拱架具有准确的外形和各部尺寸，在制作拱架前一般在样台上按 1∶1 放出拱架大样，制作杆件样板，以便按样板进行杆件的加工。为保证拱架连接处紧密、牢固、变形小，钢拱架一般采用桁架式。拱顶及拱脚的构件及下弦配件、铰、落架设备则可按桥跨形式配制，使其能适应不同跨度和矢跨比的拱桥。放样时应计入拱架预拱度。

杆件加工完毕，一般须进行 1～2

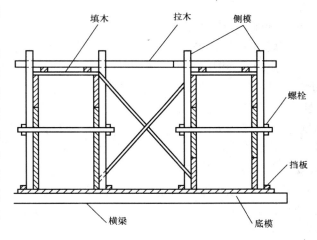

图 4-47　肋拱拱肋模板横截面

片试拼，对构件作局部修改后即可在桥孔中安装。满布式拱架一般是在桥孔内逐杆安装，三铰桁架拱架都采用整片吊装的方法安装。安装时应及时测量，以保证设计尺寸的准确，同时采取加强横向整体性、设置风缆索等措施，确保施工安全。

2. 混凝土拱桥的有支架施工

有支架就地浇筑拱桥的施工工序一般分三个阶段进行：

第一阶段：浇筑拱圈（或拱肋）及拱上立柱的底座；

第二阶段：浇筑拱上立柱、连接系及横梁等；

第三阶段：浇筑桥面系。

前一阶段的混凝土达到设计强度的 75％ 以上才能浇筑后一阶段的混凝土。拱架则在第二阶段或第三阶段混凝土浇筑前拆除，但必须事先对拆除拱架后拱圈的稳定性进行验算。若设计文件对拆除拱架另有规定，应按设计文件执行。

双曲拱桥的拱波，应在拱肋强度或其间隔缝混凝土强度达到设计强度 75％ 后开始砌筑。

(1) 拱圈或拱肋的浇筑。

1) 浇筑流程。满布式拱架浇筑流程：支架设计→基础处理→拼设支架→安装模板→安装钢筋→浇筑混凝土→养护→拆模→拆除支架。满布式拱架宜采用钢管脚手架、万能杆件拼设；模板可以采用组合钢模、木模等。

拱式拱架浇筑流程：钢结构拱架设计→拼设拱架→安装模板→安装钢筋→浇筑混凝土→养护→拆模→拆除拱架。拱式拱架一般采用六四式军用梁（三脚架）、贝雷架等拼设。

2) 连续浇筑。跨径小于 16m 的拱圈（或拱肋）混凝土，应按拱圈全宽度、自两端拱脚向拱顶对称地连续浇筑，并在拱脚处混凝土初凝前全部完成。如预计不能在限定时间内完成，则需在拱脚处预留一个隔缝并最后浇筑隔缝混凝土。

薄壳拱的壳体混凝土，一般从四周向中央进行浇筑。

3) 分段浇筑。大跨径拱桥的拱圈（或拱肋）（跨径≥16m），为避免拱架变形而产生裂缝以及减小混凝土的收缩应力，应采用分段浇筑的施工方法。分段长度一般为 6～15m，分段长度应以能使拱架受力对称、均匀和变形小为原则。拱式拱架宜设置在拱架受力反弯点、拱架节点、拱顶及拱脚处；满堂式拱架宜设置在拱顶、L/4 部位、拱脚及拱架节点等处。各段的接缝面应与拱轴线垂直。

分段浇筑程序应符合设计要求，且对称于拱顶进行，使拱架变形保持对称均匀和尽可能地小。填充间隔缝混凝土，应由两拱脚向拱顶对称进行。拱顶及两拱脚间隔缝应在最后封拱时浇筑，间隔缝与拱段的接触面应事先按施工缝进行处理。间隔缝的位置应避开横撑、隔板、吊杆及刚架节点等处。间隔缝的宽度以便于施工操作和钢筋连接为宜，一般为 50～100cm。间隔缝混凝土应在拱圈分段混凝土强度达到 75% 设计强度后进行；为缩短拱圈合龙和拱架拆除的时间，间隔缝内的混凝土强度可采用比拱圈高一等级的半干硬性混凝土。封拱合龙温度应符合设计要求，如设计无规定时，一般宜在接近当地的年平均温度或在 5～15℃ 之间进行。

4) 箱形截面拱圈（或拱肋）的浇筑。大跨径拱桥一般采用箱形截面的拱圈（或拱肋），为减轻拱架负担，一般采取分环、分段的浇筑方法。分段的方法与上述相同。分环的方法一般是分成二环或三环。分二环时，先分段浇筑底板（第一环），然后分段浇筑肋墙、隔墙与顶板（第二环）；分三环时，先分段浇筑底板（第一环），然后分段浇筑肋墙、隔墙（第二环），最后分段浇筑顶板（第三环）。

分环分段浇筑时，可采取分环填充间隔缝合龙和全拱完成后最后一次填充间隔缝合龙两种不同的合龙方法。如图 4-48 为箱形截面拱圈采用分环分段浇筑施工程序。

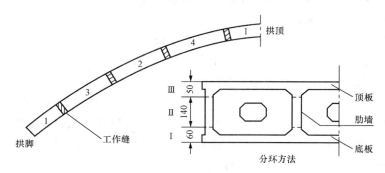

图 4-48　箱形截面拱圈分环、分段浇筑的施工程序示意图（单位：cm）

（2）拱架的卸落。采用就地浇筑施工的拱架，卸拱架的工作相当关键。拱架拆除必须在拱圈砌筑完成后 20～30d 左右，待砂浆砌筑强度达到设计强度的 75％后方可拆除。此外还必须考虑拱上建筑、拱背填料、连拱等因素对拱圈受力的影响，尽量选择对拱体产生最小应力时卸落拱架。为了能使拱架所支承的拱圈重力能逐渐传给拱圈自身来承受，拱架不能突然卸除，而应按一定的程序进行。

为保证拱架能按设计要求均匀下落，一般可采用简单木楔、组合木楔、砂筒等作卸架设备，如图 4 - 49 所示。木楔宜用硬木制成，简单木楔剖面应刨光成 1∶6～1∶10 的斜面，卸架时简单木楔可用锤轻轻敲击木楔的小头。组合木楔只需扭动螺栓，则木楔徐徐下降。砂筒可用铸铁或木料制成，筒内的砂子应干燥、均匀、洁净，砂筒与活塞间用沥青填塞，以免砂子受潮而不易流出，卸架时只需打开泄砂孔，使砂徐徐流出，并可通过控制流出砂的多少，控制下降量及速度。

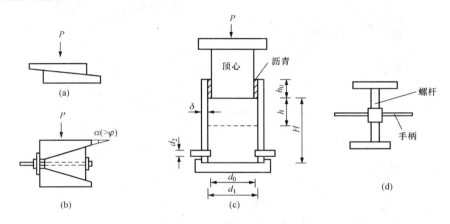

图 4 - 49　拱架卸架设备

卸架一般按以下程序，分三个节段进行，每次降 1/3 降落量（图 4 - 50）。对于满布式拱架的中小跨径拱桥，可从拱顶开始，逐次向拱脚对称卸落；对于大跨径的悬链线拱圈，为避免拱圈发生"M"形的变形，也有从两边 $L/4$ 处，逐次对称地向拱脚和拱顶均衡地卸落。多孔连续拱桥施工时，还应考虑相邻孔间的影响。

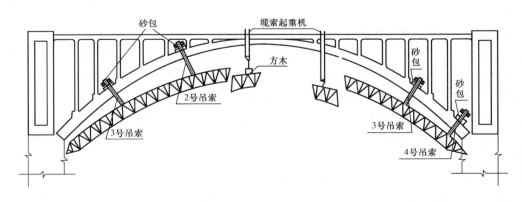

图 4 - 50　拱架的拆除

（3）拱上建筑的施工（图4-51）。拱上建筑的施工，应在拱圈合龙，混凝土或砂浆达到设计强度30％后进行。对于石拱桥，一般不少于合龙后三昼夜。

拱上建筑的施工，应避免使主拱圈产生过大的不均匀变形。实腹式拱上建筑，应由拱脚向拱顶对称地砌筑。当侧墙砌筑好以后，再填筑拱腹填料及修建桥面结构等。

空腹式拱桥一般是在腹孔墩砌完后就卸落拱架，然后再对称均衡地砌筑腹拱圈，以免由于主拱圈的不均匀下沉而使腹拱圈开裂。

在多孔连续拱桥中，当桥墩不是按施工单向受力墩设计时，仍应注意相邻孔间的对称均衡施工，避免桥墩承受过大的单向推力，尤其是在裸拱圈上修筑拱上结构的多孔连拱更应注意，以免影响拱圈的质量和安全。

图4-51　拱上建筑的施工（护栏纵梁钢筋安装完毕）

4.4.2　拱桥的悬臂浇筑法施工

国外在拱桥就地浇筑施工中，多采用悬臂浇筑法。以下介绍塔架斜拉索法和斜吊式悬浇法两种施工方法。

1. 塔架、斜拉索及挂篮浇筑拱圈

这是国外采用最早、最多的大跨径钢筋混凝土拱桥无支架施工的方法。这种方法的要点是：在桥脚墩、台处安装临时的钢塔架或钢筋混凝土塔架，用斜拉索（或斜拉粗钢筋）将拱圈（或拱肋）用挂篮浇筑一段系吊一段，从拱脚开始，逐段向拱顶悬臂浇筑，直至拱顶合龙。塔架的高度和受力应按拱的跨径、矢跨比等确定。斜拉索可用预应力钢筋或钢束，其面积及长度由所系吊的拱段长度和位置确定。用设在已浇完的拱段上的悬臂挂篮逐段悬臂浇筑拱圈（或拱肋）混凝土。整个拱圈混凝土的浇筑工作应从两拱脚开始，对称地进行，最后在拱顶合龙。塔架斜拉索法，一般多采用悬浇施工，也可用悬拼法施工，但后者用得较少。图4-52所示为塔架、斜拉索及挂篮浇筑拱圈的施工示意图。

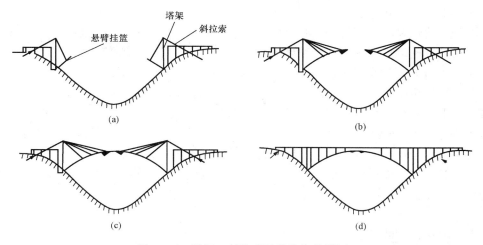

图 4-52 塔架、斜拉索及挂篮浇筑拱圈

2. 斜吊式悬臂浇筑拱圈

它是借助于专用挂篮,结合使用斜吊钢筋将拱圈、拱上立柱和预应力混凝土桥面板等齐头并进地、边浇筑边构成桁架的悬臂浇筑方法。施工时,用预应力钢筋临时作为桁架的斜吊杆和桥面板的临时拉杆,将桁架锚固在后面的桥台(或桥墩)上。过程中作用于斜吊杆的力是通过布置在桥面板上的临时拉杆传至岸边的地锚上(也可利用岸边桥墩作地锚)。用这种方法修建大跨径拱桥时,个别的施工误差对整体工程质量的影响很大,对施工测量、材料规格和强度及混凝土的浇筑等必须进行严格检查和控制。施工技术管理方面值得重视的问题有斜吊钢筋的拉力控制、斜吊钢筋的锚面和地锚地基反力的控制、预拱度的控制、混凝土应力的控制等几项。其施工程序如图 4-53 所示。

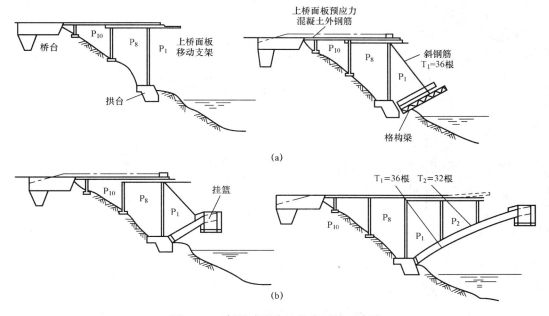

图 4-53 斜吊式现浇法的主要施工步骤

图 4-53（a）为在边孔完成后，在桁面板上设置临时拉杆，在吊架上浇筑第一段拱圈。待此段混凝土达到要求强度后，在其上设置临时预应力拉杆，并撤去吊架，直接系吊于斜吊杆上，然后在其前端安装悬臂挂篮。

图 4-53（b）为用挂篮逐段悬臂浇筑拱圈。当挂篮通过拱上立柱 P_2 位置后，须立即浇筑立柱 P_2 及 P_1 至 P_2 间的桥面板，然后，用挂篮继续向前悬臂浇筑，直至通过下一个立柱后，再安装 P_1 至 P_2 间桥面板的临时拉杆及斜吊杆 T_2，并浇筑下一个立柱及之间的桥面板。每当挂篮前进一步，必须将桥面板拉杆收紧一次。这样，一面用斜吊钢筋构成桁架，一面向前悬臂浇筑，直至拱顶附近，撤去挂篮，再用吊架浇筑拱顶合龙混凝土。

当拱圈为箱形截面时，每段拱圈施工应按箱形截面拱圈的施工程序进行浇筑。

为加快施工进度，拱上桥面板混凝土宜用活动支架逐孔浇筑。

4.5　缆索吊装施工

缆索吊装施工是目前拱桥无支架施工的主要方法之一。其工序大致包括：拱箱（肋）的预制、拱箱（肋）的移运和吊装、主拱圈的安装、拱上建筑施工、桥面结构施工等。

图 4-54 为一缆索吊装施工示意图。缆索起重机由塔架、主索、牵引索、起重索、起重小车（行车）和风缆等构成。塔架立于桥台上或桥头高地，四面用风缆固定。主索即起重小车的轨索，由数根粗钢索构成，支承于塔架顶部的索鞍上，并用地垄锚固。一般用两组主索，如塔架可移动，也可用一组主索。牵引索牵引起重小车，使其能沿主索移动，起重索用于起重小车的动滑轮组升降，牵引和起重均用绞车。此外还有结索，用于悬挂分索器和使主索、起重索和牵引索不致相互干扰和下垂。有关缆索吊详细构造、计算及安装可参阅有关资料。

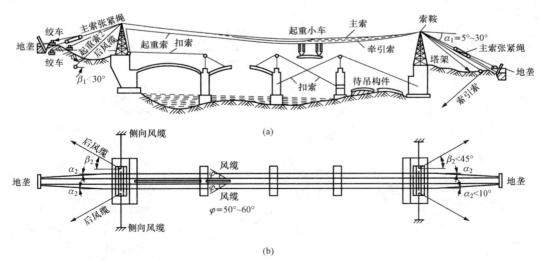

图 4-54　缆索吊装布置示意
（a）立面；（b）平面

拱桥的构件在河滩或桥头岸边预制或预拼后，送至缆索下面，由起重小车起吊送至桥位安装。为使端段基肋在合龙前保持在一定位置，在其上用扣索临时系住，然后才能松开吊索。吊装应自一孔桥的两端向中间对称进行。在最后一节构件吊装就位，并将各接头位置调整到规定标高后，才能放松吊索并将各接头接整合龙，最后才将所有扣索撤去。

吊装施工的成败关键在于保证基肋（指拱肋、拱箱或桁架拱片）有足够的强度和稳定性，不仅要按单根构件在运输和吊装时情况复核其强度和稳定性，更重要的是还要按基肋合龙时及合龙后所承担的荷载，检算其强度和稳定性。

基肋吊装合龙要拟定正确的施工程序和施工细则。拱桥跨度较大时，最好采用双基肋或多基肋合龙。此时基肋与基肋间的横系梁或横隔板必须紧随拱段的拼装及时焊连，必要时可在基肋的上下两平面内设置临时的交叉斜杆以缩短基肋的自由长度。端段拱肋就位后，除上端用扣索拉住使之不下坠外，还应在左右两侧各用一对风缆牵住以免左右摆动。中段拱肋就位时，宜缓慢地松吊索，使各接头顶紧，尽量避免简支搁置和冲击作用。当拱肋分五段吊装时，由于最后一段就位时或多或少的简支作用，第一个接头可能上升，而第二个接头可能下降，为此应在第一个接头下侧也设拉索牵住，以防失稳。

施工时一般在每一接头处都设一对横撑或一对横向风缆来加强基肋的稳定性。注意两侧横向风缆的角度要对称。

4.6　转体施工

转体法施工是将拱圈或整个上部结构分成两个半跨，分别在河的两岸利用地形或简单支架灌注或预制装配成半拱。然后，利用动力装置将两半拱转动至桥轴线位置上或设计标高合龙成拱。

转体法施工适用于各类单孔拱桥的施工，也可用于梁桥、斜拉桥和斜腿刚构桥等各种不同类型桥梁的施工中。转体法施工可减少大量的高空作业，施工安全、质量可靠，节省较多的临时支架，并可大幅度地减少对桥下交通的干扰，是具有明显技术、经济效益的一种桥梁施工方法。

转体法施工有平面转体、竖向转体和平竖结合转体三种。

4.6.1　平面转体施工法

这种施工方法的特点是：将主拱圈分为两个半跨，分别在两岸利用地形作简单支架（或土牛拱胎），现浇或者拼装拱肋，再安装拱肋间横向联系（横隔板、横系梁等），把扣索的一端锚固在拱肋的端部（靠拱顶）附近，经引桥桥墩延伸至埋入岩体内的锚锭中，最后用液压千斤顶收紧扣索，使拱肋脱模，借助环形滑道和手摇卷扬机牵引，慢速地在水平面内转体 $180°$（或小于 $180°$），最后再进行主拱圈合龙段和拱上建筑的施工。图 4-55 示出了转动体系的一般构造。其中的图 4-55（a）是在转盘上放置平衡重来抵抗悬臂拱肋的倾覆力矩，转动装置采用摩阻系数很小的聚四氟乙烯材料和不锈钢板制造，以利转动；图 4-55（b）是无平衡重的转动体系，它是把有平衡重转体施工中的扣索直接锚固在两岸岩体中，这种方法在山区地质条件好或跨越深谷的地形条件下采用。

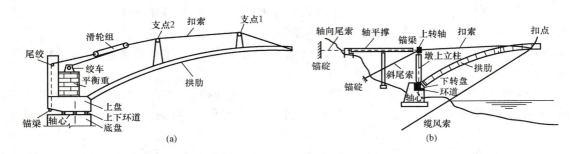

图 4-55 转动体系的一般构造

4.6.2 竖向转体施工法

当桥位处无水或水很浅时，可以将拱肋分成两个半跨放在桥孔下面预制。如果桥位处水较深时，可以在桥位附近预制，然后浮运至桥轴线处，再用起吊设备和旋转装置进行竖向转体施工。这种方法最适宜于钢管混凝土拱桥的施工。因为钢管混凝土拱桥的主拱圈必须先让空心钢管成拱以后再灌注混凝土，故在旋转起吊时，不但钢管自重相对较轻，而且钢管本身强度也高，易于操作。图 4-56 是用扒杆吊装系统对钢管拱肋进行竖向转体施工的示意图。它的主要施工过程是，将主拱圈从拱顶分成两个半拱在地面胎架上完成，经过对焊接质量、几何尺寸、拱轴线形等验收合格后，由竖立在两个主墩顶部的两套扒杆分别将其旋转拉起，在空中对接合龙。

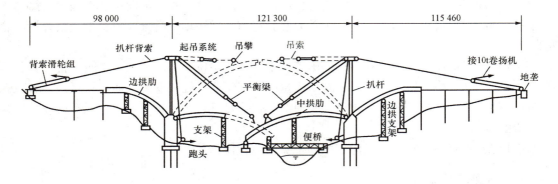

图 4-56 竖向转体施工

4.6.3 平竖结合转体施工法

在地面条件受限的情况下，采用平面和竖向结合的转体施工法架设拱桥，有时会取得很好的效果。例如，安阳文峰路立交桥为净跨 135m 钢管混凝土系杆拱桥，跨越京广铁路。施工时先在大致与京广线平行方向铁路两侧拼装半拱，然后竖转 26°至设计标高后，平转至桥梁中轴线上，拱顶合龙。竖向铰采用设于拱脚处带转动轴的固定钢支座。而平转则采用设于墩底与承台间的混凝土球面铰完成。在下盘球面铰上，涂以四氟粉加黄油混合物，以减小摩擦系数。

　　广州丫髻沙大桥主桥为 76m＋360m＋76m 三跨连续自锚式钢管混凝土拱桥，也为先竖转后平转施工，转体重 136 000kN。

4.7 案例

4.7.1 菜园坝长江大桥

1. 工程概况

　　重庆菜园坝大桥正桥全长 1866.5m，其中主桥长 800m，北引桥长 886.5m，南引桥长 180m。正桥主桥为特大型公铁（轻轨）两用中承式钢箱系杆拱桥，采用刚构与提篮式钢箱系杆拱、桁梁的组合结构。系杆拱桥主跨 420m，对称布跨的边跨和侧跨分别为 102m 及 88m。主桥设六线行车道、双线城市轻轨、双侧人行道。六车道及双侧人行道设在桥面，双线轻轨设在主桥桁梁下横梁上，构成双层特大公铁两用桥。

　　工程于 2003 年 12 月 28 日开工，大桥在 2007 年 10 月 29 日建成通车。

　　菜园坝长江大桥是目前国内最大的公共交通和城市轻轨两用大跨径拱桥，钢结构总重 18 000t。该桥采用中承式无推力钢管混凝土系杆结构，是集钢管拱、钢箱梁、钢桁梁各桥梁结构形式于一身的现代化桥梁，结构形式在世界桥梁中具有独特的地位。

2. 细部构造

　　（1）主梁。根据下层通行轻轨的需要，采用透空性好、整体性强、抗风性能好、造型美观的钢桁梁，梁高 11.2m，标准节段长 16m，顶全宽 30.5m，底宽 12.1m。钢桁梁采用正交异性钢桥面板，采用 U 形肋加劲；钢桁梁在侧跨（88m）内宽度由 30.5m 渐变到 42m，高度不变。节段纵向连接：桥面板采用焊接，U 形肋和桁梁采用栓接。钢桁梁总长 800m。

　　钢桁梁板面板厚 16mm，其 U 形肋加劲板厚 8mm；上弦杆板厚 30mm，腹杆板厚 18～45mm，下弦杆厚 30～40mm；钢板采用低合金结构钢 14MnNbq。

　　（2）主拱肋。采用造型美观、整体性强、易于养护的封闭式钢箱，箱宽 2.4m，箱高 4m，钢箱拱标准节段水平投影长 16m，每 4m 设一道横隔板；全桥设六道横撑，横撑为钢箱，宽 2.425m，高 2.83m。钢拱箱和钢桁梁外部防腐涂装采用大功率二次雾化电弧喷铝，然后喷环氧中间漆，最后采用脂肪族聚氨酯面漆。钢箱梁内部设置抽湿系统。

　　（3）Y 形刚构。拱桥斜腿和主墩采用 Y 形刚构，C60 预应力钢筋混凝土结构，可以提高结构的防船撞击能力和耐腐的能力。刚构水平投影长度约 160m，垂直高约 48m。

　　在斜腿和主墩交接处，设置横梁，横断面为六边形，高 6.0m；上宽 7.6m，下宽 3.5m。

　　整个 Y 形刚构系统混凝土量约 2.2 万 m³，采用商品混凝土。边跨桥墩采用矩形空心薄壁墩，宽 7.0m，长 9.0m，壁厚 0.50m。采用 C50 混凝土。

　　（4）系杆及吊杆设计。吊杆及锚具采用镀锌平行钢丝与冷铸墩头锚具，镀锌平行钢丝采用聚酯纤维缠绕、外套黑色 PE 防护套；吊杆上端对应于拱肋加强横隔处锚固，下端锚于主桁梁锚箱内。全桥共有 12 根永久系杆，两端各设有 2 根系杆的预留孔，供更换系杆用。

3. 施工情况

独特的主桁体系和安装方法全国首创，其中钢梁整体节段拼装，节段最大重 360t；用于起吊的缆索吊机达 152m，从地面起算达 202m，跨度达 420m，规模居全国第一。

4.7.2 某桥缆索吊装施工步骤（图 4-57～图 4-61）

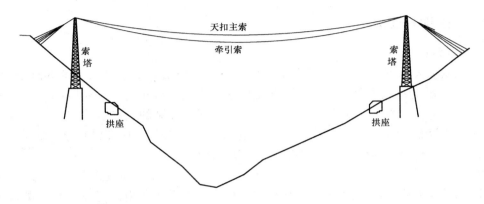

图 4-57 基础施工

吊装施工步骤：1. 拱座基础开挖；2. 施工拱座基础；3. 架设缆索吊装索塔；4. 架设缆索吊装主索

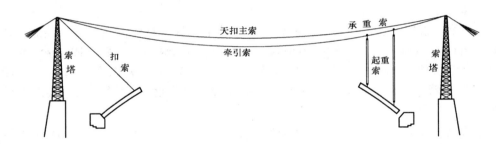

图 4-58 拱箱缆索吊装 1

吊装施工步骤：1. 分 9 段吊装，先对称吊装两片第一段；2. 吊装角度为 20°～60°

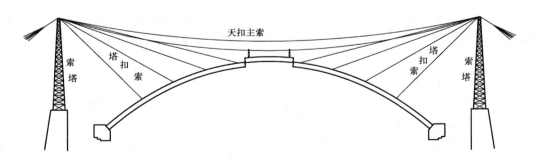

图 4-59 拱箱缆索吊装 2

吊装施工步骤：1. 对称吊装完两岸第二段箱拱，并挂相应的扣索；

2. 重复吊装第三段、第四段箱拱；3. 吊装拱顶段

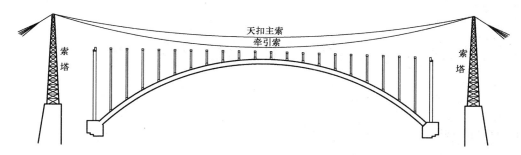

图 4-60 拱箱缆索吊装 3

吊装施工步骤：1. 拱顶段合龙拆除拱箱上相应的扣索；2. 对拱上横系梁、拱上立柱、盖梁进行施工

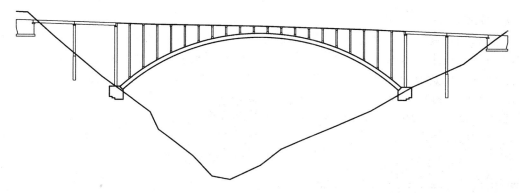

图 4-61 施工成桥

吊装施工步骤：1. 桥台基础开挖；2. 桥台施工；3. 边跨桥墩施工；4. 完成桥面施工

复 习 思 考 题

1. 实腹式拱桥的主要组成部分有哪些？哪些属于上部结构？哪些属于下部结构？

2. 拱桥分类方式有哪些？主拱圈的横截面有哪几种类型？

3. 石板拱应满足的基本要求有哪些？

4. 简述实腹式拱上建筑的组成。

5. 简述空腹式拱上建筑的组成。

6. 简述布置伸缩缝、变形缝、防水层的位置。

7. 如何拟定主拱圈的尺寸？

8. 拱桥的施工支架有哪几种？其与梁桥的施工支架有何区别？

9. 拱桥的悬臂施工主要有哪几种方法？各自的主要特点是什么？

10. 拱桥采用缆索吊装法施工应注意哪几方面问题？为什么？施工中可采取的稳定措施有哪几种？

11. 什么是转体施工？它有哪几种分类？简述其特点和区别。

第5章 其他桥型

5.1 斜拉桥

5.1.1 斜拉桥的特点与构造

1. 斜拉桥的特点与分类

斜拉桥构想起源于19世纪，直到20世纪中叶，随着高强钢丝、正交异性钢板梁、电子计算机等先进技术设备的出现，才使得斜拉桥蓬勃发展起来。其刚度大，造价低，且跨度越来越大。我国已建成的苏通长江公路大桥主跨跨径达1088m，香港昂船洲大桥主跨跨径为1018m，均已超过日本的多多罗大桥的跨径（890m）。

斜拉桥是由承压的塔、受拉的索与承弯的梁三部分组成的一种组合体系结构，其概貌如图

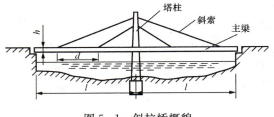

图5-1 斜拉桥概貌

5-1所示。按照其主要组成部分的构造形式和主梁的材料，斜拉桥可以分为不同的类型。

（1）按照斜拉桥的孔跨布置，斜拉桥可以分为独塔双跨式斜拉桥［图5-2（a）］、双塔三跨式斜拉桥［图5-2（b）］、三塔四跨式斜拉桥［图5-2（c）］和多塔多跨式斜拉桥。

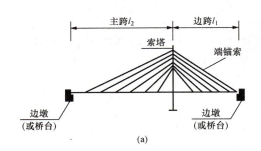

(a)

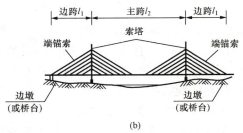

(b)

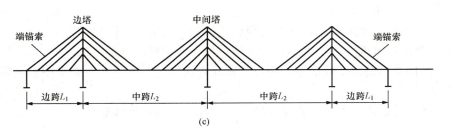

(c)

图5-2 斜拉桥的孔跨布置

（a）独塔双跨式；（b）双塔三跨式斜拉桥；（c）三塔四跨式

独塔双跨式斜拉桥的主孔跨径一般比双塔三跨式的主孔跨径小，适用于跨越中小河流和城市通道。当跨越宽度不大或桥梁下部结构工程数量不大时，可采用此种形式。

双塔三跨式斜拉桥是一种最常见的斜拉桥孔跨布置方式。由于它的主跨跨径较大，一般可适用于跨越较大的河流，并能满足较大的桥下净空要求。

斜拉桥与悬索桥一样，很少采用三塔四跨式或多塔多跨式，因为多塔多跨式中的中间塔顶没有端锚索来有效地限制它的变位。因此，已经是柔性结构的斜拉桥或悬索桥采用多塔多跨式将使结构柔性进一步增大，随之而来的是变形过大。

（2）按照主梁梁体的支撑条件，可以分为连续体系斜拉桥和非连续体系斜拉桥。

连续体系斜拉桥是指在斜拉桥的全长范围内，梁体布置成连续的形式（图 5-3）。这类构造的优点是行车顺畅，变形缝少，便于采用连续梁的各种施工方法。

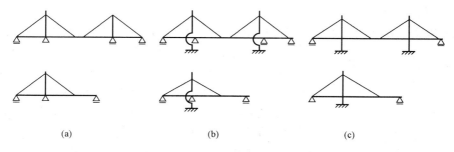

(a)　　　　　　　(b)　　　　　　　(c)

图 5-3　连续的梁体

在某些场合下，由于结构受力的需要，还可将梁体的连续延伸至斜拉桥以外部分，即斜拉桥的梁体还与其边跨或主跨以外部分的引桥跨或其他跨的梁体相连（图 5-4）。

图 5-4　梁体连续的延伸

非连续体系斜拉桥有两种形式：一是在斜拉桥主跨中央部分插入一小跨简支结构，如图 5-5（a）所示；二是以"剪力铰"代替简支结构，这种剪力铰的功能是只传轴力、剪力，不传弯矩，如图 5-5（b）所示。

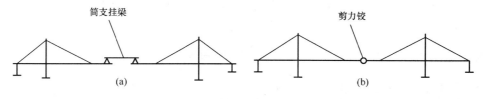

图 5-5　非连续体系

（3）按照主梁的组成材料，斜拉桥分为混凝土斜拉桥、钢斜拉桥、钢—混凝土结合梁（重叠梁）斜拉桥以及混合梁斜拉桥四种。

混凝土斜拉桥主梁为钢筋混凝土和预应力混凝土结构。其主要优点是刚度大、挠度小，抗风稳定性和抗潮湿性能好，后期养护费用较钢斜拉桥少。不足之处是，跨越能力不如钢结构大，施工速度不如钢结构快。

钢斜拉桥主梁及桥面系均为钢结构。其主要优点是跨越能力大，构件可以在工厂预制，质量可靠，施工速度快。缺点是造价高，后期养护工作量大及抗风稳定性差。苏通长江公路大桥主跨即为钢箱梁。

钢—混凝土结合梁（重叠梁）斜拉桥主梁为钢结构，桥面系为混凝土结构，主梁与桥面系结合在一起共同受力。除具有与钢主梁相同的优点外，还能节约钢材用量，且刚度及抗风稳定性均优于钢主梁斜拉桥。

混合梁斜拉桥是指其主跨为钢梁而边跨为混凝土梁的斜拉桥。钢梁与混凝土梁的连接点一般设在索塔附近，可以在边跨侧，也可以在主跨侧。斜拉桥边跨采用混凝土梁的构思，是取其梁的自重大，有利于边跨发挥其锚固跨的作用。香港昂船洲大桥即为此种结构。

2. 斜拉桥的构造

下面从索塔形式、斜拉索布置、锚拉体系和主梁形式分别介绍斜拉桥的细部构造。

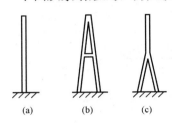

图 5-6　索塔的纵向形式
(a) 单柱形；(b) A 形；(c) 倒 Y 形

（1）索塔。斜拉桥的索塔，主要承受轴力，有的索塔还要承受很大的弯矩，又存在上端与拉索的连接，下端与桥墩和主梁的连接，是斜拉桥中很重要的组成部分。

从桥梁的立面看，索塔的纵向形式主要有单柱形、A 形和倒 Y 形三种，如图 5-6 所示。

从桥梁的横断面看，斜拉桥的索塔主要有单柱形，双柱形，门形，H 形，斜腿门式，A 形，倒 V 形，倒 Y 形和宝石花形等，分别如图 5-7（a）～（l）所示。

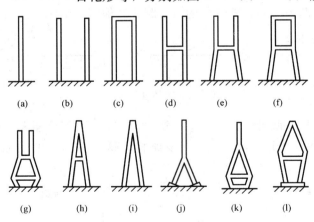

图 5-7　索塔的横向形式

双柱形及门形塔架的面内刚度最小，但构造简单，施工方便，适用于中小跨径的斜拉桥。早期的索塔都仿照悬索桥塔架采用门式的。对较大跨径的斜拉桥，从改善扭振的角度出发，一般倾向采用 A 形的或倒 Y 形的索塔。

（2）斜拉索。

1）斜拉索的索面布置。索面布置一般有如图 5-8 所示的 3 种类型，即单索面、竖向双索面和斜向双索面。

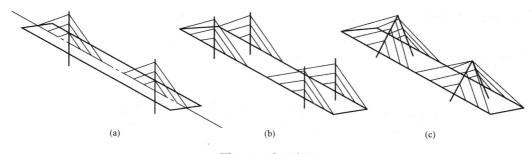

图 5 - 8 索面布置

（a）单索面；（b）竖向双索面；（c）斜向双索面

从力学角度来看，采用单索面时，拉索对抗扭不起作用。因此，主梁应采用抗扭刚度较大的截面。采用双索面时，作用于桥梁上的扭矩可由拉索的轴力来抵抗，主梁可采用较小抗扭刚度的截面。至于斜向双索面，它对桥面梁体抵抗风力扭振特别有利（斜向双索面限制了主梁的横向摆动）。

2）斜拉索的索面形状。索面形状主要有 3 种基本类型，即放射形、竖琴形和扇形，如图 5 - 9 所示。

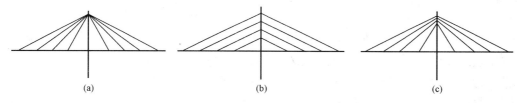

图 5 - 9 索面形状

（a）放射形；（b）竖琴形；（c）扇形

根据力学观点，以放射形较优。原因是：斜索与水平面的平均交角较大，斜索垂直分力对梁的支承效果较大，而对主梁产生的轴力较小。因斜索的水平分力在塔顶基本平衡，塔的弯矩较小，但放射形的斜索集中汇交于塔顶，塔顶构造细节较为复杂，施工困难。反之，竖琴形由于所有斜索的倾角相同，锚固点结构可以单一化，塔上锚固点的间距大，对索塔的受力有利。扇形布置则介于两者之间，它的斜索垂直分力（主梁的支承力）小于放射形但大于竖琴形，而水平分力（主梁轴向压力）大于放射形小于竖琴形。塔上锚固点的间距也同样介于放射形和竖琴形之间。

3）斜拉索的索距布置。按照索距的布置，斜拉索可以分为"稀索"（对于钢梁，间距大约为 30～60m；对于混凝土梁，约为 15～30m）与"密索"（约 6～8m）。在早期的斜拉桥中都为"稀索"（超静定次数少），现代斜拉桥则多为"密索"（必须利用电子计算机计算）。密索优点如下：

①索距小，主梁弯矩小。

②索力较小，锚固点构造简单。

③锚固点附近应力流变化小，补强范围小。

④便于伸臂架设。

⑤易于换索。

4）斜拉索的构造。成型的斜拉索由钢索和两端的锚具两部分组成。斜拉索的钢索必须用高强度的钢筋、钢丝或钢绞线制作，主要的几种截面形式如图5-10所示。在我国的大跨度斜拉桥中，主要采用平行钢丝索和钢绞线索。

(a)　　　　　　　(b)　　　　　　　(c)　　　　　　　(d)

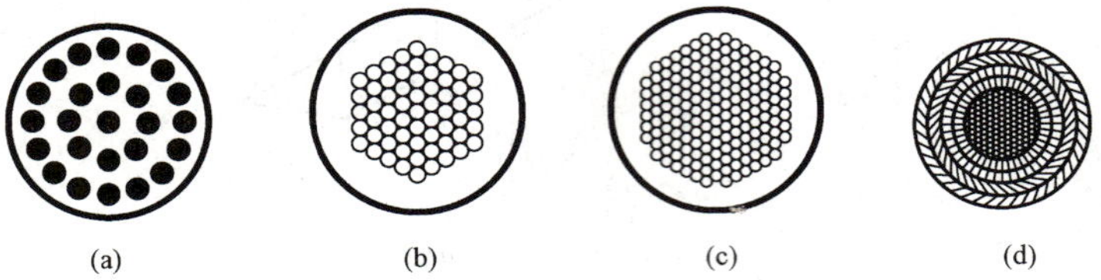

图5-10　斜拉索的截面形式

(a) 平行钢筋索；(b) 平行钢丝索；(c) 平行钢绞线索；(d) 封闭式钢缆

①平行钢筋索。平行钢筋索由若干根高强钢筋平行组成，钢筋直径在 $\phi10\sim\phi16$ 之间，其抗拉强度标准值 f_{pk} 不宜低于 1470MPa，索中各根钢筋板彼此分隔所有钢筋，并全部穿在一根粗大的聚乙烯套管内，索力调整完毕后，在套管中注入水泥浆对钢筋进行防护。

平行钢筋索必须在现场架设过程中形成，操作过程复杂，而且由于钢筋的出厂长度受到限制，使用于大跨斜拉桥时，索中必定存在接头，从而降低疲劳强度。现在钢筋索已很少采用。

②平行（半平行）钢丝索。平行钢丝索是将若干根钢丝平行并拢、扎紧、穿入聚乙烯套管，在张拉结束后注入水泥浆防护，就成为平行钢丝索。平行钢丝索宜于现场制作。

半平行钢丝索，是将若干根钢丝，平行并拢，同心同向作轻度扭绞，扭绞角 $2°\sim4°$，再用包带扎紧，最外层直接裹聚乙烯套作防护，就成为半平行钢丝索。半平行钢丝索挠曲性能好，可以盘绕，具备长途运输的条件，适宜于工厂机械化生产。

钢丝索配用镦头锚或冷铸锚。目前钢丝索普遍使用 $\phi5$ 或 $\phi7$ 钢丝制作，要求钢丝的抗拉强度标准值 f_{pk} 不低于 1570MPa。

③平行（半平行）钢绞线索。目前钢绞线的抗拉强度标准值 f_{pk} 已达到 1860MPa，用钢绞线制作钢索可以进一步减轻索的重量。索中的钢绞线若平行排列，则称为平行钢绞线索；索中的钢绞线若集中后再加轻度扭绞，形成半平行排列，则称为半平行钢绞线索。

一般而言，平行（半平行）钢绞线索多半在现场制作，半平行钢绞线索则在工厂制作好后运至工地。

平行（半平行）钢绞线索常配用夹片群锚，先单根张拉，建立初应力，然后整束张拉至设计应力。半平行钢绞线索也可以配用冷铸墩头锚。

④单股钢绞缆。单股钢绞缆是以一根钢丝为缆芯，逐层增加钢丝，同一层内的钢丝直径相同，但逐层钢丝的捻角相反，最后形成一根单股钢绞缆。

单股钢绞缆用作斜拉索时，钢绞缆采用镀锌钢丝制作，最外层加涂防锈涂料。这种只能在工厂中生产的钢绞缆柔性好，可以盘绕运输。单股钢绞缆正常配用热铸锚。

⑤封闭式钢缆。封闭式钢缆是以一根较细的单股钢绞缆为缆芯，逐层绞裹断面为梯形的钢丝，接近外层时，绞裹断面为 Z 形的钢丝，相邻各层的捻向相反，最后得到一根粗大的钢缆。

（3）锚拉体系。一般来说，悬索桥的主缆多数是地锚体系；而斜拉桥的斜索则相反，多数是自锚体系，如图 5-11 所示。只有在特殊情况下，少数斜拉桥采用地锚式的锚拉体系，图 5-12 所示。

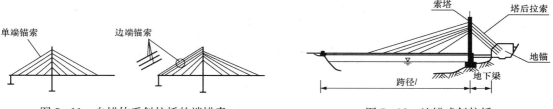

图 5-11　自锚体系斜拉桥的端锚索　　　　　图 5-12　地锚式斜拉桥

自锚体系中，锚固在端支点处的一根或一组斜索称为"端锚索"或"尾索"，是斜拉桥自锚式体系中最重要的拉索。它的索力最大，对控制塔顶变位起主要作用。在自锚体系中，斜索的水平分力由主梁的轴力来平衡。

1）拉索与梁的锚固构造。索与梁的锚固是通过设置锚固块实现的，在选择锚固方式时，要考虑以下几个因素：确保连接可靠；能简捷地把索力传递到全截面；如需在梁端张拉，应具有足够的操作空间；要有防锈蚀能力和避免拉索产生颤震应力；便于拉索养护和更换。

①拉索与混凝土梁的锚固。拉索与混凝土梁的锚固方式大体上可分以下几种类型：顶板锚固块、箱内锚固块、斜隔板锚固、梁锚固块、梁底锚固块。局部构造如图 5-13 所示。

②拉索与钢梁的锚固。拉索与钢梁的锚固方式常见的如图 5-14 所示。其中图 5-14（a）是用一钢管穿过顶板腹板，端头设一承压板固定在底板上，斜拉索通过钢管，其锚头紧压（兜底）承压板。图 5-14（b）为锚拉板式索梁锚固结构。图 5-14（c）为锚箱方案，它是在梁的腹板上设一个和斜拉索轴线一致的斜向钢箱，斜拉索穿过钢箱锚固在钢箱的端板上。不管是哪一种锚固方式，锚节点附近梁的各构件，特别是其腹板常要加厚且加肋，以满足传力的要求。图 5-14（d）为耳板式锚固结构。

2）拉索与塔的锚固构造。国内所建的斜拉桥，索塔多为混凝土塔，拉索在塔顶部的锚固型式主要有：交叉锚固型（实心塔）、钢梁锚固型（空心塔）、预应力箱型锚固（空心塔）、固定锚固型和铸钢索鞍。图 5-15 所示分别为交叉锚固型和钢梁锚固型。而固定锚固与铸钢索鞍两种锚固型式较少使用。

构造要求如下：

①锚固可靠，力避混凝土塔身（预加应力作用后）出现水平拉应力。

②张拉时有足够的操作空间，千斤顶移动方便。

③尽量减少拉索预留管道对塔的削弱及主筋的切断。

（4）主梁。主梁截面形式与所用材料及索面的布置位置有关。目前，斜拉桥的主梁有钢梁、预应力混凝土梁、结合梁（重叠梁）以及组合梁（混合梁）等。

1）钢梁。钢梁的主要形式有钢箱梁、钢桁梁和工字型钢主梁。在现代斜拉桥中，钢主梁更多地采用整体构造的流线型扁平钢箱梁，如图 5-16 所示的南京长江二桥钢箱梁截面。

有时，由于布置双层桥面的需要，斜拉桥的主梁采用钢桁梁的形式。在我国，比较著名的公铁两用钢桁梁斜拉桥有两座，分别是芜湖长江大桥和武汉天兴洲长江大桥。

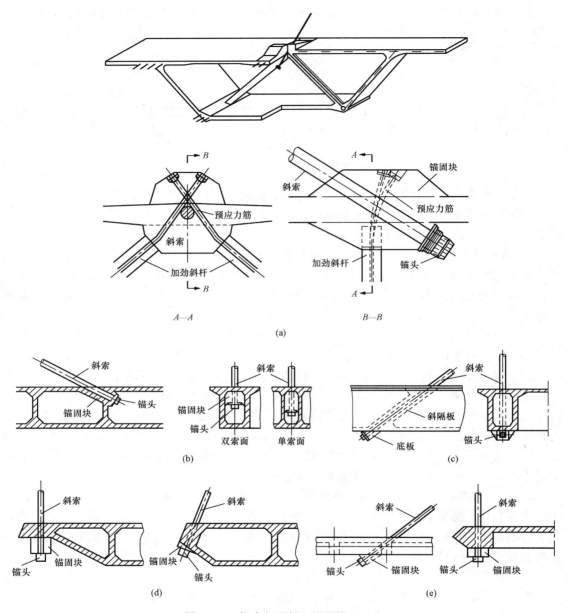

图 5-13 拉索与混凝土梁的锚固型式

（a）顶板锚固块；（b）箱内锚固块；（c）斜隔板锚固；（d）梁锚固块；（e）梁底锚固块

芜湖长江大桥是一座公铁两用低塔钢桁梁斜拉桥，其正桥共有 15 个桥墩。大桥为双层，铁路在下层，公路在上层。铁路桥为 I 级，双线，全长 10 511m，其中正桥长 2193m，芜湖岸引桥长 2228m，无为岸引桥长 6089m。公路桥宽 21m（设四车道宽 18m，两侧人行道各宽 1.5m），芜湖岸引桥长 2038m，无为岸引桥长 1449m。

武汉天兴洲长江大桥为京广高速铁路控制性工程，设计铁路时速 260km/h，公路设计荷载汽超－20，挂"－"100。大桥全长 4653.298m。北岸公路桥、铁路桥分建，至天兴洲

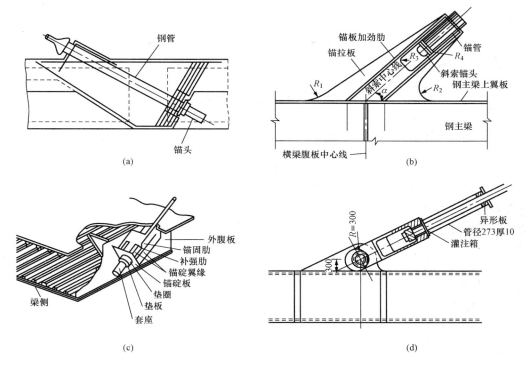

图 5-14　斜拉索在钢梁上的锚固方式

（a）锚管式索梁锚固结构；（b）锚拉板式索梁锚固结构；
（c）锚箱式索梁锚固结构；（d）耳板式索梁锚固结构

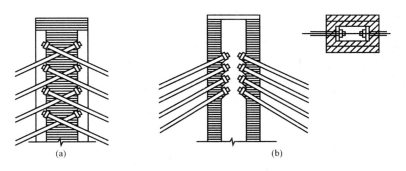

图 5-15　索塔锚固构造

合并。大桥上部结构分三种结构形式：南汊主河槽为 98m＋196m＋504m＋196m＋98m 双塔三索面公铁两用斜拉桥，加劲梁为钢桁架结构；北汊河道为 53m＋3×80m＋53m 五跨连续预应力混凝土箱梁，公路、铁路桥分建，两者中心线相距 40m；其余桥跨均为 40.7m 跨多孔连续混凝土箱梁。大桥共有桥墩 90 座。

　　2）混凝土梁。箱形截面是现代斜拉桥中经常采用的截面形式，这是因为它的抗弯和抗扭刚度大，能适应稀索、密索、单索面或双索面等不同斜索布置；其组合截面，也可以方便地形成封闭式的单箱形式或分离式的双箱形式，以适应不同桥宽的需要；截面的组合构造，也可以部分预制、部分现场灌注，为桥梁施工方案提供更多选择。

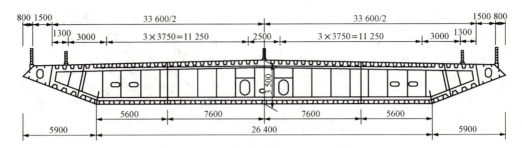

图 5-16 南京长江二桥钢箱梁截面

在双索面混凝土斜拉桥中，箱形截面的主梁常以分离式的两个箱体各自锚固于斜索，两箱之间则以横梁和桥面板连接。双箱梁的典型截面为倒梯形，如图 5-17 所示的济南黄河桥和武汉长江二桥。

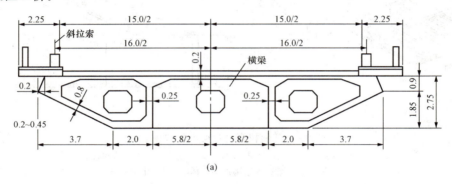

(a)

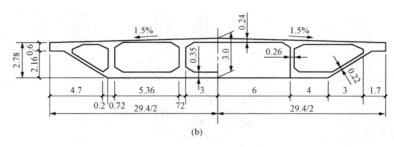

(b)

图 5-17 混凝土双箱截面
（a）济南黄河桥；（b）武汉长江二桥

3）结合梁。结合梁斜拉桥是指钢主梁的上翼缘与设置其上的混凝土桥面板之间用剪力键结合共同受力的梁体结构。预制混凝土桥面板与钢主梁的连接主要靠抗剪连接件。当前采用的一般是带头的"栓钉"（stud）。抗剪栓钉事先焊接在钢结构的顶面翼板上，钉身底端垂直于面板焊接。预制板的四周或伸出连接钢筋，或在有抗剪栓钉的位置处开孔，用现浇混凝土将面板和钢主梁连接。

4）混合梁。混合梁斜拉桥是指其主跨为钢梁而边跨为混凝土梁的斜拉桥。钢梁与混凝土梁的连接点一般设在索塔附近，可以在边跨侧，也可以在主跨侧。斜拉桥边跨采用混凝土梁的构思，是取其梁的自重大，有利于边跨发挥其锚固跨的作用。

混凝土梁与钢梁的连接点选择在索塔附近，原因是该处梁的弯矩最小，梁的轴力为最大。对混凝土梁与钢梁连接的细节构造而言，传递轴力的构造要比传递弯矩的构造容易处理得多。1994 年底法国建成的诺曼底大桥采用的是混合梁，主孔跨度为 856m。

5.1.2 主塔施工

斜拉桥和悬索桥的桥塔结构形式虽然有较大的差异，但施工方法一般是相同的，因此在此一并介绍。

1. 桥塔施工测量控制

桥塔的建筑造型千姿百态，断面形式各异，同时，受到施工偏差、混凝土收缩与徐变、基础沉降、风荷载和温度变化等因素影响，所以在主塔的施工过程中，除了应保证各部位的几何尺寸正确之外，更重要的应该进行主塔局部测量系统的控制并与全桥总体测量系统接轨。

桥塔局部测量一般常采用三维坐标法或天顶法。主塔局部测量系统的控制基准点应建立在相对稳定的基准点上，如选择在主塔的承台基础上进行主塔各部位的空间三维测量定位控制。测量控制的时间一般应选择夜晚 10 点至早上 7 点日照之前的时段内，以减少日照对主塔造成的变形影响。此外，随着主塔高度不断地升高，也应选择在风力较小的时机进行测量，并对日照和风力影响予以修正。

2. 钢桥塔的施工

钢主塔施工分工厂分节段制作和现场架设安装两大工序。

钢主塔施工前，应对垂直运输、吊装高度、起吊吨位等施工方法做充分的考虑。钢主塔的工厂分段焊接加工，事先进行多段立体试拼装合格后方可出厂。主塔在现场安装，常常采用现场焊接接头、高强度螺栓连接、焊接和螺栓混合连接的方式。经过工厂加工制造和立体试拼装的钢塔，在正式安装时应予以测量控制，并及时用填板或对螺栓孔进行扩孔来调整轴线和方位，防止加工误差、受力误差、安装误差、温度误差和测量误差的积累。

钢主塔的防锈蚀措施，可以采用耐候钢材，也可采用喷锌层。但国内、外绝大部分钢塔仍采用油漆涂料，一般可使用保持的年限为 10 年。油漆涂料常采用二层底漆，二层面漆，其中三层由加工厂涂装，最后一道面漆由施工安装单位最终完成。

3. 混凝土桥塔的施工

典型的混凝土主塔施工可参照图 5-18 所示的工艺流程实施。

(1) 塔柱的施工。混凝土下塔柱、中塔柱、上塔柱，一般可采用支架法、滑模法、爬模法分段施工，每段大小有 1~6m 不等。在塔柱内或塔壁中间常常设有劲性骨架，劲性骨架在工厂加工，在现场分段超前拼装，精确定位。劲

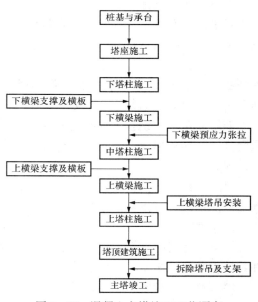

图 5-18 混凝土主塔施工工艺顺序

性骨架安装定位后，可供测量放样、立模、扎筋拉索钢套管定位用，也可供施工受力用。劲性骨架在倾斜塔柱中，其作用很大，设计者应结合构件受力需要而设置。

当塔柱为倾斜的内倾或外倾布置时，应考虑每隔一定的高度设置受压支架（塔柱内倾）或受拉拉条（塔柱外倾）来保证斜塔柱的受力、变形和稳定性。

（2）横梁的施工。在高空中进行大跨度、大断面现浇高强度预应力混凝土横梁，其难度很大。施工时要考虑到模板支撑系统和防止支撑系统的连接间隙变形，弹性变形，支撑不均匀沉降变形，混凝土梁、柱与钢支撑不同的线膨胀系数影响，日照温差对混凝土梁的不同时间差效应等产生的不均匀变形的影响，以及相应的变形调节措施。每次浇筑混凝土的供应量应保证在混凝土初凝前完成浇筑，并且采取有效措施防止在早期养护期间及每次浇筑过程中由于支架的变形影响而造成混凝土梁开裂。

（3）主塔混凝土施工。主塔混凝土采取现场拌制、吊斗提送的混凝土施工工艺是一种常用的方法。当主塔高度较高时，往往用吊斗提送混凝土，其供应速度难以满足设计及施工的要求，此时有条件的，应采用泵送混凝土施工工艺。为了改善混凝土可泵性能并达到较高的弹性模量和较小的混凝土收缩、徐变性能，应采用高集料、低水灰比、低水泥用量、适量掺加粉煤灰和泵送外加剂，以便满足缓凝、早强、高强的混凝土泵送要求。

实践证明，采用泵送混凝土施工工艺，可以一次泵送 200m 的高度，混凝土强度等级达到了 C50，其性能稳定，施工速度快，机械化、自动化程度高，造价省。

5.1.3 斜拉桥斜拉索施工

斜拉索施工包括斜拉索的制作、挂索、斜拉索张拉等几个工序，分别介绍如下。

1. 拉索的制作

（1）制索工艺流程。

制索工艺流程一般为：钢丝除锈→调直→下料→防护漆→穿锚→镦头→浇锚→烘锚→拉索防护→超张拉→标定。

若采用高密度聚乙烯管作拉索防护时，应在钢丝成索后即穿套聚乙烯管，然后再穿锚。应力下料时，同索钢丝索须在同一温度下下料，防止温差过大影响钢丝长度的精度。

（2）索长计算。计算索长是为得出制作拉索的钢丝下料长度。首先求出每一根拉索的长度基数 L_0，然后对这一基数进行若干修正，即可得到钢丝的下料长度 L，可根据 JTG/T D65—01—2007《公路斜拉桥设计细则》中有关规定进行计算。

如组成拉索的钢丝下料时的温度和桥梁设计中取定的标准温度不一致，则在下料时应加温度修正。如采用应力下料，则还应考虑应力下料修正。温度修正和应力下料修正可根据具体情况考虑决定。

对于大跨径斜拉桥，拉索的制作宜和挂索协调进行，随时注意上一阶段的挂索情况，根据反馈的信息，对下一阶段的拉索长度作出是否需调整的决定。

2. 挂索

挂索就是将拉索架设到索塔锚固点和主梁锚固点之间的位置上。由于斜拉桥的结构特性，挂索总是从短索进行到长索。

斜拉桥所用拉索，根据设计要求，可能是成品索或现制索，挂索的方式也各不相同。

（1）成品索挂索。成品索无论是在专门工厂制造后成盘运输到工地，还是在工地附近制成的，都可以直接利用吊机将拉索起吊，借助卷扬机将拉索两端分别穿入主梁上和索塔上的预留索孔，并初步固定在索孔端面的锚板上完成挂索，或者设置临时钢索作为导向缆绳，并用滑轮牵引完成挂索。

由于长索质量大、长度长，挂索时垂度大，需要吊机和卷扬机的牵引力也大，因此施工前应先计算出卷扬机的牵引力及连接杆的长度。常根据短索、中索、长索制定不同的挂索方案。挂索过程中还应校验计算值是否符合实际情况，并以先期挂索的实际情况对下一根较长索的牵引力和连接杆长度及时进行调整。

对于短索，可直接用塔顶吊机放盘，并将拉索张拉端与安置在索塔内的张拉千斤顶的牵引钢绞线连接（索塔处为张拉端时），并在桥面吊机的配合下，将拉索锚固端安装到主梁上。图 5 - 19 为由塔顶吊机直接牵引挂索的示意图。

对于中长索，可用在索塔内的卷扬机和滑轮组进行牵引，并与安置在索塔内的拉索张拉千斤顶的牵引钢绞线连接，完成挂索。

长索挂索仍可采用与索塔内拉索张拉千斤顶的牵引钢绞线连接的方法来完成挂索。但由于长索要求牵引力大，直接用卷扬机将锚具拉出洞口比较困难，为此，可将张拉

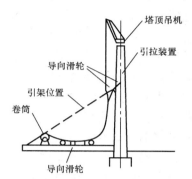

图 5 - 19　塔顶吊机直接牵引挂索

用的连接杆先安装在拉索锚具上，再用卷扬机拉连接杆，使锚具露出洞口，用螺母固定完成挂索。

对于更长、质量更大的拉索，由于卷扬机的牵引力有限，连接杆的长度就要相应增长。较长的连接杆可以由几节组成，千斤顶拉出一节就卸去一节，以方便施工。

对于特长和质量特别大的拉索，为避免卷扬机牵引力不足及连接杆太长，可采用下述的方式挂索：先在索塔上的索孔中穿入一束由若干根钢绞线组成的柔性牵引索，并在索塔张拉千斤顶上附设一套钢绞索的牵引装置。卷扬机提升拉索至连接杆，到达塔外索孔进口附近时，就可与钢绞线束连接，并利用千斤顶的力量，将连接杆拉入索孔，完成挂索。

成品索除采用上述方法完成挂索外，还可在塔顶和主梁前端之间设置临时钢索，然后用若干根滑轮吊索来引拉预先已展开的拉索，滑轮吊索的下端将拉索吊起，上端则有滑轮可沿临时钢索向上滑行，直至拉索到达塔上索孔完成挂索。美国主跨 299m 的 P-K 桥就是用这种方法挂索的。这种方法挂索的缺点是临时钢索随着主梁长度加大需经常变换位置，挂索效率较低。

（2）现制索挂索。现制索即拉索是在挂索过程中完成制索的。先在拉索上方设置一根粗大的钢缆作为导向索，将拉索的聚乙烯防护套管（或其他拉索防护套管）悬挂在导向索上，然后逐根穿入钢绞线（或高强钢筋），用单根张拉的小型千斤顶调整好每根钢绞线（或高强钢筋）的初应力，最后用群锚千斤顶整体张拉，完成制索、挂索和张拉全过程。

现制索还有用其他方式制索挂索的，如美国主跨 396.34m 的达姆岬桥，拉索采用高强度平行钢筋索，配装迪维达格锚具，拉索防护采用钢套管，内压水泥浆。拉索施工即制索、挂索，张拉采用满布脚手架，脚手架由拆装式杆件组拼而成，沿两个索面布置，平行钢筋束的每根螺纹钢筋在钢套管以外的扩散部位都各自带有波纹套管，并分别用迪维达格千斤顶张拉后用螺帽固定。

在长索挂索施工时，应尽可能避免发生钢丝绳旋转和扭曲现象。由于长索对牵引力要求高，必须经计算挂索设备满足要求后方可施工。在将拉索锚具引拉进入拉索预埋钢套管及拉出拉索套管时，均应将千斤顶严格对中，并应有导向装置来调整拉索以不同的角度进入管道，防止拉索锚具碰撞、损伤，影响施工。

3. 拉索的张拉

拉索的张拉是拉索完成挂索施工后导入一定的拉力，使拉索开始受拉而参与工作。通过对拉索的张拉，可以对索力及桥面标高进行调整。所以拉索的张拉工艺、索力及标高的控制是斜拉桥施工的关键，应按设计单位的要求进行，并将施工控制的实际结果迅速反馈给设计单位，以便及时调整，指导下一步的施工。由于每根拉索的张拉力很大，且伸长量也大，千斤顶和座架等均是大型的，因此，张拉位置选择在索塔一侧还是主梁一侧，应根据千斤顶所需的张拉空间和移动空间等决定。

为减少索塔和主梁承受的不平衡弯矩、扭矩及方便施工，应尽量采用索塔两侧平衡、对称、同步张拉或相差一个数量吨位差的张拉施工方法。必要时，也可考虑单边张拉，但必须经过仔细的计算。

拉索的张拉包括悬臂架设时最外一根拉索的初次张拉、内侧紧邻一根拉索的二次张拉、主梁合龙后的最终张拉，以及施工中间的调整张拉等。工作平台等的设置要适应以上各种张拉情况。如在主梁一侧张拉时，则需要有能够在主梁下面自由移动的吊篮式工作平台。

通过张拉对索力进行调整，索力的大小由设计单位根据各个不同的工况，经过计算后给出，张拉拉索时应准确控制索力。对于长索的非线性影响、大伸长量及相应的各种因素的影响，在设计与施工时都应充分考虑，并采取有效的技术措施。

（1）拉索张拉方法（图5-20）。

1）用千斤顶直接张拉。在拉索的主梁端或者索塔端的锚固点处安装千斤顶直接张拉拉索。这种方法较简单直接，是普遍采用的方法，但需在索塔内或主梁上有足够的千斤顶张拉空间。

2）用临时钢索将主梁前端拉起。依靠主梁伸出前端的临时钢索，将主梁吊起，然后锚固拉索，再放松临时钢索使拉索中产生拉力。用此法张拉拉索虽然不需要大规模的机具设备，但由于只靠临时钢索有时不能满足主梁前端所需的上移量，最后还需用其他方法来补充拉索索力，所以此法较少采用。

3）在支架上将主梁前端向上顶起。原理同2），只是由向上拉改为向上顶。但这种方法仅适用于主梁可用支架来架设的斜拉桥。如果主梁前端在水面上时也可采用浮吊将主梁前端吊起或利用驳船的浮力将主梁前端托起等。

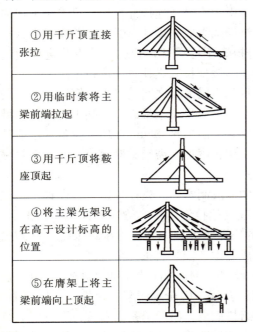

①用千斤顶直接张拉	
②用临时索将主梁前端拉起	
③用千斤顶将鞍座顶起	
④将主梁先架设在高于设计标高的位置	
⑤在膺架上将主梁前端向上顶起	

图5-20　拉索张拉方法

国内几乎都采用液压千斤顶直接张拉拉索的施工工艺。

（2）索力测量。为了施工中准确控制、调整索力，必须掌握测定索力的方法。由于测量数据会有一定的误差，要求反复多次进行测定。测定索力的方法很多，如千斤顶油压表、测力盒、应变仪、拉索伸长量、拉索的垂度、主梁线形、拉索的频率振动法、测力传感器测定索力等，这里主要介绍三种常用的测定索力的方法。

1）千斤顶油压表。拉索用液压千斤顶张拉时，由于千斤顶张拉油缸中的液压和张拉力有直接的关系，只要测得油缸的液压就可求出索力。但张拉用的千斤顶油压表要用精密压力表事先标定，求得压力表的液压和千斤顶张拉力之间的关系。用此法测定索力的精度可达 $1\% \sim 2\%$。

也可用液压传感器测定千斤顶的液压，液压传感器感受液压后输出相应的电信号，接受仪表收到信号后即可显示压强或经换算后直接显示出张拉力。电信号可由导线传入，因此能进行遥控，使用更方便。

由液压换算索力简单方便，因此这种方法是施工过程中控制索力最实用的一种方法。

2）测力传感器。用测力传感器测定索力的原理是：在斜拉索张拉过程中，千斤顶的张拉力是由连接杆传到拉索锚具，如果将一个穿心式测力传感器套在连接杆上，则张拉拉索时，处于千斤顶张拉活塞和连接杆螺母之间的传感器，在受压后输出电信号，就可在配套的二次仪表上读出千斤顶的张拉力。

这类测力传感器常需专门设计，由专业厂生产，方可收到良好效果，其精度一般可达 $0.5\% \sim 1.0\%$。

如需长期测定索力，只要将穿心式测力传感器放在锚具和索孔垫板之间，就可达到长期监测的目的。是对已成索索力测定的好方法。

虽然测力传感器售价高，但系统测力精度高。

3）频率振动法。频率振动法是根据拉索索力和振动频率之间的关系求得索力。

对于跨径较小的斜拉桥，由于索力小，可用人工激振测得拉索频率。为消除由频率推算索力过程中其他因素的影响，可先在预拉台座上对每一种规格和长度的拉索，在指定的索力范围内，逐级测定其频率和索力的关系。在实际斜拉桥的索力测定时，根据实测的频率，对照相应的索力和频率的相关关系，可求得索力。

对于大跨径斜拉桥，由于拉索既长质量又大，对拉索已不可能用人工激振来获得理想的振态，也不适宜预先进行实索标定来求得频率和索力的相关关系。根据研究分析，可用精密的拾振器，通过频谱分析，根据功率谱图上的峰值，能够判定拉索的各阶频率。频率得到后，就可根索力与频率的关系求得索力。

振动频率法求索力，应注意索的边界条件对索力的影响。用振动频率法求索力时，首先要精确测定频率，特别是低阶频率，能测出一阶频率最好；第二要根据拉索的边界条件准确设定拉索的计算长度。一般来说，由于拉索两端通常作铰接处理，拉索又有一定的抗弯刚度及近端部设置了减振圈，因此拉索的计算长度比实际长度 L_0 要短些。具体的计算方法过程可参照相关资料。

频率振动法测定索力，设备可重复使用，整套仪器携带，安装方便，测定结果可信，特别适用于对索力进行复测及测定活载对索力的影响。

5.1.4 斜拉桥主梁施工

斜拉桥与其他梁桥相比，主梁高跨比很小，梁体十分纤细，抗弯能力差。所以考虑施工方法，必须充分利用斜拉桥结构本身特点，在施工阶段就充分发挥斜拉索的效用，尽量减轻施工荷载，使结构在施工阶段和运营阶段的受力状态基本一致。因此，斜拉桥主梁施工方法大体上可以分为顶推法、平转法、支架法（临时支墩拼装和临时支架上现浇）和悬臂法（分悬臂拼装和悬臂浇筑，悬臂拼装又有吊机拼装、浮吊拼装、缆索起吊和千斤顶起吊等几种形式）等 4 种方法。

1. 顶推法

该法较适用于桥下净空较高、修建临时支墩造价不大、支墩不影响桥下交通、抗压与抗拉能力相同、能承受反复弯矩的钢斜拉桥主梁的施工。对混凝土斜拉桥主梁而言，为满足施工需要，要设置临时预应力束，在经济上不合算，所以很少采用。

斜拉桥顶推施工法应用最典型的是法国 Millau 桥。该桥是世界最高公路桥，七塔八跨钢箱梁（8 跨总跨度 2460m）。顶推施工从该桥两端同时向中间跨顶推，顶推跨度、距离、高度创造了顶推施工法的世界纪录。该桥顶推施工如图 5-21 所示。

图 5-21 法国 Millau 桥顶推施工

2. 平转法

将上部构造分别在两岸或一岸顺河流方向的矮支架上现浇，并在岸上完成所有的安装工序（落架、张拉、调索等），然后以墩、塔为圆心，整体旋转到桥位合龙。平转法适用于桥址地形平坦、墩身较矮和结构体系适合整体转动的中小跨径斜拉桥。比利时 1988 年建成的跨越默兹河的邦纳安桥，是一座 $3 \times 42m + 168m$ 的独塔斜拉桥，其主梁在平行于河流的岸边制造。在斜拉索安装和调整后，将整个桥塔、斜拉索、梁体以塔轴为中心转体 $70°$ 就位。1997 年建成的位于秦皇岛站疏解线上的汤河大里营铁路混凝土斜拉桥（50m + 40.75m），也是采用转体法施工的。

3. 支架法

混凝土斜拉桥主梁的 0 号、1 号段以及设计程序要求采用先行浇筑的梁段，一般需要采用支架法浇筑施工，其施工工序与连续梁桥施工相同。另外，若条件允许，还可以采用支架选拼法，如 1987 年建成的天津永和桥，就是采用长线预制、分段拼装的施工方法，即在临时支架上运输，顶升拼装主梁梁段。

4. 悬臂拼装法

悬臂拼装法主要用在钢主梁（桁架梁或箱形梁）的斜拉桥上。钢主梁一般先在工厂加工制作，再运至桥位处吊装就位。钢梁预制节段长度应从起吊能力和方便施工考虑，一般以布置1～2根斜拉索和2～4根横梁为宜，节段与节段之间的连接分全断面焊接和全断面高强螺栓连接两种，连接之后必须严格按照设计精度进行预拼装和校正。常用的起重设备有悬臂吊机、大型浮吊以及各种自制吊机。这种方法的优点是钢主梁和索塔可以同时在不同的场地进行施工，因此具有施工快捷和方便的特点。我国的苏通大桥（图5-22）就是采用这种方法施工的，该桥创造了多个世界第一：最大主跨（1088m）、最高主塔（306m）、最长拉索（577m）、最深基础。

图5-22　苏通大桥主梁施工中的支架法和悬臂拼装法

图5-23（a）所示是双塔斜拉桥在采用悬臂拼装法施工时直到全桥合龙之前的全貌，图5-23（b）所示是取其中一座索塔的从两侧逐节扩展的过程，它的大体步骤图中说明已给出。

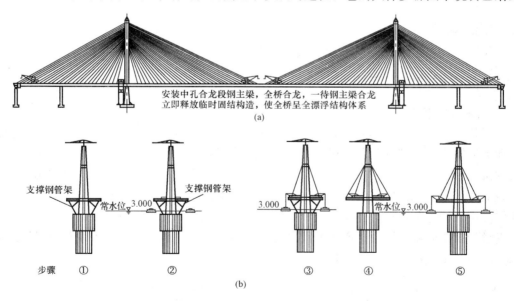

图5-23　悬臂拼装程序
①—利用塔上塔吊搭设0号、1号块件临时用的支撑钢管架；②—利用塔吊安装好0号及1号块件；
③—安装好1号块件的斜拉索，并在其上架设主梁悬臂吊机，拆除塔上塔吊和临时支撑架；
④—利用悬臂吊机安装两侧的2号块的钢主梁，并挂相应的两侧斜拉索；
⑤—重复上一循环直至全桥合龙

5. 悬臂浇筑法

悬臂浇筑法主要用在预应力混凝土斜拉桥上。其主梁混凝土的悬臂浇筑与一般预应力混凝土梁式桥的基本相同。这种方法的优点是结构的整体性好，施工中不需用大吨位悬臂吊机和运输预制节段块件的驳船；但其不足之处是在整个施工过程中必须严格控制挂篮的变形和混凝土收缩、徐变的影响，相对于悬臂拼装法而言其施工周期较长。

如图 5-24 所示是斜拉桥采用悬臂浇筑法的施工程序图。

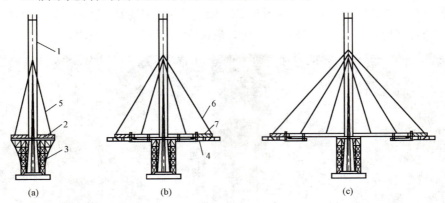

图 5-24 悬臂浇筑程序

（a）支架现浇 0 号及 1 号块并挂索；（b）拼装挂篮，对称悬浇梁段；（c）挂篮前移，依次悬浇梁段

1—索塔；2—现浇梁段；3—现拼支架；4—前支点挂篮；

5—斜拉索；6—前支点斜拉索；7—悬浇梁段

5.2 悬索桥

5.2.1 悬索桥的特点与构造

1. 悬索桥的概貌

悬索桥（或称吊桥 Suspension Bridge）通常由上部结构（包括主缆、桥塔、加劲梁及吊索）和下部结构（包括支承塔的桥墩、锚固主缆的锚碇、锚台）组成。加劲梁（包括行车和行人的桥面系）悬吊在主缆（也称大缆或吊索）上，主缆两端用锚碇固定。锚碇用大体积混凝土做成，或置于地面，或深埋于地下，或固结于沉井基础之内，或利用桥头地形锚固于山崖岩层之中，统称为地锚；还有将主缆锚固于加劲桥面系，常称为自锚。通常还建造两个高塔为钢缆提供中间支承，塔、墩多为固结，甚至融为一体。悬索桥的承重主要通过钢缆及其支承锚固系统传递给大地，因此，悬索桥的跨越能力特别大。图 5-25 为一悬索桥的概貌。

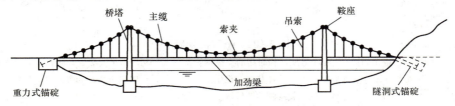

图 5-25 悬索桥概貌

2. 悬索桥的分类

悬索桥的类型可根据悬吊跨数、主缆锚固方式等方面加以划分。

（1）按悬吊跨数分类。可分为单跨悬索桥、三跨悬索桥、四跨悬索桥和多跨悬索桥，其结构形式如图 5 - 26 所示。其中单跨悬索桥和三跨悬索桥最为常用。

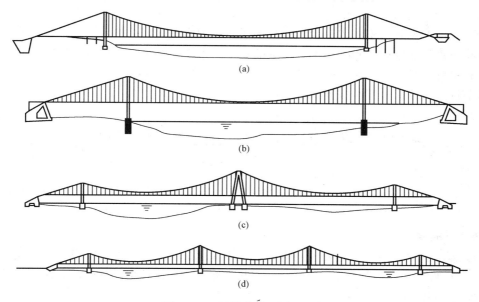

图 5 - 26　悬吊跨数不同的悬索桥
（a）单跨悬索桥；（b）三跨悬索桥；（c）四跨悬索桥；（d）多跨悬索桥

单跨悬索桥常用于高山峡谷地区，两岸地势较高，采用桥墩支撑边跨更为经济，或者道路的接线受到限制，使得平面曲线布置不得不进入大桥边跨的情况。就结构特性而言，单跨悬索桥由于边跨主缆的垂度较小，主缆长度相对较短，对中跨荷载变形控制更为有利。

三跨悬索桥是目前国际工程实例中应用最多的桥型，世界上大跨度悬索桥几乎全采用这种形式，这不仅是因其结构受力特征较为合理，同时其流畅对称的建筑造型也更符合人们的审美观点。

相对于三跨悬索桥而言，四跨或五跨悬索桥又称之为多跨悬索桥。这种桥型由于结构柔性大，固有振动频率较低，难以满足特大跨度悬索桥的受力及刚度需要，因而也就不具备实用优势，世界上几乎没有这类特大桥工程的实例。在建桥条件需要采用连续大跨布置时，可以用两个三跨悬索桥联袂布置，中间共用一座桥的锚碇锚固这两桥的主缆（图 5 - 26），美国的旧金山—奥克兰海湾大桥和日本本州四国联络线中的南北备赞大桥即采用此形式。当建桥条件特别适于作连续大跨布置而采用四跨悬索桥时，其中央主塔为满足全桥刚度要求通常需要作 A 形布置，如图 5 - 26（c）所示，相应的塔顶主缆须采取特殊锚固措施，以克服两侧较大的不平衡水平拉力。

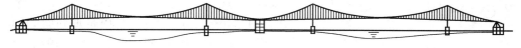

图 5 - 27　联袂布置的悬索桥

（2）按主缆的锚固方式分类。按主缆的锚固形式划分，可分为地锚式悬索桥和自锚式悬索桥。

通常所讲的绝大多数悬索桥都采用地锚方式锚固主缆，即主缆通过重力式锚碇或岩隧式锚碇将荷载产生的拉力传至大地来达到全桥的受力平衡，这是大跨度悬索桥最佳的受力模式。

在较小跨度的悬索桥中，也有个别以自锚形式锚固主缆的，这种自锚式悬索桥的主缆在边跨两端将主缆直接锚固于加劲梁上，主缆的水平拉力由加劲梁提供轴压力自相平衡，不需要另外设置锚碇，如图 5-28 所示。这种桥式的加劲梁要先于主缆安装施工，实践中因施工困难、经济性差等原因也极少采用。

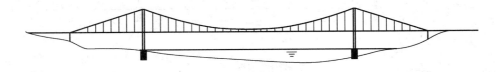

图 5-28　自锚式悬索桥

3. 悬索桥的构造

（1）主缆。主缆是吊桥的主要承重构件。主缆除承受自身恒载外，本身又通过索夹和吊索承受活载和加劲梁（包括桥面）的恒载。除此之外，主缆还承担一部分横向风载，并将它直接传递到桥塔顶部。

主缆先后经历钢结构眼杆式缆链、钢丝绳缆、封闭钢绞索缆，最终发展到现代的平行钢丝主缆。平行钢丝主缆由高强度镀锌平行钢丝束组成，其架设方法分为空中编丝法（AS法）和预制平行束股法（PPWS法）两种。

主缆在全桥一般是布置 2 根，分别布置在加劲梁两侧吊点之上。只有极少数悬索桥（如美国的维拉扎诺桥和乔治·华盛顿桥）在全桥设有 4 根平行的主缆。日本的北港桥只有位于桥中线的单根主缆。

主缆一般先由 ϕ5mm 左右的镀锌钢丝组成钢丝束股，然后再由若干根钢丝束股构成一根主缆（图 5-29）。每根主缆截面大小由各具体悬索桥主缆的设计拉力大小确定，一旦钢丝直径选定，其主缆所含钢丝总数 n 即随之而定。

（2）加劲梁。加劲梁的主要功能是提供桥面和防止桥面发生过大的挠曲变形和扭曲变形。加劲梁是承受风荷载和其他横向水平力的主要构件。

加劲梁结构主要有英国流派的扁平钢箱梁式和美国流派的桁架式。

扁平钢箱加劲梁的优点是：建筑高度小，自重较桁架梁轻，用钢量省，结构抗风性能好（风的阻力系数仅为桁架梁的 1/2～1/4）。典型的扁平钢箱梁的截面如图 5-30 所示，是由带加劲肋的钢板焊接而成，在箱内还设有横隔板或由杆件组成的横撑，桥面通常采用正交异性钢桥面板。

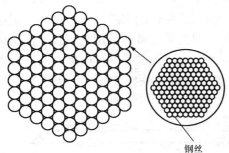

钢丝

图 5-29　主缆断面

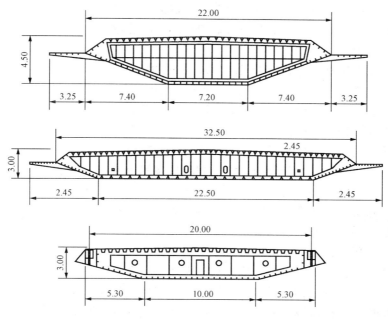

图 5-30 扁平状钢箱加劲梁截面（单位：m）

钢桁架式加劲梁在双层桥面的适应性方面远较钢箱梁优越，因此适合于交通量较大的或公铁两用的悬索桥。桁架加劲梁的立面布置多采用有竖杆的简单三角形形式，其横向布置应根据是否设双层桥面而定。桥面常采用钢筋混凝土板或正交异性钢桥面板。如图 5-31 所示为典型的钢桁架式加劲梁横断面。

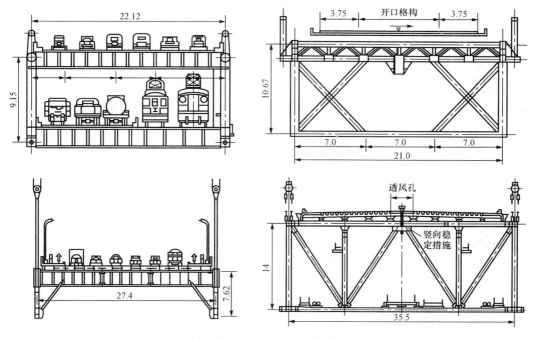

图 5-31 钢桁架式加劲梁横截面（单位：m）

（3）桥塔。桥塔是支承主缆的重要构件。悬索桥的活载和恒载以及加劲梁是支承在塔身上的恒载，都将通过桥塔传递到下部的塔墩和基础。桥塔同时还受到风力与地震的作用。桥塔的高度主要由垂跨比确定。

桥塔早期采用石砌材料，后来以美国为代表的大跨度悬索桥桥塔基本采用钢结构。随着预应力混凝土和爬模技术的发展，近代欧洲各国、中国的悬索桥多采用混凝土结构。但近代修建的日本悬索桥却一直沿用钢结构桥塔，这主要是出于日本钢材市场价格低、人工费用高以及地震频繁的实际情况考虑。

桥塔在顺桥方向按力学性质可分为刚性塔、柔性塔和摇柱塔三种结构形式。

刚性塔多出现在早期较小跨径的悬索桥和现代多跨悬索桥中，为提高结构刚度时采用。由于塔顶的鞍座与主缆之间不允许出现相对滑移，鞍座就需沿桥轴线方向要发生线位移。

柔性塔是大跨度现代悬索桥最常用的结构，为下端固结的单柱形式，鞍座固定于塔顶，由塔的弹性变形来适应鞍座的线位移。

摇柱塔也只适用于跨度较小的悬索桥，下端为铰接式单柱结构。由于塔底设铰，大大减小了塔所受的弯矩，但施工困难，结构复杂，现几乎不再使用。

在横桥方向，桥塔的结构形式可分为桁架式、刚架式和混合式三种（图5-32）。

桥塔的外部形状，沿桥轴方向多采用由塔顶向塔底以一定坡度逐渐扩大的形式，横桥轴方向则多为等宽度。

桥塔断面形状千差万别，从外部形状分类，可分为长方形、十字形和丁字形等（图5-33）。

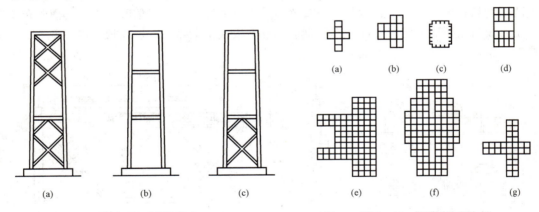

图5-32　桥塔形式
（a）桁架式；（b）刚架式；（c）混合式

图5-33　桥塔断面形式

（4）锚碇。锚碇是主缆的锚固体。锚碇将主缆中的拉力传递给地基基础。

锚碇一般由锚碇基础、锚块、主缆的锚碇架及固定装置、遮棚等部分组成；当主缆需要改变方向时，锚碇中还应包括主缆支架和锚固鞍座（又称扩展鞍座）。

锚碇结构有重力式锚碇和隧洞式（或称岩隧式）锚碇两种，如图5-34所示。

重力式锚碇为一庞大的混凝土结构，依其自重实现对主缆拉力的锚固。其中预埋锚固主缆束股用的钢结构锚杆和钢结构锚固架，束股通过锚头与锚杆连接，再由锚杆将束股拉力传至锚固架分散至混凝土锚体。

隧洞式锚碇则借助两岸天然坚固的岩体开凿隧洞再浇筑混凝土形成，利用岩体强度对混

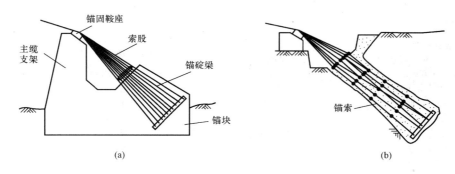

图 5 - 34 锚碇的形式

(a) 重力式锚碇；(b) 隧洞式锚碇

凝土锚体形成嵌固作用，达到锚固主缆拉力的目的，因而其锚碇混凝土用量较重力式锚碇大为节省，经济性能更为显著。

当主缆在锚碇处改变方向时，则需设置主缆支架。主缆支架可以独立地分开设置在锚碇之前，也可以设置在锚碇之内，它是主缆的支点。

主缆支架主要有三种形式：钢筋混凝土刚性支架、钢制柔性支架和钢制摇杆支架，如图5 - 35 所示。

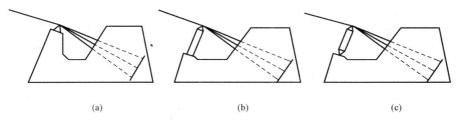

图 5 - 35 主缆支架的形式

(a) 刚性支架；(b) 柔性支架；(c) 摇杆支架

（5）吊索及索夹。吊索也称吊杆，是将活载和加劲梁的恒载传递到主缆的构件。吊索上端通过索夹与主缆连接，下端与加劲梁连接（图 5 - 36）。

吊索可用钢丝绳、平行钢丝束或钢绞线等材料制作。

吊索与主缆的连接方式有两种：骑挂式和销连接式，如图 5 - 37 所示。

骑挂式的优点在于：索夹应力不直接受吊杆拉力的影响，结构简单。但其需对应于主缆倾角的变化而改变吊索槽的角度，致使铸造形式变多；同时，骑跨于索夹的吊索要产生弯曲应力，从而导致吊索强度下降。

销连接式索夹的倾斜角变化仅改变销孔的位置即可，可减少吊索槽铸造形式。但销连接式也存在缺点：销与销孔之间有摩擦力，同时吊索的拉力影响索夹的应力分布。

美国和日本多用骑挂式，欧洲则多用销连接式。

吊索的纵向布置大致分为平行竖直索和斜置索两种形式（图 5 - 38）。斜向布置吊索体系虽然可以提高全桥振动阻尼，但并不具有构造及经济上的优势，而且有关疲劳的问题没有完全解决，因此大部分已建成或在建的大跨度悬索桥的吊索在纵向布置上均采用平行竖直索的布置形式，以方便设计和施工。

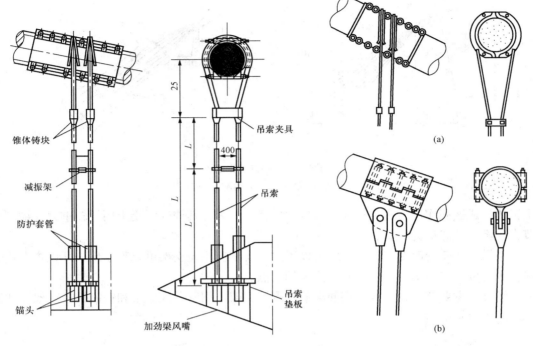

图 5-36　吊索与主缆、加劲梁的连接（单位：cm）

图 5-37　索夹的种类
（a）骑挂式；（b）销连接式

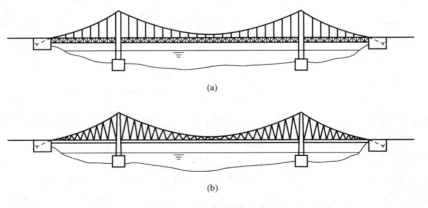

图 5-38　吊索的纵向布置
（a）平行竖直索；（b）斜置索

（6）鞍座。鞍座是支承主缆的重要构件，通过它可以使主缆中的拉力以垂直力和不平衡水平力的方式均匀地传到塔顶或锚碇的支架处。设置在塔顶的鞍座称为主鞍，设置在锚碇处的鞍座一般为散索鞍。

塔顶鞍座（主鞍）的结构主要由鞍槽、座体和底板三大部分组成，如图 5-39 所示。

鞍槽用以直接容纳和支承主缆束股，纵向呈圆弧状，半径约为主缆直径的 8～12 倍；横向呈台阶状，台阶由中央向两侧渐次抬高，与主缆束股圆形排列相适应，台阶宽度与束股尺寸相近。座体是鞍座传递竖向压力的主体，上部直接与鞍槽底部联为一体，下部与底座板相

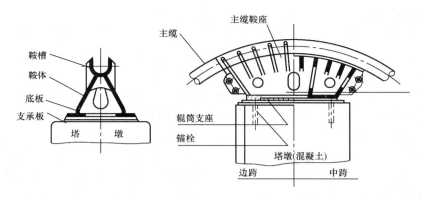

图 5-39　塔顶鞍座

联。底板是预置于塔顶用以支承鞍座座体的部分,它使鞍座反力均匀分布于塔顶。

为满足悬索桥施工过程中鞍座预偏复位滑移的需要,底板与座体底板之间需设置滑动装置,如辊轴、四氟滑板或其他减摩技术。

在锚碇前墙处(或在锚碇之内支架处),主缆需要散开成束股。当缆在散开的同时有一向下的转折角时,就需要在这里设置散索鞍(或展索鞍),如图 5-40 所示。散索鞍功能一是改变缆索的方向,二是把主缆的束股在水平和竖直方向分散开,然后将束股引入各自的锚固位置。与塔顶鞍座不同的是,散索鞍在主缆受力或温度变化时要随主缆同步移动,因而在结构形式上又有摇柱式和滑移式两种基本类型。散索鞍的形状较复杂:在主缆进口端应有圆槽,以便与主缆圆截面相适应;在束股出口处,应让外层各束股的上端交汇于一点,下端指向锚块混凝土前锚面的指定束股位置。

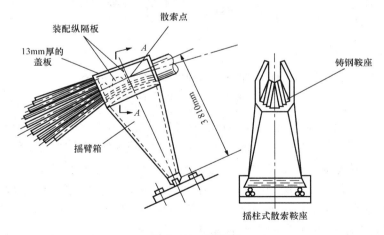

图 5-40　散索鞍

5.2.2　悬索桥主缆施工

1. 缆索工程概要

悬索桥缆索工程的施工,一般有如下步骤:

(1)准备工作。在架设缆索之前的准备工作有:安装塔顶吊机、塔顶主鞍座、支架副鞍座、散索鞍座以及包括各种绞车和转向设备等的驱动装置。

（2）架设导索。导索是缆索工程中最先拉过河（或海湾）的一根钢丝绳索，也是缆索工程的第一道难关。一般架设导索有如下几种方法。

1）浮子法。如图 5-41（a）所示，将准备渡江（或海湾）的导索每隔一定距离装上一个浮子，使导索由浮子承重而不下沉水中。然后由曳船将导索的一端，从始发墩旁浮拖至需到达的墩旁，再由到达墩的塔顶垂挂下来的拉索直接拉到塔顶。此法在潮流速度缓慢且无突出岩礁等障碍物时是较为可靠的。日本的关门桥和因岛桥均采用此法。

2）自由悬挂法。当桥位处水流较急时，采用浮子法会使水面上拖运的导索流散得较远，同时导索所受水流的冲击力也大，故导索所需截面也大。另外，当桥位附近有岩礁时，导索流散越远，它被挂阻于岩礁的可能性也越大，此时就可用自由悬挂法。如图 5-41（b）所示，自由悬挂法是在桥台锚碇墩附近，设置可连续发送导索的一种装置。从此装置引拉出的导索，经过塔顶后其前端固定在曳船上。随着曳船横越水面，可使连续发送出来的导索不沉落到水中，并在始终保持悬挂状态下来完成导索的渡架。为提高安全度，有时还用重锤作平衡重，以调整导索在引拉过程中的拉力。

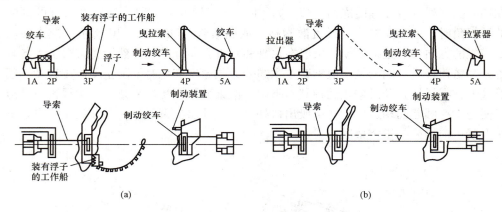

图 5-41　架设先导索的浮子法和自由悬挂法
(a) 浮子法；(b) 自由悬挂法

3）其他方法。目前，随着施工技术的快速发展，导索的架设方式也日新月异。目前采用的较先进的导索架设方式是采用气球、飞艇、直升机或火箭等越江河跨深沟的方法。我国建桥者从电力部门架高压线获得灵感，曾用氢气球、热气球或遥控氢气飞艇成功施放导索；我国贵州省的坝陵河大桥（主跨 1088m）的导索架设采用了电力飞艇牵引的方式；我国西堠门大桥和日本明石海峡大桥的导索采用的是直升飞机架设导索；上海到成都国道主干线湖北段的控制性关键工程——四渡河特大悬索桥主桥跨度为 900m，宽 24.5m，桥面距谷底500m，桥塔顶距谷底 650m，其先导索的架设采用的是火箭抛送法，是火箭技术在我国首度运用于民用建桥领域。

通常悬索桥两侧主缆的两根导索都用同法渡架。但当渡架作业较为困难时，也可只渡架一根导索，而另一根导索可直接在第一根完成后设法在高空横渡。

（3）架设曳拉索及猫道。当导索架设完毕后，就可以由它来架曳拉索。曳拉索是布置在两岸之间的一根环状无端头的钢丝绳索，可由两岸的驱动装置来使曳拉索走动，从而一来一往地引拉其他需要架设的缆索或钢丝。曳拉索架设完毕后，首先要架设的就是猫道。所谓猫道，就是悬索桥架设施工中，为其空中架设的工作走道。它是主缆编制和架设必不可少的临时设施。每座悬索桥的施工，一般设有两个猫道。每个猫道各供一侧主缆施工所需。因猫道是悬索桥施工的特有设备，下面加以简介。

1）猫道的构造与布置。猫道由猫道承重索、猫道面层结构（包括栏杆立柱及扶手索等）、横向天桥及抗风索等组成。猫道承重索是猫道的承重构件。悬索桥的两侧猫道，各有若干根猫道承重索。猫道面层结构（包括横梁及面层）可以吊挂于猫道承重索之下，如旧金山—奥克兰海带桥；也可固结在猫道承重索之上，如日本关门桥及大鸣门桥等。

猫道空间位置的决定，应使猫道面与主缆之间的净空均匀一致。主缆中心与猫道面的位置关系由主缆截面尺寸及主缆捆紧机和缠绕机的尺寸等决定。如图 5-42 所示，日本的大鸣门桥和关门桥的猫道宽均为 4m，主缆中心距猫道面的高度分别为 1.5m 及 1.3m。关门桥考虑作业方便，其主缆中心线与猫道中线有 0.5m 的偏心。但后来发现还不如没有偏心为好，故以后的悬索桥都采用无偏心布置。

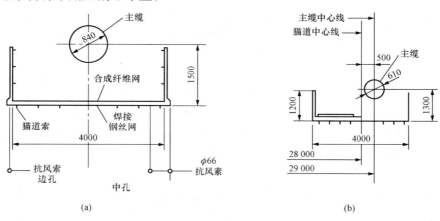

图 5-42　猫道截面与布置（单位：mm）

(a) 大鸣门桥；(b) 关门桥

2）猫道面层结构。当每个猫道的若干根猫道索，由曳拉索引拉架设完之后，即可铺设猫道面层及架设横向天桥。横向天桥是沟通两个猫道之间的空中工作走道，它除了工作所需之外，还有增加猫道横向稳定的作用。

猫道面层结构包括横梁及面层铺料。面层铺料早期采用木板材，后来为了防火、减轻重量和风阻，以及施工方便和经济等原因，一般均改用在焊接钢丝网上再加铺合成纤维网或钢丝网布。焊接钢丝网钉在横木梁上，它已有足够的支承强度，但其孔眼尺寸对工作走道面来说过于粗大，故在它上面用小孔眼的网材覆盖以提供良好的走道面，并可防止小工具的掉落。

猫道面层结构，一般先将横木和面材预制成可折叠并能卷起的节段，然后由塔顶吊机将它吊到塔顶后，沿着猫道索逐节滑下。在下滑过程中，各节之间进行逐节连接，待全部铺到最后位置时，再将横木固定在猫道索上。然后，再在横木端部装上栏杆立柱，并在立柱上安装扶手索及栏杆横索等。为了架设主缆工作的需要，沿猫道相隔一定距离还设置有门式框架。在猫道面上还铺设各种管路和照明系统。在两侧猫道之间的横向天桥也可和面层结构一起铺设。

3) 抗风索的布置。设置抗风索的目的是提高猫道的抗风稳定性，同时还可调整猫道的曲线形状。猫道的抗风体系除抗风索外，还包括连接猫道索与抗风索之间的垂直吊索或斜吊索。

为了减小猫道承重索的荷载，同时在某些通航的水域由于净空等限制不能布置抗风索，近期的发展趋势是在保证猫道抗风稳定性的条件下，不设抗风索。国内的厦门海沧大桥、重庆鹅公岩大桥等桥的猫道，都没有设置抗风索。

（4）架设主缆。在猫道架设全部完成后，就可在猫道上正式开始架设主缆。主缆的架设方法目前有两种：一种为空中编缆法（简称 AS 法），含送丝、纺丝、纺线、架线之意；另一种为预制丝股法（简称 PS 法，也有简称 PWS 法），此为 Parallel Wire Strand 之意。这里，AS 法是以钢丝为单元，先在空中编成丝股，然后再由若干丝股组成主缆；PS 法则是以工厂预制成的股缆在空中组成主缆。

空中编缆（AS）法和预制绳股（PS）法的具体施工工艺详见相关工具书。

（5）架吊索。主缆架设完毕，将猫道转载于主缆后，拆除抗风索，并在猫道上开始架设吊索。全桥主缆缠丝防护工作完成后，即可拆除猫道。至此，悬索桥的缆索工程遂告全部完成。

2. 主缆紧缆

无论 AS 法还是 PWS 法，在主缆丝股架设完毕后，都要对相应部位各丝股排列顺序进行检查，复测基准索股垂度，对有问题的钢丝进行处理，并全面复测锚跨拉力。如有变化适当进行调整后，接下来的工作是紧缆。紧缆的目的是为了使主缆压紧成圆形，达到设计要求的空隙率，以满足安装索夹和以后的长期防护。一般紧缆的过程有初紧缆和正式紧缆两阶段。

（1）初紧缆。紧缆工作应在夜间气温稳定时段进行。利用手拉葫芦、千斤顶对主缆进行初整圆，同时拆除形状保持器、V 形保持器及捆绑绳。初紧缆按照先疏后密原则进行，每间距 5m 用临时钢带捆扎。在挤压过程中拆除表面缠包带，用大木锤敲打，直至主缆表面平顺。主缆初紧缆后的孔隙率，控制在 28%～30% 之间。

（2）正式紧缆。初紧缆完成后，利用紧缆机进行正式紧缆。4 台紧缆机分别从两条主缆中跨跨中，向塔顶方向进行挤紧作业。首先由跨中一侧的两台紧缆机正式紧缆，紧至 5m 左右，另一侧两台紧缆机向已紧缆一侧回退至跨中的第一条钢带就位，开始紧缆。正式紧缆挤紧间距为 1.0m，每距 1m 打一标志点，并统一编号。当紧缆机挤压蹄块挤压后，在紧靠挤压蹄处用打带机连续打两道 3cm 宽的镀锌钢带，对主缆进行捆扎。双钢带间距为 5cm，这样钢带受力均匀。紧缆过程中测量主缆横径和竖径，计算出空隙率，与设计空隙率比较，使得空隙率符合要求。

考虑主缆重力刚度影响，紧缆时通过液压系统适当调整 6 块挤压蹄块上下两块高度，克服打带后主缆直径回弹影响。当中跨正式紧缆完毕，移至边跨进行，紧缆顺序由锚跨向塔顶进行。紧缆过程中，靠近索鞍处挤压力较大。

3. 索夹、吊索安装和缠丝

紧缆后，就可进行装索夹铸件的施工。由于每个索夹在主缆上位置处，主缆的斜度各不同，所以夹紧两半索夹所需螺栓数量也不同。这样索夹铸件的长度也不相同。以下以维拉扎诺桥为例介绍索夹和吊索的安装。

该桥的索夹分为上下两半结构。下索夹从塔顶运送到在主缆上的安装位置后，安放在主缆索对上装有 4 小轮的框架小车上。框架设计为能装载 136kN，并带有一台小型吊机和倒链滑车，能提升最重的索夹安装就位。小车由在主塔顶上的吊机装载，然后从主塔溜放至主缆的索夹安装处。小车的返回，是用安装在塔顶上的一台卷扬机拉回的。

为确定索夹在主缆上的准确位置，首先应在夜间温度均恒和主缆摇摆最小时准确确定主缆的竖向中心线，且测量时要解除主缆与猫道的连接，使其处于不受约束的状态。然后，沿主缆用测链测定，以准确定出索夹位置。

索夹螺栓的施拧分三个阶段。首先，所有螺栓初拧至 498kN。以后随着架梁和载重增加，主缆伸长、钢丝在索夹压力下重新排列、镀锌层变形等，使螺栓初始轴力逐渐降低。在灌注桥面混凝土前应使每个螺栓轴力恢复到 498kN。在上层桥面混凝土灌注完后，开始终拧。此时所有螺栓轴力拧紧至 $544 \times (1 \pm 10\%)$ kN。

第一次和第二次拧紧后，与模型缆索中取得的试验结果相同。在拧紧后约 3 星期，达到稳定的螺栓轴力，很快降至初轴力的 70%。终拧后，松弛的值是早期示值之半。

配装好索套的吊索，每根单独卷好，装在甲板式平底驳船上，拖运至其需安装位置下，系靠于那里的一艘铁驳上。吊索在平底驳甲板上摊开后，从猫道上的一台卷扬机放下一根钢丝绳，其端部系在吊索钢丝绳的中点。提升吊索的一端，并带着它的索套通过主缆夹箍槽。当吊索的中心与索夹中心相吻合时，解掉提升绳。在主缆的中心线下 2.1m 处装上吊索夹紧器。

梁架设完成，主缆索力已达恒载拉力的 75%，开始缠缆。及早缠缆可提前拆除猫道和加快随后的工序，并加快施工进度。

8 台缠丝机，每台都是由两个可以开闭的钢环组成，打开是为着能越过索夹，闭合是为着缠缆。钢环是隔着圆弧形衬板而骑在主缆上。绕在环外的软钢丝，被一由电动机驱动而迅速旋转的飞轮抽出，并且紧紧缠在主缆之外。

缠丝机沿主缆的前进，是靠支承在已包缠表面的压力支脚及手动牵引器的一根拉绳牵引。其缠绕走向总是沿上坡向前进，这样也可用机器重量压紧包缠线。缠丝顺序为先缠边跨，后缠中跨。

缠丝前，要在主缆钢丝表面涂防护腻子。在缠丝过程中，应随时将挤出的腻子刮去。缠丝后还要进行索夹嵌缝。两个半索夹间顶部接缝，用一层麻絮嵌缝，再用铝绒盖顶。对底部接头，只从索夹铸件每端嵌缝至第一个螺栓，以利主缆的排水。嵌缝用人工和风动工具进行。

包缠的嵌缝完成后，在每个索夹处安装支柱及扶手钢丝绳。安装主缆的轮廓照明，及航空标志的电器设备。最后进行主缆油漆和猫道拆除。

5.2.3　悬索桥锚碇施工

锚碇是支承主缆的重要结构之一。大跨悬索桥的锚碇由锚块、锚块基础、主缆的锚碇架及固定装置、遮棚等组成。图 5 - 43 是目前常用的锚体为空腹三角形框架结构的重力式锚碇总体结构示意图。在小跨径悬索桥中，除了锚块外其他部分都可作简化。

锚块分为重力式和岩洞式。重力式锚块混凝土的浇筑应按大体积混凝土浇筑的注意事项

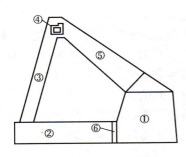

图 5-43 重力式锚碇总体
结构示意图
①—锚块；②—基础；③—散索
鞍支墩；④—横梁；⑤—前
锚室；⑥—后浇段

进行，锚块与基础应形成整体。对于岩洞式锚块，在开挖岩石过程中避免采用大药量的爆破，应尽量保护岩石的整体性。锚板混凝土浇筑应注意水化热影响，防止锚板产生裂缝。岩洞式锚块应注意岩洞中排水和防水措施，对于岩洞周围裂缝较多的岩石应加以处理。岩洞内的岩面，开挖到设计截面后，应迅速加设衬砌，避免岩面风化，影响锚块质量。

1. 重力式锚块的大体积混凝土浇筑

锚碇一般是大体积混凝土结构。施工中要根据施工单位的能力和温度控制的可行方案，对锚块进行平面分仓和竖向分层。施工时按照一定的施工计划分期分层进行浇筑和养护。以下以厦门海沧大桥锚碇的施工为例，介绍锚块结构的施工。

厦门海沧大桥东锚碇长 74m，宽 52m，标高 10～61.5m，如图 5-44 所示。混凝土总方量 7.5 万 m³。其中南北锚块纵向长 32m，横向宽 25m，最大竖向高度 35.96m，混凝土总方量 3.75 万 m³。混凝土等级 C30，标高 +6.00m 以下为防海水腐蚀的 C30 抗渗混凝土，抗渗等级 S12。

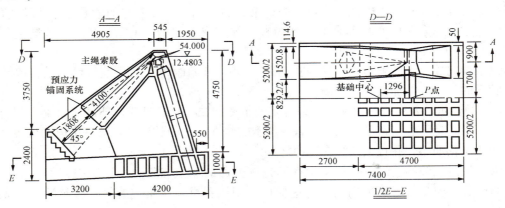

图 5-44 海沧大桥锚碇的构造（单位：cm）

该项工程分三期进行施工。首先单独浇筑南北锚块混凝土，然后浇筑南北箱式基础，最后浇筑四个分项工程之间的后浇段，形成锚碇整体。南北锚块混凝土采用平面分仓、竖向分层、平行对称方式浇筑。

箱形基础单个仓面面积为 1150m²。竖向分 5 层，底板层厚 1.2m，顶板层厚 1.0m，一次浇筑；腹板分三层浇筑，每层厚 2.6m。

分块浇筑完成后，待南北锚块混凝土温度降至稳定温度 20.8℃后，采用微膨胀混凝土浇筑后浇段。后浇段的浇筑顺序是：先浇南北箱形基础和锚块之间的纵向后浇段（桥轴线位置部分），后浇锚块与箱形基础之间的横向后浇段。同样需要分层浇筑。

2. 大体积混凝土温度控制

锚碇大体积混凝土施工阶段产生的温度应力往往超过外荷载引起的结构应力，使混凝土块产生温度裂缝，影响锚碇的使用寿命。因此大体积混凝土施工中的温度控制是保证质量的非常关键的一项内容。在国内外大跨度悬索桥的施工中，都采了多项措施来控制混凝土体内外的温度。这些措施包括：

（1）砂石料与拌和水预冷却。

1）冷却拌和用水。

2）集料预冷。

（2）混凝土入泵温度控制。根据施工期间的大气温度，制定相应的各阶段混凝土入泵温度控制值。为了达到温控要求，一般需要采取以下温控措施：

1）混凝土搅拌站生产出的商品混凝土经过搅拌运输车运到现场，随着运输距离的增加和运输车停置时间增长则温度升高，故运输过程中采用洒冰水用麻袋覆盖、减少现场停滞时间等措施，降低入泵混凝土温度。在入泵前测量每车混凝土的入泵温度，超标者坚决拒收。

2）在高温季节浇筑混凝土时，在泵管上覆盖湿麻袋，以降低混凝土在泵送过程中的摩擦发热和吸收太阳的辐射热。

3）在当日 19：00 至次日 7：00 间气温较低时进行混凝土的浇筑。

（3）利用冷却水管通水降低混凝土内部温度。

1）冷却系统。针对锚块现场的实际情况，可采用海水或河水作冷却水。先将海水或河水抽至锚坑内蓄水池，再由蓄水池抽水至锚块冷却管供水泵后接可调阀；调节系统压力，另接 4 个闸阀，调整供排水方向。冷却水不循环，经过一次冷却流通后便汇集至排水总管，引至排水沟流走。

2）冷却管布置。冷却管采用蛇形布置，上下层间间距 1.0m。冷却管距混凝土边缘约为 50cm。冷却管一般采用小直径的钢管，利用相应直径的网纹胶管连接，并以铁丝扎紧，上、下层冷却管以竖管连接。

锚碇其余部分的混凝土浇筑，与其他形式桥梁的混凝土施工相似。预应力锚固体系的施工与一般后张预应力混凝土的施工类似。

5.2.4　悬索桥加劲梁的架设

悬索桥加劲梁的架设方法按其推进方式分，主要有两种：①先从跨中节段开始，向两侧主塔方向推进；②从主塔附近的节段开始，向跨中及桥台推进。无论采用哪种方法，均须考虑主缆变形对加劲梁线形的影响。故有条件时，应在施工前进行加劲梁施工架设的模型试验，或对加劲梁的架设过程进行模拟计算。根据试验和模拟计算资料，验证或修正架设工序。

一般在架设中，为使加劲梁的线形能适应主缆变形，架上的各加劲梁节段之间不应马上作刚性连接，可在上弦先作铰接连接、而下弦暂不连接。待某一区段或全桥加劲梁吊装完毕，再作永久性连接。

图 5-45（a）为加劲梁从跨中向两侧主塔推进的施工步骤。加劲梁的架设过程一般分为下 4 个阶段：

（1）加劲梁从主跨中央开始架设，当加劲梁节段的重量逐段加于主缆时，梁的线形不断变化，所以，梁段间的连接仅作施工临时连接，以避免梁段的过分变形。

（2）边跨加劲梁开始架设，以减小塔顶水平位移。

（3）主塔处加劲梁段合龙。

（4）加劲梁所有接头封合。

此架设方法的优点是：靠近塔柱的梁段，是在主缆到达最终线形时就位的。这样，靠近塔柱的吊索索夹的最后夹紧，可推迟到塔顶处主缆仅留有很小永久角变阶段，所以能减小主缆内的次应力。

图 5-45（b）是加劲梁从主塔向跨中架设方法的施工步骤。可以看出，此法的施工步骤正好与图 5-45（a）相反。

这种架设方法有利于施工操作和管理。这是因为此方法中施工操作和管理人员可以很方便地从塔墩到桥面，而且可很方便地在主跨和边跨之间往返。而图 5-45（a）所示方法中，工作人员必须通过狭窄的空中猫道才能到达主跨内已被架加劲梁段上。

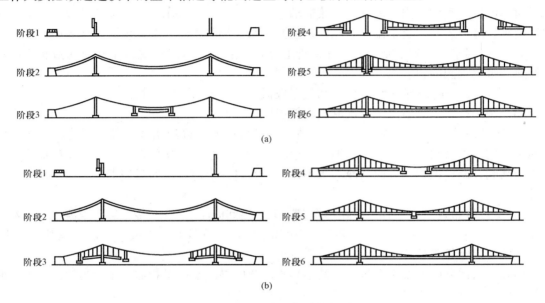

图 5-45 悬索桥加劲梁架设

（a）加劲梁从跨中向两侧主塔推进图；（b）加劲梁由桥塔方向跨中吊装推进图

如上所述，悬索桥加劲梁架设一大特点是：可以将其先架设完成的主缆作为一悬吊脚手架。但这脚手架是柔性的，它的几何形状随着梁段的逐渐增加而不断改变。当所架梁段不多时，梁段的上弦或上翼缘板相互挤压，而梁段的下弦或缘板互相分离而出现"张口"，若过早使下弦或下翼缘板闭合，则梁段结构或有可能因强度不够而破坏。因此悬索桥的加劲梁要先作施工临时连接。

加劲梁梁段或杆件的吊装方式主要分为 3 种形式：采用能沿桁架上弦主梁走行的德立克吊机安装、缆索吊机吊装和缆载吊机安装。前两种吊装方式是其他桥梁施工中常用的方式，后一种专用于大跨度悬索桥施工。其特点是，利用架好的两条主缆为支承，将提升梁段用的设备固定于主缆上，进行垂直提升安装。它的吊装和移动不能同时进行。缆载吊机提升的方式有两种：一种是利用卷扬机机收卷钢丝绳，另一种是利用液压提升系统拉拔钢绞线。

5.3 刚构桥

随着科学技术的进步、新建筑材料的应用，桥梁型式推陈出新，各种新桥型不断涌现。

刚构桥即属于发展较快又比较成熟，近数十年使用较为广泛的一类独特的桥梁型式。

刚构桥是介于梁与拱之间的一种结合体系。它是由受弯的上部梁（或板）结构与承压的下部柱（或墩）整体结合在一起。所谓整体结合是指梁与柱刚性连接。梁因柱的抗弯刚度而得到卸载作用。整个体系是压弯结构，也是有推力的结构。

墩梁固结是刚构桥的特点，不管是连续刚构—连续体系，还是连续刚构—铰接体系。T形刚构的墩梁是固结的，满足梁与刚构相结合的体系，应是一种梁与刚构相组合的组合体系。但其上部梁是主要承弯构件，虽然它们是墩梁固结，但因其墩梁之间的刚度相差很大，墩部基本不提供推力，其特性基本符合梁桥在垂直荷载作用下，支座只产生垂直反力无推力的特点。因此，也有许多学者将它们划归为预应力连续梁桥的一种。

5.3.1　刚构桥的构造与类型

1. 刚构桥的结构特点

桥跨结构（主梁）和墩台（支柱）整体相连的桥梁叫做刚构桥。由于两者之间是刚性连接，在竖向荷载作用下，将在主梁端部产生负弯矩，因而减少了跨中的正弯矩，跨中截面尺寸相应得以减小。刚构桥的形近似于梁式桥，但其主梁高度一般可以较梁桥为小，通常适用于需要较大的桥下净空和建筑高度受到限制的情况，如跨线桥、高架桥和栈桥等。

与梁式桥不同的是，它的墩台是压弯杆件，受力情况又接近拱桥，其结构体系介于梁式桥与拱式桥二者之间。而简支梁桥的最大优点是结构简单。作用于简支梁上的荷载，由桥梁的墩台承受，在墩台上只产生竖直方向的压力。当梁弯曲时，对桥梁的墩台并无影响。而对于刚构桥，在跨内荷载作用下主梁两端产生的负弯矩，能抵消跨中一部分正弯矩，使得跨中截面尺寸相应得以减小。当梁的两端负弯矩较大，而跨度不大时，有时加梁肋做承托；跨度较大时通常将梁做成梁高由跨中向两端递增的曲线型，以增加美观。

刚构桥外形轻巧美观，材料节省，立体交叉的跨线桥较多采用。当桥面标高受限制时，刚构桥跨中梁的高度可以做得较小，给桥下留出较大的净空高度。图 5 - 47 表示刚构桥与 T 梁桥和拱桥的比较。可以看出，刚构桥桥身、桥台与线路接线工程的材料数量明显节省。

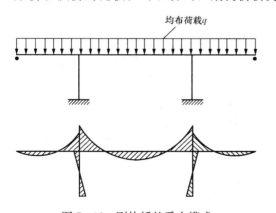

图 5 - 46　刚构桥的受力模式

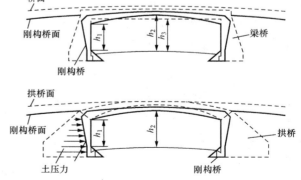

图 5 - 47　刚构桥与梁桥和拱桥的比较

2. 刚构桥的工作特点

刚构桥属于超静定结构，受力情况比较复杂。除恒载与活载外力以外，土压力、温度变化、混凝土收缩徐变、基础沉降等均会在刚构桥的结构内部产生不同的内力（拉、压、弯）。

图 5-48 用变形图与弯矩图来说明刚构桥的工作特性。变形图表示桥梁受力后的变形状态；弯矩图表示各截面弯矩的大小。

当对称荷载作用于主梁时，图 5-48（a）表示基础上设有铰，故墩台底部只承受竖向反力与水平推力的作用。图 5-48（b）表示基础上无铰，墩台底部除承受竖向反力、水平推力作用外，还有弯矩作用。

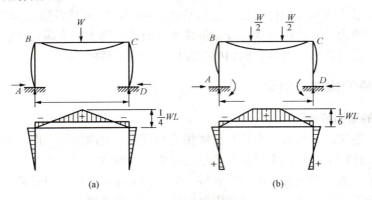

图 5-48　对称荷载作用下的工作特性

当非对称荷载作用于主梁时，图 5-49（a）表示基础上设有铰，故墩台底部只承受竖向反力与水平推力的作用。图 5-49（b）表示基础上无铰，墩台底部除承受竖向反力、水平推力作用外，还有弯矩作用。由于荷载不对称，使 B 点与 C 点发生侧向位移。

主梁与墩台的刚度比决定刚构桥的内力分布状况。当主梁与墩台刚度比甚大时，即墩台较柔主梁较刚时，主梁端部负弯矩减小，跨中正弯矩大，桥梁的工作状态接近于简支梁。反之，此项刚度比甚小时，则主梁两端的负弯矩增大，跨中正弯矩减小。

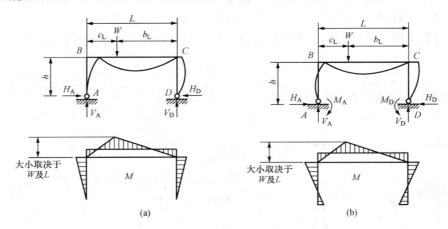

图 5-49　非对称荷载作用下的工作特性

3. 刚构桥的主要类型

刚构桥按支撑方式有两种形式，如图 5-50 所示。

（1）无铰刚构桥。墩台底端刚性固结于基础承台内。无铰刚构桥由于墩台的沉降及位移会引起很大的力矩，易导致桥梁发生裂缝与损坏，因此必须有较好的地基，或采用强大的桩基础。

（2）有铰刚构桥。墩台在基础平台上用铰支承。有铰刚构桥在基础部分不产生力矩，但铰的构造复杂，设置困难，养护也不易，较少建造。

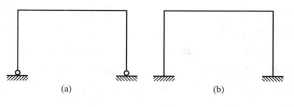

图 5-50　刚构桥支承方式简图
(a) 有铰刚构简图；(b) 无铰刚构简图

刚构桥按结构形式可分为门式刚构桥、斜腿刚构桥、预应力混凝土 T 形刚构桥、预应力混凝土连续刚构桥和预应力混凝土 V 形刚构桥。

（1）门式刚构桥。其腿和梁垂直相交呈门形构造，可分为单跨门式刚构、双悬臂单跨门式刚构、多跨门式刚构和三跨两腿门式刚构桥。前三种跨越能力不大，适用于跨线桥，要求地质条件良好，可用钢和钢筋混凝土结构建造。三跨两腿门式构桥，在两端设有桥台，采用预应力混凝土结构建造时，跨越能力可达 200 多米。

门式刚构桥的上部结构一般采用钢筋混凝土工形梁、实心板或肋形板。门式刚构桥常用于立交桥，有时也用于跨越小溪，主要用于中小跨度的跨线桥，建筑高度较小。门式刚构桥的下部结构即墩台部分一般采用薄壁实心柱或柱后加侧挡板。墩台底部与基础或固结〔图 5-51 (a)〕，或设铰〔图 5-51 (b)〕。为了抵抗水平反力，可以用拉杆连接两根立杆的底端〔图 5-51 (c)〕。

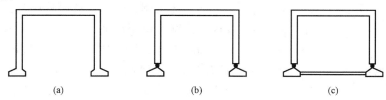

图 5-51　几种常见单跨刚构简图

单跨刚构桥中也常采用柔性柱墩及两端带有悬臂的体系。悬臂可减小主梁跨中弯矩，同时也可减小恒载推力，因而可以节省很多材料，是较为经济的一种刚构桥形式。

以上几种形式的门式刚构桥，如果采用预应力混凝土，可用于跨度 50～80m 的城市桥梁。其结构特点是梁与墩均应配置预应力钢筋。

（2）斜腿刚构桥。斜腿刚构桥是指带有两个斜腿的刚架结构，斜腿的下端设铰。跨越陡峭河岸和深邃狭谷时，采用斜腿刚构桥是经济合理的方案。斜腿刚构桥的工作情况与拱桥更为相近。其梁与腿中的弯矩比门式刚构桥要小，但支承反力却有所增加。由于桥墩置于岸坡上，有较大斜角，在主梁跨度相同的条件下，斜腿刚构桥的桥梁跨度比门式刚构桥要大得多。通常采用钢筋混凝土或预应力混凝土制作，也有用钢制作的。这种有推力结构所用材料较省，建筑高度较低，用于立交桥有其较突出的优点。几种常见斜腿刚构桥简图如图 5-52 所示。

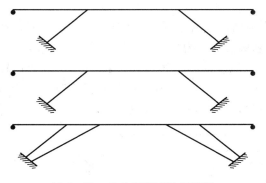

图 5-52　几种斜腿刚构桥简图

（3）T形刚构桥。T形刚构桥是在简支预应力桥和大跨钢筋混凝土箱梁桥的基础上发展起来的，是指在相邻两孔跨中的铰与铰之间的梁与桥墩构成T字形，其基本形式如图5-53所示。它是在悬臂施工法的影响下产生的，施工时主梁自桥墩向两侧平衡悬伸，不需要搭临时支架。悬伸出去的梁承受负弯矩作用，依靠施工过程逐段施加预应力，结构自身才能支持。其上部结构可为箱梁、桁架或桁拱，与墩固结而成T形，桥型美观、宏伟、轻型。

T形刚构桥适用于大跨悬臂平衡施工，可无支架跨越深水急流，避免下部施工困难或中断航运，也不需要体系转换，施工简便。

T形刚构桥的优点是可以得到较大的跨度，但其跨中铰不易制造与安装，年久容易变形和损坏，且跨中有较大挠度，妨害行车。挂梁结构复杂，日久路面出现折线，于行车不利。

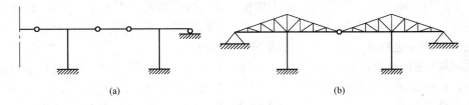

图 5-53　T形刚构基本形式
(a) 带挂梁（半结构）；(b) 带剪力铰

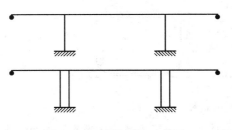

图 5-54　连续刚构示意图

（4）连续刚构桥。连续刚构桥数跨相连，跨中不设铰或挂梁，行车舒适，如图5-54所示。主梁与桥墩固结，不设支座，因此具有T形刚构桥和连续梁桥的优点。悬臂施工法与T形刚构桥相同，但在跨中要灌注合龙段，张拉预应力束，使之连成整体。分主跨为连续梁的多跨刚构桥和多跨连续—刚构桥，均采用预应力混凝土结构，有两个以上主墩采用墩梁固结，具有T形刚构桥的优点。

但与同类桥（如连续梁桥、T形刚构桥）相比，多跨刚构桥保持了上部构造连续梁的属性，跨越能力大，施工难度小，行车舒顺，养护简便，造价较低；多跨连续—刚构桥则在主跨跨中设铰，两侧跨为连续体系，可利用边跨连续梁的重量使T构做成不等长悬臂，以加大主跨的跨径。

（5）V形刚构桥。V形刚构桥也是一种连续刚构桥，所不同的是将桥墩做成V形，其简图如图5-55所示。它具有连续刚构桥和斜腿刚构桥的受力特性和共有的优点。这种桥型与连续梁桥比较，跨度加长了，而梁高却可降低；与连续刚构桥比较，跨中和支点弯矩较小，在结构上更显轻巧美观。V形斜撑的夹角一般大于40°。主梁截面多采用箱形，以使预应力筋的布置较易，且整体刚度较大。桥墩较高时，V形两腿交点以下部分可连接一段竖墩，则成Y形刚构。其工作性能与V形刚构相同。

V形刚构桥的特点：能削减墩顶的负弯矩，外观上也显得轻巧别致。

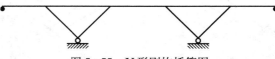

图 5-55　V形刚构桥简图

4. 刚构桥的构造特点

刚构桥的桥面构造和梁式桥没有什么区别,由行车道铺装,排水防水系统,人行道(或安全带),缘石栏杆、照明系统和伸缩缝等组成。

(1)主梁构造。刚构桥的主梁截面形状与梁桥相同,可做成图 5-56 所示的各种形式。主梁在纵方向的变化可做成等截面、等高变截面和变高度三种。有时,还可把主梁做成几种不同的截面形式,以适应内力的变化和方便施工。例如,主梁跨中段做成肋式,支承段做成箱形。对小跨度宜采用等高度主梁以利施工。变高度主梁的底缘形状可以是曲线形、折线形、曲线加直线等,这要根据主梁内力的分布情况,按等强度原则选定。

在下缘转折处,为保证底板的刚度,一般均宜设置横隔墙(图 5-57)。

(2)支柱构造。刚构桥的桥墩截面形式支柱有薄壁式和立柱式,如图 5-58 所示。立柱式中又可分为多柱和单柱。多柱式的柱顶通常都用横梁相连,形成横向框架,以承受侧向作用力。当立柱较高时,尚应在其中部用横撑将各柱连接起来。当桥梁很高时,为了增加其横向刚度,还可做成斜向立柱,如图 5-59 所示。支柱的横截面可以做成实体矩形、工字形或箱形等。对于单柱式,其截面要与主梁截面相配合,腹板要尽可能与主梁腹板布置一致,以利传力。

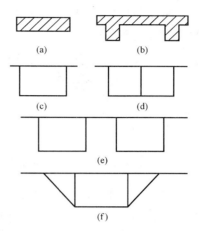

图 5-56 主梁截面

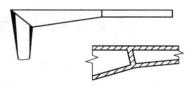

图 5-57 转折处横隔墙

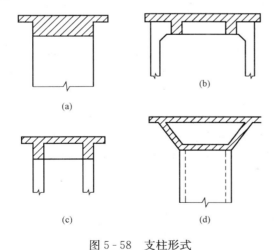

图 5-58 支柱形式
(a)实心矩形薄壁式;(b)、(c)支柱式;(d)箱形薄壁式

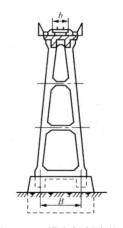

图 5-59 横向倾斜支柱式

(3)节点构造。刚构桥的节点是指立柱与主梁相连接的地方,又称角隅节点。该节点必须具有强大的刚度,以保证主梁和立柱的刚性连接。隅节点和主梁(或立柱)相连接的截面受有很大的负弯矩,因此在节点内缘混凝土受有很高的压应力,节点外缘的拉应力由钢筋承

担。压力和拉力形成一对强大的对角压力,对隅节点产生劈裂作用。减弱、消除劈裂作用常用的方法是加设梗腋并配置相应的钢筋和预应力钢筋,图 5-60 所示为采用普通钢筋混凝土时的钢筋配置。

图 5-61 为斜腿刚构桥的斜支柱与主梁相交节点的两种形式。图 5-62 给出了一种形式的预应力钢筋布置。

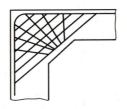

图 5-60　隅节点钢筋的设置

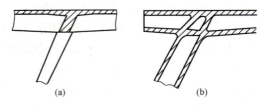

(a)　　　　　(b)

图 5-61　斜柱与主梁相交的节点形式

(4) 铰支座。刚构桥的铰支座按所用材料分为铅板铰、钢铰和混凝土铰。

铅板铰就是在支柱底面与基础顶面之间垫铅板,中设销钉,销钉的上半截伸入柱内,下半截伸入基础,利用铅材容易产生变形的特点,形成铰的转动作用,如图 5-63 所示。钢铰支座一般为铸钢制成,其构造与梁桥固定支座和拱桥支座相同。

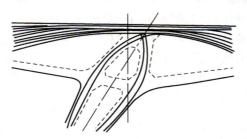

图 5-62　节点预应力钢筋

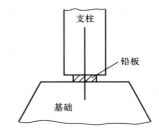

图 5-63　铅板铰简图

混凝土铰(图 5-64)是在需要设置铰的位置将混凝土截面骤然减小,使截面刚度大大减小,因而该处的抗弯能力很低,可产生结构所需要的转动,这样就形成铰的作用。小的铰颈截面尺寸显然对铰的转动有利。混凝土铰是一个简单便宜的、允许产生转角的构造形式。它不怕锈蚀,长期不需要养护,节约金属材料;缺点是转动性能或多或少受到约束,转角较大时会在铰截面产生裂缝。混凝土铰可分为线形铰和圆形铰。线形铰的铰颈截面为矩形[图 5-65 (a)],仅绕其长轴方向转动;圆形铰,其铰颈截面为圆形[图 5-65 (b)],可在任意方向产生转动,故能适用于斜交桥。

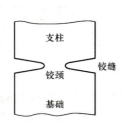

图 5-64　混凝土铰简图

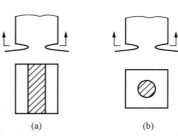

(a)　　　　　(b)

图 5-65　混凝土铰的类型

5.3.2 刚构桥施工简介

钢筋混凝土刚构桥,特别是预应力混凝土斜腿刚构桥和高墩大跨预应力混凝土连续刚构桥,其施工方法尽管与其他桥型基本相似,但是施工中的技术措施有其独特的特点。本节将在连续梁桥施工的基础上,简单介绍刚构桥的施工方法。

对城市立交桥或跨线桥,尤其是弯、坡、斜等高架桥,一般采用支架现浇法施工;对大跨度预应力混凝土刚构桥应选择悬臂施工法;而对下穿式通道刚构桥则可选择顶入法施工。

1. 支架法现浇施工

(1)支架法现浇施工特点。

1)施工不需大型起重设备,施工平稳、安全、可靠,桥梁整体性能好。

2)施工中不存在体系转换,对超静定刚构桥不产生恒载徐变二次矩。

3)可方便采用大吨位预应力体系,使结构的构造简单,施工方便。

4)需要大量模板、支架等辅助工程设施。

5)影响桥下交通,且施工期间受洪水及漂流物的威胁。

6)施工工期长,施工费用高,且需要较大的施工场地。

(2)浇筑程序。支架上浇筑混凝土梁段之前,必须做好周密的准备和严格的检查工作,即支架、模板是否符合图纸要求,接头、卸架设备是否准确,钢筋或钢束位置是否按图纸规定要求布置,混凝土生产质量是否符合要求等。经详细检查合格后,方可浇筑刚构桥混凝土。

刚构桥上部结构在支架上现浇时,因桥墩台为刚性支承,而桥跨下的支架为弹性支承,浇筑混凝土时支架会产生不均匀沉降,因此混凝土浇筑程序应从跨中向两岸墩台的程序进行,桥墩上悬臂端弯矩较小处设置接缝,待支架沉降稳定后,再浇筑此接缝处的混凝土。

(3)注意事项。由于支架上现浇刚构桥使用的模板与支架设备较多,且施工场地较大,给施工技术和组织管理带来了较大的难度。施工中必须注意下列问题:

1)模板支架等临时施工设备必须严格地进行计算与验算,以确保施工安全。

2)混凝土浇筑前应对模板、支架、钢筋、钢束、预留孔道、预埋构件等详细检查,符合设计图纸和规定的要求后才能浇筑混凝土。

3)混凝土的浇筑应根据支架构造、结构体系特点分段、对称进行,防止支架不均匀下沉引起混凝土开裂。

4)混凝土浇筑完成后应按规定的要求养护,模板应等混凝土达到设计强度等级的 70% 时才能拆除,预应力须达到混凝土张拉强度方可张拉。

5)刚构桥的落架程序应从最大挠度处的节点开始,逐步卸落到两侧的节点,并要求对称、均衡、有顺序地进行。

6)如果在冬季浇筑混凝土,则应按冬期施工办理,防止构件伸长或缩短造成的裂缝。

2. 悬臂施工法

(1)悬臂施工特点。悬臂法施工刚构桥是利用已建成的桥墩沿桥跨方向对称施工,其施工的必要条件是:施工中墩与梁固结,施工过程中桥墩需承受不对称弯矩。悬臂施工时随梁段增长,梁内出现的负弯矩不断增大,对梁上缘需逐段施加预应力,使其与完成的梁段连成整体。其总体施工特点为：桥下无须搭设支架，在深水、大跨、通航、峡谷、高墩的条件下是最优的施工方案；工艺简单，施工设备少；多孔桥可平行施工，施工速度快；悬臂施工时使跨中正弯矩移到支点负弯矩，大大提高桥架的跨越能力，节省施工费用，降低工程造价等。此施工方法由早期的 T 形刚构，后来又被推广应用于连续梁、连续刚构、斜腿刚构、斜拉桥及拱桥等。连续刚构桥和斜腿刚构桥采用悬臂施工，都存在施工中的力学体系转换问题，所以施工中应及时调整所施加的预应力，并考虑体系转换及其他因素引起的次内力。

悬臂施工是由两个相邻的桥墩同时向两侧分段进行，水平推进，直到跨中合龙，各节段用预应力紧密连成整体。它通常分为悬臂浇筑和悬臂拼装两类（见前面章节）。悬臂浇筑法在发展中国家应用较为普遍，其特点是适用性强；工程造价一般比悬拼法节省；运输、起吊设备要求低；全部为湿接头，施工质量及其控制易保证；工期较长、劳动力用量多。悬臂拼装法广泛应用于发达国家，其特点为工业化生产及机械化程度高，比悬浇施工速度快；工期短、劳动力用量少；高强混凝土质量容易保证，但接头处易造成预应力损失，施工控制要求高；工程造价一般比悬浇法高。所以我国的刚构桥一般采用悬臂浇筑法施工。

（2）托架与挂篮。悬臂浇筑是在桥墩两侧对称逐段浇筑混凝土，待混凝土达到一定强度后，张拉预应力束，移动挂篮继续浇筑下一梁段。梁节段长度与梁段自重、挂篮重、平衡配重及施工荷载密切相关，一般每个节段的长度为 3～4m，特大桥为 6m 左右。悬臂浇筑施工中的主要设备是挂篮，因桥墩根部块的重量较大，且为了满足拼装和支承挂篮要求的起步长度，经常先用托架浇筑第一梁段。

根据墩身高度、承台形式和地形条件设立支架托架，其高度和长度应由施工挂篮的需要和现浇段长度决定，横桥向宽度一般比箱梁底宽出 1.5～2.0m，以便立箱梁边肋的外侧模板，托架顶面应与箱梁底面在桥纵向的线形保持一致。为了消除托架在浇筑梁段混凝土时产生的变形，常用千斤顶法、水箱法对托架预加变形。

托架上施工头几个梁段达到挂篮起步长度后，拼装对接挂篮悬浇到一定长度之后，再将对接挂篮承重梁分开，形成两个独立的挂篮向墩的两侧逐段推进，新浇梁段达到设计强度后张拉预应力束筋与前一梁段连成一体。挂篮是一个能自动行走的空中活动脚手架，悬挂在已张拉的箱梁节段上，现浇段的模板安装、钢筋绑扎、管道安装、预应力操作、压浆封端等工作均在挂篮上进行。完成一个梁段后，挂篮可前移一个梁段，循环悬臂浇完所有梁段。

挂篮的构造形式见前面连续梁施工部分。

（3）悬浇工艺流程。用挂篮悬臂浇筑施工，除 0 号块等少数梁段用托架施工外，其余梁段利用挂篮施工。悬浇主要工艺流程为：拼装挂篮、浇筑梁段；前移挂篮、调整、锚固；浇筑下一梁段；依次完成悬臂浇筑全部梁段；挂篮拆除；合龙段施工。

刚构桥悬臂浇筑施工的主梁，一般为箱形截面，每个梁段的混凝土通常分两次浇筑，即先浇底板，后浇腹板和顶板。其施工工艺流程如图 5-66 所示。

挂篮悬浇施工所用混凝土一般用泵送，混凝土坍落度一般控制为 14～18cm，并应随温度变化及运输和浇筑速度进行适当调整。施工中还应注意下列问题：

1）各梁段浇筑混凝土前，必须严格检查挂篮中线、挂篮底部标高，纵、横、竖三向预应力束管道、钢筋、锚头及其他预埋件的位置，检查核对准确无误后方可浇筑混凝土。

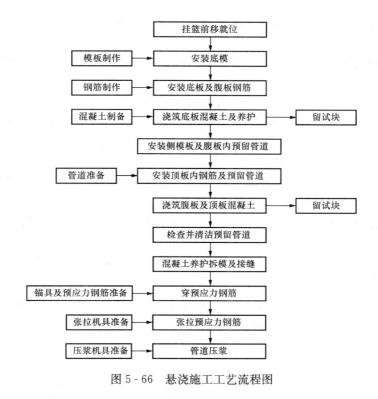

图 5-66　悬浇施工工艺流程图

2）混凝土的浇筑应从挂篮前端开始，以便减小挂篮施工中的变形，防止新旧混凝土间产生裂缝。

3）预应力管道应在浇筑混凝土之前，在波纹管内插入硬塑管作衬填。

4）挂篮上应设风雨篷，避免混凝土受日晒雨淋影响而其施工质量，冬季应有保温措施。

5）箱梁混凝土浇筑完成后，应立即用通孔器检查管道，及时处理漏浆而出现的堵管现象。

（4）合龙段施工及其控制。合龙程序一般采用两岸向跨中的顺序，但应注意的是不同的合龙程序引起的结构恒载内力不同，体系转换时由徐变引起的内力重分布也不相同，所以采用不同的合龙程序将在结构中产生不同的恒载内力，对此必须在设计和施工中引起足够的重视。

合龙段施工是悬浇施工中的关键，当悬臂较长时，结构恒载和施工荷载将产生较大的挠度，这些挠曲变形除在各节段施工不断调整外，合龙时需要详细调整。对 T 构跨中合龙段多用挂梁连接，合龙段施工中需注意两边挂梁安装加荷的均衡性问题。为了防止墩柱产生过大的不平衡力矩，可采取下列两种措施：配置平衡重和两悬臂梁端部分批交替架梁。对连续刚构桥采用悬臂施工时，跨中合龙段刚性连接、整体合龙，常采用现浇和拼装两种方法施工合龙段。为了控制合龙段的位置，可在合龙段内设置刚性支撑定位，采用超早强水泥，控制合龙温度等措施提高施工质量。

设置刚性支撑锁定措施有：箱梁内外设刚性支撑、外刚性支撑与张拉临时束，或仅设置内（或外）刚性支撑等。在合龙段施工中注意以下问题：

1）根据合龙段的气温预报情况，测试分析气温与梁温的相互关系，以确定合龙施工时间并为合龙锁定方法提供依据。

2）根据结构情况和梁温的可能变化情况，选择合理的合龙锁定方法并进行必要的合龙力学验算。

3）选择日气温较低，温度变化幅度较小时锁定合龙口，并浇筑合龙段混凝土。

4）合龙口的锁定应迅速、对称地进行，先将外刚性支撑一端与梁端部预埋件焊接，再将内刚性支撑顶紧并焊接，最后迅速将外刚性立撑另一端与梁连接，临时预应力束也应随之快速张拉。

5）合龙口的混凝土宜比梁体提高一个等级，并要求早强，最好采用膨胀混凝土，且应作特殊配合比设计，浇筑时应认真振捣和养护。

6）为了保证浇筑混凝土过程中合龙口始终处于稳定状态，必要时可在各悬臂端施加与混凝土重力相同的配重，加、卸载应对称于梁轴线进行。

7）合龙口混凝土达到设计强度后，完成体系转换，按设计要求张拉全桥剩余的预应力束。

8）为了减小合龙后混凝土收缩和徐变的影响，可采取以下两种处理措施：一是将梁收缩徐变值的影响视为梁降温来等效处理；二是在合龙锁定前将梁预设一个 Δl 值，即可消除梁体后期收缩、徐变产生的变形影响。

3. 顶入施工

城市下穿通道刚构桥以及公路刚构桥从铁路下穿时，一般要求施工不干扰原工程结构的正常使用，此时刚构桥通常采用顶入法施工。采用此法施工的刚构桥设计为封闭框架结构，其施工的关键工作是预制和顶进。

（1）预制。预制刚构结构的场地应设在桥轴线的一侧，按预制要求制作封闭框架，具体预制工艺应注意下列问题：

1）预制刚构底座要求强度高、变形小。

2）模板要求有足够的强度、刚度和稳定性，接缝紧密、方便施工，且装拆方便。

3）钢筋按规范加工，接头按规定要求错开布置，钢筋的交叉点应用铁丝绑扎结实，箍筋应与主筋垂直，钢筋和模板之间设置垫块以保证混凝土保护层的厚度，为了保证主筋相互间的横向净距、两排钢筋之间可使用混凝土垫块隔开，或用短钢筋绑扎结实。

4）混凝土的拌制、浇筑、振捣、养护及拆模等工作必须严格按规范要求操作并进行必要的工艺控制。

（2）顶进。刚构结构预制完成后，通过水平液压千斤顶对称均衡施力，结构底部借助不锈钢板聚四氟乙烯板等滑动装置，将封闭框架结构从桥轴线一端向另一端顶进，在顶进的同时结构前方不断挖土，挖进一段将结构顶进一段，直到对岸就位。顶进施工特点为：

1）桥梁横向路侧设一个固定的预制场地，整体预制刚构以使结构整体性能好。

2）顶进由若干个水平被压千斤顶即可完成，不需要大型设备。

3）必须采用摩擦系数很小的不锈钢板与聚四氟乙烯等滑动装置，以保证顶进施工进度。

4）施工费用低，施工平衡、无噪声，不干扰桥上的交通，工作环境较好，易保证工程质量，且便于施工管理。

5.4　案例

5.4.1　杭州钱塘江三桥

1. 概况

杭州钱塘江三桥位于杭州市钱江一、二桥之间，上距一桥 8.5km，下距二桥 5km，江面全宽约 1200m，大桥全长 1280m，其中主桥 976m，引桥长 304m，于 1997 年建成。

2. 主要技术指标

设计行车速度：100km/h；

荷载等级：汽车超 20 级，挂车－120，人群 3.5kN/m²；

设计水位：百年一遇最高设计水位 8.47m，最低水位 0.8m；

通航净空：5 级航道，通航净宽不小于 70m，净高不小于 10m；

桥面宽度：29.5m，其中，行车道 2×11.05m，中央分隔带 3.2m，人行道（含护栏）2×2.1m。

3. 设计要点

（1）结构体系。如图 5-67 所示，采用塔、梁、墩固结体系，跨径布置为 2×168m＋80m＋2×72m＋80m＋2×168m＝976m 的双独塔竖琴式单索面预应力混凝土斜拉桥。

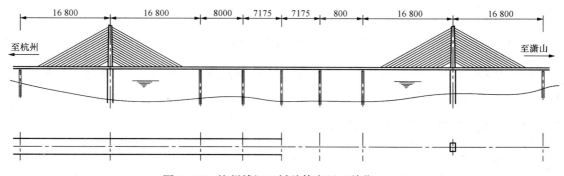

图 5-67　杭州钱江三桥总体布置（单位：cm）

（2）主梁。钱塘江三桥主梁采用单箱五室截面（图 5-68），梁高 3.5m，顶宽 29.5m，底宽 14.0m，顶板厚 24cm，底板厚 18cm。梁上索距 8m，每 8m 节段设一横隔梁。

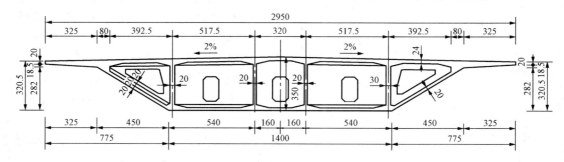

图 5-68　单箱五室主梁断面（单位：cm）

（3）索塔。采用"1"字形塔，桥面以上塔高80m，横桥向宽度为3m，顺桥向塔底宽度为8m，塔顶宽度为5.6m，塔柱均采用空心矩形截面，塔上索距为4.66m，拉索直接锚固于塔壁上，锚固壁厚1.0～1.53m，如图5-69所示。塔顶设锥形管避雷针和航标指示灯。

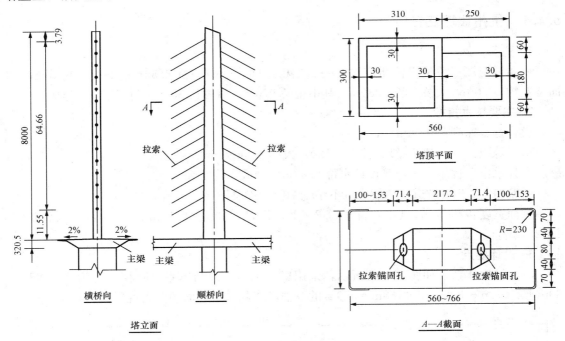

图5-69　主塔构造（单位：cm）

（4）基础。钱江三桥主桥共13个桥墩，152根桩，两个主墩各为16根直径2.5m的钻孔灌注桩，桩尖嵌岩，如图5-70所示。

5.4.2　安溪凤城悬索桥悬吊结构吊装施工

1. 工程概况

福建省凤城悬索桥位于安溪县城西门大桥与南门大桥之间，跨越兰溪。

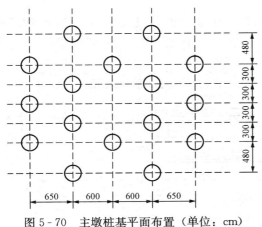

图5-70　主墩桩基平面布置（单位：cm）

本桥为三跨（67m＋150m＋67m）柔性悬索桥，全桥长310m，桥面净宽4m，可通行10t以下中小型汽车。桥中跨纵坡2%，北岸边跨为跨越河滨路采用平坡，南岸边跨采用3.5%纵坡与省道306线相接。两岸桥台均为重力式锚锭桥台，明挖扩大基础。两桥塔均为钢筋混凝土框架式塔柱等截面，高33.29m。桥面下塔柱截面加大，塔柱在桥面处设平台，以供游人观光。桥塔基础为4φ150钻孔灌注桩，桩底嵌入中风化岩层。承台为2m厚钢筋混凝土结构。主索采用上海浦江缆索厂生产的平行钢丝索，全桥两股，每股为 7 根 PWS61ϕ5.2 高强钢丝组成。斜拉索两组，每组 4 根，每根为 PWS37ϕ5.2 高强钢丝组成，中跨设有反向交叉抗风索。抗风索为 ϕ45 钢丝绳，拉索为 ϕ13 钢丝绳，吊杆为 ϕ40 圆钢。桥面系由钢筋混凝土预制米格梁与现浇桥面组成。两股主索采用工厂生产的平行钢丝束，在福建省内尚属首次。全桥造型刚柔相济，雄伟壮观，犹如一道彩虹横跨两岸，成为一道亮丽的风景线。

2. 施工工艺

（1）桥台。两重力式锚锭桥台由于混凝土体积大，且需边浇筑混凝土边安装主索拉杆，按原设计一次性浇筑难以保证，经设计单位同意，分为两次浇筑。

（2）桥塔。高达 33.29m 的桥塔分为桥面以下和桥面以上两部分施工，采用分节立模浇筑法。脚手架采用万能杆件配合齿碗扣式钢管架，模具用组合式钢模。

（3）主索悬吊系统。主索中跨跨径 150m，矢高 18.75m，矢跨比为 1/8。边跨跨径 67m，垂度 $f_a = 3.91$m。

索鞍、转向索鞍及索夹均采用 ZG45Ⅱ铸钢。

吊杆用 ϕ40 圆钢加工，吊点构件及预埋件用 A3 钢板加工。

（4）吊装。由于采用平行钢丝索，对其性能及施工工艺均不了解。为此在吊装前多次征求设计单位和有经验的专家、教授的意见，最后决定：利用现有桥塔架设两条工作索，配用 5 台卷扬机组成吊装起重系统。在空索预留量和索鞍偏移量及吊装加载程序上也参照设计单位及有关专家、教授的意见进行。

1）索鞍的安装。索鞍和辊轴吊装就位后，按吊装前确定的预偏移量用钢丝绳固定，避免走动。待全桥主索安装就位后，再将钢丝绳去掉。

2）主索安装及调整。主索安装前，对锚锭、索鞍和索塔的中线、标高和距离进行全面复核检查。主索每隔 1.5m 用涤纶胶带绑一道，斜拉索则全根缠绕。每根主索带有一条标志丝，在跨中、塔顶位置标有标志点。

主索安装时，由于盘具上锚头的首尾标志不清楚，导致第一盘放索不能顺利进行。而且，原制作的滑轮托架偏小引起涤纶带破坏。为此，一方面请上海浦江缆索厂人员到现场解决锚头问题，一方面重新加工滑轮托架。

主索安装前先将多根钢丝索锚头与锚锭拉杆连接固定。安装次序采用先下后上、先外侧后内侧。为防止主索过河坠水，在跨中河滩上搭设 10m 高的钢管架托架，在 2 号塔和 3 号塔台之间用钢丝绳和钢管组成排架，解决了主索的安装放索问题。

主索安装：①先将 2 根工作拖索安设在索塔顶的临时支架上，上下游各安设一根，两端固定在锚锭板上。托索上各挂一跑马滑车，滑车两端系索引线，一端拖拉主索向前，另一端拖拉滑车返回。②主索架设前距主索套筒 3～4m 处栓两根千斤绳，两千斤绳相距 1m，第二根千斤绳通过 30kN 链滑车悬挂在跑马滑车上，拖拉主索往前。③待主索套筒通过对岸索塔后，即用预先在锚锭板上系好的滑车钩住第一根千斤绳，同时将主索从托索跑马滑车上取下，即完成主索的架设工作。主索安装布置如图 5 - 71 所示。

主索架设完后进行调整：先由主索安装初期的垂度（即施工垂度）推算出主索平行钢丝束最低点的标高，用水平仪直接测量作调整。主索的调整要两岸同时进行，使两岸锚锭拉杆调整的幅度相等，但要注意核对主索上索塔中心位置的标志与索鞍中心要吻合，更应注意主索上索夹位置的标志，否则，吊杆位置将变动。

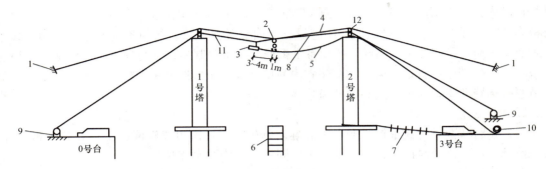

图 5-71 主索安装布置示意图

1—地垄；2—跑马滑车；3—锚头套筒；4—托索（工作索）；5—主索；6—钢管架托架；7—钢丝绳和钢管组成的排架；
8—回空牵引绳；9—卷扬机；10—钢索盘圈；11—牵引绳；12—木马凳

3）索夹和吊杆的安装。在索夹安装前，用水平仪检查标志有跨中垂度点的主索是否与设计相符。索夹与吊杆安装利用两条工作索配合吊篮进行。

索夹按安装在主索上的位置的次序进行编号安装，并且在安装前先在主索各节点处涂抹一层黄油、并扎一圈 3mm 厚的涤纶胶带，以免主索直接与索夹接触而受磨损。为防止索夹滑移，从索塔向跨中和边跨各加上 8 个副索夹。索夹在使用中发现夹紧后的主索每股无法保持设计的六角形，造成空隙过大，无法夹紧，经设计单位同意，采用内侧加焊钢板的办法解决。

4）米格梁吊装。米格梁基本上沿桥轴线在河滩上预制。吊装时用两条工作索配 4 组滑轮组，利用米格梁上的吊点构件，平行起吊。吊到位并调整后，每片米格梁之间用钢板焊接固定。全桥吊装程序为：中跨—南边跨—北边跨。

5）抗风索安装。抗风索安装时，在其表面涂黄油防锈。在抗风索安装成型时，用绞车栓紧钢丝绳，同时按抗风索的设计位置调整节点，使其受力均匀。

（5）电照与防腐。根据建设单位的要求，全桥增设了照明系统，并对主索采取了防腐处理，对桥塔及护轮带进行装饰。主索防腐采用的铅丹膏＋玻璃纤维布＋环氧底漆＋氯化橡胶面漆的工艺，在省内的索桥中也属首次。桥塔、栏杆、护轮带的装饰，也采用氯化橡胶漆。

3. 调整工作

为保证符合抛物线的线形，必须保证在恒载作用下各吊杆拉力相等；为使桥面拱度符合设计要求，必须保证吊杆在主索上各个位置的相应长度。所以对吊杆长度和吊杆内力分为三次进行调整，全桥米格梁吊装完后进行第一次调整，桥面混凝土浇筑完后进行第二次调整，全桥桥面系混凝土浇筑后再进行一次全面总调整。由于整个悬吊系统对加载过程十分敏感，所以在施工过程中还进行多次的局部调整。竣工时的桥面标高留有预拱度，但已较为接近设计值。经过一段时间的使用，在荷载的作用下，主索及吊杆的应力会自行再调整，桥面标高也会作相应变化。

复 习 思 考 题

1. 简述斜拉桥的分类。
2. 简述斜拉桥的施工的主要内容。

3. 简述悬索桥的主要构造与分类。

4. 悬索桥主缆施工主要内容是什么？

5. 简述刚构桥的主要类型。

6. 简述刚构桥的构造特点。

7. 简述刚构桥的施工工艺。

第6章 桥面及附属工程施工

桥面系包括桥面铺装层、桥面防排水设施、支座、桥面连续、伸缩缝装置、桥面防护设施（防撞护栏或人行道栏杆、灯柱等）、桥头搭板等，是桥梁服务车辆、行人，实现其功能的最直接部分，其施工质量不仅影响桥梁的外形美观而且关系到桥梁的使用寿命、行车安全及舒适性。

6.1 伸缩缝装置及安装

6.1.1 伸缩缝的基本概念

桥梁在气温变化、车辆荷载作用下或混凝土收缩及徐变等影响下将引起纵向位移，为满足桥面变形的要求，需在桥梁结构的两梁端之间、梁端与桥台之间或桥梁的铰接位置等处设置伸缩缝装置。

伸缩缝装置的作用是保证桥梁能够自由变形，使车辆在设缝处能平顺通过。其构造应满足以下要求：在平行、垂直与桥梁轴线的两方向都能自由伸缩；伸缩缝装置本身应牢固可靠；车辆驶过时应平顺，无突跳与噪声；能防止雨水、垃圾等渗入造成阻塞；安装、检查、养护应简便易操作。

6.1.2 伸缩缝的分类

伸缩缝装置的种类繁多，视桥梁变形量的大小和活载轮重而异。在我国各地使用的伸缩缝，按材料不同可分为锌铁皮伸缩缝、钢伸缩缝和橡胶伸缩缝等，按其传力方式及构造特点可以分为对接式、钢质支承式、橡胶组合剪切式、模数支承式、无缝式，其形式、型号、结构见表6-1。

表6-1 桥梁伸缩缝装置分类

类 别		形 式	种 类 例	说 明
第1类	对接式	填塞对接式	沥青、木板填塞	以沥青、木板、麻絮、橡胶等材料填塞缝隙的构造（在任何状态下，都处于压缩状态）
			U形镀锌铁皮	
			矩形橡胶条	
			组合式橡胶条	
			管形橡胶条	
		嵌固对接式	W型	采用不同形状的钢构件将不同形状橡胶条（带）嵌固，以橡胶条（带）的拉压变形吸收梁变位的构造
			SW型	
			M型	
			SDII型	

续表

类　别	形　式	种　类　例	说　明
第1类 对接式	嵌固对接式	PG 型 FV 型 GNB 型 GQF-C 型	采用不同形状的钢构件将不同形状橡胶条（带）嵌固，以橡胶条（带）的拉压变形吸收梁变位的构造
第2类 钢质支承式	钢质式	钢梳齿板 钢板叠合	采用面层钢板或梳齿钢板的构造
第3类 橡胶组合 剪切式	板式橡胶型	BF、JB、JH、SD、SC、SB、SG、SEG 型 SKI 型 UG 型 BSL 型 CD 型	将橡胶材料与钢件组合，以橡胶的剪切变形吸收梁的伸缩变位，桥面板缝隙支承车轮荷载的构造
第4类 模数支承式	模数式	TS 型 J-75 型 SSF 型 SG 型 XF 斜向型 GQF-MZL 型	采用异形钢材或钢组焊接与橡胶密封带组合的支承式构造
第5类 无缝式	暗缝式	GP 型（桥面连续）	路面施工前安装的伸缩构造
		TST 弹塑体 EPBC 弹塑体	以路面等变形吸收梁变位的构造

6.1.3　伸缩缝装置的安装

1. 伸缩缝安装总要求

伸缩缝是桥梁的薄弱部位，微小的不平整就会使其承受很大的冲击作用造成损坏，而伸缩缝的损坏会加重桥面的不平整度，造成行车的不舒适，严重的则会造成跳车甚至诱发安全事故，因此，必须遵照伸缩装置的施工程序并谨慎施工从而保证桥梁的安全。在设置伸缩缝处，栏杆与桥面铺装都要断开，伸缩缝必须与桥面牢固连接。

在 JTG F80/1—2004《公路工程质量检验评定标准》中，对伸缩缝安装有以下规定：

（1）基本要求。伸缩缝安装的基本要求为：伸缩缝必须满足设计和有关技术规范的要求，须有合格证，并经验收合格后方可安装；伸缩缝必须锚固牢靠，伸缩性能必须有效；伸缩缝两侧混凝土的类型和强度必须符合设计要求；大型伸缩缝与钢梁连接处的焊缝应做超声检测，检测结果须合格；伸缩缝处不得积水。

（2）实测项目。伸缩缝安装的实测检查项目包括长度、缝宽、与桥面高差、纵坡及横向平整度，其实测值必须不大于各项对应规定值或允许偏差值。其检测方法可采用尺量和水准仪测量。

（3）外观鉴定。伸缩缝外观要求无阻塞、渗漏、变形和开裂现象，如不符合要求必须进行整修。

2. 伸缩缝的安装

大部分伸缩缝的施工程序如图 6-1 所示。

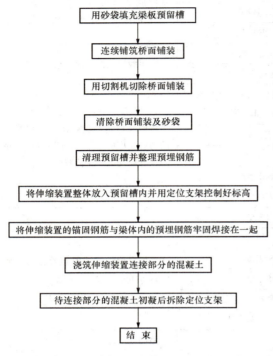

图 6-1 第 1～4 类伸缩缝施工框图

对于无缝式伸缩缝，应在安装伸缩缝装置的伸缩体后再铺筑沥青混凝土桥面铺装层。

接下来就几类不同类型伸缩缝的具体安装分别进行介绍。

（1）无缝式（暗缝式）伸缩装置。此类伸缩装置的特点是桥面铺装为整体型，它适用于伸缩量小于 5mm 的桥梁，只能用于桥面是沥青混凝土的情况。其构造如图 6-2 所示。

施工要求：

1）防水接缝材料应具有较好的抗老化性能，能与壁面强力黏结，适应伸缩变形，恢复性能好，并具有一定强度以抵抗砂石材料的刺破力。

2）塞入物用于防止未固化的接缝材料往下流动，需要有足够的可压缩性能，如泡沫橡胶或聚乙烯泡沫塑料板等，在施工桥面板的现浇层时就把它当作接缝处的模板。

（2）填塞对接型伸缩装置。该类伸缩缝的伸缩体所用材料主要有矩形橡胶条、组合式橡胶条、管形橡胶条、M 型橡胶条，也有采用泡沫塑料板或合成树脂材料等。要求具有适度的压缩性、恢复性和抗老化性，在气温发生变化时不发生硬化和脆化。

填塞对接型桥梁伸缩装置，适用伸缩量 10～20mm 的桥梁结构。在安装过程中应注意如下的几个问题。

1）所采用的伸缩体产品质量要符合有关规定。

2）安装伸缩装置一定要遵循第 1～4 类伸缩缝施工框图的施工程序，这样才能保证其安

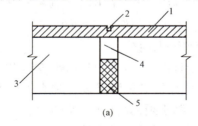
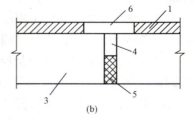

图 6-2 无缝式构造示意图

(a) 切割式接缝；(b) 暗缝式接缝

1—沥青混凝土桥面铺装；2—锯缝，正常宽度 5mm 左右，深度 30～50mm，在锯缝内浇灌 5～7mm 左右的接缝材料；3—桥面板；4—防水接缝材料；5—塞入物；6—浇筑的沥青混合料

装质量。

3) 在第 1～4 类伸缩缝施工框图中第 2 部分为现浇 C50 混凝土，在混凝土内适当的布置一些钢筋或钢筋网，此钢筋要与梁（板）体钢筋焊接在一起。C50 混凝土的厚度不能小于 12cm，顺桥方向的宽度不小于 30cm。

4) 安装时一定要保证伸缩体在设计的最低温度时，仍处于压缩状态。

5) 安装时一定要保证伸缩体与混凝土的可靠黏结——采用胶粘剂。

6) 伸缩体一定要低于桥面标高，安装时应保证伸缩体在最大压缩状态下，也不会高出桥面标高。

该类型伸缩缝安装所用胶粘剂多为 PG—308 聚氨酯胶粘剂，具有可控制固化时间、黏结牢固的特点，与混凝土相黏结的强度大于 2MPa。其使用方法为：

1) 配胶：本胶粘剂为双组分，I 型 A、B 两组分比为 100：10（重量比），AB 组分混合，搅拌均匀即可使用。

2) 操作：将接缝处混凝土表面泥土、杂质清除干净，并用钢丝刷刷一遍，用吹灰机将浮土吹尽，保证结合面干燥。

3) 涂胶和贴合：涂胶层厚度以不小于 1mm 为宜。

4) 将伸缩体压缩放入接缝缝隙内。

5) 固化：在常温下，24h 内固化（也可根据需要调整固化时间）。

（3）嵌固对接型伸缩装置。此类型如 RG 型、FV 型、GNB 型、SW 型、SD 型、GQF-C 型等，它的特点是将不同形状的橡胶条用不同形状的钢构件嵌固起来，然后通过锚固系统将它们与接缝处的梁体锚固成整体，如图 6 - 3 所示。此类伸缩装置适用于伸缩量小于 60mm 的桥梁结构，即接缝宽度为 20～80mm。

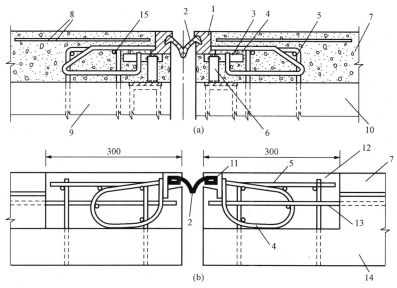

图 6 - 3　嵌固对接型锚固系统示意图（单位：cm）

（a）RG 型；（b）FV 型

1—异形钢；2—密封橡胶带；3—锚板；4—锚筋；5—预埋筋；6—连接钢板；7—桥面铺装；8—钢筋网；
9—梁（墩台）；10—梁；11—下形钢件；12—填料；13—梁主筋；14—行车道板；15—横向水平筋

该类型伸缩缝装置的安装程序为：

1）首先要处理好伸缩装置接缝处的梁端。因为梁预制时的长度有一定误差，再加上吊装就位时的误差，使伸缩接缝处的梁端参差不齐，故首先要处理好梁端，以便有利于伸缩装置的安装。

2）切除桥梁伸缩装置处的桥面铺装，并彻底清理梁端预留槽及预留埋钢筋，槽深不得小于 12cm。

3）用 4～5 根角铁做定位角铁，将钢构件点焊或用螺栓固定在定位角铁上，一起放入清理好的预留槽内，立好端模（用聚乙烯泡沫塑料片材作端模，可以不拆除），并检查有无漏浆可能。

4）将连接钢筋与梁体预埋牢固焊接，并布置两层钢筋网的钢筋直径为 $\phi 8$，网孔为 10cm×10cm，然后浇筑 C50 混凝土，或 C50 环氧树脂混凝土；浇捣密实并严格养护；当混凝土初凝后，应立即拆除定位角铁，以防止气温变化梁体伸缩引起锚固系统的松动。

5）安装密封胶条。

（4）钢质支承式伸缩装置。钢质支承式伸缩装置的构造由梳形板、连接件及锚固系统组成，有的钢梳齿形桥梁伸缩装置在梳齿之间填塞有合成橡胶，起防水作用。

钢质支承式桥梁伸缩装置的施工安装程序如图 6-4 所示。

在施工安装过程中应注意以下问题：

1）定位角铁的拆除一定要及时，以保证伸缩装置因温度变化而自由伸缩，也可采用其他方法，把相对的梳齿板固定在两个不同的定位角铁上，让它们连同相应的角铁自由伸缩。

2）安装施工应仔细进行，防止产生梳齿不平、扭曲及其他的变形。安装时一定将构件固定在定位角铁上，以保证安装精度。要严格控制好梳齿间的槽向间隙，由于伸缩方向性的误差及横向伸缩等原因，在最高温度时，梳齿横向间隙不得小于 5mm。

3）当构件安装及位置固定好之后，就可着手进行锚固系统的树脂混凝土的浇筑。为了锚固系统可靠牢固，必须配备较多的连接钢筋及钢筋网，这给树脂混凝土的浇筑带来不便。因此，浇筑混凝土一定要认真细心，尤其角隅周围的混凝土，一定要捣固密实，千万不可有空洞。在钢梳齿根部可适当钻些 $\phi 20$ 的小孔，以利于浇筑混凝土时空气的排除。

对于小规模的伸缩装置，由于清扫和维修非常困难，故一般都不作接缝内的排水设施，但此时必须考虑支座的防水及台座排水与及时清扫等，所以它也只能用于跨河流或不怕漏水场地的桥跨结构。这种伸缩装置，在营运中须加养护，及时清除掉梳齿之间的灰尘及石子之类的杂物，以保证它的正常使用。

对于焊接而成的梳齿形构件，焊缝一定要考虑汽车反复冲击下的疲劳强度。

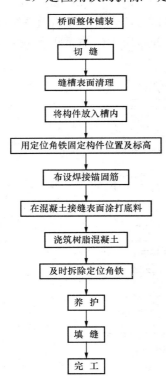

图 6-4　钢质支承式伸缩缝
装置施工安装工序框图

4）安装时的间隙 ΔL 控制

$$\Delta L = 总伸缩量 - 施工时伸缩量 + 最小间隙（单位：mm，以下同）$$

也可用如下简化式计算。

①钢梁时：

$$\Delta L = 0.66L - [(t+10) \times 0.012L] \times 1.1 + 15$$

②预应力混凝土梁时：

$$\Delta L = (0.44 + 0.6\beta)L - [(t+5) \times 0.01L] \times 1.1 + 15$$

③钢筋混凝土梁时：

$$\Delta L = (0.44 + 0.2\beta)L - [(t-5) \times 0.01L] \times 1.1 + 15$$

式中　L——伸缩区段长（m）；

　　　t——安装的温度（℃）；

　　　β——徐变、干燥收缩的递减系数，见表 6-2。

表 6-2

β 系 数						
混凝土的龄期/月	0.25	0.5	1	3	6	12	24
徐变、干燥收缩的递减系数 β	0.8	0.7	0.6	0.4	0.3	0.2	0.1

（5）组合剪切板式橡胶伸缩装置。剪切型板式橡胶伸缩装置在我国 20 世纪 60 年代后期就开始了应用，在全国的生产厂家比较多，名称各不相同，我们按其伸缩体的受力变形机理把它分成剪切型板式橡胶伸缩装置与对接组合型板式橡胶伸缩装置两类。

板式橡胶伸缩装置，具有构造简单、安装方便、经济适用等优点，主要适合于伸缩量为 30～60mm 的二级以下的公路桥梁。

1）剪切型板式橡胶伸缩装置。剪切型板式橡胶伸缩装置由橡胶伸缩体与锚固系统组成，如图 6-5 所示。

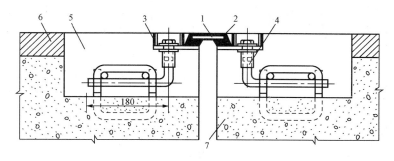

图 6-5　剪切型板式橡胶伸缩装置锚固系统

1—支撑钢板；2—橡胶；3—地板角钢；4—L 型锚固螺栓；

5—现浇 C50 树脂混凝土；6—铺装；7—梁体

安装的工艺流程如图 6-6 所示。

施工中的注意事项：

①桥面施工完成后方可进行伸缩装置的安装工作，以保证桥面与伸缩装置之间的平整度。

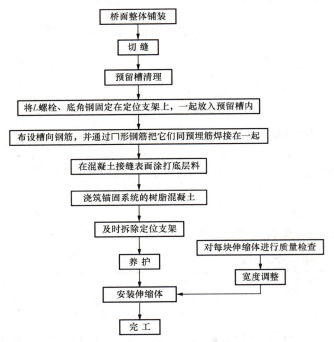

图 6-6 剪切型板式橡胶伸缩装置安装程序

②伸缩装置安装一定要按照安装程序进行，尤其要注意及时拆除定位支架顺桥向的联系角钢。

③梁端加强角钢下的混凝土一定要饱满密实，不可有空洞、角钢要设排气孔。

④一定要将伸缩装置的锚固螺栓筋及其他钢筋与预埋筋和桥面钢筋焊为一体，锚固螺栓筋的直径不得小于 18mm。

2) 对接组合型板式橡胶伸缩装置。对接组合型板式橡胶伸缩装置由上下开槽的防水表层橡胶体、梳型承托钢板、槽体角钢及锚固系统四大部分组成，如图 6-7 所示。

安装的工艺流程如图 6-8 所示。

施工中需注意事项为：

①桥面施工完成后方可进行伸缩装置的安装工作，以保证桥面与伸缩装置之间的平整度。

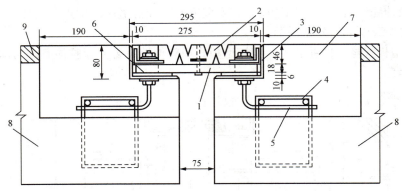

图 6-7 对接组合型板式橡胶伸缩装置构造图
1—支撑钢板；2—橡胶体；3—角钢；4—预埋钢筋；5—锚固螺栓；
6—缓冲橡胶垫铺装；7—现浇 C50 混凝土；8—行车道板；9—桥面铺装

②伸缩装置安装一定要按照安装程序进行。

③将地板角钢及锚固螺栓固定在定位角铁上时，一定要仔细控制好各部位的尺寸与标高。

④地板角钢下的混凝土一定要饱满密实，不可有空洞；锚固系统的现浇树脂混凝土厚度不得小于 15cm。

⑤一定要将伸缩装置的锚固螺栓筋及其他钢筋与预埋筋和桥面钢筋焊为一体，锚固螺栓筋的直径不得小于 18mm。

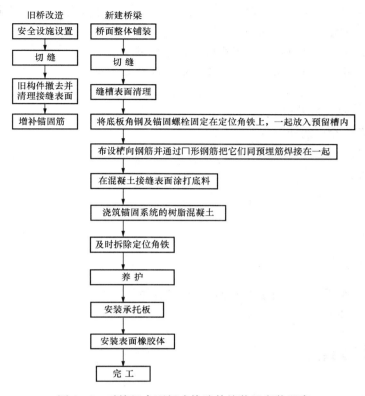

图 6-8 对接组合型板式橡胶伸缩装置安装程序

⑥浇筑 C50 混凝土（或 C50 环氧树脂混凝土），要浇捣密实，严格养护；当混凝土初凝之后，立即拆除定位角铁，以防气温变化造成梁体伸缩而使锚固松动。

⑦在吊装大梁时，一定要严格掌握梁端的间隙。

（6）无缝式 TST 弹塑体伸缩缝。该伸缩缝是将专用特制的弹塑体材料 TST，加热熔化后灌入经清洗加热的碎石中，形成"TST 碎石桥梁弹性接缝"，由碎石支持车辆荷载，用专用胶粘剂保证界面强度，其构造如图 6-9 所示。

其适用范围是-25～+60℃温度地区，伸缩量在 50mm 以下的公路桥梁、城市立交桥、高架桥的伸缩接缝。其特点为：

1）TST 碎石直接平铺在桥梁接缝处，与前后的桥面和路面铺装形成连续体，桥面平整无缝，行车平稳、舒适，无噪声，振动小，且具有便于维护、清扫、除雪等优点。

2）构造简单，不需装设专门的伸缩构件和在梁端预埋锚固钢筋；施工方便快速，铺装冷却后，即可开放交通。

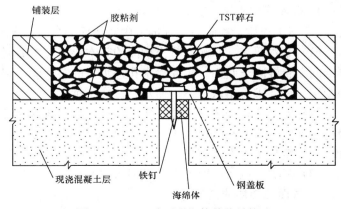

图 6-9 TST 碎石弹塑体伸缩缝构造

3）能吸收各方面的变形和振动，且阻尼系数高，对桥梁减震有利，可满足弯桥、坡桥、斜桥、宽桥的纵、横、竖三个方向的伸缩与变形。

4）用于旧桥更换伸缩缝时，可半边施工，不中断交通。

5）接缝与桥面装连成一体，密封防水性好，耐酸碱腐蚀。

该型伸缩缝的施工步骤为：

1）切割槽口或拆除旧装置。

2）设置膨胀螺栓和钢筋。

3）清洗烘干。

4）涂胶粘剂。

5）放置海绵、钢盖板。

6）主层施工。

7）表层施工。

8）振碾。

9）修整。

外观要求：表面 TST 不高于石料面 2mm，表面间断凹陷应小于 35mm，不深于 3mm。一般情况下施工后 1～3 小时即可开放交通。

6.2 桥面铺装层施工

6.2.1 桥面铺装层的基本概念

桥面铺装即行车道铺装，也称为桥面保护层，是车轮直接作用部分。桥面铺装层的作用是防止车辆轮胎直接磨损行车道板，保护主梁免受雨雪等侵蚀，对车辆的集中荷载起分布作用，并为行车提供平整舒适的行车道面。

桥面铺装有多种形式，有水泥混凝土、沥青混凝土、沥青表面处治和泥结碎石等。目前水泥混凝土和沥青混凝土应用较广。

6.2.2 桥面铺装层的施工

1. 桥面铺装层施工的总要求

《公路工程质量检验评定标准》中对桥面铺装有以下规定：

（1）基本要求。水泥混凝土桥面的基本要求同水泥混凝土路面，沥青混凝土桥面的基本要求同沥青混凝土路面。桥面泄水孔进水口的布置应有利于桥面和渗入水的排除，其数量不得少于设计要求，出水口不得使水直接冲刷桥体。

（2）实测项目。桥面铺装的实测检查项目包括强度或压实度、厚度、平整度、横坡、抗滑构造深度，其实测值必须不大于各项对应规定值或允许偏差值。其具体检测方法可采用尺量、平整度仪和水准仪测量以及砂铺法等。

（3）外观鉴定。桥面外观检查要求排水良好。

2. 桥面铺装层的施工

现就水泥钢筋混凝土和沥青混凝土铺装层分别作以介绍。

（1）钢筋混凝土桥面铺装层施工。

1）梁顶标高的测定和调整。预应力混凝土空心板或大梁在预制后存梁期间由于预应力的作用，往往会产生反拱，如果反拱过大就会影响到桥面铺装层的施工，因此设计中对存梁时间、存梁方法都作了一定要求。如果架梁前已发现反拱过大，则应采取降低墩顶标高、减少垫石厚度等方法，保证铺装层厚度。架梁后对梁顶标高进行测量，测定各跨中线、边线的跨中和墩顶处的标高，分析评价其是否满足规范要求，若偏差过大，则应采取调整桥面标高、改变引线纵坡等方法，以保证铺装层厚度，使桥梁上部结构形成整体。

2）梁顶处理。为了使现浇混凝土铺装层与梁、板结合成整体，预制梁板时对其顶面进行拉毛处理，有些设计中要求梁顶每隔 50cm，设一条 1～1.5cm 深齿槽。浇筑前要用清水冲洗梁顶，不能留有灰尘、油渍、污渍等，并使板顶充分湿润。

3）绑扎布设桥面钢筋网。按设计文件要求，下料制作钢筋网，用混凝土垫块将钢筋网垫起，满足钢筋设计位置及混凝土净保护层的要求。若为低等级公路桥梁，用铺装层厚度调整桥面横坡，横向分布钢筋要做相应弯折，与桥面横坡相一致。在两跨连接处，若为桥面连续，应同时布设桥面连续的构造钢筋；若为伸缩缝，要注意做好伸缩缝的预埋钢筋。

4）混凝土浇筑。对板顶处理情况、钢筋网布设进行检查，满足设计和规范要求后，即可浇筑混凝土。若设计为防水混凝土，其配合比及施工工艺应满足规范要求。浇筑时由桥一端向另一端推进，连续施工，防止产生施工缝；用平板式振捣器振捣，确保振捣密实。施工结束后注意养护，高温季节应采用草帘覆盖，并定时洒水养护，在桥两端设置隔离设施，防止施工或地方车辆通行，影响混凝土强度。待混凝土强度形成后，方能开放交通或铺筑上层沥青混凝土。

（2）沥青混凝土面层施工。桥面沥青混凝土与同等级公路沥青混凝土路面的材料、工艺、施工方法相同，一般与路面同时施工。采用拌和厂集中拌和，现场机械摊铺，沥青材料及混合料的各项指标应符合设计和施工规范要求。沥青混合料每日应做抽提试验（包括马歇尔稳定度试验），严格控制各种矿料和沥青用量及各种材料和沥青混合料的加热温度；用胶轮压路机进行碾压成形，碾压温度要符合要求。摊铺后进行质量检测，强度和压实度要达到合格，厚度允许偏差 +10mm，-5mm；平整度对于高等级公路桥梁 IRI（m/km）不超过 2.5，均方差不超过 1.5mm，其他公路桥梁 IRI 值不超过 4.2m/km，均方差 σ 不超过 2.5mm，最大偏差值不超过 5mm，横坡不超过 ±0.3%。

注意铺装后桥面的泄水孔的进水口应略低于桥面面层，保证排水顺畅。

6.3　桥梁防护设施施工

桥梁上为保证行人和行车安全设置了一些防护设施，包括人行道、栏杆、防撞护栏、灯柱等。现对其施工进行简单介绍。

6.3.1　防撞护栏

1. 防撞护栏施工总要求

（1）基本要求。混凝土防撞护栏所用的水泥、砂、石、水和外加剂的质量和规格必须符合有关规范的要求，按规定的配合比施工；不得出现露筋和空洞现象；防撞护栏上的钢构件应焊接牢固,焊缝应满足设计和有关规范的要求,并按设计要求进行防护。

(2)实测项目。防撞栏杆的实测检查项目包括混凝土强度、平面偏位、断面尺寸、竖直度、预埋件位置,其实测值必须不大于各项对应规定值或允许偏差值。其具体检测方法可采用尺量、经纬仪测量以及吊垂线等。

(3)外观鉴定。防撞护栏的外观检查要求护栏线形直顺美观;混凝土表面应平整,不应出现蜂窝、麻面,如出现必须修整完好;护栏浇筑节段间应平滑顺接。

2. 防撞护栏施工

边板(梁)预制时应在翼板上按设计位置预埋防撞护栏锚固钢筋,支设护栏模板时应先进行测量放样,确保位置准确。特别是位于曲线上的桥梁,应首先计算出护栏各控制点坐标,用全站仪逐点放样控制,使其满足曲线线形要求。绑扎钢筋时注意预埋防护钢管支撑钢板的固定螺栓,保证其牢固可靠。在有伸缩缝处,防撞护栏应断开,依据选用的伸缩缝形式,安装相应的伸缩装置。混凝土浇筑及养护与其他构件相同。

6.3.2 人行道、栏杆施工

人行道、栏杆通常采用预制块件安装施工方法,有些桥的人行道采用整块预制,分中块和端块两种,若为斜交桥其端块还要做特殊设计。预制时要严格按照设计尺寸制模成形,保证强度。大部分桥梁人行道采用分构件预制法,如图6-10所示,一般分为 A 挑梁、B 挑梁、路缘石、支撑梁、人行道板五部分。A、B 挑梁,人行道板为预制构件,路缘石和支撑梁采用现浇施工。注意 A 挑梁上要留有槽口,保证立柱的安装固定。栏杆的造型多种多样,一般由立柱、扶手、栅栏等几部分组成,均为预制拼装。

1. 施工基本要求

(1)人行道铺设的基本要求为:悬臂式人行道必须在横向与主梁牢固连接;人行道板必须在人行道梁锚固后才可以铺设。

(2)栏杆安装的基本要求为:栏杆杆件不得有弯曲或断裂现象;栏杆必须在人行道板铺完后才可以安装;栏杆安装必须牢固,其杆件

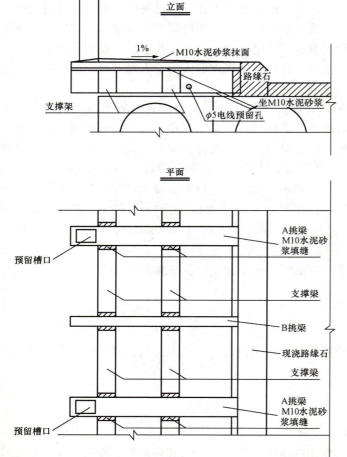

图 6-10 分构件预制人行道构造图

连接处的填缝料必须饱满平整，强度应满足设计要求。

2. 施工注意事项

施工时应注意以下几点：

（1）悬臂式安全带和悬臂式人行道构件必须与主梁横向连接或拱上建筑完成后才可安装。

（2）安全带梁及人行道梁必须安放在未凝固的 M20 水泥砂浆上，并以此来形成人行道顶面设计的横向排水坡。

（3）人行道板必须在人行道梁锚固后才可铺设。对设计无锚固的人行道梁，人行道板的铺设应按照由里向外的次序。

（4）栏杆块件必须在人行道板铺设完毕后才可安装。安装栏杆柱时，必须全桥对直、校平（弯桥、坡桥要求平顺）、竖直后用水泥砂浆填缝固定。

（5）在安装有锚固的人行道梁时，应对焊接认真检查，注意施工安全。

（6）为减少路缘石与桥面铺装层中渗水，缘石宜采用现浇混凝土，使其与桥面铺装的底层混凝土结为整体。

3. 灯柱安装

灯柱通常只在城镇设有人行道的桥梁上设置。灯柱的设置位置有两种：一种是设在人行道上，另一种是设在在栏杆立柱上。

第一种布设较为简单，在人行道下布埋管线，按设计位置预设灯柱基座，在基座上安装灯柱、灯饰，连接好线路即可。这种布设方法大方、美观，灯光效果好，适合于人行道较宽（大于 1m）的情况。但灯柱会减小人行道的宽度，影响行人通过，且要求灯柱布置稍高一些，不能影响行车净空。

第二种布设稍麻烦一些，电线在人行道下预埋后，还要在立柱内布设线管通至顶部，因立柱既要承受栏杆上传来的荷载，又要承受灯柱的重量，因此带灯柱的立柱要特殊设计和制作。在立柱顶部还要预设灯柱基座，保证其连接牢固。这种情况一般只适用于安置单火灯柱，灯柱顶部可向桥面内侧弯曲延伸一部分，以保证照明效果。该布置法的优点是灯柱不占人行道空间，桥面开阔，但施工、维修较为困难。

规范要求桥上灯柱应按设计位置安装，必须牢固，线条顺直，整齐美观，灯柱电路必须安全可靠。

大型桥梁须配置照明控制配电箱，固定在桥头附近安全场所。

检查验收标准：灯柱顺桥向位置偏差不能超过 100mm，横桥方向偏差不能超过 20mm；顺桥向和横桥向的垂直度偏差均不能超过 10mm。

复 习 思 考 题

1. 简述无缝式 TST 弹塑体伸缩缝的施工特点。
2. 简述钢筋混凝土桥面铺装层的施工工艺。
3. 人行道、栏杆施工时应注意哪些事项？
4. 桥面铺装的作用是什么？

第7章 涵　　洞

涵洞是道路上常见的人工构筑物，虽然它的建造规模不大，但在城镇道路，特别是公路上，其数量却很多，就建设投资来说，也占有较大比例。

7.1　概述

7.1.1　涵洞的概念

涵洞是修建在路基当中，用来沟通两侧水流的人工构筑物。按 JTG B01—2003《公路工程技术标准》，当单孔路径小于 5m，多孔路径总长小于 8m 时，统称为涵洞（整体性的圆管涵或箱涵，则不论管径或跨径大小、孔数多少，均称为涵洞）。但单从孔径的大小区分什么是涵洞和小桥，这只是从工程统计及投资的角度来考虑的，实际上涵洞与桥梁是有根本区别的，其主要区别如下：

（1）涵洞修在路基当中，是路基的一个组成部分，保持路基的连续性，路基不中断（图 7-1）；而小桥则中断路基，自成一体，不保持路基的完整性。涵洞一般从路基底部通过，其上有较厚的路基填土；而小桥上部除拱桥外，不再填土方，桥面即为行车路面。

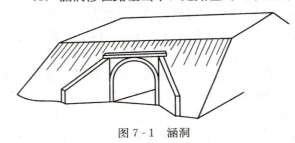

图 7-1　涵洞

（2）路基加高时，涵洞洞身显著增长，即路基高度与涵洞洞身长度成正比，小桥则不随路基的高度而加宽桥面。

（3）涵洞的孔径比较小，洞身高度和孔径大小有一定比例关系，而小桥的桥高与孔径则没有一定的比例关系。在进行水力计算时，涵洞和小桥考虑的因素不完全相同。

（4）涵洞比小桥更能承受超量洪水的侵袭。涵洞实际通过的流量能超过设计流量的 50%，小桥一般只能承受超过设计流量的 25%。涵洞排水的潜在能力大，工程造价低，因此在可建桥又可建涵洞时尽量修建涵洞。

城市道路中，高填土路基很少，涵洞修建不多，但在公路建设中涵洞则占有重要地位，其数量多，投资比例大。由于农田水利建设的发展，排水或灌溉的人工渠道增加，涵洞的数量还会不断增多。

涵洞的主要作用是保护路基，保持路基的完整和连续，使水流或洪水能顺利穿过路基，不冲毁或淹没路基，保证车辆正常通行。

7.1.2　涵洞分类

1. 按建筑材料分类

（1）石涵：包括石盖板涵和石拱涵。石涵造价、养护费用低，节省钢材和水泥，在产石地区应优先考虑采用石涵。

(2) 混凝土涵：可现场浇筑或预制成拱涵、圆管涵和小跨径盖板涵。该种涵洞节省钢材，便于预制，但损坏后修理和养护较困难。

(3) 钢筋混凝土涵：可用于管涵、盖板涵、拱涵和箱涵。钢筋混凝土涵涵身坚固，经久耐用，养护费用少。管涵、盖板涵安装运输便利，但耗钢量较多，预制工序多，造价较高。

(4) 砖涵：主要指砖拱涵。砖涵便于就地取材，但强度较低，在水流含碱量大或冰冻地区不宜采用。

(5) 其他材料涵洞：有陶瓷管涵、铸铁管涵、波纹管涵、石灰三合土拱涵等。

2. 按构造形式分类

(1) 管涵：受力性能和对地基的适应性能较好，不需墩台，圬工数量少，造价低，适用于有足够填土高度的小跨径暗涵。

(2) 盖板涵：构造简单，易于维修，有利于在低路堤上修建，还可以做成明涵。跨径较小时可用石盖板，跨径较大时可用钢筋混凝土盖板。

(3) 拱涵：适宜于跨越深沟或高路堤时采用。拱涵承载能力大，砌筑技术容易掌握，但自重引起的恒载也较大，施工工序繁多。

(4) 箱涵：整体性强，适宜于软土地基。但钢量用量多，造价高，施工较困难。

3. 按洞顶填土情况分类

(1) 明涵：涵洞洞顶填土高度小于 50cm，适用于低路堤、浅沟渠。

(2) 暗涵：涵洞洞顶填土高度大于或等于 50cm，适用于高路堤，深沟渠。

4. 按水力性能分类

(1) 无压力式涵洞：进口水流深度小于洞口高度，并在洞身全长范围内水面都不触入洞顶，水流流经全涵保持自由水面的叫无压力式涵洞。适用于涵前不允许壅水或壅水不高时。

(2) 半压力式涵洞：进口水流深度大于洞口高度，但水流仅在进口处充满洞口，在涵洞其他部分都是自由水面的叫半压力式涵洞。

(3) 有压力式涵洞：涵前壅水较高，全涵内充满水流，无自由水面的叫有压力式涵洞。适用深沟高路堤。

7.2　涵洞的构造与设计

涵洞由基础、洞身及洞口建筑组成，如图 7-2 所示。在地面以下，防止沉降和冲刷的部分称作基础。在基础之上，挡住路基填土，形成流水孔洞的部分称作洞身。洞身承受活载压力和土压力并将其传递给地基，应具有保证设计流量通过的必要孔径，同时本身要坚固而稳定。在洞身两端，用以集散水流，保护洞身和路基，使之不被水流破坏的这部分称作洞口。洞口建筑连接着洞身及路基边坡，应与洞身较好地衔接并形成良好的泄水条件。位于涵洞上游的洞口称为进水口，位于涵洞下游的洞口称为出水口。上游洞口是把面积较大的地面水流，汇集于一定的孔径之内，使之顺

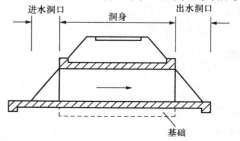

图 7-2　涵洞的组成示意图

利通过涵洞；下游洞口是把汇集于一定孔径之内的水流扩散开去，使之顺畅离开涵洞。所以，上游洞口的作用是束水导流，下游洞口的作用是疏水防冲。对洞口的要求是：保证水流顺畅进出洞身，提高涵洞的过水能力；防止水流对洞口附近路基边坡及洞口基础的冲刷；确保涵洞安全，保证道路正常通车。

7.2.1 洞身构造

1. 洞身及组成

（1）管涵。用圆形管壁挡住路基填土形成的过水孔洞称为圆管涵。

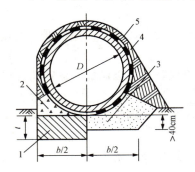

图 7-3 钢筋混凝土圆管涵基础
1—浆砌片石；2—混凝土；
3—砂垫层；4—防水层；5—黏土

1）管涵的构造。圆管涵洞身主要由各分段圆管节和支承管节的基础垫层组成，如图 7-3 所示。当整节钢筋混凝土圆管涵无铰时，称为刚性管涵。刚性管涵在横断面上是一个刚性圆环。管壁内钢筋有内外两层，钢筋可加工成一个个的圆圈或螺旋筋，如图 7-4 所示。当管节沿横截面圆周对称加设四个铰时，称为四铰管涵。铰通常设置在弯矩最大处，即涵洞两侧和顶部、底部，如图 7-5 所示。由于四铰涵有铰的作用，降低了管节的内力。四铰涵是一个几何可变结构，只有当竖向作用力和横向作用力互相平衡时方能保持其形状，因此，要求四铰涵四周的土具有相同的性质。为此，四铰管涵可布置在天然地基或砂垫层上。

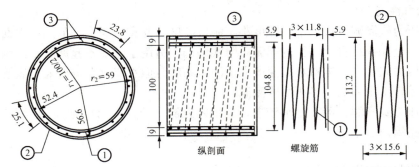

图 7-4 钢筋混凝土圆管涵（单位：cm）

圆管涵常用孔径 d_0 为 50cm、75cm、100cm、125cm、150cm，对应的管壁厚度 δ 分别为 6cm、8cm、10cm、12cm、14cm。基础垫层厚度 t 根据基底土质确定，当为卵石、砾石、粗中砂及整体岩石地基时，$t=0$；当为亚砂土、黏土及破碎岩层地基时，$t=15cm$；当为干燥地区的黏土、亚黏土、亚砂土及细砂的地基时，$t=30cm$。

我国目前生产的圆管除少数小口径规格的管为普通混凝土管（素混凝土管）外，大多数均为钢筋混凝土管，普遍采用离心法生产，管壁厚度一般为管内径的 1/10～1/12。管节

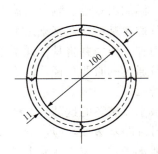

图 7-5 四铰管涵（单位：cm）

的环用钢筋做成螺旋形或焊接成圆环，除小口径为单层筋外，管径在 100cm 以上者通常是双层筋，环筋间距（螺距）应不小于 2.5cm，外环钢筋间距约为内环钢筋间距的一半左右。如采用 HPB235 钢筋，钢筋直径可选用 $\phi6\sim\phi12$，采用冷拔低碳钢丝时用 $\phi2.5\sim\phi5$。管节的纵向钢筋一般用 $\phi6\sim\phi10$，每层骨架至少应有 6 根。管节所用混凝土一般为 C30，工地预制时不得低于 C20。管长普遍采用 2m，过长的管节搬运困难，使用不便。

　　管涵的涵长过大，容易发生冲淤现象，养护困难，影响正常使用，一般符合如下规定：

　　①管径 50cm 的涵洞，涵长不得大于 8m。

　　②管径 60～90cm 的涵洞，涵长不得大于 15m。

　　③涵长为 15～30m 时，其管径不得小于 100cm。

　　④涵长大于 30m 时，管径不得小于 125cm。

　　管涵孔径大小应由水力计算确定，管上覆土至少应为 50cm。

　　2）管涵的接口。钢筋混凝土管管头接口有平接、企口接、套接三种方式，套接包括使用套管及套环两种形式，各种接口如图 7 - 6 所示。适用于管涵的为平接，以下介绍平接的构造。

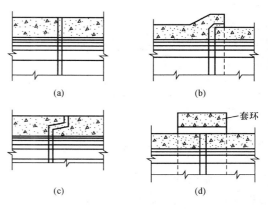

图 7 - 6　钢筋混凝土管的接口形式
(a) 平接口；(b) 套管接口；
(c) 企口接口；(d) 套环接口

　　①刚性接口。刚性接口适用于管基落在原状土上，土基比较密实，沿管身方向地基土质比较均匀且设有刚性管座（即水泥混凝土管座）时。刚性接口主要有水泥砂浆抹带及钢丝网水泥砂浆抹带两种方式，管的接缝处均用水泥砂浆填缝，填缝及抹带砂浆一般采用 1：2.5～1：3 水泥砂浆，管接缝间隙为 1cm，抹带应为半椭圆形，如图 7 - 7（a）所示，带宽为 12～15cm，带厚 3cm。当管径在 180cm 以上，接口要求标准较高时，为加强接口强度，可采用钢丝网水泥砂浆抹带，如图 7 - 7（b）所示。钢丝网水泥砂浆抹带宽一般为 20cm，厚 2.5cm，钢丝网宽 18cm，钢丝网规格为 20 号 1cm×1cm，为保证抹带质量，在抹带范围管的外壁应凿毛。

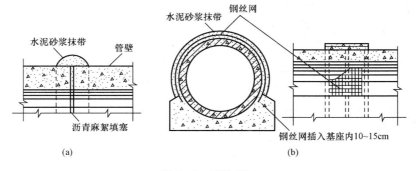

图 7 - 7　刚性接口
(a) 水泥砂浆抹带接口；(b) 钢丝网水泥砂浆抹带接口

城市郊区道路的涵管多用刚性接口，采用水泥砂浆抹带。

②半刚性接口。如图7-8所示，预制钢筋混凝土套环石棉水泥接口属于半刚性接口。这种接口在一定程度上可以防止由于管身纵向不均匀沉陷而产生的纵向弯曲或错口，是一种比较可靠的接口形式，一般用在地基较弱的情况下。施工时应先做好接口，然后再浇筑水泥混凝土管座。

③柔性接口。处于填方上的管涵、地基不均匀或虽经处理仍可能产生不均匀沉陷的管涵，以及采用砂或石灰土做的弧形地基，均应设置柔性接口。

柔性接口的做法是：以热沥青浸麻筋，填满接缝，缝宽0.5～1cm，管外顺接线贴热沥青浸防水纸八层，宽15～20cm，在现场以热沥青逐层粘合于管外壁上，也可用两层油毡以沥青粘合包于管外壁上以代替防水纸，如图7-9所示。

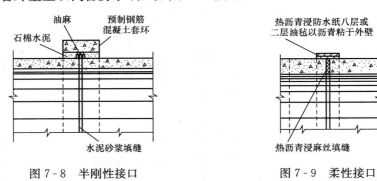

图7-8 半刚性接口　　　　　　图7-9 柔性接口

（2）盖板涵。盖板涵洞身由涵台（墩）、基础和盖板组成，如图7-10所示。盖板有石盖板及钢筋混凝土盖板等。

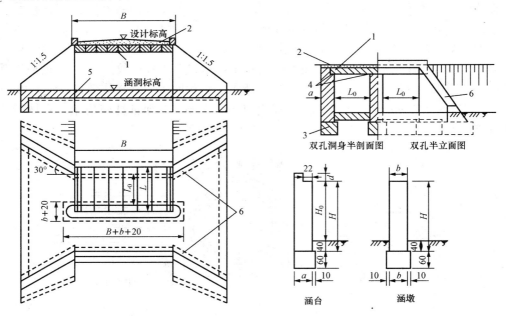

图7-10 盖板涵构造图（单位：cm）

1—盖板；2—路面；3—基础；4—砂浆填平；5—铺砌；6—八字墙

　　石盖板涵常用跨径 L_0 为 75cm、100cm、125cm，盖板厚度 d 一般在 15～40cm 之间。做盖板的石料必须是不易风化的、无裂缝的优质石板。

　　钢筋混凝土盖板涵跨径 L_0 为 150cm、200cm、250cm、300cm、400cm，相应的盖板厚度 d 在 15～22cm 之间。

　　圬工涵台（墩）的临水面一般采用垂直面，背面采用垂直或斜坡面，涵台（墩）顶面可做成平面，也可做成 L 形，借助盖板的支撑作用来加强涵台的稳定。为了增加整体稳定性和抗震性，当跨径大于 2m 且涵洞较高时，可在盖板下或盖板间，沿涵长每隔 2m 增设一根支撑梁。同时在台（墩）帽内预埋栓钉，使盖板与台（墩）加强连接。

　　基础有分离式（即涵台基础与河底铺砌分离）和整体式（即涵台基础与河底连成整体）两种。前者适用于地基较好的情况，后者适用于地基较差的情况。当基础采用分离式时，涵底铺砌层下应垫 10cm 厚的砂垫，并在涵台（墩）基础与涵底间设纵向沉降缝。为加强涵台的稳定，基础与基础间设置支撑梁数道。

　　（3）拱涵。拱涵主要由拱圈和涵台（墩）组成，如图 7-11 所示。拱圈是拱涵的承重部分，可由石料、混凝土、砖等材料构成。地方道路或农用大车道常用片石、乱石、卵石等修建拱涵，承载力很大，使用效果较好。拱圈一般采用等截面圆弧拱。跨径 L_0 为 100cm、150cm、200cm、250cm、300cm、400cm、500cm，相应拱圈厚度 d 为 25～35cm。涵台（墩）临水面为竖直面，背面为斜坡，以适应拱脚较大水平推力的要求。按拱轴线的形成，拱涵一般为半圆拱或圆弧拱。基础有整体式和分离式两种。

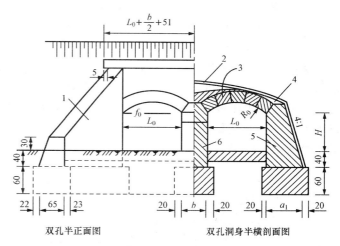

图 7-11　双孔石拱涵构造图（单位：cm）
1—八字翼墙；2—胶泥防水层；3—拱圈；
4—护拱；5—台身；6—墩身

整体式基础主要用于小跨径涵洞。对于松软地基上的涵洞，为了分散压力，也可用整体式基础。对于跨径大于 2～3m 的涵洞，宜采用分离式基础。

　　（4）箱涵。箱涵又称矩形涵，箱涵洞身可采用钢筋混凝土封闭薄壁结构，根据需要做成长方形断面或正方形断面，如图 7-12 所示。箱涵的上下顶板、底板与左右墙身是刚性结构，适于在软土地基上采用。

　　箱涵的常用跨径 L_0 为 200cm、250cm、300cm、400cm、500cm，单孔箱涵顶板和侧墙的厚度一般取其跨径的 1/9～1/12，双孔箱涵顶板及侧板的厚度可取跨径的 1/12～1/13。箱涵壁厚 δ 一般为 22～35cm，垫层厚度 t 为 40～70cm，箱涵内壁面四个角处往往做成 45°的斜面，其尺寸为 5cm×5cm。底板厚度一般取等于或略大于顶板的厚度。

　　箱涵的配筋需经结构计算确定。

　　（5）涵洞的特殊形式。如图 7-13 所示为透水路堤，又称渗水路基，是一种排泄较小水流的人工构造物。在路基下部铺设大块片石（或大块卵石），以形成能够透水的许多细小孔

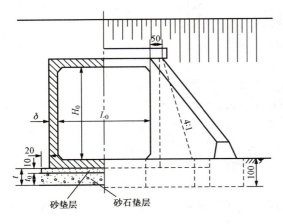

图 7-12 箱涵洞身（单位：cm）

L_0—跨径；H_0—净高；δ—箱涵壁厚；

t_0—砂石垫层厚度；t—垫层厚度

洞，其上再铺 15～20cm 的防水层，然后填筑路基填土。从其构造特点看是涵洞的一种特殊形式。由于透水路堤构造简单，便于施工，适合就地取材，所以在山区道路中，有时用它来排泄常年流水的山溪水、泉水和局部低洼地段的路基边沟积水等。

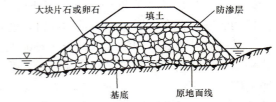

图 7-13 透水路堤

涵洞的另一种构造形式是倒虹吸管。它是管涵的一种，将管涵埋设在路基下，使高于路基的水流，借水本身的压力通过路基。倒虹吸管在道路与灌溉渠道交叉时用，按进出水井的形式分为直井式和斜井式两类，如图 7-14 所示为直井式倒虹吸管剖面示意图。倒虹吸管可以水平也可以有坡度。如上下游水位差过小时，通常可培高上游渠顶以提高水位，或在下游适当降低渠底高程。

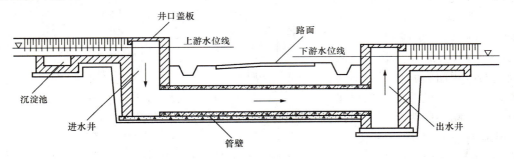

图 7-14 直井式倒虹吸管剖面示意图

2. 洞身分段及接头处理

洞身较长的涵洞沿纵向应分成数段，分段长度一般为 3～6m，每段之间用沉降缝分开，基础也同时分开。涵洞分段可以防止由于荷载分布不均及基底土壤性质不同引起的不均匀沉降，避免涵洞开裂。沉降缝的设置是在缝隙间填塞浸涂沥青的木板或浸以沥青的麻絮。

对于盖板暗涵和拱涵应再在全部盖板和拱圈顶面及涵台背坡均填筑厚 15cm 的胶泥防水层。

对于圆管涵则应在外面用涂满热沥青的油毛毡圈裹两道，再在圆管外圈填筑厚 15cm 的胶泥防水层。

3. 山坡涵洞洞身构造

山坡涵洞的洞底坡度大，一般为 10%～20% 或更大一些，洞底纵坡主要由进水口和出水口处的标高决定。洞身的布置视底坡大小有以下几种形式。

（1）跌水式底槽（适用于底坡小于 12.5%）。底槽的总坡度等于河槽或山坡的总坡度。洞身由垂直缝分开的管节组成，每节有独立的底面水平的基础，如图 7-15 所示。后一节比前一节垂直降低一定高度，使涵洞得到稳定。为了防止因管节错台在拱圈或盖板间产生缝隙，错台厚度不得大于拱圈或盖板厚度的 3/4 ［图 7-15（a）］。当相邻两节的高差大于涵顶厚度时，需加砌挡墙 ［图 7-15（b）］，但两节间高差也不应大于 0.7m 或 1/3 涵洞净高，以保证泄水断面不受过大的压缩。管节的长度一般不小于台阶高度的 10 倍。若小于 10 倍时，涵洞应按台阶跌水进行水力验算。做成台阶形的涵洞，其孔径应比按设计流量算出的孔径大些。

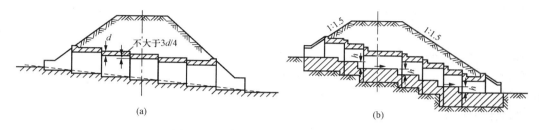

图 7-15　带跌水式底槽的涵洞纵断面

（2）急流坡式底槽（适用于坡度大于 12.5%）。当跌水式底槽每一管节的跌水高度太大，不能适应台阶长度的要求时，可建造急流坡式底槽。急流坡式底槽坡度应等于或接近于天然坡度，如图 7-16 所示。涵洞的稳定性主要靠加深管节基础深度来保证，其形式一般为齿形或台阶形。

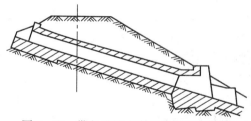

图 7-16　带急流坡式底槽的涵洞纵断面

（3）小坡度底槽。如果地质情况不好，不允许修建坡度较大的涵洞时，应改为小坡度底槽，在进出水口设置有消能设备的涵洞，如图 7-17 所示。

7.2.2　洞口建筑

洞口建筑由进水口和出水口两部分组成。洞口应与洞身、路基衔接平顺，并起到调节水流和形成良好流线的作用，同时使洞身、洞口（包括基础）、两侧路基以及上下游附近河床免受冲刷。另外，洞口形式的选定还直接影响着涵洞的宣泄能力和河床加固类型的选用。

常用的洞口形式有端墙式、八字式、走廊式和平头式四种。无论采用何种形式，洞口进出水口河床必须铺砌。现将洞口建筑按正交涵洞和斜交涵洞分述如下。

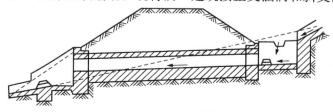

图 7-17　小坡度底槽的涵洞纵断面

1. 正交涵洞的洞口建筑

（1）端墙式。端墙式洞口由一道垂直于涵洞轴线的竖直端墙以及盖于其上的帽石和设在其下的基础组成，如图 7-18 所示。这种洞口构造简单，但泄水能力小，适用于

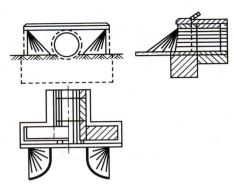

图 7-18 端墙式洞口

流速较小的人工渠道或不易受冲刷影响的岩石河沟上。为了保证端墙稳定及改善排水效果，防止水流对填土边坡的冲刷，一般应设锥形护坡，这种形式因锥坡需铺砌，圬工体积较大，施工复杂，不够经济，一般多用于路基两侧地形平坦的宽浅河流或孔径压缩较大的河沟。由于此种形式的稳定性较好，当涵洞较高时常被采用。

如端墙式洞口与人工渠道相接时，则可不设锥形护坡，而与渠道侧坡相衔接，必要时洞口附近渠道可砌石加固。这种形式构造简单，材料省，施工简便。

端墙墙身断面形式有直背式与斜背式两种。直背式施工方便，多用于墙身较矮时，如图 7-19（a）所示。墙身较高时应采用斜背式，如图 7-19（b）所示。端墙厚度视砌体材料及墙高而定。一般应采用片石砌体，其最小厚度为 40cm。如为非常年浸水时，可采用砖砌体，所采用的机制砖强度等级不得低于 MU7.5，至少为一砖半厚（36.5cm）。所用砂浆一般均用水泥砂浆。采用斜背式时，端墙顶厚一般为 40cm（砖砌体为 36.5cm）。

锥形护坡一般均按椭圆形正锥坡施工，如图 7-19（c）所示。锥坡短半轴多采用坡比为 1:1，长半轴为 1:1.5，以便与路基边坡平顺衔接。锥形护坡用干砌或浆砌片石砌筑，厚度为 25～30cm，干砌时应采用 1:2～1:3 水泥砂浆勾缝。在冲刷比较严重处，锥形护坡的坡脚可单独设置锥坡基础。为保证锥形护坡附近路基边坡的稳定，并防止路基排水对洞口的局部冲刷，宜在锥形护坡外将路基边坡护砌 50～100cm。

（2）八字式。在洞口两侧设张开成八字形的翼墙，如图 7-20 所示。八字翼墙式洞口由八字墙体挡住洞口两侧基土的下滑，同时用端墙挡住洞口上部路基土的坍塌，在两个翼墙之

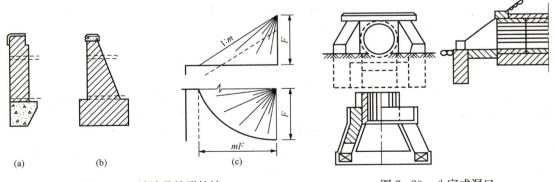

图 7-19　端墙及锥形护坡　　　　　　图 7-20　八字式洞口
（a）直背式端墙；（b）斜背式端墙；（c）锥形护坡

间，则需用片石铺砌，以防止水流冲刷。这种形式的翼墙工程量小，施工简单，水流条件好，是常用的洞口形式。八字翼墙应与洞口端墙分开砌筑，留出沉降缝，缝中涂热沥青二道或夹油毡。为缩短翼墙长度并便于施工，可将其端部建成平行于路线的矮墙。翼墙展开角（也叫敞开角），即八字翼墙与涵洞轴线的夹角，按水力条件最适宜的角度设置。进水口为

13°左右，出水口为 10°左右。但习惯上都按 30°设置。这种洞口工程数量小，水力性能好，施工简单，造价较低，因而是最常用的洞口形式。

（3）走廊式。走廊式洞口建筑是由两道平行的翼墙在前端展开成八字形或成曲线形构成的，如图 7 - 21 所示。这种洞口使涵前壅水水位在洞口部分提前收缩跌落，可以降低涵洞的设计高度，提高了涵洞的宣泄能力。但是由于施工困难，目前较少采用。

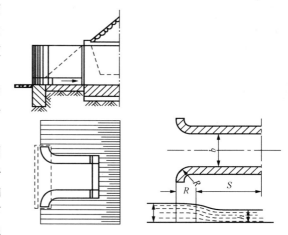

（4）平头式。又称领圈式或护坡式洞口，这种洞口形式的特点是进出口为斜面并与路基边坡一致，常用于混凝土圆管涵，如图 7 - 22 所示。此外，路基边坡必须是片石护砌（干砌或浆砌），否则不能采用这种形式。平头式洞口圬工砌体甚少，它较八字式

图 7 - 21　走廊式洞口

洞口可节省材料 45%～85%，而宣泄能力仅减少 8%～10%。因为需要制作特殊的洞口管节，所以模板耗用较多，如能大批预制，还是相当经济的。这种形式的洞口目前采用较少。

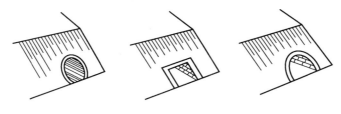

图 7 - 22　平头式洞口

（5）流线型。将管涵进水洞口端墙升高，做成箱形并按喇叭形扩大，使其在立面上形成流线型，如图 7 - 23 所示。这种洞口如用于压力式水流状态时，可使洞内充满水流，如用于无压力式水流状态时，可增大涵前水深，能更有效地提高管涵的宣泄能力。这种洞口与其他形式相比，在相同的流量情况下，可减小管径，因此较其他形式优越。但由于施工复杂，材料消耗大，目前采用不多。

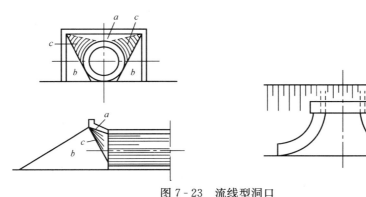

图 7 - 23　流线型洞口

2. 斜交涵洞的洞口建筑

（1）斜交斜做。涵洞洞身端部与路线平行，此种做法称斜交斜做，如图7-24所示。此法费工较多，但外形美观且适应水流，较常采用。对于盖板涵和箱涵，运用斜交斜做法比较普遍。在这种情况下，除洞口建筑外，还须对盖板或箱涵涵身的两端另行设计，以适应斜边的需要。

（2）斜交正做。涵洞洞口与涵洞纵轴线垂直，即与正交时完全相同，如图7-25所示。此做法构造简单。在圆管涵或拱涵中，为避免两端圆管或拱的施工困难，可采用斜交正做法处理洞口。

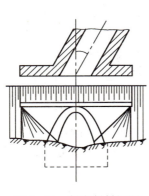
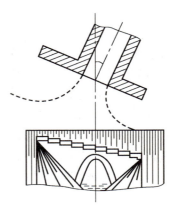

图7-24 斜交斜做涵洞　　　　　　　图7-25 斜交正做涵洞

7.2.3　进出水口河床加固处理方法

进出水口沟床加固处理与涵洞本身设置的坡度和涵洞上下游河沟的纵向坡度有关。凡涵洞设置坡度小于临界坡度，上下游河沟纵向坡度也较小时，称为缓坡涵洞；反之，称为陡坡涵洞。

1. 缓坡涵洞进水口沟床加固

当河沟纵坡小于10%且河沟顺直时，涵洞顺河沟纵向设置，此时涵前河沟纵坡有时稍作开挖与涵洞衔接，开挖后纵坡可略大于1:10。新开挖部分是否需要加固，视土质和流速而定。

涵前天然河沟纵坡为10%～40%时，涵洞仍按缓坡设置，此时涵前河沟开挖的纵坡可取1:4～1:10。除岩石地基外，新开挖的沟底和沟槽侧向边坡均须采取人工加固，加固类型主要根据水流流速确定，如图7-26所示。由于涵前沟底纵坡较大，水流在进口处产生水跃，故在进口前应设置一段缓坡，其水平距离约为（1～2）l_0（l_0为涵洞孔径，以m计）。当水流挟带泥砂较多时，可在进水口处设深约0.5m的沉砂池，既能沉淀泥砂，又可以起到消能作用。

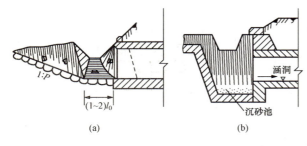

图7-26 缓坡涵洞进水口沟底及沟槽边坡加固

2. 陡坡涵洞进水口沟床加固

涵前河沟纵坡较陡，但小于 50％时，涵洞可按陡坡设置，涵底坡度与涵前沟底纵坡可直接平顺衔接。除了人工铺砌外，无须采取其他措施。

当涵前河沟纵坡大于 50％，且水流流速很高时，进口处须设置跌水或消力池、消力槛等，以减缓水流，消弱水能。上游沟槽开挖纵坡率视河沟地质情况确定，以保证土体不致滑动。图 7-27（a）为上游沟槽铺砌加固成梯形截面；图 7-27（b）为上游沟槽铺砌加固成矩形截面，槽底每隔 1.5～2m 设防滑墙一道。

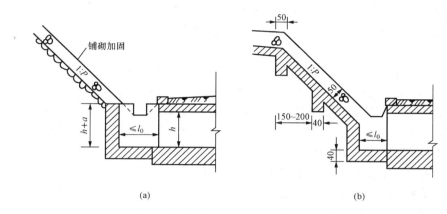

图 7-27　陡坡涵洞进水口的跌水措施（单位：cm）

3. 缓坡涵洞出水口处理

坡度 i 小于等于 15％的天然河沟上设置缓坡涵底（洞底坡度小于 5％），出水口流速不大，下游洞口河床可采用一般铺砌形式，在铺砌末端设置截水墙。无压力式涵的下游，为了减小水流速度，可视情况与涵的出水口铺砌相结合，分别设置一级、二级或三级挑坎。

4. 陡坡涵洞出水口处理

当天然沟槽纵坡大于 15％时，须设置陡坡涵洞。陡坡涵洞出水口一般可采用八字翼墙，同时视地形、地质和水力条件，采用急流槽、跌水、消力池、消力槛、人工加糙等消能设施。具体形式和彼此衔接方式根据水力计算确定。图 7-28 为两种出水口布置形式。

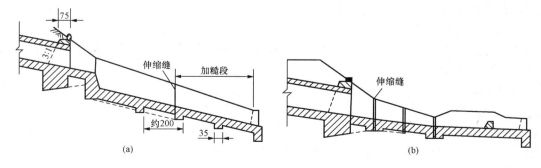

图 7-28　陡坡涵洞出水口的布置形式（单位：cm）

7.2.4 涵洞的基础

1. 涵洞基础的设置形式

涵洞基础的作用是承受整个建筑的重量，包括涵洞顶部路基、路面重量以及车辆、行人等活荷载的重量等，保证涵洞的稳定和牢固，防止因水流冲刷造成的沉降或坍塌。基础处理不好，将造成整个洞的破坏，因此基础是涵洞的重要组成部分。

涵洞的基础有下列两种设置形式：

（1）直接坐落在天然地基上。当天然地基的容许压应力大于 350kPa 时，一般可直接把基础坐落在天然地基上。除石拱涵外，其他类型涵洞都允许直接坐落在地基容许承压应力不低于 200kPa 的天然地基上。

（2）在天然地基上设垫层。当天然地基容许承压应力不能满足要求时，则必须采用设置垫层、砂桩或打群桩（小木桩）等办法加强地基。一般常用设置垫层法，垫层有砂砾垫层、石灰土垫层、干砌片石垫层、低强度混凝土垫层等，可根据具体情况和材料来源选用。采用砂砾垫层时，不宜含黏土或粉土过多（黏土含量不大于 25%，粉土含量不大于 5%），地基为湿陷性黄土时，则不宜采用砂砾垫层。

当天然地基为岩石、卵石、砾石或中砂等不受冻胀影响的土层时，基层的埋置深度可不考虑冻土深度的影响；如果天然地基为黄土、粉砂土、黏土等受冻胀影响的土层时，涵洞的基底应设在冰冻线以下 25cm 处。

2. 高寒地区的涵洞基础

高寒地区冰冻线较深，涵洞的基础有两种情况：一种是受冻胀不严重的土壤（又称弱冻胀土壤），涵洞的基底可在冻土层内，但不要小于冻结深度的 70%；另外一种情况是受冰胀严重的土壤，这种土壤由冻胀产生的膨胀力大，能损坏涵洞的基础，此时除应将基础底面埋置在冻结线以下 25cm 处外，尚应采用以下减少冻胀力的措施。

（1）在砌筑基础时，要尽量做到密实、无缝隙，四周平整。

（2）如地基土质均匀，应少设或不设沉降缝，使基础连成一体。

（3）更换基础周围土壤。

（4）在基础四周铺设隔离层，例如贴油毡或涂沥青的薄木板等，减少冻胀力影响。

3. 管涵的基础

管涵基础的形式对管的承载能力有很大影响。管涵的铺设方式有如下几种方法：

（1）平基铺管。即在土基上直接放管，如图 7-29（a）所示，适用于管径较小且土质良好的情况。但这种安管方法对管的受力状态不利，一般多不采用。

（2）弧形土基。将管置于天然地基的弧形槽内，或置于石灰土分层夯实的弧形槽内，如图 7-29（b）所示。

弧形土基铺管的静力工作条件优于平基铺管，且随接触角 2α 越大受力条件越好。此形式适用于管顶填土不高、管径较小、竖向压力较小的情况。

（3）刚性座垫。如图 7-29（c）所示，将管置于混凝土的连续支座上，其接触角 2α 可采用 $90°\sim180°$，由于管底部与座垫间保持了一定曲接触弧长，座垫底部与地基又保持了一定的接触面，可改善管身受力条件和减小对地基的压应力，且刚性座垫上的反力分布比较均匀，因此在道路工程中多采用这种形式。

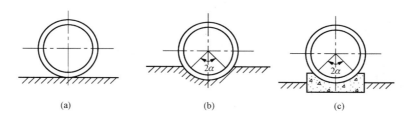

图 7‐29　管涵的铺设方式

（a）平基铺管；（b）弧形土基；（c）刚性座垫

4. 端墙及翼墙基础

如图 7‐30 所示为端墙基础的两种做法。图 7‐30（a）为端墙基础采用与墙身相同的圬工材料；图 7‐30（b）为端墙基础与涵基一同浇筑，这种做法整体性好，施工方便，为节省水泥，此端墙基础可掺入占圬工体积 15％～20％的片石。

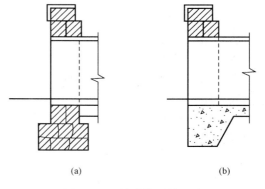

翼墙与端墙是分开砌筑的，因此翼墙的基础与翼墙墙身一般采用相同的材料和做法。

在一般平缓地区，端墙及翼墙的基础埋深可不考虑冲刷。在北方地区，基础埋深达到最

图 7‐30　端墙的两种基础

大冻结深度的三分之一即可。在冰冻深度较大的地区，当基底土壤不良、土壤比较潮湿、地下水位较高时，应在基础下进行地基处理，一般以厚 15～30cm 的砂石或石灰土（含灰量 9％～12％）进行换土处理。

7.2.5　涵洞的设计

1. 涵洞设计的一般原则

（1）宜就地取材，尽量节约钢材。

（2）尽量套用标准设计，加快设计、施工进度。

（3）在同一段线路范围内尽量减少涵洞类型，以便大量集中制造，简化施工。

（4）充分考虑日后维修养护的方便。

（5）同一段线路的涵洞应作合理的布局，使全线桥涵能形成畅通无阻的、良好的排水系统。

（6）设计中应加强方案比选工作。除技术条件外，应充分考虑经济效益，节省投资。

2. 涵洞类型的选择

涵洞在公路上所修建的排水构筑物中，所占比例最大、数量最多，因此正确选择涵洞的类型，对保证公路的使用质量，降低工程造价是十分重要的。一般来说对季节性的河沟或大水时漂浮物不多的溪沟，在路基高度能满足涵洞填土要求的条件下，均应优先考虑修建涵洞。

涵洞类型的选择应综合考虑以下因素：

（1）地形、地质、水文和水力条件。涵洞类型选择时应考虑水流情况、设计流量大小、路堤填方高度、涵前允许最大壅水高度及地基承载能力等。一般当设计流量在 $10m^3/s$ 左右，路基填土高度能满足要求，地质条件为硬黏土、黄土、砂土时，均可采用单孔钢筋混凝土圆管涵。当不属于上述情况，以及洪水时上游积水严重，路基填土太高，地质不良，基底土为淤泥、泥岸或过于松软的腐殖土时，则不宜修建钢筋混凝土圆管涵。设计流量在 $20m^3/s$ 以上，对于小于1.5m孔径的涵洞宜采用盖板涵；在平原地区或缺乏石材地区，可采用钢筋混凝土盖板涵。设计流量更大时，在石料来源方便的山区或丘陵地区，结合地形、地质情况，就地取材，宜采用石拱涵。当然，还应同时综合考虑路堤填方高度是否满足要求。地基情况较差时，可考虑采用箱涵。如石质较好，经过计算，强度符合要求时，也可用条石修建较大孔径的涵洞。

透水路堤主要是用在山区或半山区石料来源方便，有细小水流穿过路基的区段。平时水流清澈，没有淤积现象，大水时冲积物较少，且河底有不小于 1% 的纵坡适于采用透水路堤。在特殊不良地质路段或地震区，采用透水路堤更有其一定的优越性。但透水路基不适用于高级公路。

倒虹吸管涵大多数是修建在灌溉渠与公路的交叉处。在平原区，路基填土不高，当采用其他形式涵洞不能满足最小填土高度的要求且流量又不大时，采用倒虹吸管较为适合。山区的路堑处也常采用倒虹吸管涵。

箱涵适用于软土地基，但施工复杂，造价较高，一般不常采用。

在选择涵洞类型时，要全面考虑各种因素。例如，对于高路基的路段，修建管涵固然比较适宜，但如路基过高，就会造成洞身太长，这样不但提高了工程造价，而且养护也很困难。对于要求尽快通车的公路，在选择涵洞类型时，施工期限就是一个主要因素。在这种情况下，路线上的涵洞类型如能整齐统一，则会加快施工进度，而且在保证质量及降低工程造价方面也比较有利。

（2）经济造价。因地区不同，涵洞造价往往差异很大。涵洞造价主要取决于材料的料场价格，其次是材料的运输费用和当地的人工、机具费用。

在盛产石料地区，应优先考虑石涵；在缺乏石料地区，可根据流量大小选用钢筋混凝土管涵、盖板涵和拱涵。

（3）材料选择和施工条件。涵洞材料选择要因地制宜，尽可能就地取材，优先考虑圬工结构，少用钢材，同时应方便施工。一段线路上不宜采用过多类型的涵洞，以便于集中预制，节省模板，保证质量，加快施工进度。

（4）养护维修。为便于养护，涵洞孔径不宜过小，洞身不宜过长。冰冻地区不宜采用倒虹吸管涵，否则，应在冻期前将管内积水排除，并将两端进口封闭。

3. 涵洞孔径的确定

根据设计流量确定涵洞的净跨径。在确定涵洞净跨径时，应结合涵洞净高综合考虑。根据计算的涵洞净跨径套用标准跨径。

JTG D60—2004《公路桥涵设计通用规范》规定的涵洞标准跨径有75cm、100cm、125cm、150cm、200cm、250cm、300cm、400cm、500cm等九种。

4. 涵洞布置

（1）涵洞的平面布置。涵洞的平面布置主要是解决好涵位及涵轴线与路线交角的问题。

涵洞应尽量布置成正交。正交涵洞长度短，工程数量小，施工简便。当天然河道与路线斜交，但地形变化不大，且水流较小时，可经过人工改河，仍设正交涵洞；但经过技术经济比较，不宜改河时，则只能采用斜交涵洞。斜交涵洞的斜交角通常取 5°为一级，以便套用标准图中的标准跨径。

（2）涵洞的立面布置

1）涵洞标高确定。涵洞顶面中心标高应服从路线纵断面要求，可从路线设计标高推算出来。涵底中心标高一般与天然沟床标高一致或略低一些。如果是老涵改建，涵底的标高应考虑涵洞进出口沟底标高，以此确定涵底中心标高。

2）涵底纵坡。涵底纵坡最好选用临界坡度，此时涵洞的排洪能力最大。但实际设计时，涵底纵坡通常根据沟底纵坡确定。最小纵坡不小于 0.4%，以防淤积；也不大于最大坡度，以防涵底铺砌被冲毁。

3）涵底基础。设置在天然地基上的涵底基础，除岩石、砾石及粗砂地基外，均应将基底埋入冰冻线以下不小于 0.25m。当基底下有软土层时，为了将基础置于好土层上或需要人工加固地基时，往往需将基础埋置于较深的土层中。当沟床坡度大于 5%时，涵底基础宜每隔 3～5m 设置防滑横隔墙或把基础分段做成阶梯形（见山坡涵洞）。在无冲刷处，除岩石地基外，涵洞基底一般应设在天然地面或河底面以下 1m，如河床上有铺砌层时，一般宜设在铺砌层顶面以下 1m。

5. 涵洞各部尺寸及工程数量

当涵洞选择标准跨径后，其细部尺寸及工程数量均可套用相应的标准图。使用时应注意：

（1）计算荷载应与标准图一致，不能大于标准图的规定。

（2）混凝土强度等级、钢筋等级、石料强度等级、地基承载力等不能低于标准图的要求，否则应进行强度验算。

（3）当设计的涵洞墙身高与标准图不一致时，应选用标准图上大一级墙身所对应的各部分尺寸。

（4）当有些工程数量无法从标准图上查得时，应通过计算确定。

6. 洞口形式

涵洞的洞口形式应根据涵洞进出口的地形和流量大小确定。选定后，也可套用标准图。无论采用的是何种洞口形式，其进水口均需铺砌。

7. 涵洞基础设计

涵洞基础设计包括选择基础类型、确定基础尺寸、决定基础埋置深度及措施等。

（1）基础类型与尺寸。对于一般涵洞，确定基础类型及尺寸时，可根据地质条件，其土壤承载力按有关标准设计图选用。

对于整体基础，由边墙传给基顶的力自边墙脚按刚性角向下扩散至基底。两侧边墙传来的压力分布线，须在基底面以上相交，使整个基础底面均匀受力，如图 7-31 所示。据此，得出各种孔径涵洞基础的最小厚度，见表 7-1。

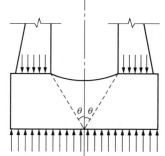

图 7-31　涵洞基底受力情况
θ 为刚性角

表 7 - 1　　　　　　　　　　涵洞整体式基础最小厚度的有关规定

涵洞类型	孔径/m	洞身基础厚度/m	出入口基础厚度/m
石及混凝土拱涵	0.75	≥0.70	见标准图
	1.00	≥0.80	
钢筋混凝土盖板箱涵	<1.00	≥0.70	≥1.25
	≤1.00	≥0.80	

注：拱涵孔径洞身基础厚度参照标准图。

（2）基础埋置深度。涵洞基础的埋置深度，都从沟底中心算起。出入口端翼墙基础深度，主要考虑冲刷的需要来确定，洞身基础深度按基底应力来确定。应确定持力层承载力是否满足要求，若承载力不够，应进行处理。

在受冻害的土壤中，涵洞出入口及两端自洞口起向内各 2m 范围内，基础埋置深度不得小于冻结深度加 0.25m，其余中间部分可不受冻结深度的限制。建在轻微冻害土壤（即粗砂、中砂、砾砂及圆砾，卵石等）和岩层上的涵洞，基础的埋置深度不受冻结深度的限制。

8. 涵洞设计的注意事项

（1）设计涵洞时，应针对道路的使用性质，对所采用的洪水流量频率要慎重考虑。对于涵洞的孔径，在一般情况下是无压的，但在流量增大后，由于涵前水深逐渐增高，就有可能使涵管入口被淹没而变成半压力式涵管的流态，这对涵洞的使用和结构都将产生不利影响。因此在设计中，应详细调查研究，全面考虑以免造成后患。

（2）涵洞前，允许有一定的积水高度（称为壅水高度），但涵前壅水会影响渠道上游及其附近地区的排水，因此要注意避免由于壅水过高，造成附近农田及居民区积水，或恶化农田、居民区、厂房的排水条件。

（3）矩形涵洞如除排水外尚须通行大车、农业机械或行人者，其净空应满足两者的需要。

（4）洪水时有泥石流及树枝、杂草较多的山区河沟，宜建矩形涵和拱涵，不宜建容易堵塞的圆管涵。且涵洞孔径不宜过小，以免堵塞或冲毁。

（5）涵洞上游的路肩高度，应按设计洪水频率的计算水位和壅水高度后至少再高出 0.5m（无压式）或 0.75m（有压式）。

（6）洞内及出口处流速不得大于容许流速，以免洪水时将涵洞冲毁。

9. 涵洞设计的主要内容和步骤

（1）根据线路的位置和地形图上排洪沟渠、灌溉渠、农村道路等的位置，确定涵洞的位置。

（2）对于排洪涵洞，应在地形图上勾绘分水线，划分出汇水区域，并计算汇水面积。然后根据汇水面积、汇水区形状、当地植被情况和有关水文、气象等资料，用小流域暴雨径流计算的方法计算出涵洞的设计流量。

（3）根据设计流量和路基填土高度及地形、地质情况选择涵洞类型。

（4）根据流量大小、沟床坡度计算确定涵洞的孔径。对于灌溉涵和交通涵，则根据实际需要，经与有关部门协商确定。

（5）根据地形情况进行涵洞的平面和纵断面布置。

（6）根据涵洞类型、孔径、路基高度等套用标准图，确定涵洞出入口类型、尺寸和洞身结构尺寸。

（7）计算涵洞长度。

（8）涵洞基础设计。

（9）进行涵洞出入口的铺砌防护设计。

7.3　涵洞施工技术

7.3.1　施工前的准备

涵洞施工除应按照设计要求进行准备外，还应注意下列事项：

1. 现场核对

涵洞开工前，应根据设计资料，结合现场实际地形、地质情况，对其位置、方向、孔径、长度、出入口高程以及与灌溉系统的连接等进行校对。核对时，还需注意农田排灌的要求。需要增减涵洞数量、变更涵型或孔径时，应向监理反映，按照合同有关规定办理。

2. 施工详图

若原设计文件、图纸不能满足施工需要时，例如地形复杂处的陡峻沟谷涵洞、斜交涵洞、平曲线或大纵坡上的涵洞、地质情况与原设计资料不符处的涵洞等应先绘出施工详细图或变更设计图，然后再依图放样施工。

3. 施工放样

涵洞中线和涵台位置的测定应按照规范要求办理。

7.3.2　不同形式的涵洞施工技术

1. 管涵的施工技术

目前我国公路工程中多采用钢筋混凝土管涵。公路管涵的施工多系预制成管节，每节长度多为 1m 或 2m，然后运往现场安装。

（1）涵管的预制和运输。预制混凝土圆管可采用振动制管法、离心法、悬辊法和立式挤压法。鉴于公路工程中涵管一般为外购，故对涵管预制不再进行详细说明，但涵管进场后必须对其质量进行检验。

管节成品的质量检验分为管节尺寸检验和管节强度检验。混凝土管涵质量要求及尺寸允许偏差见表 7-2。

表 7-2　　　　　　　　　　混凝土圆管节成品质量要求和尺寸允许偏差

项　　目	质量要求或允许偏差/mm	检查方法和数量
管节形状	端面平整并与其轴线垂直，斜交管节端面符合设计要求	目测，用锤心吊线
管节内外侧表面	平直圆滑，如有蜂窝，每处面积不得大于 3cm×3cm，深度不得超过 1cm，其总面积不得超过全部面积的 1%，并不得露筋。应修补完善后方准使用	目测，用钢尺丈量

项　目		质量要求或允许偏差/mm	检查方法和数量
管节尺寸允许偏差/mm	管节长度	−10～0	沿周边检查4处
	内（外）直径	±10	两端各检查4处
	管壁厚度	±5	两端各检查4处

涵管强度试验应按规范要求的方法进行，其抽样数量及合格要求为：

1）涵管试验数量应为涵管总数的1%～2%，但每种孔径的涵管至少要试验1个。

2）如首次抽样试验未能达到试验标准时，允许对其余同孔径管节再抽选2个重新试验。只有当2个重复试验的管节达到强度要求时，涵管才可验收。

3）在进行大量涵管检验性试验时，是以试验荷载大于或等于裂缝荷载（0.2mm）时还没有出现裂缝者为达到标准。

在北方冬季寒冷冰冻地区，混凝土涵管还应进行吸水率试验，要求钢筋混凝土和无筋混凝土涵管的吸水率不得超过干管质量的6%。

管节运输与装卸过程中，应注意下列问题：

1）待运的管节其各项质量应符合前述的质量标准，应特别注意检查待运管节设计涵顶填土高度是否符合设计要求，防止错装、错运。

2）运输管节的工具，可根据道路情况和设备条件采用汽车、拖拉机拖车，不通公路地段可采用马车。

3）管节的装卸可根据工地条件，使用各种起重设备如龙门吊机、汽车吊和小型起重工具滑车、链滑车等。

4）在装卸和运输过程中，应小心谨慎。运输途中每个管节底面宜铺以稻草，用木块圆木楔紧，并用绳索捆绑固定，防止管节滚动、相互碰撞破坏。

5）从车上卸下管节时，应采用起重设备。严禁将管节从汽车上滚下，造成管节破裂。

（2）管涵施工程序。管涵可分为单孔、双孔的有坞工基础和无坞工基础管涵，现将其施工程序简介如下：

第一种：单孔有坞工基础管涵。

洞身安装程序：

1）挖基坑并准备修筑管涵基础的材料。

2）砌筑坞工基础或浇筑混凝土基础。

3）安装涵洞管节，修筑涵管出入口端墙、翼墙及涵底（端墙外涵底铺装）。

4）铺设管涵防水层及修整。

5）铺设管涵顶部防水黏土（设计需要时），填筑涵洞缺口填土及修建加固工程。

第二种：单孔无坞工基础管涵。

洞身安装程序：

1）挖基与备料。

2）在捣固夯实的天然土表层或矿砂垫层上，修筑截面为圆弧状的管座，其深度等于管壁的厚度。

3）在圆弧管座上铺设垫层的防水层，然后安装管节，管节间接缝宜留1cm宽。缝中填防水材料层。

4）在管节的下侧再用天然土或砂砾垫层材料作填料，捣实至设计高程，并切实保证培填料与管节密贴。再将防水层向上包裹管节，防水层外再铺设黏质土，水平径线以下的部分，应立即填筑，以免管节下面的砂垫层松散，并保证其与管节密贴。在严寒地区这部分特别填土必须填筑不冻胀土料。

5）修筑管涵出入口端墙、翼墙及两端涵底和进行整修工作。

第三种：双孔无坞工基础管涵。

洞身施工程序：

1）挖基、备料。

2）在捣固夯实的天然土表层或砂垫层上修筑圆弧状管座，其深度等于管壁的厚度。

3）先安装右边管并铺设防水层，在左边一孔管节未安装前，在砂垫层上先铺设垫底的防水层，然后按同样的方法安装管节。管节间接缝尽量抵紧，管节内外接缝均以 M10 水泥砂浆填塞。

4）在管节下侧用天然土或砂垫层材料做填料，夯实至设计高程处，并切实保证与管节密贴。左侧防水层铺设完后，用贫混凝土填充管节间的上部空腔，再铺设软塑状黏土。

防水层及黏土铺设后，涵管两侧水平直径线以下的一部分填土应立即填筑，以免管节下面砂垫层松散。在严寒地区此部分填土必须填筑不冻胀土料。

5）修筑管涵出入口两端端墙、翼墙及涵底和整修工作。

（3）管涵基础修筑。若地基土为岩石，管节下采用无坞工基础，管节下挖去风化层或软层后，填筑 0.4m 厚砂垫层。出入口两端墙、翼墙下，在岩石层上用 C15 混凝土做基础，埋置深度至风化层以下 0.15～0.25m，并最小等于管壁厚度加 5cm。风化层过深时，可改用片石坞工，最深不大于 1m。管节下为硬岩时，可用混凝土抹成与管节密贴的垫层。

若地基土为砾石土、卵石土或砂砾、粗砂、中砂、细砂或匀质黏性土，管节下一般采用无坞工基础。对砾、卵石土先用砂填充地基土空隙并夯实，然后填筑 0.4m 厚砂垫层；对粗、中、细砂地基土表层应夯实；对匀质黏性地基土应做砂垫层。出入口两端端墙、翼墙的坞工基础埋置深度，设计无规定时为 1.0m；对于匀质黏性土，负温时的地下水位在冻结深度以上时，埋置深度为 1.0～1.5m；当冻结土深度不深时，基础埋深宜等于冻结深度的 0.7 倍，当此值大于 1.5m 时，可采用砂夹卵石在坞工基础下换填至冻结深度的 0.7 倍。

若地基土为黏性土，管节下应采用 0.5m 厚的坞工基础，出入口两端端墙、翼墙基础埋置深度为 1.0～0.5m；当地下水冻结深度不深时，埋深应等于冻结深度；当冻结深度大于 1.5m 时，可在坞工基础下用砂夹卵石换填至冻结深度。

以下情况必须采用有坞工基础的管涵：

1）管顶填土高度超过 5m。

2）最大洪水流量时，涵前壅水高度超过 2.5m。

3）河沟经常流水。

4）沼泽地区深度在 2.0m 以内。

5）沼泽地区淤积物、泥炭等厚度超过 2.0m 时，应按特别设计的基础施工。

常年最冷月份平均气温低于 −15℃ 的地区称严寒地区。在严寒地区，管涵基础施工应注意以下几点：

1）匀质黏性土和一般黏性土的基础均须采用圬工基础。

2）出入口两端端墙、翼墙基础应埋置在冻结线以下 0.25m。

3）一般黏性土地区的地下水位在冻结深度以上时，管节下埋置深度应为 $H/8$（H 为涵底至路面填土高度），但不小于 0.5m，也不得超过 1.5m。

基础砂垫层材料可采用砂、砾石或碎石，但必须注意清除基底耕作层。为避免管节承受冒尖石料的集中应力，当使用碎石、卵石作垫层时，要有一定级配或掺入一定数量的砂，并夯捣密实。

管涵地基土如遇到软土，应按软土层厚度分别进行处理。当软土层厚度小于 2.0m 时，可采取换填土法处理，即将软土层全部挖除，换填当地碎石、卵石、砂夹石、土夹石、砾砂、粗砂、中砂等材料并碾压密实，压实度要求 94%～97%。如采用灰土（石灰土、粉煤灰土）换填，压实度要求 93%～95%。换填土的干密度宜用重型击实试验法确定，碎石或卵石的干密度可取 2.2～2.4t/m³，换填层上面再砌筑 0.5m 厚的圬工基础。当软土层超过 2m 时，应按软土层厚度、路堤高度、软土性质作特殊设计处理。

（4）管节安装。管节安装应从下游开始，使接头面向上游；每节涵管应紧贴于垫层或基座上，使涵管受力均匀；所有管节应按正确的轴线和图纸所示坡度敷设。如管壁厚度不同，应使内壁齐平。在敷设过程中，要保持管内清洁无脏物、无多余的砂浆及其他杂物。

管节的安装方法通常有滚动安装法、滚木安装法、压绳下管法、龙门架安装法、吊车安装法等，可根据施工现场实际情况选用。

（5）管涵施工注意事项。

1）有圬工基础的管座混凝土浇筑时应与管座紧密相贴，浆砌块石基础应加做一层混凝土管座，使圆管受力均匀；无圬工基础的圆管基底应夯填密实，并做好弧形管座。

2）无企口的管节接头采用顶头接缝，应尽量顶紧，缝宽不得大于 1cm。严禁因涵身长度不够，而将所有接缝宽度加大的方法来凑合涵身长度。管身周围无防水层设计的接缝，需用沥青麻絮或其他具有弹性的不透水材料从内、外侧仔细填塞。设计规定管身外围做防水层的，按前述施工工序施工。

3）长度较大的管涵设计有沉降缝的，管身沉降缝应与圬工基础的沉降缝位置一致。缝宽为 2～3cm，应用沥青麻絮或其他具有弹性的不透水材料从内、外侧仔细填塞。

4）长度较大、填土较高的管涵应设预拱度。预拱度大小应按设计规定设置。

5）各管节设预拱度后，管内底面应成平顺圆滑曲线，不得有逆坡。相邻管节如因管壁厚度不一致（在允许偏差内）产生台阶时，应凿平后用水泥环氧砂浆抹补。

2. 拱涵、盖板涵和箱涵的施工技术

混凝土和钢筋混凝土拱涵、盖板涵、箱涵的施工分为现场浇筑和在工地预制安装两大类。

（1）就地浇筑的拱涵和盖板涵。

1）拱涵基础。

①整体式基础。两座涵台的下面和孔径中间使用整块的混凝土浇筑的基础称为整体式基础。其地基土的承载力应满足设计文件规定。若设计无规定，则填方高 H 在 1～12m 时，必须大于 0.2MPa；H 大于 12m 时必须大于 0.3MPa。湿陷性黄土地基，不论其表面承载力

多大，均不得使用整体式基础。

②非整体式基础。两座涵台的下面为独立的现浇混凝土或浆砌片石基础，两者之间不相连的称为非整体式基础。其地基土要求的容许承载力较上述的基础为高，当设计文件无规定时，一般应大于 0.5MPa。

③板凳式基础。两座涵台下面的混凝土基础之间用较薄的混凝土或钢筋混凝土板在顶部连接，一起浇筑成似同板凳一样的基础。其地基土容许承载力的要求处于前两者之间，设计文件无规定时，应为大于 0.4MPa 的砂类土或"中密"以上的碎石土。

上述地基土的承载力大小可用轻型动力触探仪进行测试。

根据当地材料情况，基础可采用 C15 片石混凝土或 M5 水泥砂浆砌片石，石料强度不得低于 25MPa。

2）支架和拱架。

①钢拱架和木拱架。钢拱架是用角钢、钢板和钢轨等材料在工厂（场）制成装配式构件，在工地拼装使用。

木拱架主要是由木材组合而成，拆装比较方便。但这种拱架浪费木材，应尽量不使用。

②土牛拱胎（土模）。在水流不大的情况下，小桥涵施工可以用土牛拱胎代替拱架，这种方法既节省木料，又经济、安全。图 7-32 为可渗水的土拱胎。

因土牛施工方法工程中较少使用，在这里不再详述。

在施工过程中预计有洪水到来的河沟中不能采用土牛拱胎法砌筑拱圈。

也可用土牛拱胎浇筑盖板涵，其土牛填至涵台顶面标高即可。

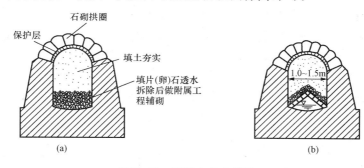

图 7-32　可渗水的土拱胎
(a) 有透水盲沟土拱胎；(b) 三角木架土拱胎

3）拱涵与盖板涵基础、涵台、拱圈、盖板的施工。上述构件施工时应按下列要求进行：

①涵洞基础。无论是圬工基础或砂垫层基础，施工前必须先对下卧层地基土进行检查验收，地基土承载力或密实度符合设计要求时，才可进行基础施工。对于软土地基应按照设计规定进行加固处理，符合要求后，才可进行基础施工。

对孔径较宽的拱涵、盖板涵兼作行人和车辆通道时，其底面应按照设计用圬工加固，以承受行人和车辆荷载及磨耗。

②圬工基础。圬工基础的施工工艺和技术要求可参照本书圬工结构部分有关要求进行。

③砂垫层基础。砂垫层基础的施工工艺和技术要求可参照本节管涵基础部分进行。

④涵洞台、墩。涵洞台、墩的施工工艺和技术要求可参照本书桥梁墩台部分的有关要求

进行。

⑤涵洞拱圈和钢筋混凝土盖板。拱圈和盖板浇筑或砌筑施工应注意：拱圈和端墙的施工，应由两侧拱脚向拱顶同时对称进行；拱圈和盖板混凝土的现场浇筑施工，应连续进行，尽量避免施工缝；当涵身较长时，可沿涵长方向分段进行，每段应连续一次浇筑完成；施工缝应设在涵身沉降缝处。

4）拱架和支架的安装和拆卸。

①安装的一般要求。拱架和支架支立牢固，拆卸方便（可用木楔作支垫），纵向连接应稳定，拱架外弧应平顺。拱架不得超越拱模位置，拱模不得侵入圬工断面。

拱架和支架安装完毕后，应对其位置、顶部标高、节点联系纵横向稳定性进行检查，不符合要求者，立即进行纠正。

②拆卸的一般要求。拱架和支架的拆除及拱顶填土，在具备下列条件之一时方可进行：

a. 拱圈圬工强度达到设计值的70%时，即可拆除拱架，但必须达到设计值后方可填土。

b. 当拱架未拆除，拱圈强度达到设计值的70%时，可进行拱顶填土，但应在拱圈达到强度设计值时，方可拆除拱架。

c. 拱涵拆除拱架可用木楔，木楔用比较坚硬的木料斜角对剖制成，并将剖面刨光。两块木楔接触面的斜度为1:6～1:10。在垫楔时应使上面一块的楔尖各伸出下面一块楔尾以外，这样在拆架时敲击木楔比较方便。木楔垫好后将两端钉牢。

d. 拆卸拱架时应沿桥涵整个宽度上将拱架同时均匀降落，并从跨径中点开始，逐步向两边拆除。

（2）就地浇筑的箱涵。箱涵又称矩形涵，它与盖板涵的区别是：盖板涵的台身与盖板是分开浇筑的，台身还可以采用砌石圬工，成为简支结构。而箱涵的上下顶板、底板与左、右墙身是连续浇筑的，成为刚性结构，如图7-33所示。

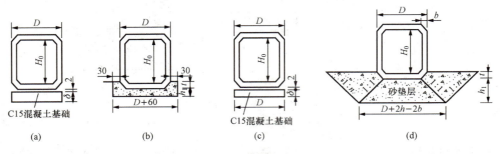

图7-33 箱形涵洞基础类型（单位：cm）

（a）出入口涵节基础；（b）洞身涵节无基础；（c）洞身涵节有基础；（d）地基土上换填砂垫层

H_0—涵节净高；t—涵节埋入垫层厚度；δ—C15混凝土基础厚度，根据地质、地形条件经设计决定；

D—涵节外形宽度；h_1—换填砂垫层深度，根据检算或下卧层位置确定；

n—挖基边坡，根据基底土质确定；b—涵节角隅倒角宽度

1）箱涵基础。涵身基础分为有圬工基础和无圬工基础两种。两种基础的构造及尺寸见图7-33的图示和图下注。

2）箱涵身和底板混凝土的浇筑。箱涵身的支架、模板可参照现浇混凝土拱涵和盖板涵的支架、模板制造安装。浇筑混凝土时注意事项与浇筑拱涵与盖举涵相同。

（3）装配式拱涵、盖板涵和箱涵。

1）预制构件结构的要求。

①拱圈、盖板、箱涵节等构件预制长度，应根据起重设备和运输能力决定，但应保证结构的稳定性和刚性，一般不小于 1m，但也不宜太长。

②拱圈构件上应设吊装孔，以便起吊。吊孔应考虑平吊及立吊两种，安装后可用砂浆将吊孔填塞。箱涵节、盖板和半环节等构件，可设吊孔，也可于顶面设立吊环。吊环位置、孔径大小和制环用钢筋应符合设计要求，并要求吊钩伸入吊环内和吊装时吊环筋不断裂。安装完毕，吊环筋应锯掉或气割掉。

③若采用钢丝绳捆绑起吊可不设吊孔或吊环。

2）预制构件的模板。预制构件的模板有木模板、土模板、钢丝网水泥模板、拼装式模板等。无论采用何种模板都应保证满足规范要求。尤其是有预埋件时，应采取措施，确保预埋件的正确位置。

3）构件运输。构件必须在达到设计强度后，经过检查质量和大小符合要求，才能进行搬运。搬运时应注意吊点或支承点的设置，务必使构件在搬运过程中保持平衡、受力合理，确保搬运过程中的安全。

4）施工和安装。

①基础。与就地浇筑的涵洞基础施工方法相同。

②拱涵和盖板涵的涵台身。涵台身大都采用砌筑结构，可按照就地浇筑的涵台身施工方法施工。如采用装配式结构时，可按照装配式墩台相关的要求施工。

③上部构件的安装。拱圈、盖板、箱涵节的安装技术要求如下：

a. 安装之前应再检查构件尺寸、涵台尺寸和涵台间距离，并核对其高程，调整构件大小位置使与沉降缝重合。

b. 拱座接触面及拱圈两边均应凿毛（沉降缝处除外），并浇水湿润，用灰浆砌筑；灰浆坍落度宜小一些，以免流失。

c. 构件砌缝宽度一般为 1cm，拼装每段的砌缝应与设计沉降缝重合。

d. 构件可用扒杆、链滑车或汽车吊进行吊装。

7.3.3　涵洞附属工程施工

1. 防水层

涵洞的钢筋混凝土结构设置防水层的作用是防止水分侵入混凝土内，使钢筋锈蚀，缩短结构寿命。北方严寒地区的无筋混凝土结构需要设置防水层，防止侵入混凝土内的水分冻胀造成结构破坏。

防水层的材料多种多样。公路涵洞使用的主要防水材料是沥青，有些部位可使用黏土，以节省工料费用。

（1）防水层的设置部位如下：

1）各式钢筋混凝土涵洞（不包括圆管涵）的洞身及端墙在基础以上被土掩埋的部分，均须涂以热沥青两道，每道厚 1~1.5mm，不另抹砂浆。

2）混凝土及石砌涵洞的洞身、端墙和翼墙的被土掩埋部分，只需将圬工表面凿平，无凹入存水部分，可不设防水层。但北方严寒地区的混凝土结构仍需设防水层。

3）钢筋混凝土圆管涵的防水层可按图7-7所示敷设。管节接头采用平头对接，接缝中用麻絮浸以热沥青塞满，管节上半部从外往内填塞；下半部从管内向外填塞。管外靠接缝处裹以热沥青浸透的防水纸8层，宽度15～20cm。包裹方法：在现场用热沥青逐层粘合在管外壁上接缝处，外面再如图在全长管外裹以塑性黏土。

在交通量小的县、乡公路上，可用质量好的软塑状黏质土掺以碎麻，沿全管敷设20cm厚，代替沥青防水层（接缝处理仍照前述施工）。

4）钢筋混凝土盖板明涵的盖板部分表面可先涂抹热沥青两次，再于其上设2cm厚的防水水泥砂浆或4～6cm厚的防水混凝土。其上可按照设计铺设路面。涵、台身防水层按照上述方法办理。

5）砖、石、混凝土拱涵的上部结构防水层敷设，可参见拱上附属工程。

（2）防水材料的制作方法和质量要求。

沥青可用锅、铁桶等容器以火熬制，或使用电热设备。铁桶装的沥青，应打开桶口小盖，将桶横倒搁置在火炉上，以文火使沥青熔化后，从开口流入熬制用的铁锅或大口铁桶中。熬制用的铁锅或铁桶必须有盖，以便在沥青飞溅或着火时，用以覆盖。熬制处应设在工地下风方向，与一般工作人员、料堆、房屋等保持一定距离，锅内沥青不得超过锅容积的2/3。熬制中应不断搅拌至沥青全部为液态为止。溶化后的沥青应继续加温至175℃（不得超过190℃）。熬好的沥青盛在小铁桶中送至工地使用。使用时的热沥青温度宜低于150℃。涂敷热沥青的圬工表面应先用刷子扫净，消除粉屑污泥。涂敷工作宜在干燥温暖（温度不低于5℃）的天气进行。

沥青麻絮、油毡、防水纸的浸制方法和质量要求：

沥青麻絮（沥青麻布）可采用工厂浸制的成品或在工地用麻絮以热沥青浸制。浸制后的麻絮，表面应呈淡黑色，无孔眼、无破裂和叠皱，撕裂断面上应呈黑色，不应有显示未浸透的布层。

油毡是用一种特制的纸胎（或其他纤维胎）用软化点低的沥青浸透制成，浸渍石油沥青的称石油毡，浸渍焦油沥青的称焦油沥青油毡。为了防止在储存过程中相互粘着，油毡表面应撒一层云母粉、滑石粉或石棉粉。防水纸（油纸）是用低软化点的沥青材料浸透原纸做成的，除沥青层较薄，没有撒防粘层外，其他性质与油毡相同。

油毡和防水纸可以从市场上采购，其外观质量应符合如下要求：

1）油毡和防水纸外表不应有孔眼、断裂、叠皱及边缘撕裂等现象，油毡的表面防粘层应均匀地撒布在油毡表面上。

2）毡胎或原纸内应吸足油量，表面油质均匀，撕开的断面应是黑色的，无未浸透的空白纸层或杂质，浸水后不起泡、不翘曲。

3）气温在25℃以下时，把油毡卷在2cm直径的圆棍上弯曲，不应发生裂缝和防粘层剥落等现象。

4）将油毡加热至80℃时，不应有防粘层剥落、膨胀及表面层损坏等现象。夏季在高温下不应粘在一起。

铺设油毡和防水纸所用粘贴沥青应和油毡、防水纸有同样的性能。煤沥青油毡和防水纸必须用煤沥青粘贴。同样，石油沥青油毡及防水纸，也一定要用石油沥青来粘贴，否则，过一段时间油毡和防水纸就会分离。

2. 沉降缝

结构物设置沉降缝的目的是避免结构物因荷载或地基承载力不均匀而发生不均匀沉陷，产生不规则的多处裂缝，而使结构物破坏。设置沉降缝后，可限定结构物发生整齐、位置固定的裂缝，并可事先对沉降缝处予以处理；如有不均匀沉降，则将其限制在沉降缝处，有利于结构物的安全、稳定和防渗（防止管内水流渗入涵洞基底或路基内，造成土质浸泡松软）。

涵洞洞身与端墙、翼墙、进出水口急流槽交接处必须设置沉降缝，但无垆工基础的圆管涵仅于交接处设置沉降缝，洞身范围不设。具体设置位置视结构物和地基土的情况而定。

（1）洞身沉降缝。一般每隔 4～6m 设置 1 处，但无基础涵洞仅在洞身涵节与出入口涵节间设置，缝宽一般 3cm。两端与附属工程连接处也各设置 1 处。

（2）其他沉降缝。凡地基土质发生变化、基础埋置深度不一、基础对地基的荷载发生较大变化处、基础填挖交界处、采用填石垫高基础交界处，均应设置沉降缝。

（3）岩石地基上的涵洞。凡置于岩石地基上的涵洞，不设沉降缝。

（4）斜交涵洞。斜交涵洞洞口正做的，其沉降缝应与涵洞中心线垂直；斜交涵洞洞口斜做的，沉降缝与路基中心线平行，但拱涵与管涵的沉降缝，一律与涵洞轴线垂直。

沉降缝的施工，要求做到使缝两边的构造物既能自由沉降，又能严密防止水分渗漏，故沉降缝必须贯穿整个断面（包括基础）。沉降缝具体施工方法如下：

（1）基础部分。可将原基础施工时嵌入的沥青木板或沥青砂板留下，作为防水之用。如基础施工时不用木板，也可用黏土填入捣实，并在流水面边缘以 1∶3 水泥砂浆填塞，深度约为 15cm。

（2）涵身部分。缝外侧以热沥青浸制的麻筋填塞，深度约为 5cm，内侧以 1∶3 水泥砂浆填塞，深度约为 15cm，视沉降缝处垆工的厚薄而定。缝内可以用沥青麻筋与水泥砂浆填满，如太厚，也可将中间部分先填以黏土。

（3）沉降缝的施工质量要求。沉降缝端面应整齐、方正，基础和涵身上下不得交错，应贯通，嵌塞物应紧密填实。

（4）保护层。各式有垆工基础涵洞的基础襟边以上，均顺沉降缝周围设置黏土保护层，厚约 20cm，顶宽约 20cm。对于无垆工基础涵洞，保护层宜使用沥青混凝土或沥青胶砂，厚度 10～20cm。

沉降缝构造要求如图 7-34 所示。

3. 涵洞进出水口

涵洞进出水口工程是指涵洞端墙、翼墙（包括八字墙、锥坡、平行廊墙）以外的部分，如沟底铺砌和其他进出水口处理工程。

（1）平原区的处理工程。涵洞出入口的沟床应整理顺直，与上、下排水系统（天沟、路基边沟、排水沟、取土坑等）的连接应圆顺、稳固，保证流水顺畅，避免排水损害路堤、村舍、农田、道路等。

（2）山丘区的处理工程。在山丘区的涵洞底

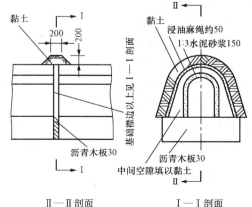

图 7-34　涵洞沉降缝（单位：cm）

纵坡超过 5%时，除进行上述整理外，还应对沟床进行干砌或浆砌片石防护。翼墙以外的沟床当坡度较大时，也应铺砌防护。防护长度、砌石宽度、厚度、形状等，应按设计图纸施工。如设计图纸漏列，应按合同规定向业主提出，由业主指定单位作出补充设计。

4. 涵洞缺口填土

（1）建成的涵管、圬工达到设计要求的强度后，应及时回填。回填土要切实注意质量，严格按照有关施工规定和设计要求办理。

（2）填土路堤在涵洞每侧不小于两倍孔径的宽度及高出洞顶 1m 范围内，应采用非膨胀的土从两侧分层仔细夯实，每层厚度 10～20cm。特殊情况也可用与路堤填料相同的土填筑。管节两侧夯填土的密实度标准，高速公路和一级公路为 95%，其他公路为 93%。管节顶部其宽度等于管节外径的中间部分填土，其密实度要求与该处路基同。如为填石路堤，则在管顶以上 1.0m 的范围内应分三层填筑：下层为 20cm 厚的黏土，中层为 50cm 厚的砂卵石，上层为 30cm 厚的小片石或碎石。在两端的上述范围及两侧（每侧宽度不小于孔径的两倍范围内），码填片石。

对于其他各类涵洞的特别填土要求，应分别按照有关的设计要求办理。

（3）用机械填筑涵洞缺口时，须待涵洞圬工达到容许强度后，涵身两侧应用人工或小型机具对称夯填，高出涵顶至少 1m，然后再用机械填筑。不得从单侧偏推、偏填，使涵洞承受偏压。

（4）冬季施工时，涵洞缺口路堤、涵身两侧及涵顶 1m 内，应用未冻结土填筑。

（5）回填缺口时，应将已成路堤土方挖出台阶。

复 习 思 考 题

1. 简述涵洞的种类、特点及使用条件。
2. 简述涵洞出入口建筑的类型及特点。
3. 涵洞类型如何选择？
4. 涵洞孔径如何确定？
5. 涵洞施工前应注意哪些事项？
6. 简述管涵施工程序。
7. 管涵施工应注意哪些事项？
8. 管涵漏水如何进行处理？
9. 预制涵管运输过程中应注意哪些事项？
10. 现浇箱涵支模的方法和技术要求有哪些？
11. 软土地区管涵地基应采取哪些技术措施？
12. 设置沉降缝的目的是什么？试述沉降缝的施工方法。
13. 对倒虹吸管埋置深度有何要求？
14. 防水层应在涵洞哪些部位设置？

参 考 文 献

[1] 交通部第一公路工程总公司.公路施工手册（桥涵）[M].北京：人民交通出版社，2000.

[2] 姚玲森.桥梁工程 [M].2 版.北京：人民交通出版社，2008.

[3] 范立础.桥梁工程：上册 [M].北京：人民交通出版社，2001.

[4] 张树仁，郑绍硅，黄侨，鲍卫刚.钢筋混凝土及预应力混凝土桥梁设计原理 [M].北京：人民交通出版社，2004.

[5] 黄绳武.桥梁施工组织与管理：上册 [M].北京：人民交通出版社，1985.

[6] 王常才.桥梁施工技术 [M].北京：人民交通出版社，2002.

[7] 雷俊卿.土木工程项目管理手册 [M].北京：人民交通出版社，1996.

[8] 向中富.桥梁施工控制技术 [M].北京：人民交通出版社，2001.

[9] 吴继锋，谭建领.路桥工程施工技术：下册 [M].河南：黄河水利出版社，2009.

[10] 杨文渊.桥梁施工工程师手册 [M].北京：人民交通出版社，1998.

[11] 李自光.桥梁施工成套机械设备 [M].北京：人民交通出版社，2003.